복음 중의 복음 2

특별히 ____________________ 님께

이 소중한 책을 드립니다.

복음 중의 복음 2

로마서 강해 Vol. 2 (5장-10장)

이광수 목사 지음

나침반

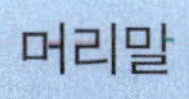

하나님의 나라와 교회에 조금이라도 유익이 되기를 기도합니다

하나님의 은혜로 마지막 시대에 설교자로 부름 받은지 30여년이 지났습니다. 그동안 수많은 설교를 하면서 살아왔는데 은퇴할 년수가 헤아려지면서 문득 생각난 것이 '복음 중의 복음'이라는 로마서도 한번 강해설교 해보지 않고 물러나면 되겠냐는 것이었습니다. 그래서 로마서 강해설교를 주일 오전 강단에서 시작해 3년 반 걸려 2017년 겨울 끝자락에 마무리를 하였습니다. 그동안 성도들이 로마서 강해를 통해 복음이 무엇인지 분명히 이해하고 감동한 것도 감사하지만 무엇보다 제 자신이 복음의 진수를 맛보며 영과 육이 떨릴 정도로 감격하였음이 가장 감사한 일이었습니다.

'로마서 강해'하면 로이드 죤즈 목사님을 비롯하여 국내에도 여러 이름 있는 목사님들이 쓰신 훌륭한 책들이 출간되어 있습니다. 그런데 또 로마서 강해설교냐 하고 물으실 수도 있으나 저는 하나님 말씀은 말로 헤아리기 어려울 정도로 풍성한 진리의 샘이요, 진리의 금광이라고 믿습니다. 그러기에 한 사람, 아니 몇몇 사람이 다 퍼낼 수 있는 샘이 아니고 다 캐낼 수 있는 광산이 아닙니다. 말씀을 보는 각도와 시대와 상황에 따라 얼마든지 다양하고도 풍성하게 설교할 수 있고 적용될 수 있다는 말입니다.

저 역시 이 로마서를 강해한 여러 사람들 중의 하나요, 그 중에서도 가장 부족한 사람임을 자인하나 겸손 가운데도 나름 자부심을 가질 수 있는 것은 저의 설교 준비와 설교 현장에 하나님의 기름 부으심과 역사가 있었다는 것이요, 하나님이 본문을 통해 드러내고자 하시는 의미를 충직하게 드러내고자 노력했다는 점입니다. 즉, 본문의 의도에서 벗어나 제 자신의 말을 하려고 하지 않고 말씀에 정직하려고 노력하였습니다.

하다 보니 종교개혁 500주년이 되는 해에 종교개혁의 근원이라고 할 수 있는 로마서 강해를 출간하게 된 바 이 역시 하나님의 섭리라고 봅니다.

책을 준비하면서 그냥 제 이름이라도 한 줄 남기고자 내는 책이 아니라 하나님의 나라와 교회에 조금이라도 유익이 되기를 기도했습니다. 이 책은 재미로 대하기에는 진중한 편입니다. 제가 바라는 것은 평신도든 설교자든 각 설교의 제목 아래 나오는 본문을 두 세번 읽으신 후에 설교를 읽으시되 하루에 한 편만 읽었으면 합니다. 마치 한약을 다려 드시듯 영혼의 약이라 생각하시고 1권부터 3권까지의 총 92편의 설교를 매일 한 편씩 석 달을 드시면 많은 은혜를 누리시리라 확신합니다. 비록 휫필드가 말한 번개와 천둥은 없으나 푸른 초장과 쉴만한 물가는 될 것입니다.

아무리 설교자가 유능하다해도 설교의 장이 없으면 어떻게 설교가 있겠습니까? 그런 점에서 저의 설교의 장(場)이 되신 울산동부교회 성도 여러분께 진심으로 감사드립니다. 설교시간에 '아멘'으로 응답하셨던 그 아멘의 메아리가 책을 읽으실 때마다 다시금 울려

펴시기를 바랍니다.

이 책이 출간되기까지 수고하신 집사님들과 교역자들과, 그리고 과분한 추천의 글을 써 주신 최갑종, 전광식 두 총장님께 심심한 감사의 말씀을 드리며 목회의 훌륭한 내조자인 아내 진석순과 애린, 보린 두 자녀에게 이 책을 헌증합니다. 책의 출간을 맡아주신 나침반출판사와 김용호 대표님께 진심으로 감사드립니다.

복음의 빚진자 이광수 목사

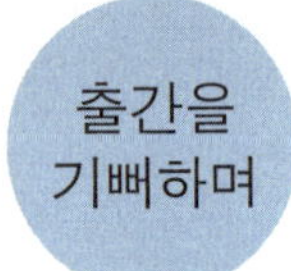

한국 교회와 사회를 개혁하는 복음의 메시지

최갑종 목사(백석대학교 전총장/신약교수)

로마서는 사도 바울이 주후 1세기 로마 제국 수도에 있었던 로마 교회에 보낸 설교 편지입니다. 그러므로 로마서는 교회에서 설교를 통해서 그 중심적인 메시지가 잘 전달될 수 있습니다. 로마서의 중심 어휘는 복음이며, 이 복음은 하나님께서 자신의 아들 예수 그리스도 안에서 인류를 구원하여 거룩한 자기 백성으로 삼으려는 위대한 선포입니다. 곧 예수 그리스도 안에서 하나님의 의, 예수 그리스도의 십자가와 부활 사건에서 하나님의 종말적인 구원과 심판이, 영생과 영벌이 나타났으며, 누구든지 이제 예수 그리스도를 믿는 자는 심판에서 구원으로, 영벌에서 영생으로, 지옥에서 천국에 들어가서 천국 백성으로 살아간다는 위대한 기쁨의 메시지입니다.

고신대, 고려신학대학원의 후배인 이광수 목사님은 일찍부터 위대한 복음의 선포인 로마서에 큰 관심을 가지고 남다르게 연구해 오셨습니다. 이번에 시무하는 울산동부교회에서 매 주일마다 3년 6개월간 교인들에게 선포했던 로마서 강해를 책으로 묶어 출판한다는 소식을 듣고, 지난 세기 영국의 탁월한 설교자였던 로이드 존스의 로마서 강해가 영국 교회와 사회를 변화시켰던 것처럼 이 목사님의 로마서 강해가 21세기 한국 교회와 사회를 개혁하는 복음의 메시지가 되기를 소망합니다.

의미있고 중요한 로마서에 대한 좋은 강해설교집

전광식 목사(고신대학교 총장)

사실 종교개혁은 비텐베르그대학의 성경주해교수였던 루터가 1515~6년 로마서를 연구하고 강해하면서 '하나님의 의'를 바로 깨달음에서 비롯되었다고 해도 과언이 아니다. 20세기로 넘어오면 칼 바르트도 로마서 강해설교를 발간하므로, 자유주의자들의 놀이터에 폭탄을 던진 격이 되었으며, 마르틴 로이드 존스 목사가 복음주의권에서 상당한 지명도를 얻은 것도 로마서 강해 설교집을 출간하면서부터라고 생각된다.

이렇게 로마서 강해는 어떤 이를 세계적인 설교학자로 부상시키기도 하고, 또 새 신학운동을 시작하게도 하며, 나아가 새로운 시대를 여는 동력이 되기도 하였다.

이렇게 의미있고 중요한 로마서에 대한 좋은 강해설교집이 우리나라에서 나온 것은 종교개혁 500주년을 맞는 금년에 한국교회에 주어진 큰 선물임이 분명하다.

훌륭한 목회자이면서도 학자라고 할 수 있는 저자는 교회의 강단에서 로마서의 16장 전체에 대한 강해설교를 마치고 이렇게 방대한 저서로 발간하게 되었다. 어쩌면 저자의 필생의 역작이라고 할 수 있는 본서는 다음과 같은 세 가지 특징을 지니고 있다.

첫째, 로마서에 나타난 복음의 깊은 진수를 끄집어 올리는 등 본문에 대한 정확하고도 치밀한 해석이다. 이를테면 저자는 한글성경 로마서의 가장 첫 낱말인 '예수 그리스도의 종'이란 바울의 자기소개에서부터 그것의 의미를 본문의 문맥에서는 물론 바울의 개인적 경험에서 찾아 깊게 분석하고 정확하게 설명하고 있다.

둘째는 청중 내지 독자들에 대한 탁월하고도 실제적인 설교적 적용이다. 저자는 본문의 뜻을 적절한 메시지의 주제를 통해 성도들의 신앙과 삶에 철저히 적용하고 있는데, 청중들이 이해하기 쉽도록 다양하고도 적절한 예화들을 넣어 본문의 뜻을 풀이하고, 무엇보다 단문의 구어체를 사용하여 문어체가 지니는 학리성과 경직성을 극복하므로 어떤 독자이든지 접근하기 용이하게 집필하였다.

셋째는 책 전체를 통해 드러나고 있는 말씀의 사역자로서의 저자의 열정과 목회적 열심이다. 특히 성도들에게 살아있고 운동력있는 말씀을 전달하기 위한 깊은 고민과 몸부림을 볼 수 있다. 저자는 질문을 던지고, 생각해보게 하고, 답으로 유도하는 식으로 끊임없이 말씀이 성도들에게 다가가도록 하기 위해 노력하고 있다.

이렇게 볼 때, 본서는 로마서 본문을 치밀하게 분석한 탁월한 성경주해서요, 본문의 말씀을 교리주제별로 해설한 훌륭한 개혁주의 신학책이며, 나아가 말씀에서 찾은 교훈을 이 시대의 성도들에게 적용하는 역동적인 설교집이다. 이에 저자는 말씀의 넓이와 깊이를 보는 성경주석가요, 말씀에서 성경적 교리를 끄집어 내는 통찰력있는 신학자이며, 나아가 말씀의 교훈을 청중과 독자에게로 호소력있게 제시하는 깨어있는 설교자이다.

목차

로마서 5:1-2

의롭다함 받은 자의 행복

"그러므로 우리가 믿음으로 의롭다 하심을 받았으니 우리 주 예수 그리스도로 말미암아 하나님과 화평을 누리자 또한 그로 말미암아 우리가 믿음으로 서 있는 이 은혜에 들어감을 얻었으며 하나님의 영광을 바라고 즐거워하느니라"

여러분은 혹시 로마라는 이름이 어디에서 나온 줄 아십니까?

로마는 BC 8세기에 로물루스와 레무스라는 쌍둥이 형제가 건설했다고 합니다. 어릴 때 부모에게 버림을 받아서 강에 떠내려가는 것을 늑대가 지나가다 보고 늑대의 젖을 먹여서 키웠다고 합니다. 그런데 그 형 로물루스의 이름을 따서 로마라고 하는 이름이 유래되었다고 합니다. 로마는 역사상 최고의 제국 이름이기도 하고, 또 최고의 제국 수도의 이름이기도 합니다. 그러다 보니 이 로마에 관해 글을 쓴 역사가들이나 작가들이 참 많았습니다.

18세기 영국의 에드워드 기번이라는 사람이 있었는데, 6권으로 된 유명한 ≪로마제국 패망사≫라는 책을 썼습니다. 그리고 우리

시대에도 일본의 시오노 나나미라는 여류작가가 ≪로마인 이야기≫라고 하는 책을 썼는데, 무려 15권으로 된 방대한 책입니다.

그에 비해서 우리가 생각하고 있는 로마서는 16장으로 된 편지에 불과합니다. 그 양이나 지식 정보에 있어서는 다른 책들과 비교하면 너무 미미합니다. 그러나 이 로마서는 하나님의 감동으로 된 하나님의 말씀입니다. 영원히 살아 있는 말씀인 것입니다. 그래서 이 로마서는 수많은 사람들을 구원의 길로 이끌고, 또 많은 사람을 하나님의 사람으로 새롭게 변화시켰습니다. 그러므로 계속해서 이 로마서의 말씀을 설교해 갈 때에, 우리 하나님께서 여러분 속에도 역사해 주시어서 믿음으로 구원에 이르게 하시고, 여러분의 믿음을 더욱 견고케 하여 주시고, 또 변화시켜 주시는 역사가 일어나기를 기원합니다.

오늘 본문 5장 초두에 보면 다음과 같이 말씀하고 있습니다.

"그러므로 우리가 믿음으로 의롭다 함을 받았으니."

믿음으로 의롭다 함을 받았다는 것을 네 글자로 무엇이라고 했습니까? '이신칭의'입니다. 이것은 우리 기독교 구원의 원칙을 보여 주는 위대한 말씀입니다. 사도 바울은 이 위대한 원리를 로마서 3장 21절에서 4장 끝까지 계속 말씀했습니다. 이제 5장부터는 믿음으로 의롭다 함을 받은 결과, 다시 말하면 믿음으로 의롭다 함을 받은 자의 행복에 대하여 말씀하고 있습니다. 오늘 본문 1~2절에 보면 세 가지를 우리에게 말씀해 줍니다.

첫째는, 평화입니다.

"우리 주 예수 그리스도로 말미암아 하나님과 화평을 누리자."

우리 한글성경은 '화평을 누립시다' 하고 권유형, 청유형으로 되어 있지만, 다른 많은 사본들은 '우리가 화평을 누립니다' 하고 서술형으로 되어 있습니다. 평화를 히브리어로는 '샬롬'이라 하고, 헬라어로는 '에이레네'라고 합니다. 평화는 모든 인간이 보편적으로 추구하는 것입니다. 우리 지구상에는 지금도 전쟁이 계속되고 있습니다. 저 팔레스타인은 지금도 계속 교전 중입니다. 수많은 사람들이 죽어가고 있습니다.

며칠 전에는 말레이항공이 미사일을 맞아서 땅에 떨어졌습니다. 298명이나 되는 사람들이 일시에 죽임을 당하였습니다. 아마도 친러 반군이 쏜 미사일이 아닐까 생각하고 있습니다. 여러 국가들은 국제적인 평화를 기원합니다. 그런가 하면 국민들은 자기 나라의 평화를 원합니다. 우리 성도들은 교회의 평화를 추구합니다. 가족들은 가정의 평화를 추구하고, 우리 개개인은 자신의 평화, 마음의 평화를 추구합니다. 생각해 보면 평화는 관계의 문제라고 할 수 있습니다. 내가 누구와 관계가 좋지 않으면 내 마음에 평화가 없습니다. 내 마음이 시끄럽고 불안합니다. 그 관계가 밀접하고 중요한 관계일수록 더 그렇습니다.

그렇다면 우리에게 가장 근본적이고 진정한 평화를 가져오는 평화의 관계는 무엇이겠습니까? 1절에 보니 '하나님과 화평'이라는 말이 나옵니다. 'Peace with God', 즉 하나님과의 평화입니다.

우리 인간에게 가장 중요한 관계가 어떤 관계이겠습니까? 자녀와 부모와의 관계, 부부와의 관계 너무나도 중요한 관계입니다. 이런 관계에 문제가 생기면 평화가 사라집니다. 마음이 너무나 괴롭습니다. 이런 관계도 중요하지만 우리 인간에게 있어서 가장 중요한 관계는 바로 하나님과의 관계입니다. 왜 그렇습니까? 하나님은 우리의 창조자가 되시기 때문입니다. 우리를 지으신 분으로 우리의 왕이 되시고 우리의 주가 되시기 때문입니다. 우리의 생사를 주관하시는 분이기 때문입니다. 그래서 우리 인생에게는 하나님보다 더 중요한 이가 없습니다. 그러므로 가장 중요한 하나님과의 관계가 바로 안 되고 불안하면 그 사람에게는 진정한 평화가 있을 수 없다는 것입니다.

타락하기 전 우리 인간은 하나님과 평화의 관계를 맺고 있었습니다. 죄가 없기 때문에 하나님이 우리에게 진노하실 이유가 없었습니다. 그러나 타락 이후에는 하나님의 원수가 되었습니다. 하나님의 진노의 대상이 되었습니다. 하나님의 심판의 대상이 되었습니다. 인간과 창조자 하나님의 관계가 이렇게 불안하니 어떻게 평화가 있겠습니까? 늘 뭔가 문제가 없는 것 같은데도 불구하고 항상 마음에 불안이 있는 것입니다.

이사야 선지자는 악인과 죄인에게는 평강이 없다고 하였습니다. 아무리 돈이 많아도, 높은 권세를 가지고 있고 고대광실에 살아도, 뉴질랜드나 호주와 같이 전쟁의 위협이 전혀 없는 지역에 산다 해도 죄인에게는 평화가 없는 것입니다. 마음의 평화가 없다면 돈이나 권세가 무슨 소용이 있겠습니까?

그런데 이 죄 아래 있는 인간이 어떻게 하나님 앞에서 죄용서 받고 의롭다 함을 받을 수 있습니까? 지금까지 우리는 계속 보아왔습니다. 어떻게 할 수 있습니까? 오직 믿음으로, 오직 우리를 위하여 십자가에 죽으시고 부활하신 하나님의 아들 예수 그리스도를 믿는 믿음으로만 하나님과의 평화가 이루어지는 것입니다. 그런 사람만이 하나님께 의롭다 인정을 받습니다. 의롭게 될 때에 하나님과의 관계가 회복되고 평화가 이루어집니다. 그러면 더 이상 하나님의 진노와 심판에 대한 두려움이 없어지고 불안도 사라집니다. 참된 평화를 누리게 되는 것입니다.

4~5세기에 살았던 성 어거스틴은 서른 살 이전까지는 자기 멋대로 방탕하게 살았습니다. 참된 평화와 만족을 찾기 위해 여러 철학 사상과 이 종교 저 종교를 헤매 다니며 방황하였습니다. 그런데 하나님께서 그 어머니 모니카의 기도를 들으시고, 서른이 넘어 하나님께서 그에게 은혜를 베풀어 주셔서 그의 마음이 열려 하나님의 말씀을 믿게 되고 하나님을 온전히 의지하게 되었습니다. 그때에 하나님이 주시는 평화와 만족이 그 마음속에 가득하였습니다. 그때 그가 쓴 책이 '회개록'이라고 합니다. 다른 말로 '참회록', '고백록'이라고 합니다.

그 책 첫 장을 보면 중간에 "하나님, 당신께서 우리를 지으셨으니 우리가 당신의 품에 안기기까지는 참된 안식이 없나이다"라는 말이 있습니다. 그렇습니다. 아기는 어머니에게서 태어나기 때문에 어머니를 떠나면 불안해합니다. 아무리 좋은 장난감을 사주고, 맛있는 것을 주어도 소용이 없습니다. 어머니의 품에 안길 때에 참된 만족과 평화가 있듯이, 우리 인간은 하나님이 지으셨기 때문에 죄용서 받고, 하나님과의 관계가 회복되어서 하나님의 품에 안길 때에 참된 만족이 있고 참된 안식과 평화가 있게 되는 것입니다.

혹시 여러분 중에 신앙생활을 하는데도 진정한 내적 평화를 누리지 못하고 불안하게 이 세상을 살아가는 분은 없습니까? 그 이유는 세 가지 중에 하나입니다. 그 사람에게 예수 그리스도를 진정으로 믿는 믿음이 없든지, 아니면 믿음이 약하든지, 그 사람의 믿음이 병이 들었든지 세 가지 중에 하나입니다. 진정 예수 그리스도를 믿으면 하나님께서 죄용서 하시고 그 사람을 의롭다고 선언하십니다. 의롭다 함을 받으면 하나님과의 평화가 이루어지는 것입니다. 하나님과의 평화가 이루어지면 그 사람은 평화를 누릴 수 있게 됩니다.

이 세상은 참으로 요란합니다. 찬송가 가사와 같이 이 험한 세상을 살아갈 때에 '참된 평안'이 어디에 있겠습니까? 세상을 살다 보면 근심걱정 거리가 많습니다. 그럼에도 이신칭의로 인하여 하나님과 화평하시고, 이로 인하여 참된 평화를 누리며 살아가시는 여러분이 다 되시기를 바랍니다.

칭의가 가져온 두 번째 복은 '은혜의 자리에 들어감'입니다.

2절을 보십시오.

"이 은혜에 들어감을 얻었으니."

여러분 혹시 '사운드 오브 뮤직'이라는 영화를 보셨습니까? 말괄량이 수녀 지망생 마리아, 줄리 앤드류스라고 노래 잘하는 영화배우가 열연을 했습니다. 그녀는 수도원장의 추천으로 명문가인 트랩가에 가정교사로 들어가게 됩니다. 그 집에는 어머니를 여윈 일곱 자녀가 있는데, 일곱 자녀의 아버지는 깐깐하기로 소문난 퇴역 해군 대령으로 홀아비입니다. 자녀들을 완전히 군대식으로 엄격하게 훈련하여 호각을 불면 아이들이 모였습니다.

그런 집안에 마리아가 들어가서 이 아이들에게 즐겁고 아름다운 노래를 가르쳐서, 이 아이들이 명랑한 마음을 다시 회복하게 됩니다. 결국 마리아는 우여곡절 끝에 이 아이들의 아버지 폰 트랩과 결혼하게 됩니다. 그런데 이 폰 트랩이라는 사람은 오스트리아의 해군 대령 출신입니다. 그러니 애국심이 얼마나 돈독하겠습니까? 그때는 나치가 세력을 넓혀갈 때였는데, 오스트리아도 나치의 세력하에 들어가고, 군인 출신인 그에게도 징집명령이 떨어졌습니다. 그러나 그는 그 명령에 응하지 않았습니다. 결국 쫓기는 신세가 되어 도피 출구를 마련하기 위해 가족합창대에 나가게 됩니다.

가족합창대가 노래를 아름답게 하고 마지막에 에델바이스를 부르는데, 'Bless my homeland forever'(에델바이스야 영원히 나의 조국을 축복해다오)라고 너무 아름답게 노래를 마치고서 퇴장을 합니다. 퇴장을 하는 순간에는 약간 감시가 소홀해집니다. 그 틈을 타서 도피를 하고, 나치의 추격을 받으면서 결국은 알프스 산을 넘어 안전지대에 이르게 된다는 내용으로 마칩니다.

오늘 본문에 나오는 '은혜의 자리에 들어감'이라는 것이 이와 비슷합니다. 하나님과 원수 되었던 자리, 하나님께 정죄 받던 자리, 저주받던 자리, 하나님의 진노와 심판의 자리에서 벗어나서 영적인 안전지대, 자유와 은혜의 땅, 임마누엘의 땅으로 옮겨지게 되고 들어가게 되었다는 것입니다. 하나님과의 적대관계가 없어짐으로 말미암아 누리게 되는 모든 은혜의 상태에 들어가게 된 것을 의미하는 것입니다.

이 은혜의 자리에 들어간다는 것은 굉장히 폭이 넓은데, 이 앞에 나왔던 죄용서 받고 또 의롭다 함을 받고 평화를 누리는 것도 이 은혜의 자리에 들어가는 것의 일부라고 할 수 있습니다. 그 외에도 의롭다고 칭의가 되면 어떻게 됩니까? 하나님의 자녀가 됩니다. 하나님의 영광의 상속자가 됩니다. 그리고 성령께서 오셔서 언제나 함께하시면서 거룩하게 해주시고 도와주시고 보호해 주시고 인도해 주십니다. 이 모든 것이 '은혜의 자리에 들어감'의 부분들입니다.

그런데 우리 성도가 누리게 되는 은혜 중에서 가장 대표적인 것은, 죄인이었던 우리가 영광스러운 하나님의 보좌 앞에 나아가서 그 거룩하시고 복되신 하나님의 얼굴을 뵈옵는 것입니다. 그 하나님과 교제를 누리게 되는 것입니다. "은혜의 자리에 들어감"이라고 했는데, 이 들어감이 우리말 성경에는 그냥 '들어감'이지만 아주 중요하고 특별한 단어입니다. 이 들어감이라는 단어를 영어로는 'access'라고 하는데, 'access'라는 뜻이 '가까이 감, 들어감, 나아감'입니다.

우리가 '알현'이라는 말을 쓰지 않습니까. 왕에게 나아가서 뵈옵는 것을 알현이라고 하는데, 바로 이 들어감이라는 말이 알현이라는 말인 것입니다. 만왕의 왕이신 하나님의 보좌 앞에 나아가서 영광의 하나님을 뵈옵는 것, 그것이 바로 여기에 나오는 들어감입니다.

일국의 대통령의 전화를 받아도 얼마나 영광스러운 일입니까? 그런데 그분의 초청을 받아서 일대일로 대면하게 될 때 얼마나 큰 영광이겠습니까? 하물며 만왕의 왕이시고 만주의 주이신 하나님께 나아가서 그 하나님을 뵈옵는 것이 얼마나 큰 영광스러운 일입니까.

믿는 자가 하나님의 은혜의 보좌 앞에 나아갈 때는 아무 제한이 없습니다. 신분 조회나 비서실을 통과해야 되는 이런 일이 전혀 없습니다. 제사장을 통하여 할 필요도 없고, 성모 마리아를 통하거나 신부를 통하여 하는 것도 아닙니다. 우리가 원하면 언제든지 바로 우리 하나님 앞에 나아갈 수 있는 것입니다. 어디서든 하나님의 이름을 부를 수 있고, 언제든지 하나님 앞에 예배드릴 수 있고, 언제든지 찬양할 수 있고, 언제든지 기도와 말씀으로 하나님과 교제할 수 있습니다.

중요한 것은 우리 하나님의 보좌는 은혜의 보좌라는 것입니다. 그렇기 때문에 복되신 하나님께 나아갈 때에 하나님께서는 자기에게 나아오는 모든 자에게 복과 은혜를 아끼지 아니하시는 것입니다. 이런 특권과 은총을 갖고 있으면서 우리가 누리지 못하고 살면 되겠습니까? 이제는 누리면서 사시기를 바랍니다. 우리는 하나님의 도움이 필요할 때는 언제 어디서든지 '주여' 하고 주님의 이름을 부름으로써 그분을 앎혀할 수 있습니다.

'주여.' 얼마나 좋은 이름입니까! 얼마나 큰 영광이고 특권입니까!

참된 믿음으로 어디에 있든지 '주여' 하고 주님을 부르시면 주님께서 만나주시고 응답해 주실 것을 믿으시기 바랍니다. 그런데 조심할 것이 있습니다. 윷놀이나 화투를 칠 때 '주여' 하지 마세요. 그런 때는 '할렐루야'도 하지 마세요. 그것은 하나님의 이름을 거룩하게 하는 것이 아니고 너무 가볍게 하는 것입니다. 가정에서 학교에서 일터에서 순간순간 주의 이름을 부르고 기도하시기 바랍니다.

무엇보다 교회에서 우리 성도들과 함께 하나님 앞에 나아가기를 즐거워하시기 바랍니다. 이것을 하나님께서 가장 기뻐하십니다. 그래서 내 개인이 집에서 혼자 기도하기보다 교회 나와서 다른 성도들과 함께 하나님 앞에 기도할 때에 기도가 뜨거워지지 않습니까? 함께 기도할 때 하나님께서 주시는 은혜가 더 큽니다. 주일 하루뿐만 아니라 수요기도회나 새벽에도 주님 앞에 나와서 기도하면 더 많은 은혜와 복을 체험하게 될 것입니다. 여러분이 진심으로 은혜의 보좌로 나아갈 때에 하나님의 은혜를 덧입게 되고, 여러분의 삶은 하나님의 복으로 더욱더 풍성하게 옷 입게 될 것입니다.

세 번째는, 하나님의 영광을 보고서 즐거워합니다.

2절을 보십시오.

"하나님의 영광을 바라고 즐거워하느니라."

다시 말해 '하나님의 영광에 이르게 될 소망을 가지고 즐거워한다'는 것입니다. 우리 인간은 다른 피조물보다 특별하게 지음을 받았습니다. 영광스러운 하나님의 형상으로 지음 받았다는 것은 영광스럽게 지음을 받았다는 것을 뜻합니다. 그런데 범죄와 타락으로 인하여 이 영광을 상실했습니다. 이 영광스러운 지위에서 떨어져버렸습니다. 그래서 로마서 3장 23절에 이렇게 말합니다.

"모든 사람이 죄를 범하였으매 하나님의 영광에 이르지 못하더니."

죄를 범하였기에 하나님의 영광에 이르지 못하는 것입니다. 범죄 후에 인간은 그 영혼도, 정신도, 몸도 다 비참하게 되었습니다. 우리 몸을 생각해 보십시오. 건강할 때도 있지만 때로는 몸살감기만 걸려도 나 죽겠다고 드러누워야 되는 때가 많습니다. 조금만 아파도 몰골이 수척합니다. 작은 사고를 당했는데 오랫동안 고생할 때도 있습니다. 세월이 가면 다 늙어집니다. 아무리 안티에이징, 노화방지약을 먹고 노력을 해도 소용이 없습니다.

제가 책에서 보니까, 아무리 노화방지를 위해서 수고해도 노화가 안 되는 사람은 아무도 없다고 합니다. 다 늙어갑니다. 늙어 가면 어떻게 됩니까? 약해지고 추해집니다. 아이고, 나도 늙어 저리 될까 걱정되지 않습니까? 그리고 늙어지면 이 병 저 병들이 막 찾아옵니다. 그러다가 어느 날 죽어서 흙으로 돌아갑니다.

정신도 예외가 아닙니다. 스트레스와 분노와 우울증으로 시달립니다. 불안과 슬픔과 근심걱정이 우리의 인생살이에 끝이 없는 것입니다. 우리의 영혼도 죄로 인하여 괴로움을 당할 때가 많습니다. 이런 우리 인간이 어떻게 맨 처음의 모습, 즉 하나님의 형상과 영광으로 회복될 수 있습니까? 오직 예수 그리스도의 구원 사역으로 말미암아 그 영광으로 돌아갈 수 있는 것입니다. 이것을 가리켜서 구원이라고 하는 것입니다.

구원이 무엇입니까? 죄로 인하여 비참하게 된 우리 인생이 하나님의 영광의 자리로 다시금 회복되는 것, 이것이 바로 구원입니다. 요컨대 인간은 범죄로 인하여 하나님의 영광을 잃어버렸지만, 예수 그리스도는 우리에게 그 잃어버린 영광을 다시금 회복시켜 주시는 것입니다. 사람이 예수를 믿을 때에 그 영광의 회복이 시작됩니다. 그리고 마지막 날 그 영광이 완성될 것입니다. 빌립보서 3장 20-21절을 보십시오.

> "그러나 우리의 시민권은 하늘에 있는지라 거기로부터 구원하는 자 곧 주 예수 그리스도를 기다리노니 그는 만물을 자기에게 복종하게 하실 수 있는 자의 역사로 우리의 낮은 몸을 자기 영광의 몸의 형체와 같이 변하게 하시리라."

20절에 보니 주님의 재림을 얘기하고 있습니다. 주님의 다시 오심을 기다린다고 했습니다. 다시 오시면 21절의 역사가 나타납니다. 셋째 줄에 보면 "우리의 낮은 몸"이라고 했는데 낮은 몸이 무엇입니까? 높은 몸이 아닙니다. 영광스러운 몸이 아닙니다. 죄로 인하여 비참한 몸입니다. '우리의 낮은 몸을 주님 자신의 영광의 몸의 형체와 같이 변하게 하시리라.' 다시는 늙지 않을 몸, 다시는 병들지 않을 몸, 다시는 죽지 않을 몸, 썩지 않을 몸으로 주님과 같은 영광스러운 몸으로 우리의 몸을 변화시켜 주실 것입니다.

사람은 좋은 일 혹은 좋은 약속이 되어 있으면 마음이 즐거워집니다. 그 일이 아직 이르지 않아도 좋아서 콧노래를 부르면서 즐거워합니다. 즐겁게 일을 하지 않습니까? 우리 신자들이 그렇습니다. 우리들이 하나님의 영광에 이르게 될 믿음과 소망을 분명히 가지고 있으면 즐거워하는 것입니다. 현실이 힘들고 어렵고 아파도 하나님의 영광에 이르게 될 것을 믿으면, 내가 누릴 영광을 바라보고 살면 즐겁게 살 수 있다는 말씀입니다. 하나님의 영광에 이를 소망을 바라보며 날마다 기뻐하고 즐거워하면서 사시기를 바랍니다.

말씀을 맺습니다.

믿음으로 의롭다 함을 받은 자는 세상에서 가장 큰 복을 받은 자입니다. 왜 그렇습니까? 이에 대해 세 가지로 살펴보았습니다. 첫 번째는, 하나님과의 평화로운 관계로 인하여 참된 평화를 누리게 됩니다. 두 번째는, 은혜의 자리로 들어갑니다. 무엇보다도 하나님의 영광의 보좌에 나아가서 하나님과 교제할 수 있고, 이를 통하여 모든 은혜와 복을 받아 누리게 됩니다. 세 번째는, 하나님의 영광에 이를 소망으로 인하여 즐거워하는 것입니다.

그러고 보면 우리의 구원은 미래적인 것만이 아닙니다. 마지막 날에 완성이 되겠지만, 이미 여기서 이루어지고 있고, 지금 여기서 우리가 누릴 수 있는 것입니다. 오늘 말씀에 보니 '우리가 평화를 누린다'고 했습니다. '하나님의 은혜에 들어감을 얻는다'고 하였습니다. '즐거워한다'고 했습니다. 이것은 모두다 어디에서 하는 것입니까? 앞으로 하나님 나라에 들어가서 있을 일들인데, 이 세상에서도 이미 그렇게 누리고 있다는 것입니다.

그래서 이렇게 찬송하지 않습니까?

"내 영혼이 은총 입어 중한 죄 짐 벗고 보니,
슬픔 많은 이 세상도 천국으로 화하도다
… 주의 얼굴 뵙기 전에 멀리 뵈던 하늘나라."

미래의 하늘나라가 어디에서 이루어집니까?

"내 맘속에 이뤄지니 날로날로 가깝도다. 할렐루야 찬양하세 내 지은 죄 사함 받고, 주 예수와 동행하니 그 어디나 하늘나라."

그 어디나 하늘나라인 것입니다. 믿음으로 의롭다 함을 받은 자는 가장 복 받은 사람임을 믿으시기 바랍니다. 왜냐하면 이 세상에서도 천국을 누리며 살기 때문입니다. 믿음으로 날마다 하나님 나라를 누리고 맛보면서 살아가는 복된 성도가 다 되시기를 바랍니다.

2

로마서 5:3-5

환난 중에도 즐거워하나니

"다만 이뿐 아니라 우리가 환난 중에도 즐거워하나니 이는 환난은 인내를, 인내는 연단을, 연단은 소망을 이루는 줄 앎이로다 소망이 우리를 부끄럽게 하지 아니함은 우리에게 주신 성령으로 말미암아 하나님의 사랑이 우리 마음에 부은 바 됨이니"

하나님의 말씀을 전하고 듣는 이 시간이, 하나님의 영광에 이르는 귀한 시간이 되기를 바랍니다.

여러분, 세상에서 가장 복된 사람이 누구겠습니까?

세상에서 가장 복된 사람은 믿음으로 말미암아 의롭다 함을 받은 사람입니다. 누가 뭐래도 그 사람이 바로 가장 행복한 사람입니다. 지난 주일에 믿음으로 의롭다 함을 받은 자의 행복 세 가지를 여러분에게 말씀드렸습니다. 혹시 기억하십니까?

첫째는, 평화를 누린다고 했습니다. 둘째는, 은혜에 들어감을 언는다고 했습니다. 셋째는 하나님의 영광에 이를 소망으로 즐거워한다고 했습니다.

오늘 말씀은 이 세 번째 행복의 연장입니다.

믿음으로 의롭다 함을 받은 자는 하나님의 영광에 이를 소망으로 인하여 즐거워한다고 했는데, 그러면 어떤 사람들은 이렇게 말할 수 있을 것입니다.

'좋은 일이 있거나 적어도 평범한 나날 속에서는 기뻐하고 즐거워할 수 있지만, 고난의 때에 어떻게 즐거워할 수 있겠는가?'

여러분은 역경 중에도 즐거워할 수 있겠습니까? 말이 쉽지 어렵습니다. 제가 병으로 고생할 때 저는 즐거워할 수 없었습니다.

제게는 폐암 말기로 암 투병을 하고 있는 조카가 있습니다. 서울대 법대에 들어가서 학교에 다니는 중에 사법고시를 한 번에 패스했고 변호사가 되었습니다. 우리나라에서도 이름 있는 로펌에 들어갔습니다. 거기에서 또 하버드 대학에 유학을 해서 아주 유망한 법조인이 되었습니다. 그런데 지난 설에 감기 기운이 몸에 있는데, 열이 떨어지지 않아서 병원에 가보니 폐암 말기로 진단이 내려졌습니다. 이번에 서울 심방이 있어서 가는 길에 제가 들렀습니다. 몰라보게 해쓱해지고 온 몸이 야위었습니다. 열이 계속 나서 옷이 땀에 젖어 있고 아주 고통스러워하는 것을 보았습니다.

멀리서 찾아온 목사 외삼촌을 보면서 눈물을 뚝뚝 흘리는데 정말 가슴이 미어졌습니다. 저의 누님 부부에게는 자식이 넷 있는데, 그중에 벌써 시집간 첫째 딸이 암으로 해서 40세에 세상을 떠났습니다. 그런데 아들이 하나밖에 없는데, 그 막내아들이 지금 마흔에 이렇게 되었으니 부모님의 마음이 얼마나 아프겠습니까? 상상을 할 수가 없습니다. 우리 인생살이를 보면 도저히 즐거워할 수 없는 상황들이 너무 많이 있습니다. 그렇지만 오늘 하나님께서 바울을 통해서 우리에게 뭐라고 말씀하십니까? 3절을 보시기 바랍니다.

"다만 이뿐 아니라 우리가 환난 중에도 즐거워하나니."

'환난 중에도 즐거워한다, 고난 중에도 즐거워한다'고 했습니다. 여러분은 고난 중에도 즐거워할 수 있는 사람입니다. 장차 하나님의 영광에 이르게 될 소망을 확고히 가지면 역경 중에도 고난 중에도 즐거워할 수 있는 것입니다.

무엇 때문입니까? 그 이유가 3-4절에 기록되어 있습니다.

3절을 보십시오. 환난, 즉 고난은 인내를 이룬다고 했습니다. 얼핏 보면 고난은 우리에게 좋은 것은 아무것도 주지 아니하고 그저 아픔과 슬픔과 괴로움만 주는 것 같습니다. 그러나 실상은 그렇지 않습니다. 오늘 읽은 말씀처럼 고난은 인내를 만들어내는 것입니다. 고난이 없다면 인내를 배울 수 없습니다. 고난이 없으면 참을 것이 없기 때문입니다.

오늘날 우리나라 청소년들은 옛날에 비해서 인내심이 많이 부족합니다. 왜 그렇겠습니까? 예전과 같은 고난이 별로 없기 때문입니다. 부족한 것은 별로 없고 웬만한 것은 부모님이 다 해주고 부속함이 없이 채워줍니다. 군대 생활이 힘들다고 해도 수십 년 전에 비하면 지금 군대 생활은 너무 편해지고 모든 여건이 좋아졌습니다. 그런데도 불구하고 지난번 임 병장 사건과 같은 총기 난사 사건이나 안전사고는 계속 터집니다. 군대가 이만큼 좋아지고 편해졌으면 이제는 사고가 나지 않아야 되지 않습니까? 상식적으로는 그런데 사고는 계속된다는 것입니다. 왜 그렇겠습니까? 고난이 없었기 때문에 고난으로 인해서 인내를 배우지 못하기 때문에 작은 일도 참지 못하는 것입니다. 사람이 어려운 가운데서 인내하지 못하면 사고를 내게 됩니다. 판을 깨게 되는 것입니다.

성경에 유명한 인내의 말씀이 나옵니다.

야고보서 5장 11절을 보십시오.

> "보라 인내하는 자를 우리가 복되다 하나니 너희가 욥의 인내를 들었고 주께서 주신 결말을 보았거니와."

누구의 인내입니까? 욥의 인내입니다. 욥은 성경에서 대표적인 고난의 사람 아니겠습니까? 욥에게는 1차 고난, 2차 고난이 있었는데, 1차 고난에서는 하루 만에 그 많던 재산과 열 자식을 다 잃어버렸습니다. 아마 우리가 그런 일을 당하면 제 정신으로 있을 사람이 아무도 없을 것입니다. 바로 졸도를 하던지 병원에 입원을 하던지 하지 않겠습니까? 그것으로 끝나지 아니하고 또 2차 고난이 다가왔습니다. 발바닥에서 정수리까지 온 몸에 너무나도 독한 악창이 나서 온 몸을 뒤덮어 버렸습니다. 잠을 이룰 수 없는 고통이 계속되었습니다. 아예 죽고 싶은데, 죽었으면 좋겠는데 자살할 수도 없는 고난의 날이 수 년 동안 이어졌습니다. 그런 가운데서 그는 인내를 배웠습니다. 그 인내에 대해서 성경은 "주께서 주신 결말을 보았거니와"라고 했는데, 욥이 그렇게 인내했을 때 주님께서 주신 결말이 무엇입니까?

성경에 보면 욥은 영적으로 신앙적으로 아주 성숙하게 되었습니다. 욥기 후반부에 그가 무엇이라고 고백합니까?

"내가 전에는 귀로 듣기만 했던 하나님을 이제는 내 눈으로 봅니다."

전에는 희미하게 불확실하게 하나님을 섬기고 믿었는데 이제는 눈으로 본다고 했으니 너무나도 확실하게 하나님을 신앙하게 되었다는 것입니다. 이 얼마나 큰 영적인 복을 받았습니까? 그뿐만이 아니라 하나님께서 욥의 말년에 갑절의 복을 더해주셨다고 기록하고 있습니다. 욥의 인내에 대해서 하나님께서 그렇게 갚아주셨다는 것입니다.

여러분, 환난은 인내를 이룹니다. 오래 참고 견딜 수 있는 복된 사람으로 만들어 줍니다. 어려움에 굴복하지 않고 맞설 수 있고 극복할 수 있는 능력을 더해주는 것입니다.

그뿐만이 아닙니다. 고난은 인내를 만들어주는 것으로만 그치지 않습니다. 4절을 보시기 바랍니다. '연단'을 이룬다고 했습니다. '연단'은 영어성경에는 'character'라고 번역을 해놓았습니다. 'character'라고 하는 것은 '인격, 성품'을 뜻하는 단어입니다. 그러니까 한글 성경에 나오는 '연단'은 사실은 그 본래의 의미를 다 드러내지 못하고 있는 것입니다. 좀 더 본래의 의미를 나타낸다면 '연단된 인격', '연단된 인품'이라고 하는 것이 좋습니다.

이 연단이라는 말은 본래 대장간에서 사용되던 말입니다. 제가 어릴 때는 이 동네, 저 동네를 돌아다니면서 연장들을 바주는 순회 대장간이 있었습니다. 저희 동네에서 제가 여러 번 보았습니다.

동네 사람들이 날이 무딘 칼이나 낫이나 또 괭이나 호미 등을 가져오면 대장장이는 풀무질을 해서 그 시뻘건 불에 칼이나 낫을 집어넣습니다. 연장을 시뻘겋게 달구면 어떻게 합니까? 꺼내어 놓고서 망치를 가지고 막 때립니다. 막 때린 후에는 그대로 식히지 않고 옆에 있는 찬물 속에 집어넣습니다. 그러면 거품이 일면서 그 뜨거운 쇠가 물속에 들어갑니다. 그것으로 끝났습니까? 아닙니다. 그것을 다시 또 불 속에 집어넣습니다. 불 속에 집어넣어서 시뻘겋게 달구면 또 끄집어내어 때려서 또 물속에 집어넣습니다. 정말로 얼마나 혹독한 연단입니까! 그 연단 과정을 통하여 그 연장에 묻어 있던 녹이나 찌꺼기가 다 사라집니다. 그렇게 해서 그 연장은 보리를 벨 수 있고 밭을 갈아낼 수 있는 좋은 연장, 쓸모 있는 연장이 되는 것입니다.

해변에 가면 동그랗고 매끈한 차돌이 많습니다. 산에는 아주 날카로운 돌이 많은 데 비해서 해변에는 왜 매끈매끈한 돌이 많겠습니까? 오랜 세월 동안 파도에 쓸려서, 그리고 파도에 쓸려서 위로 올라갔다 내려갔다를 반복하면서 돌의 모난 부분이 다 깎여서 그렇게 되는 것입니다. 우리 인간은 모두다 죄로 인해서 모난 부분을 가지고 있습니다. 이것은 부인할 수가 없습니다. 목사인 저도 그렇고, 이 자리에 있는 여러분들도 그렇고 모난 부분이 하나도 없이 완전한 사람은 한 사람도 없는 것입니다. 왜 그렇습니까? 우리는 다 죄인으로 태어났기 때문에 죄로 인해서 우리의 성품이 왜곡되어진 것이 많습니다. 그래서 모두다 모난 부분을 가지고 있는 것입니다. 모가 있으면 어떻게 합니까? 다른 사람을 찌르게 됩니다.

다른 사람을 할퀴게 되고 상처를 주게 됩니다. 그래서 다른 사람들을 상처주고, 같은 교회에 다니는 성도들에게 아픔을 주기도 하는 것입니다. 이렇게 모나고 문제 있는 인격이 어떻게 다듬어져 가겠습니까?

오늘 말씀에 보니 환난은 인내를 낳고, 인내는 연단된 인격을 이룬다고 했습니다. 고난 중에 인내할 때 모난 부분들이 깎여서 겸손해지고 온전해지고 더욱 성숙한 성도로 변화되어 가는 것입니다.

삼중고의 헬렌 켈러 여사를 아실 것입니다. 그가 말하기를 "인간의 품성은 평안하고 조용하게 개발되는 것이 아니라 시련과 고난을 겪으면서 개발된다"라고 하였습니다. 앞에서 우리가 욥의 인내를 살펴보았는데, 욥의 고백도 한 번 보십시다. 욥기 23장 10절입니다.

"그러나 내가 가는 길을 그가 아시나니 그가 나를 단련하신 후에는 내가 순금 같이 되어 나오리라."

여기에서 "그가 나를 단련하신"이라는 말은 연단이라는 말입니다. 단련을 거꾸로 하면 연단 아닙니까. "그가 나를 연단하신 후에는" 이 고난을 통하여 하나님이 욥을 연단하시는 것입니다. 단련하신 후에는 순금같이 나온다고 햇습니다. 옛날 성경에는 '정금같이 되어서 나오리라' 했습니다. 정금이 얼마나 귀한 것입니까? 연단하신 후에 너무 귀한 존재가 된다는 것입니다. 그러므로 고난은 인내를 이루고, 인내는 우리의 인격을 아름답게 형성해 줄을 믿고서 고난 가운데서도 즐거워할 수 있는 성도가 되시기를 바랍니다.

우리는 가을이 되면 고구마를 캡니다. 고구마를 캐거나 감자를 캘 때도 마찬가지지만 줄기를 먼저 뜯어내는데, 줄기의 중심 부분을 들고 빼면 고구마가 줄줄이 따라 나옵니다. 하나만 들려 나오는 것이 아니라 여러 개가 줄지어서 따라 나옵니다. 그와 같이 고난은 하나님의 복을 줄줄이 달고 나오는 것입니다. 오늘 성경이 우리에게 그것을 보여주지 않습니까. 그래서 고난은 처음에 무엇을 이룬다고 했습니까? 인내를 이루고, 인내로만 끝나는 것이 아니라 연단된 인격을 달고 나온다고 했습니다. 또 그것으로만 끝나지 않습니다.

4절을 보십시오. 4절 끝에 보면 연단은 소망을 이룹니다.

희망을 이루는 것입니다. 삶에 고난이 없고 모든 것이 잘 되면 소망을 가지겠습니까? 한 번 생각해 보십시오. 삶에 어려움이 없고 모든 것이 잘 되면 그 사람이 소망을 가지겠습니까. 안 가집니다. 현재에 빠져서 현재만 계속되기를 바랄 뿐입니다. 그러나 고난이 계속되면 더 나은 날에 대한 소망을 가지게 되는 것입니다.

애굽에 있던 이스라엘 백성을 생각해 보십시오. 요셉 때에 그 형제들이 70여 명이 다 애굽으로 내려갔습니다. 그리고 고센이라는 좋은 땅에서 왕의 특권을 누리면서 그곳에서 너무나 행복하게 잘 살았습니다. 그렇게 잘 살고 행복하게 살 때는 그들에게 하나님이 없었습니다. 조상의 하나님도 잊어버리고, 하나님께서 아브라함과 이삭과 야곱에게 약속하신 그 약속의 땅에 대한 소망도 없었습니다. 그런데 노예가 되어서 너무 고생을 하게 되자 하나님을 기억하게 되었습니다. 하나님께 부르짖게 되었습니다. 그뿐만 아니라 하나님께서 조상 아브라함에게 약속하신 그 약속의 땅에 대한 소망을 가지게 되었습니다. '아, 하나님께서 우리 조상에게 약속하신 그 땅에 들어가서 평안하게 살고 싶다'는 소망이 생겼던 것입니다.

여러분, 흑인영가를 아십니까?

흑인들이 저 아프리카에서 너무나도 평화롭게 살고 있었습니다. 그런데 어느 날 갑자기 백인 노예상인들이 쳐들어와서 그들의 집에 불을 지르고 가족들을 다 잡아가니 그 가족들이 뿔뿔이 흩어지지 않습니까? 흑인 노예들을 배에 태워서 저 아메리카로 운송합니다. 저는 그것을 기록한 책을 읽어본 적이 있습니다. 그 배를 타고 갈 때도 높이가 1m 정도밖에 안 되는 닭장 같은 곳에 칸칸이 사람을 집어 넣어가지고 끌고 갔습니다. 짐승처럼 취급한 것입니다. 변 같은 것도 그냥 바닷물을 확 부어서 청소하는 그런 식으로 했습니다. 그러니 그 배를 타고 가면서도 3분의 1 이상이 배 안에서 병에 걸려 죽는 것입니다.

아메리카에 가서는 목화밭에 가서 사람 취급도 받지 못하고 완전히 짐승 취급을 받으면서 살았습니다. 그 고통 가운데서 입에서 저절로 나오는 노래가 무슨 노래겠습니까?

흑인영가입니다! 그 흑인영가의 대부분의 내용이 뭐냐 하면 다 고향을 그리워하고 천국을 그리워하는 것입니다. 너무 고생스러우니 고향 생각이 나고 천국 생각이 나는 것입니다.

오늘 찬양대의 찬양을 들으면서 생각하니 곡소도 그렇고 상당히 그 내용이 흑인영가하고 비슷했습니다. 예를 들어서 깊은 강이라고 하는 흑인영가가 있는데요, 그 첫줄 가사가 "Deep river my home is over Jordan"(깊은 강 나의 고향은 요단강 건너편)이라고 되어 있습니다. "오 주여, 나로 건너가게 하옵소서" 하고 가사가 나옵니다. 그 깊은 강이 무엇이겠습니까? 지금 그 흑인들이 당하고 있는 고난을 의미하는 것입니다. '이 깊은 강을 건너서 요단강 건너편 하나님이 예비하신 그 천국에 들어가고 싶습니다' 하는 것이 그 가사 내용입니다. 그런데 그 사람들이 아프리카에서 평안하게 잘 살고 있었으면 그런 노래가 나왔겠습니까? 안 나왔을 것입니다. 그렇게 고난을 당하다 보니 하나님 나라에 대한 소망을 가지게 되더라는 것입니다.

그런가 하면 연단을 통해서 마음의 불순물이 점차 제거가 되니 마음이 순수해집니다. 그래서 영안이 밝아집니다. 나이가 들면 온갖 병이 찾아온다고 했는데, 그중 시력도 마찬가지입니다. 나이가 들면 백내장에 걸리는 사람이 많습니다. 백내장이 눈을 덮어서 눈이 침침해집니다. 그러면 병원에 가서 백내장을 싹 제거하면 이제 분명하게 아주 밝게 보인단 말입니다. 그처럼 환난을 통해서 마음이 깨끗해지고 영안이 밝아지면 하나님 나라의 영광을 더 밝게, 더 크게, 더 가깝게 보게 되는 것입니다. 이것이 바로 연단이 소망을 이룬다는 말씀입니다.

그리고 5절 말씀을 보면 "이 소망은 우리를 부끄럽게 아니한다"고 했습니다. 이 말은 '소망은 우리를 낙심시키지 않는다, 실망시키지 않는다'는 말인데요, 왜 그렇습니까? '하나님의 사랑이 성령을 통해서 우리에게 부어졌기 때문이다'라고 했습니다. 다시 말하면 우리에게는 이미 하나님의 사랑이 주어져 있다는 것입니다. 하나님은 우리를 아들을 주시기까지 사랑하신다는 말씀입니다. 신자가 고난을 당해도 소망 중에 즐거워할 수 있는 것은, 그리스도 안에서 그를 향한 하나님의 사랑이라고 하는 흔들리지 않는 토대가 있기 때문이라는 것입니다. 하나님께서 우리를 사랑하신다, 그렇기 때문에 우리를 향하신 이 하나님의 사랑은 우리가 당하는 고난을 고난으로 그치게 하지 않는다는 것입니다. 손해로 그치게 하지 않는다는 것입니다.

우리에게 당하는 고난이 무엇을 이루게 합니까?

인내를 이루게 하고, 또 인내는 연단된 인격을 이루게 하고, 연단된 인격은 소망을 이루도록 만들어 주신다는 것입니다. 우리로 하여금 손해 보게 하지 않는다는 것입니다. 왜 그렇습니까? 하나님은 우리를 사랑하시기 때문입니다. 아들을 주시기까지 우리를 사랑하시기 때문에 절대로 고난이 고난으로 괴로움으로 끝나도록 하지 않는다는 것입니다. 다시 말해 하나님은 모든 것이 합력하여 선이 되고 유익이 되도록 만들어 주시는 것입니다. 이것을 확신한다면 우리 성도들은 고난 중에서 즐거워할 수가 있는 것입니다.

오늘 말씀을 기록한 사도 바울은, 2차 전도여행 때 아시아에서 배를 타고 마게도냐 지역, 즉 유럽에 건너가서 그곳의 중심도시 빌립보에 가서 복음을 전하다가 잡혀서 매를 많이 맞고 쇠고랑에 채워져 빌립보의 깊은 감옥에 던져졌습니다. 그런데 사도행전 16장에 보면, 한밤중에 바울과 실라가 "기도하고 하나님을 찬송하였다"고 했습니다. '하나님의 일을 하는데 왜 이런 고통을 주십니까?' 하면서 하나님을 원망하고 신세를 한탄하는 것이 아니라, 기도하고 하나님을 찬송하였다고 했습니다. 고난 중에서도 즐거워했습니다.

3

로마서 5:6-8

사랑의 확증

"우리가 아직 연약할 때에 기약대로 그리스도께서 경건하지 않은 자를 위하여 죽으셨도다 의인을 위하여 죽는 자가 쉽지 않고 선인을 위하여 용감히 죽는 자가 혹 있거니와 우리가 아직 죄인 되었을 때에 그리스도께서 우리를 위하여 죽으심으로 하나님께서 우리에 대한 자기의 사랑을 확증하셨느니라"

아내들은 남편에게 때로 이렇게 묻습니다.

'당신 나 사랑해?'

그러면 남편들은 '응' 하고 대답합니다. 그런데 두 번째 질문이 이어집니다.

'그럼 얼마나 사랑해?'

그러면 대답은 보통 두 가지로 나누어집니다. '아니, 몰라' 아니면 '하늘만큼 땅만큼 사랑한다'고 합니다. 거기에서 끝나면 좋은데 또 세 번째 질문으로 이어집니다.

'그렇게 날 사랑한다면 사랑한다는 증거를 보여줘. 증명을 해봐.'

세 번째 질문이 나오면 남편들은 당황스럽습니다. 증명해 보라고 하면 참 당황스러워지는 겁니다.

오늘 본문 앞에 있는 5절 후반부에 보면 "하나님의 사랑이 성령으로 말미암아 우리 마음에 부은바 되었다"라고 했습니다. 다시 말하면 하나님이 우리를 사랑하신다는 말씀입니다. 하나님께서 여러분을 사랑하심을 믿습니까? 하나님은 우리를 사랑하십니다. 구약 말라기서 1장 초두에 보면 하나님께서 이스라엘 백성에게 '내가 너희를 사랑하였다'라고 말씀하고 있습니다. 그러자 이스라엘 백성들이 뭐라고 했는지 아십니까? '하나님이 어떻게 우리를 사랑했습니까? 우리는 이렇게 가난하고 힘들고 괴로워 죽겠는데, 하나님이 어떻게 우리를 사랑했난 말입니까?' 하고서 대들었습니다.

그러면 하나님이 우리를 어떻게 사랑하실까요?

하나님의 사랑은 정말 여러 가지로 나타납니다. 계절을 주시고, 밤낮을 주시고, 오곡백과를 주시고, 햇빛과 단비를 주십니다. 이렇게 하나님께서 지으신 자연을 통하여 하나님께서는 우리에게 당신의 사랑을 보여주십니다. 뿐만 아니라 우리 하나님은 우리가 살아가는 환경을 통해서 삶을 통해서도 당신의 사랑을 보여주십니다. 건강을 주시고, 학업에 사업에 직장에 형통함을 주시고, 내가 위험에 처해 있을 때에 나를 건져주시고 보호해 주시고, 또 나를 선한 길로 인도하여 주시고, 내 기도에 응답해 주시고, 여러 가지로 우리를 살펴주십니다. 그래서 우리는 '아, 하나님은 나를 사랑하시는구나'라고 말합니다.

그런데 5절에 "하나님의 사랑이 우리에게 부어졌다"라고 할 때에 이 사랑은 방금 제가 말한 그런 일반적인 사랑을 의미하지 않습니다. 하나님의 특별한 사랑을 말합니다. 여러분은 이미 이 사랑이 무엇인지 이 사랑이 어떤 것인지를 알고 있습니다. 그럴지라도 그 사랑을 생각하면 할수록 우리는 더 감격하게 되고 더 하나님 앞에 감사하게 되는 것입니다. 오늘 본문은 우리를 향하신 하나님의 그 특별한 사랑을 기록하고 있습니다. 이 말씀을 통해서 우리 하나님의 사랑을 깊이 깨닫고 다시 한 번 감격하는 귀한 시간이 되기를 바랍니다.

여러분, 하나님의 그 특별한 사랑이 언제 나타났습니까?

6절 맨 앞을 보시기 바랍니다.

"우리가 아직 연약할 때"라고 하였습니다. 여기서 말하는 우리가 아직 연약할 때가 무슨 말이겠습니까? 우리 몸이 연약하고 병들어서 연약하다는 말이겠습니까? 그런 말이 아닙니다. 여기서 말하는 '연약할 때'는 영적으로 연약할 때를 말하는 것입니다. 죄로 인해서 타락해서 스스로 하나님을 찾을 수 없고, 하나님의 뜻을 행할 수도 없고, 선을 행할 수도 없을 때에, 하나님의 진노와 심판을 받을 수밖에 없는 절망적인 상황에 처해 있을 때에, 마치 세월호에 갇혀서 죽은 300여 명처럼, 자력으로는 도저히 스스로를 구원할 수 없는 그런 때에 하나님이 우리를 사랑하시고 그리스도께서 우리를 위하여 죽어주셨다는 말씀입니다.

그러면 시간적으로는 언제 그렇게 하셨습니까? 6-7절을 다시 보십시오. "아직 연약할 때에"가 언제입니까? 그 다음에 나오는 '기약대로'입니다. 시간적으로 보면 '기약대로'입니다. '기약대로'를 영어성경에 보면 "at just the right time"라고 되어 있습니다. "right time"이라는 것은 '정확한 때에, 적절한 때에, 하나님이 정하신 바로 그때에'라는 말입니다. 갈라디아서 4장 4절을 보십시오.

> "때가 차매 하나님이 그 아들을 보내사 여자에게서 나게 하시고."

"때가 차매" 이 말은 하나님이 정하신 때가 있다는 것입니다. 하나님은 역사에 일어나는 모든 일 뿐만 아니라, 우리 개개인의 삶에 대해서 창세전에 이미 작정을 해놓았습니다. 우리의 구원도 마찬가지입니다. 세상의 기초를 놓기 전에 우리 하나님께서는 다 계획을 해놓았습니다. 목수가 집을 지을 때에 기초를 놓고 이 집을 어떻게 지을 것인가를 계획합니까? 아니지요. 기초를 놓기 전에 이미 기초뿐만 아니라 그 위에 어떻게 지을 것인가를 다 설계해 놓고서 짓는 것입니다. 그처럼 하나님께서도 구원의 방법과 구원의 때에 대하여 미리 다 정해 놓으셨습니다. 그리고 하나님 자신의 스케줄을 따라서 하나님이 정하신 가장 적합한 때에, 2000년 전 그 아들을 보내셔서 우리를 위하여 죽게 하셨던 것입니다.

그런데 왜 2000년 전 그때가 하나님이 정하신 때였을까요? 왜 그때가 가장 적절한 때였을까요? 그에 대하여 생각해 보신 적이 있습니까? 사실 우리는 왜 그때가 하나님이 정하신 때인지 right time인지 정확하게 분명히 알지 못합니다. 그런데 어느 정도 추측을 할 수 있습니다. 당시는 인간이 인간의 능력의 한계를 깨닫고 실망해서 신적인 구원을 사모했던 때였습니다. 예를 들면 이스라엘 사람들은 율법을 행함으로 구원을 받는다고 생각하여 열심히 율법을 지켰지만 너무 피곤하고 힘이 들었습니다.

여러분, 헬라는 무엇이 유명합니까? 헬라 철학이 유명합니다.

당시의 유명한 철학자들을 보면 소크라테스, 아리스토텔레스, 플라톤 등을 들 수 있습니다. 그런데 이 철학으로 인간이 가지고 있는 문제를 해결할 줄로 생각했는데 그렇지 못했습니다. 로마인들은 로마의 문화와 문명, 법과 군대로 인간을 구원할 수 있다고 생각했는데 그렇지를 못하였습니다. 그리고 2000년 전 그 당시에는 많은 종교와 많은 신들이 있었지만, 인간의 근본 문제에 대해서는 답을 내놓지 못하였습니다. 해결점을 가져오지 못했습니다. 요컨대 인간의 모든 제도가 인간에게 희망을 주고 인간을 구원하기에 불충분함이 드러나서 사람들은 뭔가 새로운 것을 기다리고 있었습니다. 그러기에 하나님의 복음이 사람들의 마음속에 들어가기에 가장 적절한 때였다는 것입니다.

2000년 전 그때의 상황을 보아도 그렇습니다. 그때는 헬라어라고 하는 공통된 언어를 썼습니다. 뿐만 아니라 로마 제국에서 구석구석 도로를 넓게 잘 닦아놓았습니다. 어느 때보다 하나님의 복음이 잘 전파될 수 있는 그런 때였습니다. 이렇듯 하나님은 가장 적절한 때에 하나님의 정하신 그때에 아들을 이 세상에 보내주신 것입니다.

우리의 구원만 하나님께서 때를 정해놓고 정확한 때에 이루시는 것이 아닙니다. 우리의 생사, 우리의 삶, 모든 것도 하나님께서 때를 정하시고 하나님이 정하신 가장 합당한 때에 이루어주심을 믿으시기 바랍니다.

여기서 우리가 두 가지 명심해야 될 일이 있습니다.

하나님께서 내 삶에 대하여, 이 시대에 대하여 때를 다 정해 놓았다는 것을 우리가 믿는다면, 자기의 삶에서 하나님의 때를 유의할 수 있어야 합니다. 예수님의 삶을 사복음서에서 보십시오. 예수님께서는 아버지의 때를 아셨습니다. 그때를 아시고 그때가 오면 때에 따라서 행하셨습니다. 오늘 우리에게도 그러한 지혜와 통찰력이 필요합니다.

오늘 이 마지막 시대에 하나님께서 이 땅에 우리를 태어나게 하시고, 나로 하여금 이 가정 이 교회에서 자라게 하셨는데, 하나님께서 나의 삶의 단계마다 하나님의 때가 있고, 하나님의 작정하신 바가 있고, 하나님의 이루실 바가 있는 것입니다. 그때를 유의하시고 그 때를 깨닫고 그때에 하나님께서 원하시는 바를 행하는 성도가 되시기를 바랍니다.

뿐만 아니라 한 가지 더 기억할 것이 있습니다. 그것은, 때로 우리의 삶에 너무나도 큰 어려움이 닥칠 때가 있습니다. 그때 우리는 이렇게 하기가 쉽습니다. '하나님 왜 하필이면 이때에 나에게 이런 일을 닥치게 하셨습니까?' 하고 원망할 때가 있습니다. 그러나 우리가 잊지 말 것은 우리 하나님께서 모든 때를 다 정하시고 하나님이 보시기에 가장 적절한 때에, 가장 좋은 때에 모든 일을 이루신다는 것입니다. 이것을 믿을 때에 우리는 원망하거나 절망하지 말고 도리어 하나님의 뜻을 바라보면서 교훈을 얻게 될 것입니다.

여러분, 우리가 아직 연약할 때에, 그리고 하나님이 정하신 정확한 때에 무슨 일이 일어났습니까?

6절 둘째 줄을 보십시오.

"그리스도께서 경건하지 않은 자를 위하여 죽으셨도다."

이 한마디 말씀은 복음 중의 복음이라고 할 수 있습니다. 누구를 위해서 그리스도께서 죽으셨다고 했습니까? 경건하지 않은 자를 위하여 죽으셨습니다. 여러분, 경건하지 않은 자가 어떤 자입니까? 경건하지 않은 자는 하나님이 없다고 하는 자입니다. 그 마음에 하나님 두기를 싫어하는 자입니다. 하나님을 섬기지도 않고, 예배하지도 않고, 순종하지도 않는 자들입니다. 경건하지 않은 자를 8절에는 뭐라고 했는지 한 번 보십시오. 우리가 아직 '죄인 되었을 때에'라고 하였습니다. 죄인은 불경건한 자입니다. 다시 말해 죄 아래 있는 모든 사람, 즉 아담의 모든 후손은 경건하지 않은 자인 것입니다. 하나님의 아들이 경건하지 않은 자를 위해서 죽으셨다고 했습니다.

여러분은 이 말이 그냥 대수롭지 않게 들립니까? 하나님의 아들이 경건하지 않은 자를 위해서 죽으셨다는 이 말씀은 너무나도 놀랍고 충격적인 말씀이라는 것을 알아야 됩니다. 7절을 보면 의인을 위해서 죽는 자가 쉽지 않고 선인을 위해서 죽는 자가 혹 있다고 했습니다. 혹 있다는 말씀이 무엇입니까? 거의 없다는 말씀입니다. 역사를 보면 어쩌다가 남을 대신해서 죽는 고귀한 일이 있습니다. 주인을 위해서 자기 목숨을 버리는 충성된 종이 있습니다. 주군을 위해서, 자기가 섬기는 왕을 위하여 목숨을 버리는 신하가 혹 있었습니다. 부모를 위하여 또는 자식을 위하여 목숨을 버리는 부모나 자식이 있었습니다. 사랑하는 사람을 위하여 자기 목숨을 버리는 사람도 있었습니다. 사랑하는 친구를 위하여 목숨을 버리는 사람도 혹 있었는데, 예수님께서는 요한복음 15장에서 말씀하시기를 "사람이 그 친구를 위하여 자기 목숨을 버리면 이보다 더 큰 사랑이 없다"라고 하였습니다.

친구를 위해서 자기의 가장 귀한 목숨을 버릴 수 있는 이 사랑보다 더 큰 사랑이 세상에 어디에 있겠습니까? 없는 것입니다. 그렇지만 이런 일은 너무나도 드문 일입니다. 그리고 우리 시대가 갈수록 사랑이 식고 헌신이나 희생하는 마음이 식어서 남을 위해서 죽는 사람을 찾아보기가 더 어려워졌습니다. 물론 아직도 사고 현장에서, 천안함 사고 현장에서, 세월호 사고 현장에서 남을 구하다 죽는 사람들도 있고, 오늘 같은 여름날에 강이나 바다에 빠져서 허우적거리는 사람을 살리기 위해 구조하러 들어갔다가 죽는 사람도 있습니다.

그러나 생각해 보면 그도 자기가 죽을 줄 알았다면 뛰어들었을까요? 자기가 죽을 줄 알았다면 다른 사람을 살리기 위해서 강이나 바다에 뛰어들었을까요? 아마 뛰어들지 않았을 것입니다. 자기도 살고 그 사람도 살리려고 그렇게 들어가지 않았겠습니까? 여하튼 남을 대신해서 죽는 것은 정말 어려운 일입니다.

의인과 선인을 위해 죽는 것도 어렵습니다. 그러나 하나님은 어떻게 하셨습니까? 우리 인생이 자기를 지으신 하나님을 거역하고, 하나님을 예배하지도 아니하고, 하나님께 영광을 돌리지도 아니하고,

순종하지도 아니하고, 원수 되어 살아갈 때에, 우리 하나님은 이 세상을 너무나 사랑했습니다. 이처럼 사랑했습니다. 'God so loved.'

하나님이 세상을 '이처럼 사랑하사' 그 아들을 이 세상에 보내주셨습니다. 하나님의 아들 예수님께서 어떻게 했습니까? 오늘 6절을 보니까 경건하지 않은 자를 위하여 죽으셨습니다. 8절에는 우리가 죄인 되었을 때에 우리를 대신해서 죽었다고 했습니다. 10절에 보니 우리가 하나님의 원수였을 때에 하나님의 아들이 우리를 대신해서 죽어 주셨습니다.

예수님은 사람이 그 친구를 위해서 자기 목숨을 버리면 이보다 더 큰 사랑이 없다고 했는데, 우리 예수님은 어떻게 했습니까? 친구를 위해서 죽은 것이 아니고 불경건한 자를 위하여, 죄인을 위하여, 원수를 위하여 죽어 주셨다는 말씀입니다.

이런 사랑이 세상에 어디에 있겠습니까?

그래서 십자가에서 보여주신 그 하나님의 사랑은 최고의 사랑인 것입니다. 이 세상 어디에서도 볼 수 없는 사랑입니다. 어떤 사랑과도 비교할 수 없는 유일무이한 사랑입니다. 너무나도 특별한 사랑, 한이 없이 크고 넓은 사랑입니다.

이 십자가의 사랑을 통하여 하나님은 우리에 대한 자기의 사랑을 확증하셨습니다. 8절을 다시 한 번 봅시다.

> "우리가 아직 죄인 되었을 때에 그리스도께서 우리를 위하여 죽으심으로 하나님께서 우리에 대한 자기의 사랑을 확증하셨느니라."

예수님께서 자기의 사랑을 확증하셨다고 했습니다.

'십자가는 하나님의 사랑의 확증이다.' 그렇습니다. 십자가는 하나님께서 저와 여러분을 사랑하신다고 하는 사랑의 확증인 것입니다. 그러므로 다른 무엇 때문에 '하나님이 날 사랑해' 하는 것도 좋지만, 무엇보다도 내가 죄인 되었을 때에 내가 그분의 원수 되었을 때에 예수님이 날 위해서 죽어주셨다는 이 사실로 인하여 하나님이 날 사랑하심을 믿고 확신하는 성도가 되시기를 바랍니다.

여러분. 이 특별한 하나님의 사랑에 대해서 우리는 어떻게 해야 되겠습니까?

우리가 이 하나님의 사랑에 보답해서 해야 될 일이 너무나도 많지만, 가장 중요한 것 한 가지는 하나님의 이 특별한 사랑에 대해서 확신을 가져야 합니다. 이것이 가장 중요합니다. 하나님의 사랑에 대한 확신은 우리에게 풍성한 복을 가져옵니다. 그것은 기쁨을 가져옵니다. 평화를 가져옵니다. 자유를 가져옵니다. 확신을 우리에게 줍니다. 높은 자존감을 갖게 합니다.

사람은 밥만 먹고 사는 것이 아닙니다. 가만히 생각해 보면 사람은 사랑을 먹고 삽니다. 사랑을 먹지 않고도 살아갈 수 있지만, 사랑을 먹지 않고 살아가는 사람은 이 세상을 제대로 살아갈 수 없습니다. 바른 사람이 되기 어렵고, 바르게 살기도 어렵습니다. 많은 청소년들이, 많은 사람들이 삶을 바로 살지 못하고 방황하는 주요 이유 중에 하나가 무엇입니까? 자기가 사랑받지 못한다고 느끼기 때문에 그런 것입니다.

그런데 수십 년 전 6.25동란이 끝나고 그때 고아원이 얼마나 많았습니까? 고아원에서 자란 아이들은 부모의 사랑을 받지 못하면서 자랐습니다. 그래서 뭔가 그들의 얼굴은 늘 굳어 있었습니다. 그들의 표정이 왜 굳어 있겠습니까? 그것은 그들의 마음이 굳어 있기 때문입니다. 부모의 사랑을 받지 못하고 형제의 사랑을 받지 못해서 마음이 굳어 있고 삐뚤어져 있어서 얼굴에 그대로 나타난 것입니다. 그런 아이들이 커서 사회의 문제아가 되는 경우가 많았습니다.

안타깝게도 요즘 우리나라 군대에서 사고가 계속 터지고 있습니다. 얼마 전에 총기난사 사건이 있었고, 이어서 부대에서 두 명의 군인이 자살을 하는 일이 있지 않았습니까. 가장 가까이에는 저 28사단 의무대에서 윤일병 구타사망사건이 있었습니다. 34일 동안 그 선임병들이 거의 매일 윤일병을 구타했다고 합니다. 그 시신 보셨죠? 온통 시뻘겋게 되어 있습니다. 사고 당일에는 새벽 2시부터 4시 반까지 두 시간 반 동안 계속 때려서 4시 반에 의식을 잃고 후송되어서 죽었다고 합니다. 이건 악마입니다. 그 구타에 가장 주동이 된 인물이 이 모 병장인데 알고 보니 아버지가 조폭, 깡패였습니다. 부모의 사랑을 바르게 받지 못하고 자란 문제사병, 관심사병이라고 합니다. 계급이 낮을 때는 고참들에게 눌려서 아무 소리도 못하고 있다가 병장이 되니까 자기 밑에 있는 아이들을 함부로 대하고 잔혹하게 구타했던 것입니다.

누군가가 나를 너무 사랑한다는 것을 알고 느끼는 사람은 인생을 바르게 살아갑니다. 용기 있게 살아가는 것입니다. 자신감을 갖고 살아갑니다. 다른 사람을 사랑하면서 살아갑니다. 부부가 서로를 진정으로 사랑하면 어떤 어려움이나 역경 속에서도 좌절하지 않고 꿋꿋하게 헤쳐 나갑니다. 자녀가 자라서 어떤 어려움을 당해도 자기 부모님이 자기를 너무 사랑했다는 것을 알면 쉽게 좌절하지 않습니다. 삶이 무너지지 않습니다. 묵묵히 어려움을 감당해 나갑니다.

인생에서 가장 중요한 관계가 누구와의 관계라고 했습니까?

하나님과의 관계입니다. 부모와의 관계도 참으로 중요하지만, 하나님께서 나를 이 세상에 태어나게 한 통로 역할을 한 것이지 부모님이 날 지으신 것은 아닙니다. 나를 지으신 분은 하나님이십니다. 그러므로 우리 인간은 하나님과의 관계가 가장 중요합니다. 그런데 그 하나님께서 우리를 너무 사랑하셨다는 것입니다. 아들을 아끼지 않고 내어주셨습니다. 예수님은 우리가 아직 죄인 되었을 때에 우리를 위해서 죽어주셨습니다. 지금도 십자가의 그 사랑으로 변함없이 우리를 사랑하고 계신다는 것입니다.

이 하나님의 큰 사랑은 변함이 없습니다. 이 사랑은 흔들림이 없습니다. 이 사랑은 영원한 것입니다. 누가 우리를 이 하나님의 사랑에서 끊을 수 있겠습니까? 아무도, 그 무엇도 예수 그리스도 안에 있는 하나님의 사랑에서 끊을 수 없으리라고 말씀하였습니다. 저는 시편 27편 10절을 좋아합니다. 거기에 다윗의 고백이 나와 있습니다. 다윗이 어떻게 고백했는지 아십니까?

"내 부모는 나를 버렸으나 하나님은 나를 영접하시리이다."

다윗의 부모가 나쁜 부모라는 말이 아닙니다. 이 말씀의 의미는 무엇입니까? 우리 하나님의 사랑은 부모님의 사랑과 비길 데 없는 놀라운 사랑임을 우리에게 보여주는 것입니다. 그래서 우리는 노래합니다.

"그 사랑 얼마나 아름다운지,
그 사랑 얼마나 날 부요케 하는지,
그 사랑 얼마나 크고 놀라운지,
그 사랑 얼마나 나를 감격하게 하는지…"

전능하신 하나님이 날 이처럼 사랑함을 믿을 때에 이 세상에서 내가 감당 못할 일이 무엇이 있겠습니까? 내가 낙심할 일이 어디 있겠습니까? 모든 일을 다 감당할 수 있고, 고난 중에도 즐거워할 수가 있는 것입니다.

이 하나님의 특별하신 사랑을 확신하고 사시기를 바랍니다. 하나님이 날 이처럼 사랑하신다는 사실을 잊지 마시고 사시기를 바랍니다. 이 하나님의 사랑에 늘 감격하며 사시기를 바랍니다. 이 사랑 위에 굳게 서서 어떤 일에도 흔들림 없이 넘어짐 없이 굳건하게 살아가는 여러분 모두가 되시기를 바랍니다.

4

로마서 5:9-11

그의 피로 말미암아

"그러면 이제 우리가 그의 피로 말미암아 의롭다 하심을 받았으니 더욱 그로 말미암아 진노하심에서 구원을 받을 것이니 곧 우리가 원수 되었을 때에 그의 아들의 죽으심으로 말미암아 하나님과 화목하게 되었은즉 화목하게 된 자로서는 더욱 그의 살아나심으로 말미암아 구원을 받을 것이니라 그뿐 아니라 이제 우리로 화목하게 하신 우리 주 예수 그리스도로 말미암아 하나님 안에서 또한 즐거워하느니라"

하나님께서 저와 여러분을 사랑하십니다. 믿습니까? 누구보다 가장 큰 최고의 사랑으로, 그리고 측정할 수 없는 무한한 사랑으로, 영원한 사랑으로 저와 여러분을 사랑하시는 것입니다. 하나님께서 특별히 당신의 사랑을 우리에게 보여주셨는데, 어떻게 보여주셨습니까? 우리가 아직 죄인 되었을 때에, 원수 되었을 때에 하나님께서 그 아들을 보내주시고, 그 아들이 우리를 위하여 대신 죽어주셨습니다. 그래서 지난 주일에 '사랑의 확증'이라는 제목으로 말씀을 드렸는데, 우리 주님이 십자가에서 죽으신, 그것이 바로 하나님께서 우리를 사랑하신다는 하나의 확증, 표시가 되는 것입니다.

오늘 본문 9절을 보면 예수 그리스도의 십자가 죽음을 단 한 음절로 우리에게 보여주는 말이 있습니다. 첫 줄을 잘 보십시오. 한 음절로 우리에게 보여주는데 그것이 무엇입니까? '피'입니다. 누구의 피입니까? 그의 피, 예수 그리스도의 피라는 것입니다.

오늘 본문은 이 예수 그리스도의 피로 말미암아 이루어진 일 두 가지를 우리에게 보여주고, 이 두 가지로 인하여 된 결과를 우리에게 또 두 가지 보여줍니다. 가만히 살펴보면, 지금까지 말씀드린 이 신칭의 교리의 요약이요 결론이라고 할 수 있는 말씀입니다.

그러면 예수 그리스도의 피, 곧 예수 그리스도의 죽으심으로 말미암아 된 첫 번째 일이 무엇입니까?

9절 첫 줄을 보시기 바랍니다.

"그러면 이제 우리가 그의 피로 말미암아 의롭다 하심을 받았으니."

무엇을 받았습니까? 의롭다 하심을 받았다고 했습니다. 칭의를 받은 것입니다. 로마서 3장에서는 우리가 믿음으로 의롭다 함을 받았다고 했습니다. 또 우리가 은혜로 의롭다 함을 받았다고 했습니다. 그런데 오늘 본문에는 그의 피로 말미암아 의롭다 함을 받았다고 했습니다. 어느 것이 옳습니까? 세 가지 다 옳은 말씀입니다. 믿음은 우리가 하나님의 의를 받아들이는 채널이며 통로입니다. 그리고 은혜는 무엇입니까? 은혜는 하나님께서 우리를 의롭다 하시는 방법인 것입니다. 예수 그리스도의 피는 무엇입니까? 하나님께서 우리를 의롭다고 하시는 근거가 되는 것입니다.

'우리는 믿음으로, 은혜로, 그의 피로 의롭다 함을 받는다.'

여러분 그렇게 믿으십니까?

그러면 그의 피로 의롭다 함을 받는다는 이 말이 무슨 말입니까? 하나님은 여러 가지 선한 성품이 있지만, 그중에서도 특별히 대조가 되는 아주 독특한 두 가지 성품이 있습니다. 그것이 뭐냐 하면 하나는 사랑입니다. 그와 비교되는 것이 무엇이겠습니까? 공의입니다. 우리 하나님은 사랑의 하나님이시요, 공의의 하나님이십니다. 공의로우신 하나님이기 때문에 죄를 그냥 넘어가시는 법이 없는 것입니다. 죄에 대하여 진노하시고, 심판하시고, 반드시 벌을 주시는 하나님이십니다. 그래서 우리가 구약성경에 보면 하나님께서 죄인을 처벌 없이 벌주지 않고 그냥 보내시지 않는다고 여러 번 말씀하셨습니다.

죄의 삯이 무엇입니까? 사망입니다. 죽음입니다. 그러므로 죄인은 죽어야 됩니다. 피를 흘려야 되는 것입니다. 피를 흘리고 죽을 때에 죄의 문제가 끝이 나는 것입니다. 그래서 성경 말씀에 피 흘림이 없이는 무엇이 없다고 했습니까? 죄 사함이 없다고 했습니다. 죽음이 없이는 죄용서가 없다는 것입니다. 이 말씀은 우리에게 하나님의 공의를 너무나 잘 보여줍니다.

그렇기 때문에 하나님께서 우리 죄인들을 구원하시려고 천사들을 이 세상에 다 보내셨습니까? 아니지요. 하나님께서 그냥 우리의 죄를 말씀 한마디로 다 사하여 주셨습니까? 아닙니다. 피 흘림이 없이는 죄 사함이 없기 때문에 자기의 사랑하는 독생자를 이 세상에 보내 주시고, 피를 가진 사람으로 이 세상에 태어나게 하시고,

십자가에서 우리를 대신해서 피 흘려 죽게 하셨던 것입니다. 죄인이 이 사실을 믿을 때에 하나님은 그 사람의 죄를 용서하시고 의롭다고 하시는 것입니다.

그러고 보면 예수 그리스도의 피는 우리의 칭의의 근거가 되는 것입니다. 우리를 대신해서 흘리신 피 흘리심이 없다면, 그의 죽으심이 없었다면, 공의의 하나님이 우리를 의롭다고 하실 이유가 없다는 말씀입니다.

예수 그리스도의 피, 예수 그리스도의 죽음으로 말미암아 이루어진 두 번째 일이 무엇이겠습니까?

10절 중반부를 보십시오.

> "곧 우리가 원수 되었을 때에 그의 아들의 죽으심으로 말미암아 하나님과 화목하게 되었은즉."

하나님과 어떻게 되었다고 했습니까? 화목하게 되었다고 했습니다. 화목 되었다는 이 말씀은 국가 간의, 또 개인 간의 적대관계가 해소되었다는 그런 말입니다. 적대적인 두 당사자가 이제는 평화를 이루고 서로 손을 잡는 것을 가리켜서 화목했다, 화해했다고 말하는 것입니다. 우리 인간과 하나님의 관계가 어떠합니까? 10절 첫 줄을 보시기 바랍니다.

> "곧 우리가 원수 되었을 때에."

이 말씀을 보면 하나님과 우리 죄인들의 관계는 어떤 관계입니까? 원수 관계입니다. 에덴동산에서 인간은 하나님께 반역을 했습니다. 하나님이 모든 자유를 주시고 딱 한 가지를 금했는데 그것을 지키지 않고 불순종했습니다. 범죄하고 타락하여서 하나님에 의하여 쫓겨났습니다. 하나님의 원수가 된 것입니다. 그런 우리의 인생이 어떻게 하나님과 화목할 수 있겠습니까? 디모데전서 2장 5절을 보십시오.

> "하나님은 한 분이시요 또 하나님과 사람 사이에 중보자도 한 분이시니 곧 사람이신 그리스도 예수라."

다시 말해 우리 주 예수 그리스도로 말미암아, 그의 피로 말미암아, 그의 죽으심으로 말미암아 죄인인 인간이 하나님과 화목하게 되는 것입니다.

영국의 대문호 셰익스피어의 4대 비극 중에 '로미오와 줄리엣'이라고 하는 유명한 작품이 있습니다. 둘은 서로 원수 가문에서 태어났는데, 서로 사랑하게 되었습니다. 그런데 이 극의 끝부분에 가면 줄리엣이 약을 먹는데, 그 약은 먹으면 잠시 동안 마치 죽은 사람처럼 보입니다. 그래서 그 약을 먹고 잠시 죽은 것처럼 되어 있는데, 그때에 로미오가 줄리엣을 찾아오는 것입니다. 사랑하는 줄리엣이 죽었다고 생각했습니다. 그는 너무 큰 슬픔에 빠져서 독약을 먹고 자살을 해버립니다. 조금 있다가 줄리엣이 깨어났습니다.

무엇을 봅니까? 자기 옆에 사랑하는 로미오가 죽어 있는 것을 발견합니다. 너무나도 경악하였습니다. 로미오의 시체를 안고서 오열하다가 그 슬픔을 달랠 길이 없어서 로미오가 차고 있던 단도를 빼서 자기 가슴을 찔러 자결을 하는 것입니다. 두 가문은 자신들의 사랑하는 자식이 두 가문의 싸움으로 인하여 죽게 된 사실을 알게 되고, 두 가문이 함께 두 젊은이의 장례를 치러주면서 해묵은 원한을 다 청산하고 서로 화해하게 됩니다. 두 사람의 죽음을 통하여 원수 된 자들이 화해하게 되었다는 것입니다.

우리 예수님의 죽으심도 이와 비슷합니다.

예수 그리스도의 죽으심으로 인하여 하나님과 원수 관계였던 우리가 서로 화해하고 화목하게 된 것입니다. 그러나 우리와 하나님과의 관계는 절대로 로미오와 줄리엣의 수준이 아닙니다. 우리와 하나님과의 관계는 서로가 잘못해서 원수 된 관계가 아닌 것입니다. 50대 50으로 잘못해서 원수된 것이 아닙니다. 왜, 무엇 때문에 멀어졌습니까? 무엇 때문에 원수가 되었습니까? 인간의 일방적인 불순종, 일방적인 범죄, 인간의 반역으로 그렇게 된 것입니다.

그렇다면 서로 화목하기 위해서는 누가 먼저 나서야 되겠습니까? 당연히 잘못한 측에서 먼저 나서야 되는 것입니다. 잘못한 측에서 먼저 다가가서 '내가 잘못했습니다. 나의 잘못을 용서해 주십시오. 내 죗값을 다 치르겠습니다' 하면서 죗값을 치르게 될 때에 그때에 서로 화목하게 되는 것입니다.

그런데 죄 아래 있는 우리 인간은 그렇게 해야 되는데도 불구하고 하나님을 찾지 않았습니다. 사실은 죄로 인하여 완전히 타락했기 때문에 우리 인간은 하나님을 찾을 능력이 우리 인간에게 없는 것입니다. 어떻게 하면 좋습니까? 절망적입니다. 그런데 하나님께서 먼저 우리를 사랑해 주시고, 먼저 우리를 찾아주시고, 먼저 우리에게 다가와 주시고, 먼저 손을 내밀어 주셨습니다.

요한복음 3장 16절에 "하나님이 세상을 이처럼 사랑하사 독생자를 주셨으니"라고 하였습니다. 독생자를 이 세상에 보내어 주셨습니다.

더욱더 놀라운 것은 우리가 치러야 될 죄의 대가를 하나님 당신께서 치러 주셨습니다. 어떻게 치러 주셨습니까? 사랑하는 아들을 십자가에 죽이심으로 말미암아 치러 주셨습니다. 우리 주 예수님께서 자기의 생명을 화목제물로 드리심으로 죗값을 치러 주셨던 것입니다.

세상에 이런 사랑이 어디 있겠습니까. 우리가 하나님과 화목하게 되고 하나님의 자녀가 되어 하나님을 아바 아버지라고 부르면서 그 앞에 예배드릴 수 있는 것은, 예수 그리스도의 피로 된 것이요, 하나님의 놀라운 사랑과 은혜로 말미암은 것임을 믿으시기 바랍니다.

그리고 하나님의 이런 무습은 신자가 세상을 어떻게 살아야 하는지, 또 나와 적대관계에 있는 사람을 어떻게 대해야 하는지, 내가 미워하는 사람에 대하여 어떤 마음을 가져야 될지를 잘 가르쳐 주고 있습니다. 그렇다면 어떻게 해야 되겠습니까? 멀리하고 따돌리고 비난하고 상대하지 않고 적대시해야 되겠습니까?

그렇지 않습니다. 내가 비록 피해자일지라도 상대방이 비록 잘못했다고 할지라도, 내가 먼저 우리 하나님처럼 사랑하고 내가 먼저 다가가고 내가 먼저 손을 내밀 수 있는 사람이 되어야 합니다. 상대방이 와서 나에게 잘못했다고 자기 잘못을 시인하고 사과하기까지는 절대로 내가 먼저 손을 내밀지 않겠다고 생각하고 있습니까? 만일에 하나님이 우리에게 그렇게 했다면 여기에 있는 우리 중에 하나님 앞에서 죄 용서를 받을 사람이 누가 있겠습니까? 여기에 있는 우리 중에 하나님 앞에서 구원 받을 사람이 누가 있겠느냐는 것입니다. 아무도 없는 것입니다 우리의 인간관계, 성도와의 관계는 그리스도의 피를 알지 못하고 하나님의 사랑과 은혜를 알지 못하는 세상 사람과 같으면 안 된다는 것입니다. 하나님의 사랑을 믿고 예수 그리스도의 피를 믿는다면, 우리는 하나님께서 우리에게 보여주신 그 모습대로 모든 사람과 화목하여야 하는 것입니다. 우리 하나님께서 말씀하셨습니다.

"할 수 있거든 너희로서는 모든 사람으로 더불어 화목하라."

누구와 더불어서 화목하라고 했습니까? 모든 사람과 더불어서 화목하라고 했습니다. 그 모든 사람 속에는 우리 교회 성도도 포함되겠지만, 내가 미워하는 사람도 포함될 것입니다. 나의 원수까지도 포함이 될 것입니다. 모든 사람으로 더불어서 화목하시는 여러분이 되시기를 바랍니다. 우리를 사랑하시어 우리를 위해 생명을 내어주신 우리 주 예수님께서 우리에게 주시는 말씀이 있습니다. 누가복음 6장 27-28절을 보십시오.

"너희 원수를 사랑하며 너희를 미워하는 자를 선대하며 너희를 저주하는 자를 위하여 축복하며 너희를 모욕하는 자를 위하여 기도하라."

우리 주 예수님의 이 사랑으로 인하여 구원받은 여러분들은 우리 주님께서 말씀하신 이 말씀대로 행하고 계십니까?

"너희 원수를 사랑하며 너희를 미워하는 자를 선대하며 너희를 저주하는 자를 축복하며 너희를 모욕하는 자를 위하여 기도하라."

그렇게 하시는 여러분 모두가 다 되시기를 바랍니다. 예수 그리스도의 피를 믿을 때에 하나님과 우리가 화목하게 될 수 있음을 믿으시기 바랍니다. 그리고 이 하나님의 화목을 본받아서 살아가시는 저와 여러분이 될 수 있기를 바랍니다.

예수 그리스도의 피로 말미암아, 예수 그리스도의 죽음으로 말미암아 된 일이 두 가지가 오늘 말씀에 나왔습니다. 첫째로, 그의 피로 말미암아 우리가 의롭게 된다고 했습니다. 두 번째는, 하나님과 화목하게 된다고 했습니다.

그러면 이 두 가지 일의 결과가 무엇이겠습니까?

첫째는, 9절 셋째 줄을 보십시오.

"그로 말미암아 진노하심에서 구원을 받을 것이니."

진노하심에서 구원을 받는 것입니다. 하나님의 진노는 성경이 가르치는 아주 중요한 교리입니다. 그런데 우리 기독교에 보면 어떤 신학자나 목사님들은 하나님의 진노 교리를 믿지 않습니다. '하나님은 사랑의 하나님이신데 하나님이 진노하시다니 그것은 말이 되지 않는다, 하나님은 사랑의 하나님이신데 죄인들을 심판하시고 멸망시키신다고? 그것은 말이 안 된다'고 하면서 진노의 개념을 부인하려고 합니다. 그러나 구약성경에 보면 이 진노의 개념이 무려 580여 회나 나타나고 있습니다.

신약성경에도 계속해서 이 진노의 개념이 나옵니다. 다시 말해서 하나님의 진노는 성경의 시작과 끝을 관통하고 있습니다. 계속 이어지고 있는 것입니다. 하나님은 죄를 미워하시기 때문에, 공의의 하나님이시기 때문에, 죄에 대하여 죄인에 대하여 진노하시는 것입니다. 이 하나님의 진노가, 이 로마서에도 벌써 몇 번이나 나왔습니다. 대표적인 구절 로마서 1장 18절을 보십시오.

"하나님의 진노가 불의로 진리를 막는 사람들의 모든 경건하지 않음과 불의에 대하여 하늘로부터 나타나나니."

이 문장의 주어는 '하나님의 진노'입니다. 동사는 끝에 있는 '나타나나니'입니다. 그런데 "나타나나니"는 현재형입니다. 그러니까 하나님의 진노는 모든 시대에 나타나는 것입니다. 과거 역사 가운데서도 하나님의 진노가 나타났습니다. 소돔과 고모라에, 노아 시대에 하나님의 진노가 세상에 부어졌지 않습니까? 그리고 이 하나님의 진노는 우리가 잘 알지는 못하지만 지금 이 시대에도 계속 나타나고 있습니다. 우리나라에도 나타나고, 이 세계에도 나타나고, 우리가 알 수 없고 잘 느끼지 못할지 몰라도 우리 교회에도 나타날 수 있고, 우리의 삶에 여러분의 가정에도 나타날 수 있는 것입니다. 영안을 열어서 우리 하나님의 진노가 나타남을 볼 수 있는 사람이 되어야 됩니다.

그런데 이 하나님의 진노는 지금도 나타나지만 앞으로 심판 날에 나타날 것입니다. 오늘 본문 9절 셋째 줄에 보시기 바랍니다.

"그로 말미암아 진노하심에서 구원을 받을 것이니."

진노에서 구원을 받을 것이니 했는데, 이것은 현재입니까 미래입니까? 미래입니다. 그러므로 이 9절의 진노하심은 마지막 심판 날에 있을 우리 하나님의 최후의 진노요, 완전한 진노인 것입니다. 역사 속에서 보면 하나님께서는 어떤 사람이 죄를 지었다고 해서 당장 그 사람에게 진노하시거나 혹은 그 나라를 심판하시지 않는 경우가 있습니다. 그냥 내버려두시는 것입니다. 그러나 완전범죄는 없습니다. 마지막 진노의 날에 하나님께서는 완전한 진노와 심판을 하시게 되는 것입니다.

그런데 예수 그리스도의 피를 믿는 자는, 마지막 날 하나님의 최후의 큰 진노에서 구원을 받게 되는 것입니다. 왜 예수 믿는 자가 하나님의 진노에서 구원을 받게 되겠습니까? 우리 주 예수님이 십자가에 달렸을 때에, 하나님은 죄인인 우리에게 쏟아 부어야 될 진노를 누구에게 부으셨습니까? 그 사랑하는 아들 예수님에게 다 쏟아 부었습니다. 우리를 사랑하시는 우리 주 예수님께서는 그 진노의 잔을 남김없이 다 받으셨습니다. 우리를 대신해서 친히 십자가에 달리시고, 고통 받으시고, 모욕을 당하시고, 옷 벗김을 당하시고, 수치를 당하시고, 아버지의 저주를 받으시고, 버림을 받고 죽으셨습니다. 영광스러운 하나님께서 죽어서 땅에 장사까지 되었습니다. 얼마나 수치스럽고 모욕적인 일이겠습니까?

예수님이 우리를 대신하여 이렇게 진노를 받으셨기 때문에 하나님께서 예수 믿는 우리를 진노에서 구원해 주시는 것입니다. 그러나 예수 믿는 우리는 이미 구원을 받았지만, 아직도 우리 삶에는 연약함과 부족함 등 많은 문제가 있습니다. 그러나 주님이 강림하시는 그날에, 최후 심판하시는 그날에, 마지막 진노에서 하나님이 우리를 구원하시는 그날에는 우리가 완전한 구원에 이르게 될 것입니다. 그 영광스러운 날을 믿음으로 바라보며 소망 가운데 사시는 여러분이 다 되시기를 바랍니다.

칭의와 화목의 두 번째 결과가 무엇입니까?

11절을 보십시오.

"그뿐 아니라 이제 우리로 화목하게 하신 우리 주 예수 그리스도로 말미암아 하나님 안에서 또한 즐거워하느니라."

"즐거워하느니라."

죄인 되었던 인생이, 하나님의 원수 되었던 인생이, 그래서 하나님의 진노와 심판을 받고 영원히 멸망 받게 되었던 우리 인생이 예수 그리스도의 피로 의롭다 함을 받고 하나님과 화해가 되고, 이로 인해서 하나님의 진노에서 마지막 날 구원받을 것인데, 이것을 믿을 때에 무덤덤할 수 있겠습니까? 그렇다면 그 사람은 비정상입니다. 죄 많은 나를 향하신 하나님의 특별하신 사랑과 구원을 생각할 때에, 생각하면 할수록 우리 성도의 가슴속에는 기쁨이 넘치게 되는 것입니다. 즐거워할 수밖에 없습니다. 그래서 이신칭의의 결과가 무엇이라고 했습니까? 로마서 5장 2절에 우리가 어떻게 한다고 했습니까? 즐거워한다고 했습니다. 또 3절에 가서는 뭐라고 했습니까? "환난 중에서도 즐거워하느니라"고 말씀했습니다. 내 처지와 환경에 관계없이 즐거워하는 것입니다

지난주일 설교에서 제가 루마니아의 리처드 범브란트 목사님에 대해 말씀드렸습니다. 공산치하에서 목사라고 감옥에 갇혔습니다. 그 아내인 사모님까지도 감옥에 갇혔습니다. 그런데 하나 있는 아들을 돌볼 사람이 없어서 어디로 갔는지 사라져 버렸습니다. 공산당은 감옥에 갇힌 목사님을 굴복시키기 위해 안간힘을 다 썼습니다. 모든 방법을 동원하고 고문을 하였습니다. 얼마나 힘들었겠습니까. 기진맥진해 있는 그 목사님에게 하나님께서 주신 말씀이 있었

습니다. 야고보서 1장 2절 말씀입니다.

"내 형제들아 너희가 여러 가지 시험을 당하거든 온전히 기쁘게 여기라."

"온전히 기쁘게 여기라"고 하나님께서 도전을 하셨는데, 목사님이 하나님 앞에 항변을 했습니다. '하나님 지금 저의 환경에서 제가 어떻게 기뻐할 수가 있습니까? 어떻게 즐거워할 수 있습니까?'라고 하였지만, 하나님께서는 계속해서 이 말씀을 통해 목사님에게 도전을 했습니다. 마침내 목사님께서 이 말씀에 굴복하였습니다.

"하나님, 제가 이 말씀을 따르겠습니다. 순종하겠습니다. 하나님, 저를 도와주시어서 제게 기쁨을 주시고, 제가 기뻐할 수 있도록 도와주십시오"라고 간구하였습니다. 그런 가운데 하나님께서 엄청난 기쁨과 평안을 물밀듯이 그의 마음에 부어주셨습니다. 그 기쁨 때문에 14년 동안의 투옥생활, 독방생활을 넉넉히 감당할 수 있었다는 것입니다.

우리의 신앙이 정상인지 비정상인지, 우리의 신앙이 건강한지 또 병들었는지를 구별할 수 있는 중요한 척도 중 하나가, 나에게 이러한 기쁨과 즐거움이 있는지를 보면 알 수 있습니다. 하나님의 나라는 의와 평강과 희락이라고 했습니다. 희락이 무엇입니까? 기쁨입니다. 성령의 열매 중 하나가 희락, 곧 기쁨입니다. 사도 바울은 우리에게 '항상 기뻐하라'고 말씀하였습니다.

그렇기 때문에 구원받은 자는 하나님의 구원의 은혜로 인한 은근한 기쁨이 계속 솟구쳐 나오는 것입니다. 비록 다른 사람에 비하여 세상적인 즐거움은 없고, 도리어 환난과 고통과 남모르는 아픔과 눈물이 그 삶에 지속된다고 할지라도, 끊어지지 아니하는 기쁨이 가슴 깊은 곳에서 계속 샘솟듯이 흘러나오는 그 사람이 진정한 성도요, 건강한 성도인 것입니다. 예수 믿는데도 마음의 즐거움이 없는 사람, 마음이 지옥인 사람, 그 사람은 신앙적으로 병든 사람입니다. 문제와 아픔 많은 이 세상에서도 하나님의 사랑과 구원으로 인하여 늘 즐거워하면서 사시는 여러분이 꼭 되시기를 바랍니다.

말씀을 맺습니다.

그리스도의 피로 말미암아 우리는 두 가지를 얻었습니다.

첫째는, 의롭다 하심을 받았습니다.

두 번째는, 하나님 아버지와 화목하게 되었습니다.

이 의롭다 하심과 하나님 아버지와 화목게 됨의 결과가 두 가지 있습니다. 무엇입니까? 첫째는, 하나님의 진노에서 구원을 받게 됩니다. 두 번째는, 항상 기뻐하고 즐거워하게 됩니다.

이 복된 은혜를 날마다 감사하고 누리면서 살아가시는 여러분 모두가 될 수 있기를 바랍니다.

5

로마서 5:12-14

인간의 죄와 죽음

"그러므로 한 사람으로 말미암아 죄가 세상에 들어오고 죄로 말미암아 사망이 들어왔나니 이와 같이 모든 사람이 죄를 지었으므로 사망이 모든 사람에게 이르렀느니라 죄가 율법 있기 전에도 세상에 있었으나 율법이 없었을 때에는 죄를 죄로 여기지 아니하였느니라 그러나 아담으로부터 모세까지 아담의 범죄와 같은 죄를 짓지 아니한 자들까지도 사망이 왕 노릇 하였나니 아담은 오실 자의 모형이라"

오래 집을 비우거나 여행을 멀리 다녀오게 되면 제 나이에는 당혹스러운 일이 생깁니다. 아파트에 들어가는 번호가 빨리 생각이 안 나는 겁니다. 정말 황당스럽습니다. 그동안 두 달 동안이나 로마서를 떠나 있었습니다. 그래서 우리 성도님들이 로마서 내용을 다 까먹고 있지는 않은지 조금 걱정이 됩니다.

로마서 3장 21절부터 4장 끝까지는 이신칭의입니다. 믿음으로 말미암아 의롭다 함을 받는다는 기독교 최고의 진리를 말씀드렸습니다. 그리고 오늘 본문 앞에 있는 로마서 5장 1절에서 11절은 칭의를 받은 자가 누리는 축복이 무엇인가를 말씀드렸습니다. 오늘 본문 5장 12절부터 5장 끝까지는 어떻게 한 분 예수 그리스도 때문에 전 인류가 칭의와 구원의 축복을 받게 되는가 하는 것을 첫 사람 아담과 비교하면서 말씀해 주고 있습니다.

오늘 본문은 죄가 어떻게 이 세상에 들어왔는가, 죽음이 어떻게 이 세상에 들어왔는가를 말씀하고 있는데, 이것은 참으로 중요한 진리입니다. 왜냐하면 죄와 죽음은 우리 인간의 삶에서 가장 중요한 문제요, 지금도 죄와 죽음의 문제는 우리 자신과 주변에서 계속적으로 일어나는 현재진행형이기 때문에 그렇습니다. 우리는 죄와 죽음에 대한 진리를 대략적으로 알고 있습니다. 그러나 다시 한 번 하나님의 말씀을 통해 확인하고 확신하는 귀한 시간이 될 수 있기를 바랍니다.

첫째는, 한 사람으로 말미암아 죄가 세상에 들어왔다는 것입니다.

12절 첫 부분을 보십시오.

"그러므로 한 사람으로 말미암아 죄가 세상에 들어오고."

지금 우리나라 생태계 교란의 주범이 있는데 그것이 바로 황소개구리라는 것입니다. 이 황소개구리가 물고기는 물론이고 다른 개구리와 쥐, 하늘에 날아다니는 새까지도 잡아먹는다고 합니다. 황소개구리는 본래 북아메리카에서 온 것이라고 합니다. 1970년도에 이 황소개구리를 식용으로 양식하기 위해서 우리나라에 조금 들여왔는데, 이것이 생식능력이 너무 좋아서 지금은 우리나라 온 하천,

저수지, 웅덩이까지 다 펴져 있는 것입니다.

이렇게 무엇이든지 기원이 있습니다. 시작이 다 있는 것입니다. 저와 여러분도 기원이 있지 않습니까. 죄도 그렇습니다. 한 사람으로 말미암아 죄가 세상에 들어왔다고 했습니다. 그 한 사람의 이름이 오늘 본문 14절에 세 번이나 나오고 있습니다. 누구입니까? 아담입니다. 인류의 시조 아담입니다. 천지만물을 창조하신 우리 하나님이 마지막 날에 아담을 지으셨습니다. 그리고 에덴동산(기쁨의 동산이라는 뜻)을 창설하시고 첫 인간을 그곳에서 살게 하시면서 그 에덴동산을 경작하고 지키도록 말씀하셨습니다. 그때에 하나님께서 우리 첫 인간에게 특별한 한 가지 명령을 내리셨습니다.

"동산 각종 나무의 열매는 네가 임의로 먹되 선악을 알게 하는 나무의 열매는 먹지 말라."

요컨대 딱 한 가지 금지명령을 내렸습니다. 이 명령이 별 것 아닌 것 같지만 굉장히 중요한 명령입니다. 이 한 가지 명령에 창조주와 피조물의 관계가 달려 있습니다. 하나님과 인간의 관계가 달려 있습니다. 이에 순종한다는 것은 인간이 하나님을 자기의 창조자로 왕으로 주인으로 인정하는 것이고, 만일 이 한 가지 명령을 거역한다면 그것은 인간이 하나님을 반역하는 것이며, 자기의 창조자로 인정하지 않는 것이 됩니다. 그런데 불행하게도 아담은 사탄의 유혹을 받아서 불순종하여 이 금단의 열매를 따먹고 말았습니다. 하나님을 거역하였습니다. 범죄하였습니다. 이것이 죄의 기원입니다.

이 아담의 죄는 아담 개인의 죄로 끝나는 것이 아닙니다. 왜냐하면 아담은 우리 인류의 시조요, 우리 인류의 대표자이기 때문입니다. 대통령이 국민을 대표해서 다른 나라와 조약을 맺으면 이것은 개인의 약속이 아닙니다. 누구와 누구의 약속입니까? 나라와 나라의 약속, 국민과 국민의 약속이 되는 것입니다.

인천 아시안게임이 어제 폐막이 되었습니다. 그런데 만일 어느 경기에 우리나라 대표선수가 다른 나라 선수와 싸워서 이겼다면, 그 한 사람이 이긴 것이 아니라 우리나라가 우리 국민이 이긴 것입니다. 그러나 그 대표선수가 지면 우리 국민이 진 것이 되는 것입니다. 그처럼 인류의 대표자 아담의 범죄는 전 인류의 범죄가 되는 것입니다. 다시 말해 아담의 자손인 모든 인류는 아담 안에서 아담과 함께 범죄했고 죄인이 되었습니다. 이론상으로 논리상으로만 그렇게 된 것이 아닙니다. 실제적으로도 그렇게 되었습니다.

우리가 TV드라마에 보면 제일 많이 나오는 것이 출생의 비밀입니다. 출생의 비밀을 빼버리면 드라마가 안 될 정도로 한국드라마에 출생의 비밀이 많습니다. 출생의 비밀을 밝히기 위해서 어떤 검사를 합니까? DNA 검사를 하면 정확하게 나옵니다. 그처럼 모든 인간은 죄의 DNA, 즉 죄성을 가지고 태어납니다. 그렇기 때문에 모든 인간은 이 세상을 살면서 죄를 지으며 사는 것입니다. 즉, 아담은 인간의 뿌리이기 때문에 그 뿌리에서 나오는 우리 모든 인간은 다 부패한 성질을 가지고서 출생하는 것입니다.

구약의 유명한 신앙인 다윗은 죄 짓고 나서 회개시를 썼는데, 시편 51편 5절에 말하기를 "내가 죄악 중에 출생함이여"라고 고백했습니다. 이미 출생을 할 때에 무엇을 가지고 나왔다는 말입니까? 죄를 가지고 나왔다는 것입니다. 요컨대 한 사람으로 말미암아 죄가 세상에 들어왔습니다. 말을 바꾸면 모든 사람은 죄인으로 태어난다는 것입니다. 이 사실을 부인하는 자들도 있습니다.

5세기에 펠라기우스라고 하는 사람이 있었습니다. 요즘 같으면 목사 내지는 신학자라고 할 수 있습니다. 이 사람이 말하기를 "아담의 죄는 그 개인의 죄였을 뿐이다"라고 말합니다. 사람들이 죄를 짓는 것은 그 조상 아담의 죄를 모방해서 죄를 지을 뿐이라며 원죄를 부인했습니다. 그러나 어린아이를 보십시오. 얼마나 순진무구하고 사랑스럽습니까. 그런데 누가 가르쳐주지 않아도 욕심부리고 거짓말하고 시기하고 싸움을 합니다. 누가 죄짓는 것을 가르쳐주지 않아도 다 죄를 알고 죄를 짓는 것입니다. 왜 그렇습니까? 그 속에 선천적인 죄, 타고난 죄성이 있기 때문에 그러한 것입니다.

두 번째는, 죄로 말미암아 사망이 왔다는 것입니다.

12절 둘째 줄을 보시기 바랍니다.

"죄로 말미암아 사망이 들어왔나니."

이 세상 많은 사람들은 죽음에 대해서 생각할 때에 죽음은 인간에게 처음부터 주어진 운명이라고 생각합니다. 죽음은 우리 인간에게 자연스러운 현상이라고 생각합니다. 그러나 그렇지 않습니다. 오늘 말씀에 뭐라고 했습니까? 죽음은 죄로 말미암아 온 것입니다. 죄로 말미암아 사망이 왔다고 했습니다. 하나님께서 아담에게 단 하나의 금지명령을 주셨다고 했는데, 그 금지명령이 무엇입니까?

창세기 2장 17절을 보겠습니다.

"선악을 알게 하는 나무의 열매는 먹지 말라 네가 먹는 날에는 반드시 죽으리라 하시니라."

하나님은 이 명령을 우리 인간이 꼭 지켜야 한다고 하십니다. 그렇기 때문에 반드시 죽으리라고 하는 엄중하고 무서운 경고를 덧붙여 놓았습니다. 그런데도 인간은 불순종하여 따먹었습니다. 그때 하나님께서 여러 가지 저주를 내리시는데 우리 인간에게 내리신 가장 치명적인 저주가 무엇입니까? 그것이 바로 죽음입니다.

창세기 3장 19절을 보십시오.

"너는 흙이니 흙으로 돌아갈 것이니라 하시니라."

이것이 무슨 말씀입니까? 죽으리라는 것입니다.

"너는 흙으로부터 지음을 받았으니 흙으로 돌아갈 것이다."

이것은 하나님께서 인간에게 내리신 사망선고입니다. 지금도 '닥터 지바고' 같은 서구영화를 보면 장례식에서 목사가 빠뜨리지 않고 하는 말이 있습니다. 'From dust to dust'입니다. 'dust'는 먼지, 흙이라는 말입니다.

"너는 흙으로부터 왔으니 흙으로 돌아갈지니라."

창세기 3장 19절의 말씀을 말씀하는 것입니다.

죽음에는 육체적인 죽음만 있는 것이 아닙니다. 히브리서 9장 27절을 보면 "한번 죽는 것은 사람에게 정해진 것이요"라고 했는데, 여기에서 "한번 죽는 것"은 육체적인 죽음을 의미하는 것입니다. 예수 믿는 사람도 다 육체적인 죽음은 당합니다.

그런데 영적인 죽음이 있습니다.

생각해 보면 하나님이 아담에게 사망선고를 내렸을 때에 아담이 바로 죽었습니까, 안 죽었습니까? 바로 안 죽었습니다. 그 아담이 범죄 한 때가 만일에 30세라고 한다면 아담이 900년을 더 살고 죽었습니다. 그렇다면 우리가 기억해야 될 것은, 그는 살아있었지만 사실은 죽은 목숨이었습니다. 왜 그렇습니까? 하나님에게 뭘 받았습니까? 사망선고를 받았기 때문입니다.

오래 사느냐 적게 사느냐가 문제가 아닙니다. 오래 살아도 하나님께 사망선고를 받았기 때문에 사실은 죽은 목숨이었다는 것입니다.

여기 나무가 있습니다. 그런데 나뭇가지를 꺾었을 때는 살아있는 것 같습니다. 또 꽃나무에서 꽃가지를 꺾어 물에 담가두었을 때도 처음에는 살아있는 것 같습니다. 살아있는 것 같은데, 시간이 기면서 서서히 말라죽는 것입니다. 사실은 살아있는 것이 아닙니다. 꺾었을 때는 살아있는 것 같지만 이미 죽은 목숨이라는 것입니다. 그처럼 지금은 살아있지만 예수 믿지 않는 사람들, 모든 사람들은 영적으로 죽은 상태에 있는 것입니다. 우리 예수 믿는 사람은 영적으로 살아난 상태에 있는 것입니다.

우리가 알아야 될 것은 바깥에 나가면 세상 사람들과 안 믿는 사람들의 겉모습이 똑같아 보이지만 사실은 완전히 다른 것입니다. 그 사람은 영적으로 이미 죽은 자로서 살아가지만 우리는 예수 안에서 영적으로 살아난 사람으로서 살아가고 있음을 믿으시기 바랍니다.

에베소서 2장 1절을 함께 읽어봅시다.

"그는 허물과 죄로 죽었던 너희를 살리셨도다."

여기서 '그는' 하나님입니다. "허물과 죄로 죽었던 너희를"에서, '너희'는 에베소교회의 성도들을 말합니다. 그들이 예수 믿기 전에는 어떤 사람들이었습니까? 허물과 죄로 죽었던 상태였습니다. 그것이 바로 영적인 죽음입니다. 예수 밖에 있는 사람은 육체는 살아있을지라도 허물과 죄로 죽은 사람, 영적으로 죽은 사람입니다. 그런데 예수 안에 들어올 때에 허물과 죄로 죽었던 너희를 살리셨다고 했습니다. 그래서 예수 믿는 저와 여러분은 예수 안에서 다시 영적으로 살아난 사람임을 확신하시기 바랍니다. 그러나 믿지 않고 영적인 죽음 상태로 육체적인 죽음을 맞이하는 자는, 주님이 재림하실 때에 심판을 받아서 영원하신 우리 하나님으로부터 영원히 단절되어 영원한 멸망 가운데 거하게 되는 것입니다. 그것이 바로 영원한 죽음인 것입니다.

셋째로는, 이처럼 모든 사람이 죄를 지었으므로 모든 사람이 죽습니다.

12절 셋째 줄을 보십시오.

"이와 같이 모든 사람이 죄를 지었으므로 사망이 모든 사람에게 이르렀느니라."

앞에 나온 첫 번째 두 번째는 아담과 관련이 된 말씀입니다. 아담이 죄를 짓고 그 죄로 인하여 사망이 아담에게 왔다는 것입니다. 그런데 여기에서는 "이와 같이"라고 했습니다. 즉, 아담이 죄를 짓고 그 결과 그에게 사망이 온 것처럼 모든 사람이 죄를 지었기 때문에 사망이 모든 사람에게 왔다는 말씀입니다. 왜 모든 사람이 죄를 짓겠습니까? 이미 말씀드렸듯이 모든 사람은 아담의 죄를 갖고서 태어납니다. 이 원죄 때문에, 선천적인 죄성 때문에 이 세상을 살면서 여러 가지 죄를 짓습니다. 말과 생각과 행동으로 셀 수 없는 죄를 지으면서 살아가는 것입니다. 이것을 우리가 신학적으로 또 성경에서 '자범죄'라고 합니다. 스스로 지은 죄, 또는 '본죄'라고 하지요. 영어로 'actual sin'이라고 말합니다.

그렇다면 갓 태어난 갓난아기는 왜 죽겠습니까?

죄지은 것도 없는데 왜 죽겠습니까? 본죄는 없지만 무슨 죄가 있습니까? 원죄가 있습니다. 죄인이기 때문에 죽는 것입니다. 그러나 대부분의 인간은 원죄뿐만 아니라 이 자범죄를 지었기 때문에 죽게 되는 것입니다.

그래서 로마서 6장 23절에 보면 "죄의 삯은 사망이라"고 말씀하고 있습니다. 어떤 사람들은 모든 인간이 죄인임을 부인합니다. '모든 사람이 왜 죄인이냐? 증거를 한 번 대보아라'고 말합니다. 그러나 증거는 여러 가지가 있습니다. 명확합니다. 아담이 범죄했을 때에 하나님께서 저주를 내리신 것 중에 하나가 '이마에 수고의 땀을 흘려야 네가 먹고 살 것이라'고 했습니다. 그런데 아담만 땀을 흘리면서 수고했겠습니까? 오늘 우리는 땀 흘리지 않고 이 세상에서 수고 하나도 하지 않고 삽니까? 여러분의 삶은 어떻습니까? 모두다 이 땅에 살면서 여러 가지로 고난당하면서 어려움 가운데 수고하면서 살아갑니다. 왜 그렇겠습니까? 우리가 다 죄인이기 때문입니다.

또 모든 인간은 죄를 짓습니다. 왜 죄를 짓겠습니까? 죄성이 있기 때문에 그런 것입니다. 무엇보다도 우리 인간은 하나님께서 아담에게 내리신 죽음의 벌을 다 받습니다. 창세기 3장에 "너는 흙이니 흙으로 돌아갈지니라"라고 하였습니다. 아담에게 하신 말씀인데, 아담만 죽습니까? 그렇지 않습니다. 모든 인간이 다 죽음의 길을 갑니다. 그것은 무엇을 증거합니까? 모든 사람은 다 죄인이라는 말씀입니다. 모든 사람이 다 죄를 지었으므로 죽음의 길을 가는 것입니다. 그런데 이 죽음은 불확실성을 가집니다. 다시 말해서 언제 어떻게 죽을지 확실하지가 않습니다.

로버트 카파라는 사람을 아십니까? 저도 몰랐는데 TV에서 알게 되었습니다. 로버트 카파라는 사람은 유명한 사진작가이면서 종군기자입니다. 현대에 일어난 전쟁, 유명한 전쟁은 안 가본 데가 없는, 거의 다 가서 그 전쟁터에서 사진을 찍고 기사를 쓴 분입니다 그래서 '종군기자의 전설'이라는 말이 있습니다. 종군기자들 속에서 레전드라고 불리던 사람입니다. 얼마 전에 우리나라 세종문화회관에서 이분의 사진전이 열렸는데 거기서 그를 알게 되었습니다.

그런데 이분이 그 많은 유명한 작품 중에 가장 마음 아파하는 작품이 두 개 있습니다. 하나는, 2차 대전이 끝나는 날 하루 앞두고 연합군 병사 두 사람이 한 건물의 발코니에 기관총을 겨누고 서 있었습니다. 이들이 서로 대화를 합니다. 한 병사가 말하기를 "이 전쟁이 끝나면 나는 학교로 돌아가서 계속 공부할 거야"라고 말합니다. 그러자 옆에 있는 다른 사람이 "참 좋은 생각이다. 나는 이 전쟁이 끝나면 고향으로 돌아가서 사랑하는 부모님과 함께 살 것이다"라고 합니다. 두 병사가 종전을 앞두고 희망에 찬 이야기를 나누고 있습니다.

그런데 그 순간에 총성이 울렸습니다. 총성이 울리면서 두 병사

중 한 병사가 그 자리에 쓰러져서 피를 흥건히 흘리며 죽었습니다. 로버트 카파는 그 이야기를 다 들으면서 사진을 찍은 것입니다.

얼마나 가슴이 아팠겠습니까! 이제 내일이면 전쟁이 끝날 것인데, 그래서 희망을 이야기하고 있는데 죽어버린 것입니다.

인생이란 것이 얼마나 불확실합니니까?

언제 어떻게 죽는다고 정해지지 않았습니다. 젊고 건강하다가도 갑자기 질병으로, 차량사고로, 선박사고로, 전쟁으로, 자연재해로 죽는 것입니다. 로이드 존스 목사님은 인생이야말로 가장 불확실한 존재라고 했습니다. 몇 주 전에 부산에서 일어난 교통사고를 제가 아직도 기억하고 있습니다. 할머니 두 분이 길가를 걸어가고 있었습니다. 보도를 걸어가고 있었는데 차량이 서로 충돌해서, 충돌한 차량 한 대가 길가로 확 날아가 인도를 걸어가던 할머니들을 덮쳐서 두 분이 순식간에 돌아가셨습니다. 무단횡단을 한 것도 아니고, 길가를 걸어가다 죽을 줄 누가 알았겠습니까? 생각도 못한 일 아니겠습니까. 그렇게 한순간에 이 세상을 떠나고 말았습니다.

가까운 일본에서도 오다케 산을 등산하시던 분들이 화산이 터져 50여 명이 죽고, 지금 100여 명이 실종 가운데 있다는 뉴스를 들었습니다. 등산하러 갔는데 등산한 그곳에서 화산이 터질 줄 누가 알았겠습니까? 생각도 못했습니다. 그런데 그렇게 죽어 가는 것입니다. 이렇게 죽음은 불확실하기 때문에 항상 이를 대비하고 준비해야 합니다. '나는 학생이니까, 나는 젊으니까, 나는 건강하니까, 나는 50세 이하니까, 나는 아직 멀었다'고 누가 말을 할 수 있겠습니까? 세월호 사건을 한 번 보시기 바랍니다.

문제는, 사람들은 죽음의 근본 원인을 치료하려고 하기보다 죽음에 이르는 증상에 집착을 합니다. 그 증상을 이기려고 안간힘을 씁니다. 그래서 좀 더 수명을 연장하시는 분들도 있습니다. 그러나 결과는 똑같습니다. 결과는 무엇입니까? 죽음입니다. 죽고 맙니다.

급성맹장염에 걸렸는데 아프니까 진통제나 먹으라고 해서 진통제만 계속 먹으면 되겠습니까? 안 되지요. 그러면 늑막염으로 되고 나중에는 죽고 맙니다. 빨리 개복해서 문제의 근본 원인, 즉 문제 있는 맹장을 끄집어내어 잘라야 되는 것입니다.

죽음도 그렇습니다. 죽음의 근본 원인이 오늘 말씀에 보니 죄라고 했습니다. 모든 사람이 죄를 지었으므로 죽는 것입니다. 그러므로 근본 원인인 죄의 문제를 해결하고 치료를 해야지 병만 치료해서는 안 된다는 것입니다. 근본 원인을 치료하지 않으면 죽음에 이르게 되고 그 죽음에서 영원한 죽음으로 이어지게 되는 것입니다. 죽음의 근본 원인인 죄의 문제를 해결해야 죽음을 극복할 수 있고 영원한 생명을 얻을 수 있는 것입니다.

그러면 어떻게 죄의 문제를 해결할 수 있습니까?

14절 끝에 보십시오.

"아담은 오실 자의 모형이라."

바울 사도가 왜 이 본문을 기록하고 있겠습니까? 아담의 후손인 모든 인간은 다 죄인이고 죽을 수밖에 없는 존재라는 너무나도 슬프고 절망적인 사실을 우리에게 알려주기 위해서 이렇게 기록을 했겠습니까? 그렇지 않습니다. 그의 큰 관심은 아담이 아니라, 14절 끝에 나오는 '오실 자'에 있습니다. 아담은 오실 자의 모형이라 했는데, '오실 자'에 있다는 것입니다. 그렇다면 오실 자가 누구겠습니까? 예수님이십니다. 고린도전서 15장 45절에 우리 예수님을 가리켜서 '마지막 아담'이라고 했습니다. 아주 중요한 말입니다.

그러니까 우리가 성경을 보면 우리 인류에게는 두 대표자가 있습니다. 한 대표자는 누구입니까? 첫 사람 아담입니다. 또 다른 한 대표자는 누구입니까? 마지막 아담이신 예수님, 즉 하나님의 아들입니다. 첫 아담은 우리 인간에게 죄와 죽음을 가져왔습니다. 그런데 마지막 아담은 이 죄와 죽음을 끝내시고 구원과 영생을 우리 인류에게 가져오시는 것입니다. 이미 2000년 전에 마지막 아담 예수님께서 오셨고, 자기의 죽음을 통하여 인간의 죄와 죽음의 문제를 해결하셨습니다. 그리고 이것을 믿는 자는 누구든지 멸망치 않고 영생을 얻게 하시는 것입니다.

여러분 모두가 이 사실을 믿음으로 받아들이고, 죄와 죽음을 이기고 영생을 얻으시기를 바랍니다.

극동방송에서 얼마 전에 한 여성이 이런 이야기를 했습니다.

지난 추석에 친구의 아버님이 돌아가셔서 조문을 갔다는 것입니다. 조문을 갔는데 친구가 예수 믿는 사람인데도 너무 많이 울더라는 거예요. "너는 예수님을 믿는데 왜 그렇게 많이 우냐? 왜 그렇게 섭섭해 하냐?" 하고 물으니, 자기의 아버님이 믿음이 없이 이 세상을 떠났다는 것입니다. 나중에 천국에 가도 아버님을 볼 수가 없기 때문에 너무 안타까워서 많이 운다는 것입니다.

내 곁에 있는 부모와 자녀가 언제 내 곁을 떠나갈 줄 모릅니다. 가족 친척에게 복음을 전하는 것이 쉽지 않아서 우리는 자꾸만 '다음에, 다음에' 하고 미루기가 쉽습니다. 그러나 정말 사랑한다면 우리를 죄와 죽음에서 건지신 마지막 아담을 전해야 되는 것입니다.

오늘 여러분 모두가 마지막 아담, 주 예수님을 믿어서 죄와 죽음에서 구원받을 뿐만 아니라, 나아가 주 예수 그리스도를 사랑하는 가족에게도 전해서 여러분의 가족들도 다 구원받는 놀라운 역사가 있게 되기를 바랍니다.

6

로마서 5:15-21

한 사람 또 한 사람

"그러나 이 은사는 그 범죄와 같지 아니하니 곧 한 사람의 범죄를 인하여 많은 사람이 죽었은즉 더욱 하나님의 은혜와 또한 한 사람 예수 그리스도의 은혜로 말미암은 선물은 많은 사람에게 넘쳤느니라 또 이 선물은 범죄한 한 사람으로 말미암은 것과 같지 아니하니 심판은 한 사람으로 말미암아 정죄에 이르렀으나 은사는 많은 범죄로 말미암아 의롭다 하심에 이름이니라 한 사람의 범죄로 말미암아 사망이 그 한 사람을 통하여 왕 노릇 하였은즉 더욱 은혜와 의의 선물을 넘치게 받는 자들은 한 분 예수 그리스도를 통하여 생명 안에서 왕 노릇 하리로다 그런즉 한 범죄로 많은 사람이 정죄에 이른 것 같이 한 의로운 행위로 말미암아 많은 사람이 의롭다 하심을 받아 생명에 이르렀느니라 한 사람이 순종하지 아니함으로 많은 사람이 죄인 된 것 같이 한 사람이 순종하심으로 많은 사람이 의인이 되리라 율법이 들어온 것은 범죄를 더하게 하려 함이라 그러나 죄가 더한 곳에 은혜가 더욱 넘쳤나니 이는 죄가 사망 안에서 왕 노릇 한 것 같이 은혜도 또한 의로 말미암아 왕 노릇 하여 우리 주 예수 그리스도로 말미암아 영생에 이르게 하려 함이라"

40여 년 전에 가수 양희은 씨가 '한 사람'이라는 노래를 불렀습니다. 그 후렴에 보면 "한 사람 곁에 또 한 사람 둘이 좋아해"라고 했습니다. 거기 나오는 '한 사람 또 한 사람'은 서로를 사랑하는 연인이라고 볼 수 있습니다. 그런데 오늘 본문 말씀에 보면 '한 사람 또 한 사람'이 자주 나옵니다. 오늘 성경에 나오는 '한 사람 또 한 사람'은 누구겠습니까? 앞에 나오는 한 사람은 인간의 첫 시조 아담을 말합니다. 뒤에 나오는 또 한 사람은 누구겠습니까? 예수 그리스도를 말합니다. 즉 '한 사람 또 한 사람'은 인류의 두 대표자를 말씀합니다. 오늘 본문의 말씀은 앞에 나온 이신칭의를 인류의 두 대표인 아담과 예수 그리스도의 대조를 통하여 설명하고 있습니다. 어떻게 한 분 예수 그리스도 안에서 모든 인류가 의롭게 되고 구원의 축복을 받게 되었는가를 보여줍니다. 이 시간 성령님의 도우심으로 진리의 말씀을 잘 깨닫고 은혜 받는 복된 시간이 되기를 바랍니다.

먼저 오늘 본문은 대표의 원리를 잘 보여줍니다.

지난 주일에 '한 사람으로 말미암아 죄가 세상에 들어오고 죄로 말미암아 사망이 들어왔다'는 것을 보았습니다. 즉 아담 한 사람의 죄가 전 인류에게 영향을 미쳐서 모든 사람이 죄인이 되었고, 또 스스로 죄를 지음으로 인하여 사망이 모든 사람에게 왔다는 것을 보았습니다. 아담이 인류의 대표이기 때문에 그렇다고 했습니다. 어떤 사람들은 이 대표 원리를 들으면 좀 불만을 가집니다. 억울해합니다. '왜 아담 한 사람 때문에 내가 죄인이 되어야 하나, 왜 아담 한 사람 때문에 모든 후손이 다 죄인이 되어야 하는가' 하는 생각을 합니다.

그러나 우리는 두 가지를 기억해야 됩니다.

첫째는, 이 세상에 첫 사람 아담만큼 훌륭한 사람, 우리 인간의 대표가 될 만한 사람은 없다는 것입니다.

아담은 하나님께서 직접 지으신 사람입니다. 그리고 아담 홀로 이 세상에 죄가 없는 상태에서 살았던 사람입니다. 우리도 하나님의 형상으로 지음 받았지만, 아담은 죄가 하나도 없는 하나님의 형상으로서의 상태에 있었던 사람입니다. 이 사람만큼 더 훌륭한 인간의 대표가 될 만한 분이 어디에 있겠습니까? 없는 것입니다.

둘째는, 이 대표의 원리는 타락에만 적용되는 것이 아니라 우리의 구원에도 인간의 회복에도 그대로 적용이 됩니다.

우리의 대표자 아담으로 인해서 우리 인류가 타락했습니다. 우리의 노력과 능력으로는 이 타락과 죄에서 도저히 벗어날 수가 없습니다. 그런데 감사하게도 우리는 또 다른 대표자에 의해서 회복될 수 있다는 말씀입니다. 그것을 성경에서 가장 잘 보여주는 말씀이 바로 오늘 로마서 5장에 있는 이 본문의 말씀입니다.

오늘 본문은 15절에서 19절까지 다섯 번이나 대표 원리를 우리에게 보여줍니다. 아담 한 사람으로 인해 죄와 정죄와 사망이 우리 인류에게 들어왔지만, 다른 대표 예수 그리스도 한 사람으로 인하여 의롭다 함과 생명이 우리에게 왔음을 말씀하고 있는 것입니다.

로이드 존스 목사님은 말씀하시기를 "아담 안에 있는 당신 자신을 보라. 당신은 아무 일도 하지 않았지만 죄인으로 선포가 되었다. 예수 그리스도 안에 있는 당신을 보라. 당신은 아무 일도 하지 않았지만 의인으로 선포되었다"라고 말씀했습니다. 하나님은 인간을 억울하게 하지 않습니다.

하나님은 불공정한 분이 아니십니다. 하나님은 모든 일에 정당하고 의로우신 분입니다. 모든 인류가 대표자 아담으로 인하여 다 죄인이 되었지만 하나님은 또 다른 대표자 예수 그리스도로 인하여 우리를 구원해 주시는 것입니다. 더욱 놀라운 것은 인류가 모두다 아담 안에서 죄인 된 것은 마땅한 결과입니다. 그러나 우리가 예수 그리스도로 인하여, 은혜로 인하여 구원받는 것은 마땅한 이치가 아닙니다. 그것은 하나님의 은혜요, 하나님의 선물입니다. 얼마나 감사한 일인지 모릅니다.

다음으로 오늘 본문은, 아담과 예수 그리스도의 대표성도 보여주지만 동시에 차이점도 보여줍니다.

15절 첫 부분을 보시기 바랍니다. 이 은사는 그 범죄와 같지 않다고 했습니다. 이 은사가 무엇이겠습니까? 은사란 말은 영어로 'free gift'입니다. free gift라는 것은 그냥 주시는 선물이라는 뜻입니다. 이것은 하나님께서 예수 그리스도를 통하여 우리에게 주시는 '칭의의 선물, 하나님의 은혜의 선물, 구원의 선물'을 말하는 것입니다. 이 은사는 범죄와 같지 않다는 것입니다. 그러면 어떻게 다릅니까? 15절 둘째 줄에 보면 "한 사람의 범죄를 인하여 많은 사람이 죽었은즉 더욱 하나님의 은혜와 또한 한 사람 예수 그리스도의 은혜로 말미암은 선물은 많은 사람에게 넘쳤느니라"고 말씀하고 있습니다. 여기서 중요한 말이 무엇인지 알아야 됩니다. 여기에서 중요한 말은 '더욱'이라는 말과 '넘쳤느니라'는 말입니다.

"더욱 넘쳤느니라!"

영어에 'flow'란 말이 있습니다. 강이 흘러가는 것을 'flow'라고 합니다. 그런데 'overflow'하면 넘치는 겁니다. 물이 크게 넘치고, 도랑에 넘치는 것입니다. 그처럼 예수 그리스도로 인한 은혜와 선물이 넘쳤다는 것입니다. 풍성했다는 것입니다. 이것이 바로 차이점입니다. 그런데 이 차이점은 16절에도 나오고 17절에도 나옵니다. 16절 중간에 보면 "심판은 한 사람으로 말미암아 정죄에 이르렀으나 은사는 많은 범죄로 말미암아 의롭다 하심에 이름이니라"고 하였습니다. 다시 말하면 아담 한 사람의 범죄로 인하여 전 인류가 죄인이 되고 정죄가 되었다는 말입니다. 그 결과 모든 인간은 원죄를 가지고 이 세상에 태어나서 이 세상 살 동안에 많은 죄를 지으면서 살아가는 것입니다. 여러분 중에 죄 짓지 않고 살아가는 분이 있습니까? 날마다 셀 수 없이 많은 죄를 지으면서 살아갑니다. 그래서 구약의 시편에 있는 시편 기자는 "내 죄가 머리털보다 더 많다"라고 했습니다. 머리털을 세어보면 몇 개나 될까요? 꼭 개수를 말하는 것이 아닙니다. 머리털보다 더 많다는 것은 내 죄악이 셀 수가 없다는 말씀입니다.

전에 돌아가셨던 불교계의 거목이었던 성철스님이 한 유명한 말씀이 있습니다. "내 죄가 너무 커서 수미산보다 더 높다"라고 했습니다. 수미산은 불교의 성산이라고 일컫는데, 내 죄가 너무 커서 수미산보다 더 높다고 했습니다. 한 사람이 평생 짓는 죄는 셀 수가 없습니다. 한 사람이 짓는 죄가 셀 수가 없는데, 이 세상에 사는 사람들의 평생에 짓는 죄를 다 모아두면 어떻게 될까요? 상상을 할 수가 없습니다. 그 많은 죄라도 하나님의 은사는 능히 더 의롭다고 해주신다는 말씀입니다.

17절에도 비슷한 말씀이 있습니다. "더욱 은혜와 의의 선물을 넘치게 받는다"라는 말씀이 나옵니다. 그러니까 이 15절에서 17절에 나타나는 차이점을 요약해 보면, 아담 안에서 인류가 받은 죄와 파멸의 능력이 엄청난 것이긴 하지만, 그리스도의 구원의 능력은 아담의 죄의 파괴력을 훨씬 더 능가한다는 것입니다. 그리스도가 가져온 은혜의 선물은 아담이 가져온 정죄와 죽음을 능히 극복하고도 남을 만큼 더 크고 풍성하다는 것입니다.

세상은 갈수록 더 악해지고 있습니다. 이런 세상을 보면서 인간의 악함과 사회의 부패에 대해서 탄식하고 절망할 때가 많습니다. '이 세상이 어떻게 되려고 이럴까, 우리나라가 어떻게 되려고 이럴까' 하며 근심어린 시선으로 바라봅니다. 그러나 아담 이후로 인류의 죄악 된 상황이 아무리 크고 깊어도 하나님의 은혜는 그것을 넉넉히 이기고 극복한다는 것입니다. 따라서 합시다.

"하나님의 은혜는 죄보다 더 크고 강하다!"

여러분은 이 말을 믿습니까? 오늘 성경이 그렇게 우리에게 말씀해 주고 있습니다.

20절 후반에도 유명한 말씀이 있습니다.

"더욱 넘쳤나니." 무엇이 넘쳤다는 말입니까? 죄가 더한 곳에 은혜가 더욱 넘쳤다는 말입니다. 어느 영어성경을 보니 이렇게 표현하고 있습니다. "죄가 증가한 곳에 은혜는 더 많이 증가했다."

제 손을 한 번 보십시오. 죄가 이만큼 있습니다. 그런데 죄가 이렇게 증가했습니다. 그런데 하나님의 은혜는 더 많이 증가했다는 것입니다. 그러면 뭐가 승리하겠습니까? 죄가 승리하겠습니까, 은혜가 승리하겠습니까? 은혜가 승리하는 것입니다.

하나님 은혜의 승리를 믿으시기 바랍니다. 점점 더 세상이 악해지는 것 같고 사람이 악해지는 것 같지만, 마지막에는 하나님의 은혜와 하나님의 의가 승리하게 될 것입니다. 때로 우리는 자신을 보면서 자신의 죄악과 무능으로 탄식하고 좌절할 때가 있습니다.

'나란 인간은 왜 이럴까' 남에게 말은 못하지만 자기 자신을 잘 알지 않습니까? 자신의 모습에 탄식하는 것입니다. 그러나 하나님의 은혜는, 예수 그리스도의 십자가의 은혜는 우리의 모든 죄를 덮고도 남음이 있는 것입니다. 비록 우리의 죄가 크고 많을지라도, 하나님의 은혜는 이것을 다 덮을 만큼 더 크고 많은 것입니다. 그러므로 우리는 죄 가운데 있을지라도 낙심하지 말아야 합니다.

성경에 나오는 그 탕자는 어려운 가운데서 무엇을 기억합니까? 아버지를 기억합니다. 아버지의 사랑을 기억하는 것입니다. 아버지의 인자하심을 기억하고 결국은 아버지께 돌아가지 않았습니까? 그와 같이 우리는 연약할 때에도, 죄 가운데 넘어졌을 때에도 하나님의 풍성한 은혜를 생각하면서 하나님께 돌아와 하나님께 용서를 받고 감사하고 즐거워하면서 살아가야 한다는 말씀입니다.

마지막으로, 오늘 본문은 한 사람의 순종의 중요성을 보여줍니다.

오늘 본문 18-19절은 그 앞에 나온 15절에서 17절의 말씀을 다시 요약정리하고 있습니다. 18절을 보겠습니다

"그런즉 한 범죄로 많은 사람이 정죄에 이른 것같이 한 의로운

행위로 말미암아 많은 사람이 의롭다 하심을 받아 생명에 이르렀느니라."

여기서 "한 범죄"는 누구의 범죄입니까? 아담의 범죄입니다. 하나님께서 금하신 과일을 따먹은 것입니다. "한 범죄로 많은 사람이 정죄에 이른 것같이." 그 다음에 나오는 "한 의로운 행위"는 무엇입니까? 예수님의 십자가의 죽음, 즉 예수님의 희생을 말하는 것입니다.

그런데 이것을 생각해 보셨습니까? 왜 예수님의 십자가 죽음이 의로운 행위입니까? 그것은 인류를 구속하려는 하나님 아버지의 뜻에 순종하는 것이기 때문에 의로운 행위입니다. 그러므로 우리가 알 수 있는 것은, 하나님 아버지의 말씀에 거역하는 것이 죄요, 범죄라는 사실입니다. 그러면 무엇이 의로운 행위입니까? 하나님 아버지의 뜻에 순종하는 것이 의로운 행위입니다. 순종이 중요하다는 것입니다. 그래서 19절은 순종을 가지고 이야기합니다.

"한 사람이 순종하지 아니함으로 많은 사람이 죄인 된 것같이 한 사람이 순종 하심으로 많은 사람이 의인이 되리라."

한 사람이 순종하지 아니함은 무엇을 말합니까?

아담이 순종하지 아니함입니다. 그로 인해서 많은 사람이 죄인이 되었습니다. 그러면 한 사람의 순종하심은 무엇을 가리킵니까? 예수님의 십자가의 죽으심입니다. 이것이 많은 사람을 의롭게 하였다고 했습니다. 여기에서 우리가 알 수 있는 것은 한 사람의 순종이 얼마나 중요한가, 큰 역할을 미치는가 하는 것입니다.

그러면 이 자리에 있는 우리는 아담이나 예수님처럼 인류의 대표자라고 할 수 있습니까? 할 수 없습니다. 우리는 아담의 자리에 설 수 없고, 예수 그리스도의 자리에도 절대로 설 수 없습니다. 인류의 대표는 이 두 분 외에는 없는 것입니다. 그러나 기억할 것은, 비록 우리가 인류의 대표는 아니지만 우리도 모르는 사이에 때로 우리가 속한 어떤 그룹이나 단체의 대표가 될 때가 많다는 것입니다.

어제 우리 교회의 한 청년이 미국으로 유학을 갔습니다.

우리가 우리나라에서 보내는 대사가 아니라고 할지라도, 유학을 가거나 비즈니스로 외국에 가거나 여행을 하거나 하면 우리도 모르는 사이에 우리나라를 대표하는 사람이 될 때가 종종 있습니다. 그 한 사람의 태도에 따라 대한민국이 달려 있다는 말입니다. 외국인들이 나를 보고 '아이고 한국 사람들 그렇구나, 정말 존경할 만한 국민이구나' 할 수 있습니다.

이렇듯 어떤 공동체를 대표하는 이미지가 나 한 사람에게 달려 있을 때가 많습니다. 예수 믿는 우리가 세상에서, 회사에서, 학교에서 기독교를 대표하고 교회를 대표하고 신자를 대표하는 경우가 있는 것입니다. 나는 내 가정의 가장이 아닐지라도 내 가정을 대표하는 자리에 설 때가 많은 것입니다. 이런 점에서 나 한 사람의 순종이 중요합니다

때로 나 한 사람의 불순종이, 나 한 사람의 범죄가 나뿐 아니라 내가 속해 있는 모두에게 영향을 미치고 모두를 망하게 하고 넘어지게 하고 벌 받게 만드는 일들이 있다는 것입니다. 때로는 나 한 사람의 순종이 내가 속해 있는 모두에게 하나님의 복과 구원을 사

져오는 경우가 있는 것입니다.

사도행전 27-28장에 보면 사도 바울이 나옵니다. 사도 바울은 땅 끝까지 복음을 전하라는 말씀에 순종하여, 또 이방인의 사도라는 직분을 감당하기 위해서 하나님의 뜻에 순종하여 죄수의 몸으로 배를 타고 로마로 가고 있었습니다. 로마로 가는데 276명이 탄 이 배가 큰 풍랑을 만나서 다 죽게 되었습니다. 그 배가 나중에 암초에 걸려서 넘어져 산산조각이 났습니다. 다 파손이 되었습니다.

그런데 놀랍게도 한 사람도 죽지 않고 다 구조가 되었습니다. 어떻게 그런 일이 있을 수 있을까요? 아주 큰 배가 파손이 되었는데 한 사람도 안 죽다니 세상에 그런 일이 어디 있겠습니까? 한 사람도 죽지 않고 다 구조된 것이 누구 때문이겠습니까? 바울 때문입니다. 주의 말씀에 순종해서 복음을 전하러 가는 바울 때문에 모두다 구조가 된 것입니다. 사도행전 27장 24절에 하나님의 천사가 바울에게 한 말씀이 있습니다.

> "바울아 두려워하지 말라 네가 가이사 앞에 서야 하겠고 또 하나님께서 너와 함께 항해하는 자를 다 네게 주셨다 하였으니."

"네가 가이사 앞에"라고 했는데 가이사는 시저, 곧 로마 황제입니다. 바울이 가이사 앞에 서야 하기 때문에, 하나님께서 살려주시는 것이요, 그와 함께 항해하는 자까지도 다 살려주신다는 말씀입니다. 그런데 성경에 보면 이상하게도 이와 정반대 케이스도 있습니다. 바로 요나 선지자의 경우입니다. 하나님이 요나 선지자에게 "너는 저 큰 성읍 니느웨로 가서 쳐서 외치라"고 했습니다.

여러분, 니느웨가 어떤 곳입니까? 니느웨는 당시 세계 최고 강대국이었던 앗수르의 수도였습니다. 엄청난 도시입니다. 그런데 이 강대국 앗수르가 요나가 살고 있는 이스라엘을 자주 괴롭혔습니다. 쳐들어와서 사람을 끌고 가고 무참하게 죽이는 것입니다.

그런데 하나님께서는 이 앗수르의 수도 니느웨에 가서 쳐서 외치라는 것입니다. 그 사람들이 멸망 받지 않도록 하라는 것인데, 애국심에 불타는 요나가 이 말씀이 마음에 들겠습니까? 마음에 안 들고 기분이 나쁜 것입니다. 그래서 '이건 내가 순종할 수 없다' 해서 불순종하고 반대편 다시스로 도망을 치는 것입니다.

니느웨는 육지로 들어가야 되는데, 요나는 욥바 항구에 가서 배를 타고 반대편으로 도망을 가는 깁니다. 그러자 어떻게 되었습니까? 하나님께서 큰 폭풍을 일으켜서 그 배에 탄 사람들이 다 죽음의 위기에 처하게 됩니다. 불순종하는 요나 한 사람 때문에 모두다 엄청난 고난을 당하였습니다. 요나서 1장 12절 말씀을 보십시오.

"너희가 이 큰 폭풍을 만난 것이 나 때문인 줄을 내가 아노라."

누구 때문이라고 했습니까? 요나 자신 때문입니다. 이런 예는 성경의 역사에서 우리 주변에서 무수하게 볼 수 있습니다. 알고 보면 우리가 이 세상에 사는 동안에는 나 한 사람은 나 한 사람이 아닙니다. 나 한 사람의 죄는 나 한 사람의 죄로 끝나는 것이 아니라 많은 사람들에게 영향을 미칠 수 있고, 많은 사람들에게 고통을 줄 수 있고, 내 한 사람이 하나님 앞에서 반듯하게 믿음으로 살아가는 것, 순종하면서 살아가는 것은 나 한 사람의 문제로만 끝나는 것이 아니라 많은 사람에게 좋은 영향과 복을 가져올 수 있다는 것입니다.

여러분은 어떤 사람이 되기를 원하십니까? 순종의 사람이 되어서 여러분으로 인해 여러분이 속한 이 나라가, 우리 동부교회가, 여러분의 기관이, 여러분의 구역이, 여러분의 가정이 하나님의 복과 보호를 받는 역사가 있기를 바랍니다. 나 한 사람이 그렇게 중요합니다.

제가 군목을 마치고 부산동교회 부목으로 부임했을 때에, 키는 좀 작았지만 믿음이 좋고 똑똑한 젊은 여집사님이 계셨습니다. 어떻게 결혼했느냐고 물으니, 회사 생활하면서 만난 분인데, 그때는 남편 될 사람이 자기 집도 예수 믿는 집이 아니고 그 자신도 겨우 주일날 예배 한 번만 드리러 나오는 정도였다는 것입니다. 그런데 결혼하고 나서 그런 남편을 신앙생활과 봉사생활을 잘 하도록 자꾸 밀어주니까, 나중에 그 남편이 장로님이 되고 그분은 권사님이 되었습니다. 두 자녀도 믿음으로 잘 자랐습니다.

작은 한 여인의 신앙이, 순종의 삶이 남편과 온 가족을 믿음으로 아름답게 세우더라는 말씀입니다. 그런데 이와 반대되는 경우도 참 많습니다. 젊은 아내들 중에 남편을 믿음으로 잘 이끌어주고 봉사하도록 밀어주지는 못할망정 자꾸만 교회생활에서 멀어지게 하고 예배에 빠지도록 만드는 분들이 계신 것 같습니다. 가정에서 한 아내의 역할이 얼마나 중요한지모릅니다. 집을 영적으로 세우기도 하고 무너지게도 만드는 것입니다. 우리 교회 새댁들, 우리 교회의 주부들, 여러분의 순종에 여러분의 집이 달려 있음을 기억하시기 바랍니다. 믿음으로 집을 세우는 복된 여인들이 되시기를 바랍니다.

말씀을 맺습니다.

우리가 비록 인간의 대표자 아담으로 인해서 죄인이 되었지만, 하나님은 이 대표원리를 우리의 구원에도 사용하셨습니다. 마지막 아담 예수 그리스도를 통해서 믿는 우리를 의롭다고 해주시고 구원해 주셨습니다. 그러나 이 대표원리가 똑같지는 않다고 했습니다. 예수 그리스도로 말미암은 은혜와 선물은 아담으로 인한 죄보다도 훨씬 더 풍성하다고 했습니다. 하나님의 은혜는 죄보다 더 크고 강한 것입니다. 이 믿음으로 승리의 삶을 살아가시는 여러분이 되시기를 바랍니다.

그리고 우리는 아담이나 예수님처럼 인류의 대표자는 아니지만 때론 우리가 속한 곳의 대표가 되기도 합니다. 나 한 사람의 순종이 내가 속한 단체에 복과 구원을 가져올 수도 있고, 내가 속한 단체에 나의 불순종이 화를 가져올 수도 있고 고난과 파멸을 가져올 수도 있는 것입니다. 이 믿음을 가지고 하나님께 순종하여 살아감으로 여러분이 속한 그곳이 여러분으로 인해 하나님의 보호와 복을 받는 은혜가 있기를 바랍니다.

7

로마서 6:1-4

죄에 대해 죽은 우리

"그런즉 우리가 무슨 말을 하리요 은혜를 더하게 하려고 죄에 거하겠느냐 그럴 수 없느니라 죄에 대하여 죽은 우리가 어찌 그 가운데 더 살리요 무릇 그리스도 예수와 합하여 세례를 받은 우리는 그의 죽으심과 합하여 세례를 받은 줄을 알지 못하느냐 그러므로 우리가 그의 죽으심과 합하여 세례를 받음으로 그와 함께 장사되었나니 이는 아버지의 영광으로 말미암아 그리스도를 죽은 자 가운데서 살리심과 같이 우리로 또한 새 생명 가운데서 행하게 하려 함이라"

사도 바울 이후 2000년 기독교 역사에서 가장 위대한 성도, 동시에 가장 위대한 신학자가 누구겠습니까? 그 사람은 놀랍게도 아프리카에서 태어난 사람입니다. 북아프리카 히포에서 태어난 어거스틴이라는 사람인데, 4-5세기경에 살았습니다.

여러분이 아시다시피 그는 어머니의 오랜 눈물의 기도로 서른이 넘어서야 예수님을 온전히 영접하고 새사람이 되고, 하나님의 은혜로 대신학자가 되었습니다. 예수를 믿기 전에 그는 철학과 수사학의 대가요 선생으로서 모든 사람을 가르쳤지만, 실상은 자기의 육체의 정욕을 절제하지 못하고 죄악된 욕심을 따라 이리저리 죄지으면서 살았습니다. 그래서 열여덟 살에 아주 신분이 천한 여인과 동거하기 시작했습니다.

그러다가 이탈리아의 로마로 이전을 해서 결혼을 하려고 보니, 미래의 출세를 생각할 때 이 여인과 계속 살아서는 안 되겠다는 생각이 든 것입니다. 그래서 아프리카로 돌려보내고 지위가 있는 로마처녀와 약혼을 하였습니다. 약혼을 했는데 결혼까지는 2년이 남아 있었습니다. 그런데 그 2년 동안을 기다리지 못해서 또 다른 제3의 여인과 동거를 하기 시작했습니다. 후에 그가 주님을 믿기 시작했을 때에, 이렇게 죄가 많았기 때문에 예수 믿은 후에 하나님의 은혜에 누구보다도 감격할 수 있었다고 고백합니다. 그리고 우리의 구원은 처음부터 끝까지 다 하나님의 은혜로만 된다고 은혜를 강조하는 신학자가 되었습니다. 정말 그의 생애는 죄가 더한 곳에 은혜가 더욱 넘친다는 그 말씀을 웅변적으로 보여주는 그런 생애였습니다.

자기가 죄인 됨을 알지 못하고 느끼지 못하는 사람은 은혜에 대하여 감격하지 않습니다. 그러나 죄인 됨을 깊이 느낄수록 하나님의 은혜의 필요를 더 깊이 느끼고 은혜에 대하여 감사하게 되는 것입니다. 사도 바울이 그랬습니다. 바울은 세월이 살수록 자기의 죄를 깊이 느낀 사람입니다. 그래서 마지막에 죽기 전에 아들 같은 디모데에게 편지를 쓰면서 디모데전서 앞부분에 보면 "나는 죄인 중에 가장 악한 자다, 괴수 죄인이다"라고 고백한 것을 보게 됩니다. 그 모습이 신앙인의 정상적인 모습입니다. 여러분도 세월이 흐를수록 자신의 죄를 깊이 깨달음으로 더 큰 은혜의 사람이 되시기를 바랍니다.

로마서 5장 20절에 죄가 더한 곳에 은혜가 더욱 넘친다고 하니까 '그러면 죄가 많을수록 은혜도 많은 것이니 죄 많이 지어야겠네, 많은 은혜를 받기 위해 더 많은 죄를 짓자'라고 엉뚱한 소리를 하면서 자기의 죄를 변명하는 사람들이 있었습니다. 그에 대해서 오늘 하나님께서 말씀하십니다. 1절을 보십시오.

> "그런즉 우리가 무슨 말을 하리요 은혜를 더하게 하려고 죄에 거하겠느냐."

'죄에서 계속 살겠느냐'라고 말씀합니다. 그에 대한 답은 무엇입니까? 2절에 있습니다.

> "그럴 수 없느니라 죄에 대하여 죽은 우리가 어찌 그 가운데 더 살리요."

죄 가운데서 살 수 없다고 합니다. 여기에 '우리'가 나오는데 오늘 본문에 나오는 '우리'는 어떤 '우리'입니까? "죄에 대하여 죽은 우리"입니다. "죄에 대하여 죽은 우리"라는 말은 우리 기독신자의 정체성을 너무나도 잘 보여주고 있습니다. 우리는 어떤 사람입니까? 죄에 대하여 죽은 자입니다. 그러면 예수 믿는 여러분은 어떤 사람입니까? 죄에 대하여 죽은 사람, 죽은 자입니다. 조심할 것은 신자가 죄에 대하여 죽었다는 것은 더 이상 죄가 없거나 더 이상 죄를 짓지 않는다거나 하는 말이 아닙니다. 시체는 무엇에도 반응이 없듯이 신자는 죄에 대해 무감각해져서 어떤 죄와 유혹에도 이제는 끄

떡도 하지 않고 반응이 없다는 것을 뜻하지 않습니다. 우리는 예수를 믿어도 여전히 죄가 우리를 괴롭히고, 유혹하고, 또 죄짓게 합니다. 신자도 죽을 때까지 죄를 지으면서 사는 것입니다.

그런데 달라진 것이 있습니다. 무엇이 달라졌느냐 하면 우리의 신분입니다. 전에는 죄가 우리의 주인이고, 상전이고, 지배자이고, 왕이었습니다. 그런데 믿는 자는 더 이상 죄의 종이 아닌 것입니다. 이제는 예수 그리스도의 죽음과 부활을 통하여 죄의 영역에서 해방이 되었습니다. 죄가 왕 노릇하던 상태에서, 죄라고 하는 폭군 아래에서 벗어났습니다.

우리나라가 일제강점기 때는 일제의 통치를 받았습니다. 그런데 일제에서 해방이 되면 더 이상 일제의 통치를 받지 않습니다. 일제의 통치에서 벗어나는 것입니다. 이제는 일제의 통치에 복종할 의무가 없는 것입니다. 우리 신자가 바로 그렇다는 것입니다. 예수 믿을 때에 죄의 영역에서 해방이 되어 이제는 주님의 자녀가 되는 것입니다. 하나님이 우리의 주인이 되는 것입니다. 그리스도의 지배하에, 성령의 통치하에 살게 되는 것입니다. 요컨대 더 이상 죄가 우리의 삶을 지배할 수 없는 것입니다. 신자는 죄에 대해서 죽은 자임을 확신하시기 바랍니다.

한국 초대교회뿐만 아니라 우리나라 최고의 부흥사라고 할 수 있는 김익두 목사님의 유명한 일화가 있습니다. 그는 한때 평안도 안악에서 안악골 호랑이라고 불릴 정도로 유명한 깡패였습니다. 온갖 못된 짓은 혼자서 다하며 사람들을 괴롭히고 다녔습니다. 미국 선교사가 전도하면서 전도지를 주면 그것을 받자마자 선교사가 보는 앞에서 팽하고 코를 풀어버리는 그런 사람이었습니다. 그런데 그가 하나님의 은혜를 받고 예수님을 믿게 되었을 때에, 그는 특별히 자신의 지나간 죄들을 하나님 앞에서 깊이 뉘우쳤습니다. 그리고 사람들에게 부고장을 썼습니다. "김익두는 죽었다"라고 부고장을 보내고는 신학교로 갔습니다.

그 당시에는 평양신학교 하나밖에 없었는데, 그곳에서 신학을 공부하고 부흥사가 됩니다. 목사가 되었습니다. 그리고 안악시장에 다시 나타났습니다. 사람들은 그가 죽었다고 했을 때 긴가민가 반신반의 했는데, 그가 수 년 후에 다시 나타난 것입니다. 김익두 목사가 성경을 옆에 끼고 나타나서 "여러분, 저는 예수 믿고 새사람이 되었습니다. 여러분도 예수 믿고 구원받고 새사람이 되십시오" 하고 전도를 하니까, 어떤 사람이 새사람이 되었다니 그게 정말일까 싶어서 한번 시험을 해보려고 물통 하나를 가져와서 김익두 목사한테 확 뒤집어 씌웠습니다. 그러자 김익두 목사님이 물을 털털 털고서 하시는 말씀이 "당신, 옛날 김익두가 죽었다는 사실을 기뻐하시오. 예전의 김익두가 살았다면 벌써 요절났을 것이오. 김익두는 이제 예수 믿고 죄에 대해서 죽은 자임을 기억하시오. 옛날 김익두는 죽었소" 하면서 평생을 살았다는 것입니다. 이것이 참 신자의 모습입니다.

며칠 전에 학교에서 일하시는 홍모 신부가 자기에 대해서 신문에 써놓은 글을 보았습니다.

어느 날 학교 직원이 여러 우편물을 가지고 와서 자기에게 하는 말이 "신부님, 우편물 아래 뭐가 있는데요" 하는 것입니다. 그래서 뭐가 있나 보니 딱지가 두 장 있는 것입니다. 한 장은 속도위반 과태료 딱지고, 또 하나는 신호위반으로 과태료뿐만 아니라 벌점 15점 딱지가 날아온 겁니다. 그걸 들고서 입맛이 쓰지만 우체국 창구에 갔더니 아는 직원이 그걸 보고 화들짝 놀라면서 "아이구 신부님도 위반합니까? 교통법규 위반합니까? 그것도 한꺼번에 두 장씩이나" 하는 말을 듣고 부끄러웠다는 겁니다.

집에 돌아와서 생각을 해보니, 성도들에게 강론할 때에 자기가 격려와 위로를 할 때도 있지만, 그래도 바르게 살아야 된다고 죄 짓지 말라고 성도들 앞에서 소리 높였던 적도 많았는데, 가만히 생각해 보니 자기도 똑같은 모습이었다는 것입니다. 그래서 예수님 말씀이 떠올랐습니다.

"너는 어찌하여 형제의 눈 속에 있는 티는 보면서 너의 눈 속에 있는 들보는 깨닫지 못하느냐."

그리고 또 간음하다가 죽게 된 여인이 생각이 났습니다. 사람들이 간음하다가 현장에서 잡힌 여인을 끌고 와서 "어떻게 할까요, 돌로 칠까요?" 하면서 모두들 손에 돌을 쥐고 있었습니다. 그때 예수님이 어떻게 하셨습니까? 땅바닥에다 손으로 무엇인가를 쓰시더니 "너희 중에 죄 없는 자가 먼저 돌로 치라"고 하자 한 사람씩 다 가버렸습니다.

예수님의 이 말씀을 생각해 보니, 자신도 의로운 척하면서 성도들을 책망한 일들이 부끄러워졌습니다. 그래서 책상머리에다가 수취인 홍 아무개로 된 교통법규 위반 딱지 두 장을 붙여놓았습니다. 왜 붙여놓았겠습니까? 날마다 그것을 보면서 남을 향해서 돌을 들지 말고 나를 먼저 돌아보자는 마음을 갖기 위해서입니다. 이후로 그것을 명심하면서 산다는 것입니다. 저는 그 글을 읽으면서 우리 성도들도 책상머리에 '나는 죄에 대해서 죽은 자다'라고 써 붙여 놓고 이를 매일 확인하고, 죄를 안 짓기로 다짐하면서 살면 참 좋겠다는 생각을 해보았습니다. 저와 여러분이 죄에 대해서 죽은 자임을 날마다 기억하고 확인하면서 죄 짓지 않고 살아갈 수 있기를 바랍니다.

그러면 왜 신자는 죄에 대해서 죽은 자입니까? 그 이유가 3절과 4절에 기록이 되어 있습니다.

3절을 보십시오.

> "무릇 그리스도 예수와 합하여 세례를 받은 우리는 그의 죽으심과 합하여 세례를 받은 줄을 알지 못하느냐."

여기에 '세례'라는 말이 나옵니다. 11월이 되면 우리 교회도 세례식이 있습니다. 누가 세례를 받습니까? 성령으로 세례를 받아서 예수님을 나의 구주로 믿는 사람이 세례를 받습니다. 그런데 세례의 의미가 무엇입니까? '세례'라는 말은 말 그대로 하면 '씻는 예식'입니다. 나의 과거의 모든 죄를 예수 그리스도의 보배피로 깨끗이 씻어 버린다는 것을 의미하는 것이 세례입니다. 그런데 이 세례의 가장 중요한 의미가 무엇입니까? 그 의미가 오늘 본문에 기록이 되어 있습니다. 3절에 보면 "그리스도 예수와 합하여 세례를 받은 우리는"이라고 했습니다. 사실 원문에는 '합하여'라는 말이 없습니다. "우리는 그리스도 안으로 세례를 받았다"라고 되어 있습니다. 무슨 말입니까? 우리가 이제 예수 그리스도 안으로 세례를 받았으니, 예수 그리스도 밖에 있던 사람이 세례를 통해 예수 그리스도 안으로 들어오는 것입니다. 예수 그리스도에게 속하게 되는 것입니다. 예수 그리스도와 연합하게 되는 것입니다. 쉬운 성경에 '우리가 그리스도와 연합하는 세례를 받았으면'이라고 했습니다. 이것이 정확한 번역입니다. 따라서 세례의 가장 중요한 의미는 연합입니다. 이미 세례를 받은 여러분은 세례를 통해서 주님과 연합한 자임을 믿으시기 바랍니다.

결혼 시즌이 되었습니다. 결혼이 무엇입니까?

창세기 2장에 보니 우리 하나님이 아담과 하와를 결혼시키면서 주례사를 아주 짧게 핵심만 찔러서 말씀했습니다. 뭐라고 했습니까?

> "남자가 부모를 떠나서 그 아내와 합하여 그 둘이 한 몸이 될지니라."

서로 연합해서 한 몸이 되는 것이 바로 결혼입니다. 세례가 그와 같은 것입니다. 우리 예수 믿는 사람이 예수 그리스도와 연합하는 것, 성령의 역사를 통하여 신비하게 예수 그리스도와 연합하고 예수 그리스도의 지체가 되는 것, 그것이 바로 세례인 것입니다.

그러면 예수 그리스도와 연합했다는 의미는 무엇이겠습니까?

예수 그리스도와 연합했다는 것은, 예수 그리스도와 연합을 했으니 예수 그리스도의 운명이 나의 운명이 되는 것입니다. 나의 운명이 예수님의 운명이 되는 것, 그래서 예수님의 삶이 내 삶이 되고, 예수님의 죽음이 내 죽음이 되는 것이 바로 예수 그리스도와 연합했다는 의미입니다. 다시 말하면 주님께서 날 위해서 십자가에 죽으심을 믿는다면 믿는 그 순간에 나는 예수 그리스도와 함께 죽었다고 하는 것입니다.

그것을 가장 잘 보여주는 성도가 사도 바울입니다.

사도 바울이 갈라디아서 2장 20절에 무엇이라고 했습니까? "내가 그리스도와 함께 십자가에 못 박혔나니 그런즉 이제는 내가 사는 것이 아니요"라고 했습니다. 나는 이제 죽은 것이라는 말입니다. 이전의 죄의 사람은 예수님과 함께 죽었다는 것입니다.

갈라디아서 5장 24절에도 "그리스도 예수의 사람들은 그 육체를 십자가에 못 박았느니라"고 했습니다. 즉 예수 믿는 사람들은 그 죄악 된 욕심을 십자가에 못 박은 사람이라고 말씀합니다. 저와 여러분은 예수님과 함께 십자가에 못 박혀 죽은 자임을 믿으시기 바랍니다.

그런데 예수님이 십자가에서 죽기만 하셨습니까? 장사되기까지 하셨습니다. 장사가 되었다는 것은 무슨 의미입니까? 죽음을 더 강하게 확인해 주는 것입니다. 그러므로 세례 받은 자, 예수 그리스도와 연합한 자는 예수님과 함께 죽었을 뿐만 아니라 예수님과 함께 장사된 사람이라는 것입니다.

4절 첫 줄과 둘째 줄을 보십시오.

> "그러므로 우리가 그의 죽으심과 합하여 세례를 받음으로 그와 함께 장사되었나니."

요컨대 예수 믿는 우리는 그리스도께서 우리를 대신해 십자가에서 죽으시고 장사되었을 때에 우리 역시 그리스도와 함께 죽었고 함께 장사가 된 사람이라는 것입니다.

그러고 보면 바울 당시 세례의 통상적인 방법은 침수였던 것 같습니다. 우리는 약식으로 머리에 물을 좀 뿌리지만, 침수는 영어로 'immersion', 즉 물속에 완전히 잠기는 것입니다. 우리 예수님도 그렇게 세례를 받으셨습니다. 저는 영국에서 그런 모습을 여러 번 보았습니다. 세례 받는 사람이 있으면 욕조처럼 세례조가 있어서 두 목사님이 그 사람과 함께 세례조에 내려갑니다. 세례조에 내려가서 그 사람을 가운데 놓고 목사님이 양쪽에 서서 이 사람을 잡고 기도한 다음 그 사람의 몸을 잡고 뒤로 넘어뜨립니다. 넘어뜨려서 완전히 물속에 잠기게 합니다. 잠겨서 사람의 모습이 잠시 안 보였다가 다시 이 사람을 일으켜 세우는 것입니다. 그것이 무엇을 뜻하겠습니까? 예수 그리스도와 함께 죽어서 장사되었나는 것입니다. 장사되고 다시 예수와 함께 살아났다는 것입니다.

예수 이름으로 세례를 받는다는 것은 예수 그리스도 안에서 세례를 받는 것이요, 곧 예수 그리스도와 연합하는 것입니다. 예수 그리스도께서 죽으실 때에 나도 죽었고, 예수 그리스도께서 장사될 때에 나의 옛 사람 나의 죄 된 사람도 장사되었음을 의미하는 것입니다. 그렇기 때문에 신자는 한마디로 어떤 사람입니까? 죄에 대하여 죽은 사람입니다.

그러면 '죄에 대하여 죽은 사람'은 이 세상을 살아갈 때에 어떻게 살아가야 되겠습니까? 나는 죄에 대해서 죽은 사람임을 날마다 잊지 말고 기억하고 확인하면서 죄짓지 말고 살아가야 하는 것입니다. 예수님이 왜 죽으셨습니까? 우리 죄 때문에, 우리 죄를 없이하려고 십자가에서 죽으셨습니다. 그런데 예수님을 믿는 사람이 계속

죄를 지으면서 살면 되겠습니까? 그건 말이 안 되는 것입니다.

저는 한국 사회에서 사람들이 가장 많이 짓는 죄가 무엇일까 생각해 보았습니다. 죄는 수없이 많습니다.

그중에 두 가지가 제일 대표적인 것 같습니다.

하나는, 돈 때문에 짓는 죄가 가장 많은 것 같습니다.

기독교 신자들조차도 돈이라면 신앙양심도 버리고, 하나님도 버리고, 사기치고, 거짓말하고, 남에게 손해를 끼쳐서 눈물 흘리게 하는 일이 많습니다. 돈에 눈이 멀어서 하나님의 영광이고 뭐고 아무것도 없이 하나님의 이름을 욕되게 하는 크리스천들이 많이 있는 것입니다. 참으로 가슴 아픈 일이 아닐 수 없습니다.

또 하나는, 성범죄입니다. 매스컴에 계속 나지 않습니까?

국회에도, 군에도, 공직사회에도, 회사에도 보면 성범죄가 꼬리를 물고 터집니다. 저는 생각해 봅니다. 그 사람들은 공인들이어서 방송에도 나오는 것이지만, 사실은 빙산의 일각 아니겠습니까. 일반 소시민들이 살아가는 이 사회에서 성적인 범죄, 은밀한 범죄, 드러나지 아니한 범죄, 더러운 일들은 얼마나 많이 일어나겠습니까. 우리 신자들은 성적으로 전혀 죄 짓지 않고 산다고 말할 수 있겠습니까?

그 외에도 많은 죄가 있습니다. 이런 죄의 유혹이 있을 때마다 우리는 어떻게 해야 합니까? "나는 죄에 대해서 죽은 자다. 이건 몰라야 돼. 손대서는 안 돼. 따라가서는 안 돼" 하면서 살아야 한다는 것입니다.

마태복음 7장 22-23절에 예수님께서 산상수훈을 다 말씀하시고 결론적으로 이런 말씀을 하셨습니다. 주의 이름으로 선지자 노릇하며, 주의 이름으로 귀신을 쫓아내며, 주의 이름으로 권능을 많이 행한 자들, 그들 중에서 많은 사람들이 마지막 날 주님 앞에 설 때에 주님께서 "내가 너희를 도무지 알지 못하노라"고 말씀하십니다. 아, 이것이 보통 일입니까?

주님의 이름으로 귀신을 쫓아내고 선지자 노릇을 했습니다. 요즘 같으면 목사도 하고 주님의 이름으로 큰 능력과 기적도 일으킨 사람인데, 정작 천국 문에 서니까 예수님께서 "내가 너희를 도무지 알지 못하노라"고 하는 것입니다. 세상에 그럴 수가 있습니까? 그런데 실제로 그런 일이 일어난다는 것입니다.

여러분, 천국 문에서 예수님이 나에게 "나는 너를 알지 못한다"고 한다면 어찌 되겠습니까? 천국에 못 들어갑니다. 그러면 어디 가겠습니까? 지옥 가는 것입니다. 정말 무서운 말씀입니다. 그 이유가 무엇입니까? 왜 예수님께서 예수 이름으로 귀신도 쫓아내고, 병도 고친 사람을 알지 못한다고 말씀하시겠습니까?

우리나라 사람들은 성형 수술을 너무 많이 해서 예수님이 못 알아봐서 그럴까요? 그게 아니라 예수님께서 하신 그 다음 말씀을 보면 "불법을 행하는 자들아 나를 떠나가라, 내게서 떠나가라"고 하십니다. 그 이유가 무엇입니까? 불법을 행하였기 때문입니다. 불법이 무엇입니까? 하나님 말씀을 어기는 것이 불법 아닙니까? 하나님 말씀에 순종하지 않았기 때문입니다. 다시 말해서 죄를 지었기 때문입니다. 죄 가운데서 계속 살았기 때문입니다.

우리 신자에게는 죄 짓지 않는 삶보다 더 중요한 것이 없습니다. 명심하십시오. 얼마나 돈을 많이 벌고, 얼마나 출세를 해서 떵떵거리고 사느냐, 이것이 중요한 것이 아닙니다.

신자가 하나님의 말씀을 따라서 살고 있느냐, 죄 짓지 않고 살고 있느냐가 가장 중요한 것입니다. 왜냐하면 우리가 천국 문에 섰을 때에 예수님께서 이것을 통해 나를 알아보시기 때문입니다. "나를 떠나가라 불법을 행한 자들아" 하면 끝나버리는 것입니다. 믿는다고 하면서 죄 지으며 죄 가운데 사는 신자는 가짜입니다. 이것을 반드시 기억해야 됩니다.

신자는 죄에 대해서 죽은 사람입니다. 신자는 세례를 통해서 예수 그리스도와 연합한 사람입니다. 예수 그리스도와 함께 십자가에 함께 죽고 함께 장사된 사람입니다. 이것을 날마다 기억하면서 죄 짓지 않고 이제는 내가 연합한 그분, 주 예수 그리스도를 위해서 새로운 삶을 살아가는 여러분 모두가 되시기를 바랍니다.

8

로마서 6:5-11

죽은자, 살아있는 자

"만일 우리가 그의 죽으심과 같은 모양으로 연합한 자가 되었으면 또한 그의 부활과 같은 모양으로 연합한 자도 되리라 우리가 알거니와 우리의 옛 사람이 예수와 함께 십자가에 못 박힌 것은 죄의 몸이 죽어 다시는 우리가 죄에게 종 노릇 하지 아니하려 함이니 이는 죽은 자가 죄에서 벗어나 의롭다 하심을 얻었음이라 만일 우리가 그리스도와 함께 죽었으면 또한 그와 함께 살 줄을 믿노니 이는 그리스도께서 죽은 자 가운데서 살아나셨으매 다시 죽지 아니하시고 사망이 다시 그를 주장하지 못할 줄을 앎이로라 그가 죽으심은 죄에 대하여 단번에 죽으심이요 그가 살아 계심은 하나님께 대하여 살아 계심이니 이와 같이 너희도 너희 자신을 죄에 대하여는 죽은 자요 그리스도 예수 안에서 하나님께 대하여는 살아 있는 자로 여길지어다"

이 땅에 처음 들어오신 선교사님이 첫 해에 "하나님, 올 한 해 이 땅에 10명의 세례 신자를 주옵소서" 하고 기도하였습니다. 그런데 지금은 우리 교회만 해도 한 해 10명 이상이 세례를 받으니 얼마나 감사한 일인지 모릅니다. 안타까운 것은 갈수록 세례 받는 분들이 줄어들고 있습니다. 서구 교회에서나 시골 교회에서는 한 해 1명도 세례 받는 자가 없는 경우가 허다합니다. 믿고 주님께 돌아오는 자가 줄어들고 있음을 보여줍니다. 여러분, 우리 교회가 주님 오시는 그날까지 전도해서 계속 세례를 베푸는 교회가 되도록 기도합시다.

세례의 가장 중요한 의미는 무엇입니까?

예수 그리스도와의 연합입니다.

예수 그리스도와 연합하게 되면 그의 죽으심과도 연합하는 것입니다. 그래서 지난주일 설교 제목이 '죄에 대해 죽은 우리'였습니다. 그런데 오늘 본문도 주의해서 읽어 보면 지난주일 본문처럼, 우리는 죄에 대해 죽은 자임을 계속 반복하고 있습니다. 왜 이렇게 반복하며 강조하겠습니까? 죄에 대해 죽는 일이 우리 신앙생활에 너무 중요하기 때문입니다. 이는 우리 신앙생활의 핵심입니다. 그러므로 저는 이 시간 사도 바울처럼 성도는 죄에 대해 죽은 자임을 다시 한 번 말씀드리고자 합니다.

요즘 우리나라에 '영성일기'로 유명한 선한 목자교회 유기성 목사님이란 분이 계십니다. 이 목사님이 일본 코스타 강사로 가서 일본 대학생 1,500여 명 앞에서 복음을 전하게 되었습니다. 그런데 한국, 중국 대학생들과는 달리 반응이 별로 없었답니다. 고개를 끄덕이지도 않고, 아멘도 하지 않고, 표정도 별로 없었다고 합니다. 그러나 복음 듣는 내내 그들은 진지하고 집중했습니다. 말씀을 마치고 "예수 그리스도와 함께 죽었음을 선포하며 예수와 더불어 살기를 결단하는 이들은 일어나라"고 했더니 놀랍게도 90%가 일어나더랍니다.

여러분, 신자는 예수님과 함께 죽은 자입니다. 죄에 대해 죽은 자입니다. 예수님과 함께 죽었음을 선포하며 죄에 대해 죽은 자로 살기로 결단하는 성도가 되십시오. 특히 오늘 본문 6절은 '죄에 대해 죽음'이 무엇인지를 보다 구체적으로 말씀하고 있습니다. 먼저 6절을 보십시오.

> "만일 우리가 그의 죽으심과 같은 모양으로 연합한 자가 되었으면 또한 그의 부활과 같은 모양으로 연합한 자도 되리라 우리가 알거니와 우리의 옛 사람이 예수와 함께 십자가에 못 박힌 것은 죄의 몸이 죽어 다시는 우리가 죄에게 종노릇하지 아니하려 함이니."

여기서 말하는 우리의 옛사람이 누구입니까? 예수님 믿기 이전의 사람, 죄에게 종노릇하던 사람입니다. 옛사람이 예수님과 함께 십자가에 못 박힌 이유가 무엇입니까?

6절에 보면, 죄의 몸이 죽어 다시는 우리가 죄의 종노릇하지 않도록 하기 위함입니다. 그렇다면 죄의 몸이란 무엇입니까? 그냥 인간의 몸을 의미하지 않습니다. 몸을 죄스럽거나 악하게 보면 안 됩니다. 몸은 중립적입니다. 죄의 몸은 죄를 사랑하는 우리 본성, 즉 아담으로부터 물려받은 죄악 된 본성을 말합니다. 이 죄의 몸이 죽으면 죄와는 관계가 끝이 납니다. 죄에서 해방이 됩니다.

죽음은 모든 관계를 단절시킵니다. 남편이나 아내, 한쪽이 죽으면 부부관계, 부부의 의무가 끝납니다. 빚을 갚는 것도 죽으면 끝이 납니다. 죄도 끝이 납니다. 유병언 씨가 죽으니까 모든 죄가 끝입니다. 법도 죽은 자에게는 힘을 잃습니다. 이처럼 죄의 몸이 죽으면 죄에게서 해방됩니다. 자유자가 됩니다. 그래서 6절 하반절에, "죄의 몸이 죽어 다시는 죄의 종노릇하지 않는다"라고 했습니다. 그러므로 예수 그리스도 밖에 있는 자는 죄의 종으로서 죄의 삶을 살 수밖에 없으나, 예수 그리스도와 연합한 자, 예수 그리스도 안에 있는 자, 죄에 대해 죽은 자는 더 이상 죄의 종이 아니기에 죄 된 삶을 살 수 있지만 의로운 삶, 새 삶을 살 수 있습니다. 다시 말해, 성도는 죄짓지 않을 가능성과 능력이 있습니다. 더 이상 죄의 종도 아니요 또 성령 하나님이 함께하시기 때문입니다. 여기서 여러분은 죄를 이길 수 있음을 확신하시기 바랍니다. 그러므로 죄짓기를 선택하지 말고 의로운 삶을 살기를 선택하십시오.

다음으로 신자는 예수 그리스도의 죽음에만 연합한 자가 이니라 부활에도 연합한 자입니다. 제가 저번에 초대교회 당시 세례에 대해 말씀드렸습니다. 대개 침수를 했는데, 물속에 잠기는 것은 죽어 장사 지내는 것을 의미한다고 했습니다. 그러고 나서 다시 물에서 일어나는데, 이는 예수 그리스도와 다시 사는 것, 부활을 의미합니다. 5절 말씀과 8절 말씀을 봅시다.

> "만일 우리가 그의 죽으심과 같은 모양으로 연합한 자가 되었으면 또한 그의 부활과 같은 모양으로 연합한 자도 되리라."
> "만일 우리가 그리스도와 함께 죽었으면 또한 그와 함께 살 줄을 믿노니."

두 구절 다, 죽음과 부활을 말씀합니다. 신자는 예수님과 함께 죽을 뿐 아니라 예수님과 함께 산다는 것입니다. 예수 그리스도와 함께 사는 근거가 무엇입니까? 예수님이 부활하셨기 때문입니다.

9절 말씀은 예수님의 부활을 세 가지로 말씀하고 있습니다.

첫째는, 예수님께서 죽은 자 가운데서 다시 살아나셨습니다. 여러분 믿습니까?

둘째는, 다시 죽지 아니하십니다.

셋째는 사망이 다시 그를 주장하지 못한다는 것입니다.

예수님을 믿어 세례 받는 자는 부활하시고 살아 계신 예수 그리스도와 연합하는 것입니다. 요컨대 신자는 예수님의 죽음뿐 아니라 예수님의 부활에 연합하는 것입니다.

여러분, 우리가 예수님과 연합하여 다시 산다는 것은 크게 두 가지를 의미합니다. 하나는 육적 부활입니다. 이는 마지막 날 몸의 부활을 의미합니다. 고린도전서 15장 20절에 보면 "그리스도께서 죽은 자 가운데서 다시 살아나사 잠자는 자들의 첫 열매가 되셨다"라고 말씀합니다. 이로 인해 그가 강림하실 때에 예수 그리스도께 속한 자는 다 부활할 것이라고 말씀하십니다. 여러분, 믿는 우리는 마지막 날 다 부활할 것을 믿으시기 바랍니다. 이 육적 부활을 믿는 자는 육신의 질병이나 장애로 인해 절망하지 마시고, 죽음을 두려워하지 마시고, 마지막 날 다시 살 것을 믿으시고 소망하시기 바랍니다.

다른 하나는, 영적 살리심, 곧 영적 부활입니다. 사람이 거듭나서 예수님을 믿을 때 그는 새 사람이 되어 새 삶을 살게 됩니다. 4절 끝에 보면 "우리로 또한 새 생명 가운데서 행하게 하려 함이니라"고 말씀하십니다. 영어성경에는 "to live a new life", 즉 "새 삶을 살도록"이라고 했습니다. 그러면 이 영적 부활을 믿는다면 어떻게 살아야 할까요? 죄에 종노릇하는 삶이 아닌 새로운 삶을 살아야 합니다. 다시 말해서 죄가 왕 노릇하는 삶이 아닌 예수님이 왕 노릇하는 삶을 사는 것입니다. '예수 나의 왕'을 석자로 줄이면 '예나왕'입니다. 즉 예나왕의 삶을 사는 것입니다.

죄인인 우리 인생에게는 두 가지 단계가 필요합니다.

첫 번째 단계는, 마음 문을 열고 예수님을 구주로 영접하는 것입니다.

주중에 나이 드신 어느 여 집사님을 만났습니다. 딸이 어머니를 모시고 있었는데 힘들어서 그런지 어머니가 다니는 교회 목사 부부도 별로 반갑지가 않은 표정으로 시큰둥했습니다. 청소도 안 해 놓았습니다. 그런데 계속 이야기를 하자 마음 문을 열고, 표정도 달라지고, 같이 이야기를 하면서 떠날 때는 마중도 나왔습니다. 죄인인 우리 인간에게 가장 필요한 일은 예수님께 마음 문을 열어야 합니다. 하나님의 아들, 그분을 나의 구주로 마음에 모셔들여야 합니다. 그러면 구원을 받습니다. 그러나 그것만으로는 충분하지 않습니다.

두 번째 단계는, 예수님을 왕으로 모시고 살아야 합니다.

오늘 한국교회의 가장 큰 문제는 성도의 수가 줄어드는 것이 아니라 성령 충만한 성도, 새로운 삶을 사는 성도, 곧 예수님을 자신의 왕으로 모시고 사는 크리스천들을 만나보기 힘들다는 것입니다. 청년이 되면 남의 말이나 어른의 말을 듣기 싫어합니다. 어른이 되면 남의 간섭이나 지배를 받기 싫어합니다. 모두다 제 의지대로, 제 마음대로 살기 원합니다. 다른 왕을 두기 싫어합니다. 예수님을 믿고 예수님을 나의 왕이라고 노래하지만, 실제로는 예수님을 왕이라고 여기지 않습니다. 어떤 면에서는 예수님의 뜻대로 살지만 어떤 점에 있어서는 예수님의 뜻대로, 하나님의 뜻대로 살지 않습니다. 예수님의 뜻대로 순종하여 살면, 너무 힘들 것 같고 모든 것을 포기해야 할 것 같고, 인생의 낙이 다 없어질 것 같습니다.

그러나 여러분, 예수님을 여러분의 왕으로 모시고 살아야겠다는 결단을 해보시지 않겠습니까? 우선 한주간만이라도, 아니면 맘 크게 먹고 한 달만이라도 자기 뜻, 자기 의지를 버리고 매사에 왕 되신 주님께 철저히 복종하는 삶을 살아보시지 않겠습니까? 왜 가정에, 교회에 문제가 생깁니까? 갈등과 다툼이 왜 생깁니까? 예수님이 왕이 아니고 자신이 왕이 되어 있기 때문입니다.

여러분, 왕의 자리에서 내려오십시오.

예수님을 왕으로 모시고 사십시오. 예수님을 왕으로 모시고 사는 삶, 이것이 새로운 삶입니다. 예수님을 믿어 예수님과 연합한 자는 예수님이 다시 사셨고 지금도 살아 계시듯이, 이제는 새사람이 되어 새로운 삶을 살아야만 합니다.

10-11절은 오늘 말씀의 요약이요, 결론이라고 할 수 있습니다. 10절을 보십시오.

"그가 죽으심은 죄에 대하여 단번에 죽으심이요 그가 살아 계심은 하나님께 대하여 살아 계심이니."

여기에서 그는 누구입니까? 예수님입니다!

예수님은 죄에 대해 죽고 하나님에 대해서는 살아 계십니다. 그러므로 예수님을 믿고, 세례 받고, 예수님과 연합한 성도 역시 그 예수님과 같아지는 것을 11절이 보여줍니다.

"이와 같이 너희도 너희 자신을 죄에 대하여는 죽은 자요 그리스도 예수 안에서 하나님께 대하여는 살아 있는 자로 여길지어다."

성도는 죄에 대해서는 죽은 자입니다. 그러면 하나님에 대해서는 어떤 자입니까? 살아있는 자입니다. 오늘의 설교 제목입니다.

저는 지난주일 '죄에 대해 죽은 우리'라는 말이 성도의 정체성을 잘 보여주는 말이라고 말씀드렸습니다. 그런데 그 말이 성도의 정체성을 완전히 보여주는 말은 아닙니다. 바로 이 11절이 성도의 정체성을 완벽하게 보여주고 있습니다.

성도는 어떤 자입니까? 죄에 대해서는 죽은 자요, 하나님에 대해서는 살아있는 자입니다. 이것이 성도의 바른 모습임을 기억하시기 바랍니다. "너희 자신을 죄에 대하여는 죽은 자요, 하나님께 대하여는 살아있는 자로 여길지어다"라고 했는데, 이것이 로마서의 첫 명령입니다. '여길지어다'라는 말은, 사실이 아니니까 그리 생각하라는 의미가 아닙니다. 이것이 사실이니 그대로 믿고 받아들이고 그대로 살아가라는 말씀입니다. 믿으라는 말보다 더 강한 의미를 가진 말입니다.

지난 주일과 오늘 설교를 통해서 '신자는 죄에 대해 죽은 자요 하나님에 대해서는 산 자'라고 하니까, 지식적으로만 이해가 되어 '어 그런가? 그런데 나와는, 내 삶과는 너무 동떨어진 말처럼 보여' 라고 할 수 있습니다. 그러나 이것이 사실이니 믿고 인정하고 그리 살라는 것입니다. 죄에 대해서는 죽은 자니 죄에 대해서는 반응하지 말고 대답하지 말라는 것입니다. 죄가 여러분을 '누구야' 하고 불러도 '응' '왜' 하고 대답하지 말고, 하나님에 대해서는 산 자이니까 하나님을 향해서 하나님의 말씀에 대해서는 살아 움직이는 자, 반응하는 자로 살라는 것입니다.

여러분, 예수 그리스도를 믿는 저와 여러분은 죄에 대해 죽은 자임을, 더 이상 죄의 종이 아님을 믿으십시오! 이제는 하나님께 대해서만 산 자임을 믿고, 성령의 도우심으로 날마다 새 삶, 의로운 삶, 하나님을 위한 삶을 살아가시는 여러분 모두가 되시기 바랍니다.

9

로마서 6:12-14

어떤 도구입니까?

"그러므로 너희는 죄가 너희 죽을 몸을 지배하지 못하게 하여 몸의 사욕에 순종하지 말고 또한 너희 지체를 불의의 무기로 죄에게 내주지 말고 오직 너희 자신을 죽은 자 가운데서 다시 살아난 자 같이 하나님께 드리며 너희 지체를 의의 무기로 하나님께 드리라 죄가 너희를 주장하지 못하리니 이는 너희가 법 아래에 있지 아니하고 은혜 아래에 있음이라"

사람이라면 자기가 누구인지 자기가 어떤 사람인지 자기 정체성이 분명해야 됩니다. 그래야 올바른 삶을 살아갈 수가 있습니다. 지난 주일에 우리는 하나님 말씀을 통해서 기독교인의 정체성을 두 가지로 보았습니다. 여러분 기억하십니까? 죄에 대해서는 죽은 자, 하나님께 대하여는 살아있는 자, 이것이 바로 우리 기독교인의 정체성을 잘 보여주는 말씀입니다. 이 정체성을 날마다 기억하십시오. 확인하십시오. 고백하면서 살아가시기를 바랍니다.

오늘 읽은 본문 말씀에는 이 기독교인의 정체성이 이제 기독교인의 삶에 어떻게 적용이 되는지 보여주고 있습니다.

먼저 무엇이라고 말씀합니까? 12절 말씀에 보면 "그러므로 너희는 죄가 너희 죽을 몸을 지배하지 못하게 하라"고 말씀합니다.

"지배하지 못하게 하라"는 말씀이 개역개정에는 "왕 노릇하지 못하게 하라"고 되어 있습니다. 다시 말해서 '죄가 왕이 되어서 너희 몸을 다스리도록 하지 말아라' 하는 말씀입니다. 여기서 우리는 한 가지 의문을 가지게 됩니다. 지난주일 말씀에서는 "신자는 예수님을 믿을 때에 이미 죄에 대해서 죽었다"라고 말씀했습니다. 그런데 오늘 말씀에는 "죄가 너희 몸에 왕 노릇하지 못하게 하라"고 말씀하고 있습니다.

오늘 이 말씀을 보면 죄가 우리 몸에 왕 노릇을 할 수 있다는 것입니까, 없다는 것입니까? 있다는 것입니다. 이것이 이상하다는 것입니다. 신자는 죄에 대해서 죽었다고 했는데 죄가 우리 몸에서 왕 노릇을 할 수 있다니, 이것이 무슨 말씀일까 의아스럽습니다.

이 말씀은, 신자는 이미 예수 그리스도의 구속사역을 통해서 원칙적으로 죄에서 죽었고 죄에서 해방된 자이지만, 아직도 죽을 몸을 가지고 있고 몸의 사욕을 가지고 있는 자입니다. 사욕이라는 말은 악한 욕망이라는 뜻입니다. 악한 욕망을 아직도 가지고 있습니다. 그러므로 이 세상에 살아있는 동안에는 죄의 유혹이 계속될 수 있고, 죄가 우리 몸에서 왕 노릇할 가능성도 있는 것입니다.

신약의 종말론 구조의 특징을 잘 보여주는 신학용어가 있습니다. 어떤 말이냐 하면 "already not yet"입니다. 'already'라는 말은 '이미'라

는 말이고, 'not yet'은 '그러나 아직'이라는 말입니다. '이미 그러나 아직!'

여러분, 잘 들어보십시오. 천국이 이미 왔습니까, 안 왔습니까? 이에 대해 예수님이 무엇이라고 했습니까? "회개하라 천국이 왔다"라고 했습니다. 예수님이 오실 때에 이미 이 땅에서 천국이 시작되었습니다. 그렇지만 천국이 완성되었습니까, 안 되었습니까? 안 되었습니다. 그렇기 때문에 예수 믿는 우리도 세상의 여러 가지 비참함과 고생 가운데서 살아가는 것입니다. 천국이 아직 완성이 안 되었기 때문입니다. '이미 그러나 아직'입니다.

우리는 예수 믿을 때에 구원을 이미 받았습니까, 안 받았습니까? 받았습니다. 그러나 우리의 삶을 보십시오. 아직도 참 안타까운 것들이 많이 있습니다. 완전히 구원받은 것이 아닙니다. '그러나 아직'입니다. 죄짓는 것도 보십시오. 성경에는 분명히 우리는 죄에 대해서 '죽었다, 죄에서 벗어났다, 해방되었다'고 했는데 아직도 우리는 여전히 죄와 싸워야 되는 것입니다. 그러니까 '이미 그러나 아직' 그 사이의 긴장 속에서 살고 있다는 것입니다. 여기에 성도의 책임과 의무가 있습니다. 하나님은 이미 이루어 놓았습니다.

여러분, 성도의 의무와 책임이 무엇입니까?

죄가, 악한 욕망이 자기를 다스리지 못하도록 힘써야 한다는 것입니다. 그렇다면 어떻게 하면 죄가 우리 몸에 왕 노릇하지 못하게 하겠습니까? 이것은 저절로 그냥 되는 것이 아닙니다. 이 마지막 시대를 살아가는 성도들은 그냥 되는대로 그렇게 살아서는 안 됩니다. 죄를 짓지 않으려고 결심을 해야 됩니다. 죄를 짓지 않기 위해서는 하나님 앞에서 기도를 많이 해야 됩니다.

우리가 하나님 앞에 복을 달라고, 형통함을 달라고, 자녀가 잘되게 해달라고 많이 기도할 수 있지만, 사실은 더 많이 더 간절히 기도해야 되는 것은 죄 짓지 않고 살게 해달라고 기도하는 것입니다. 그리고 죄와 싸워야 됩니다. 몸부림을 쳐야 하는 것입니다. 가장 좋은 것은 자신이 예수님과 함께 죽었음을 인정하는 것입니다.

용서하려고 참으려고 진실하게 살려고 죄 짓지 않고 살려고 노력하는 것도 좋은데, 무엇보다도 자기의 정체성을 자주 확인해야 된다는 것입니다. 나는 죄에 대해서 죽었음을 날마다 인정하고 고백하면서 살아야 한다는 것입니다. 11절의 "죄에 대해서는 죽은 자로 여길지어다"라는 말씀처럼, 나는 죄에 대해서 죽었다고 여기고 날마다 살아가야 한다는 것입니다. 그것이 능력입니다.

어릴 때에 어머니를 잃고 고모의 손에 자란 한 소녀가 있었습니다. 그 고모는 조카들을 키운다고 결혼도 못했습니다. 어느덧 소녀는 자라서 고등학생이 되었고, 한 친구의 전도로 교회를 다니게 되었습니다. 신앙을 가지고 교회를 다니게 되었습니다. 그런데 고모가 보니까 조카가 공부는 안 하고 교회만 쫓아다니는 것입니다. 그로 인해 이 소녀와 고모 관계가 악화되고 말았습니다. 이 소녀는 원치 않게도 고모에게 대들기도 하고 싸우기도 했습니다.

그런데 어느 날 주일 예배에 참석했다가 갈라디아서 2장 20절의 "이제는 내가 산 것이 아니요 오직 내 안에 그리스도께서 사신 것이라"는 설교를 듣게 되었습니다. 설교를 듣고 마음에 큰 은혜를 받았습니다. 그리고 생각하기를 '그렇구나. 내가 고모를 만나니까 안 되는

구나. 내 안에 계신 예수님이 내 고모를 만나면 될 텐데' 하는 생각이 들었습니다.

집으로 돌아왔습니다. 집의 대문 앞에 섰는데 마음에 또 걱정이 되었습니다. 자신이 없어졌습니다. 고모가 틀림없이 야단을 칠 것이고, 그러면 나도 화가 나서 아마 또 싸우게 될 것 같았습니다. 그래서 바로 들어가지 못하고 현관 문고리를 잡고서 하나님 앞에 기도를 했습니다.

"예수님, 제가 고모를 만나면 또 싸울 것 같아요. 예수님이 고모를 만나주세요. 저는 죽었고 예수님이 제 안에 살아 계시지 않습니까?"

그렇게 기도하고 문을 여는데, 예측한 대로 고모가 문을 확 열면서 불같이 화를 내면서 무섭게 야단을 쳤습니다. 그런데 이상하게도 다른 날과는 달리 그렇게 야단을 치는 그 고모의 무서운 얼굴이 이 소녀의 눈에 들어오지 않고, 얼굴에 주름이 지고 머리에는 흰머리가 나서 그동안에 많이 늙어버린 고모의 모습이 눈에 들어오는 것입니다.

소녀는 마음이 너무 아파서 고모를 와락 끌어안았습니다. 끌어안고 "고모 왜 이렇게 주름이 늘었어? 우리 때문에 이렇게 늙었어?" 하면서 고모를 안고서 펑펑 울었습니다. 그동안 고모의 가슴에 시집도 못가고 조카들을 위해서 살아온 그 삶의 한이 얼마나 맺혔겠습니까. 얼마나 응어리가 졌겠습니까. 그런데 얼마 전까지도 계속 자기와 싸워오던 이 조카가 자기를 안고 그렇게 우니까, 그 눈물에 마음속에 있던 응어리가 다 녹아서 내렸습니다.

그날 예수님께서 고모를 만나주심으로 고모 역시 예수님을 영접하고 교회에 다니게 되었습니다. 우리에게 바로 이런 모습이 필요하다는 것입니다. 나는 죽었고 주님이 내 안에 사신다는 것을 계속 확인하고 인정하고 고백하면서 사는 삶이, 우리가 죄를 이기는 가장 큰 힘이 된다는 것입니다. 오늘 이 소녀가 기도했듯이 "하나님, 내 남편, 내 아내 주님께서 만나주십시오. 내 부모, 내 자식 주님께서 만나 주십시오" 이렇게 기도하면서 살아야 하는 것입니다. "나는 죽었고 내 안에 주님께서 살아 계시니 내 안에 살아 계신 주님께서 내 이웃, 내 직장에 있는 사람, 우리 교회 성도를 만나 주십시오"라고 기도하시는 여러분 모두가 되시기를 바랍니다. 이렇게 죄악 된 내 자아가 죽은 모습으로 산다면 죄가 더 이상 우리를 지배할 수 없습니다. 왕 노릇할 수 없습니다. 이제 나는 죽고 그리스도 예수로 살아가시는 여러분이 다 되시기를 바랍니다.

그다음 13절에 가면, 죄가 죽을 몸에서 왕 노릇하지 못하게 하라는 이 12절 말씀을 좀 더 구체적으로 말씀해 주고 있습니다.

이 13절의 핵심을 간단히 요약하면 이렇습니다. "너희 지체를 죄에게 드리지 말고 하나님께 드리라"는 말씀입니다. 그러면서 나오는 특별한 단어가 있습니다. 13절에 보면 첫 줄과 마지막 줄에 나오는 공통된 단어가 있습니다. 무엇입니까? '무기'입니다. 앞에는 불의의 무기가 나오고, 뒤에는 의의 무기가 나오고 있습니다. 무기라고 하면 우리가 생각할 수 있는 것이 군에서 사용하는 총, 칼, 대포, 전투기, 탱크 등 이 무기 아니겠습니까. 그런데 사실은 오늘 이 본문에 나오는 이 말은 무기라고 번역될 수도 있지만 보다 일반적으로는 도구, 기구로 번역될 수 있는 말입니다.

그래서 영어성경들에 보면 '무기'라고 해놓지 않고 그냥 '도구'라고 해놓았습니다. 'instrument'라고 하는 영어 단어를 사용했습니다. 병원에 가면 여러 가지 의료 기구가 있지 않습니까? 그것을 우리가 'medical instrument'라고 합니다. 우리 교회에서도 찬양할 때에 피아노, 오르간, 첼로, 바이올린 등 여러 악기를 사용합니다. 이런 것을 무엇이라고 합니까? 'musical instrument'라고 합니다. 'music'이 음악입니다. 그러므로 음악적인 기구들, 악기라는 말이 되는 것입니다.

그런데 도구나 기구도 누가 어떻게 사용하느냐에 따라서 달라집니다. 목수가 산에 가서 나무를 베어 그것으로 가구를 만들거나 생활에 필요한 유용한 물건을 만들면 좋은 도구가 됩니다. 또 나무꾼이 산에서 도끼로 나무를 찍어서 장작을 팰 때는 도끼가 참 좋은 도구입니다.

그런데 지난 주간에도 신문에 방송에 났습니다만, 서울시 김모 의원이 아주 유력한 부자를 한 사람 죽였습니다. 자기가 직접 죽인 것이 아니고 자기 친구를 교사해서 죽였습니다. 자기 친구가 자기와 친분이 있고 자기에게 빚도 많이 지고 있으니까 불러서 서로 모의를 해서 "니가 좀 죽여다오" 한 것입니다. 그 사람이 팽 씨라는 사람입니다. 그 팽 씨는 도끼를 가지고서 그 부자를 쳐 죽었습니다. 그럴 때에 그 도끼는 살인의 도구였습니다. 악의 도구였습니다. 이렇듯 도구를 누가 어떻게 쓰느냐에 따라 달라진다는 것입니다.

우리 찬양팀이 찬양을 인도할 때에 보니까 주로 쓰이는 악기가 신디하고 드럼하고 기타였습니다. 신디는 우리나라에서 사용한 지가 오래 되지 않았습니다. 그런데 40~50년 전 저희가 어릴 때만 해도 드럼하고 기타는 교회에서 꿈도 못 꾸는 것이었습니다. 누가 쓰는 것이었습니까? 딴따라들이 쓰는 것이었습니다. 세상 가수들이 노래를 부를 때에 쓰는 것이지 교회에서 쓰면 경건하지 않다고 생각한 것입니다. 그래서 쓸 줄을 몰랐습니다. 그때는 저 악기들이 세상의 도구였습니다. 세속적인 데에만 사용이 되었습니다. 그러나 지금은 우리 하나님을 찬양하는 데 얼마나 아름답고 멋지게 사용이 됩니까. 참 귀한 일입니다.

사람도 마찬가지입니다. 신약성경에 보면 빌레몬서가 있습니다. 빌레몬서는 사도 바울이 빌레몬에게 쓴 편지입니다. 거기에 보면 빌레몬의 종 오네시모가 나옵니다. 오네시모는 빌레몬의 노예입니다. 그런데 불만이 많은 노예입니다. 그래서 그 불만을 참지 못하고 어느 날 밤에 주인 빌레몬의 재산을 몰래 훔쳐서 로마로 도망을 쳐 버렸습니다. 도망을 친 후에 처음에는 돈이 있으니 얼마나 좋습니까! 그러나 흥청거리며 노는 사이에 돈을 다 탕진하고 말았습니다. 그런데 하나님께서 이 사람을 인도하셔서 로마 감옥에 갇혀 있던 사도 바울을 만나게 해주셨습니다. 사도 바울을 만나고 보니 자기의 주인 빌레몬과 친구인 것입니다.

그런데 사도 바울에게 복음의 말씀을 듣고, 하나님께서 모든 사람을 사랑하시고 어떤 죄인이라도 용서하시고 구원해 주신다는 이 아름다운 복음을 듣고서, 자신의 죄인 됨을 깊이 깨닫고 회개하고 새 사람이 되었습니다. 그래서 빌레몬서에 보면 "지기 전에는 무익했지만"이라는 사도 바울의 말이 나옵니다. 여기서 전에는 언제겠습니까? 예수 믿기 전입니다. 그때는 무익했지만, 예수 믿는 자금은 너와 나에게 유익하다고 했습니다.

여러분, 오네시모가 무슨 뜻인지 아십니까?

'유익한 자'라는 뜻입니다. 예수 믿기 전에는 무익한 자였습니다. 그런데 예수 믿고 나서 자기 이름 그대로 유익한 자가 되었습니다. 감옥에 있는 사도 바울을 잘 떠받들고 심부름하고 옥바라지를 잘 하는 좋은 사람이 되었습니다. 전에는 주인에게 해를 끼치는 악의 도구로 자기 몸을 죄에게 드리는 사람이었는데, 이제는 의의 도구로서 자기 몸을 하나님께 드리는 멋있는 사람이 되었다는 것입니다.

어떤 성도는 자기와 함께 일하는 사람을 돈 때문에 고의로 망하게 합니다. 이것은 자기를 악의 도구로 죄에게 드리는 것입니다. 최근에 어떤 성도는 자기 밑에서 일하는 성도에게 일자리를 알아봐 주었습니다. 그곳을 책임지고 있는 다른 교회 집사님이 우리 성도에게 모든 것을 준비해 주겠노라고 하면서, 걱정하지 말고 잘해 보라고 배려하고 격려를 해주었습니다. 얼마나 아름다운 모습이고 얼마나 선한 모습입니까. 이렇게 살아가는 것이 바로 자기의 몸을 의의 도구로 하나님께 드리는 것입니다.

성도가 죄를 지으면 죄에게 몸을 드리는 것이고, 성도가 하나님 말씀대로 선하게 살면 자기 몸을 하나님께 드리는 것이 됩니다. 여러분의 몸은 어디에 드리고 있습니까? 죄에게 드리고 있습니까, 아니면 하나님께 드리고 있습니까? 잘 생각해 보십시오. 내가 죄 지으면서 살면 누구에게 드리는 것입니까? 죄에게 드리는 겁니다. 그러나 하나님 말씀대로 선한 마음을 품고 선하게 살아가면 하나님께 드리는 것입니다. 여러분의 몸을 죄에게 드리지 말고 하나님께 드리는 성도가 되시기를 바랍니다.

13절에 이렇게 특별한 말 '도구'가 나왔는데, 또 한 가지 특별한 단어가 또 있습니다. 첫 줄과 넷째 줄을 보시기 바랍니다. '지체'라는 말입니다.

첫 줄에는 "너희 지체를 불의의 도구로 죄에게 드리지 말고"라고 하였고, 넷째 줄에는 "너희 지체를 의의 도구로 하나님께 드리라"고 했습니다.

지체는 영어로 'member'입니다. 'member'가 무엇입니까? 한 집단 그룹이 있으면 거기에 한 사람 한 사람을 가리켜서 'member'라고 합니다. 부분 또는 일부를 말하는 것입니다. 우리 몸 같으면 뭐가 지체입니까? 머리, 눈, 코, 입, 손, 발, 팔, 다리 등 이 모든 것이 우리의 지체입니다. 이 지체를 불의의 도구로 죄에게 드리지 말고 의의 도구로 하나님께 드리라는 것입니다.

코를 연기통으로 사용하는 사람들이 많습니다.

어떤 사람들입니까? 담배 피는 사람들입니다. 며칠 전에 신문을 보니 담배에 독성 물질이 4,000가지나 된다고 합니다. 술보다 훨씬 더 위험한 것입니다. 모든 병의 근원이 되는 겁니다. 그렇게 많은 독성물질이 있는 그것을 뿜어대면 그것은 자기에게도 엄청나게 해롭거니와 그 옆에 있는 다른 사람에게도 엄청나게 해를 끼치는 것입니다. 지체를 불의의 도구로 쓰는 것입니다.

어떤 사람은 손으로 죄 짓는 사람들이 많습니다. 이 손이 얼마나 유용한 것입니까, 손이 없다고 한번 생각해 보십시오. 어떻게 살겠습니까? 그런데 이 손을 가지고 악한 짓하고, 못된 짓하고, 남 때리는 데 사용하는 그런 사람들이 있습니다. 지체를 불의의 도구로 쓰는 것입니다. 이 손을 가지고 다른 사람 돕는 데 쓰고 위로하는 데 쓰면 얼마나 좋겠습니까?

한 달 전쯤에 제 손녀가 제 품에 안겨서 제 어깨를 톡톡톡톡 네 번을 두드려 주더라고요. 손녀가 그 작은 손으로 두드려주니까 얼마나 힘이 나는지요. 이 애가 알지도 못하면서 '할아버지, 참 고생 많습니다' 하면서 두드려주는 것 같았습니다. 그 작은 손으로 두드려 주는 것임에도 불구하고 기분이 정말 좋았고, 때로 그것이 생각이 나면서 또 힘이 났습니다.

여러분, 우리의 입과 혀는 불의의 도구로 사용하기에 가장 쉬운 것입니다. 그래서 더욱 조심해야 됩니다.

어느 교회 중·고등부 여학생 한 명이 자살을 했습니다. 왜 자살을 했느냐 하면 교회 왔는데 누가 농담 한마디를 잘못해서 그런 것입니다. "너 어떻게 그런 못생긴 얼굴로 돌아다니니? 다른 사람 생각도 좀 해야지." 그런 말을 농담으로 받아서 소화시킬 수 있는 사람이 있고, 그런 말이 소화가 안 되는 사람이 있습니다. 그런데 아무 생각 없이 그 예민한 소녀에게 함부로 그런 말을 던져 놓으니, 그것을 가지고 고민 고민하다가 그만 자살을 했다는 것입니다.

독한 말, 악한 말들로 남에게 상처를 주거나 남을 비방하지 말아야 됩니다. 선한 말로 덕을 세우고 남을 격려하고 평화를 이루어 가는 성도가 되어야 합니다. 여러분의 지체를 의의 도구로 하나님께 드리는 성도가 되시기를 바랍니다.

마지막 14절은 12-13절에 대한 이유, 근거, 또는 가능성이라고 할 수 있습니다.

14절을 보십시오.

> "죄가 너희를 주장하지 못하리니 이는 너희가 법 아래에 있지 아니하고 은혜 아래에 있음이라."

"죄가 너희를 주장하지 못하리니"라고 했는데, 다시 말하면 '죄가 너희에게 왕 노릇하지 못할 것이다' 하고 미래형으로 되어 있습니다. 앞에 나온 7절을 한 번 봅시다.

> "이는 죽은 자가 죄에서 벗어나 의롭다 하심을 얻었음이라."

죽은 자가 죄에게 벗어나 의롭다 하심을 얻은 것은 과거입니까, 미래입니까? 과거입니다. 예수를 믿어서 예수님과 연합한 자는 예수님과 함께 죄에 대해서 죽은 자입니다. 죄에 대해서 죽은 자는 이미 죄에서 벗어났습니다. 죄에서 해방이 되었습니다. 죄의 권세, 죄의 통치 아래 있지 않습니다. 더 이상 죄가 왕이 아니고 주인이 아니라는 것입니다. 그런데 이 14절에서는 뭐라고 했습니까? 죄가 너희에게 왕 노릇하지 못할 것이라고 말씀합니다.

그러므로 이 말씀은 7절과 14절의 관계를 생각하면, 7절에서는 '이미 죄에 대해서 죽었다, 죄에서 벗어났다' 하고 있는데, 14절에서는 '죄가 너희를 통치하지 못할 것이다'라고 했습니다. 그러니까 14절의 말씀은 7절의 사실을 다시 확인해 주면서, 동시에 하나님의 약속이라고 볼 수 있는 것입니다. 이미 너희는 죄에서 벗어났거니와 앞으로도 죄가 절대로 너희에게 왕 노릇하지 못하도록 해주겠다는 약속인 것입니다.

성도는 죄 아래 있지 않습니다. 그러면 무엇 아래 있습니까? 14절 끝에 보니 '은혜 아래에 있다'고 했습니다. 하나님의 은혜, 하나님의 강력한 은혜의 통치 아래에 있습니다. 다시 말하면 하나님의 성령의 통치 아래에 있는 것입니다. 그렇기 때문에 신자는 순종을 하기만 하면, 죄 짓지 않고 살기로 결심하고 기도하고 순종만 하면 성령께서 그를 승리하도록 도와주시는 것입니다. 얼마든지 죄 짓지 않고 살아갈 수가 있다는 말씀입니다.

세상을 살아가는 우리 성도들 중에 상당수의 성도들은 이런 생각을 합니다. '이 죄 많은 세상에서, 이 악한 세상에서 어떻게 죄를 안 짓고 살 수 있느냐?' 하면서 체념하며 살아갑니다. 그냥 포기하고 죄 지으면서 살아갑니다. 그러나 성도는 이미 죄에서 벗어난 자요, 죄가 왕 노릇하지 못하게 하겠다고 하나님께서 약속해 주셨습니다. 이 약속을 믿으십니까?

이 약속을 믿고서 죄를 짓지 않기로 결심하고, 기도하고, 노력하면 죄를 넉넉히 이길 수 있다는 것입니다. 이 믿음을 가지고 죄가 여러분에게 왕 노릇하지 못하게 하시기를 바랍니다. 여러분의 몸을 죄에게 드리지 말고 하나님께 드리시기를 바랍니다. 여러분의 지체를 죄의 도구가 아닌 의의 도구로 하나님께 드리는 모든 성도가 되시기를 바랍니다.

10

로마서 6:15-18

누구의 종입니까

"그런즉 어찌하리요 우리가 법 아래에 있지 아니하고 은혜 아래에 있으니 죄를 지으리요 그럴 수 없느니라 너희 자신을 종으로 내주어 누구에게 순종하든지 그 순종함을 받는 자의 종이 되는 줄을 너희가 알지 못하느냐 혹은 죄의 종으로 사망에 이르고 혹은 순종의 종으로 의에 이르느니라 하나님께 감사하리로다 너희가 본래 죄의 종이더니 너희에게 전하여 준 바 교훈의 본을 마음으로 순종하여 죄로부터 해방되어 의에게 종이 되었느니라"

여러분, 성도의 정체성이 무엇입니까?

여러분은 어떤 사람입니까? 성도는 죄에 대해서는 죽은 자요, 하나님께 대하여는 살아있는 자라고 했습니다. 그러므로 우리는 이렇게 고백할 수 있습니다.

"하나님, 나는 죽었습니다. 예수님이 내 안에 사십니다."

이런 사람은 자기를 죄에게 드리겠습니까, 하나님께 드리겠습니까? 하나님께 드립니다. 이런 사람은 자기의 지체를 불의의 도구로 사용하겠습니까, 의의 도구로 사용하겠습니까? 의의 도구로 사용합니다. 여러분들은 자신의 지체를 의의 도구로 하나님께 드리면서 사시기를 바랍니다.

지난 주일에는 '어떤 도구입니까'라는 설교 제목으로 도구적인 측면에서의 신자의 삶을 말씀드렸는데, 오늘 말씀은 종이라고 하는 측면에서 말씀을 하고 있습니다. 그래서 설교 제목이 '누구의 종입니까'입니다.

첫째로 생각할 것은, 은혜 아래 있으니 죄를 지을 것인가 하는 것입니다.

지난주일 말씀 6장 14절에 보면, 하나님께서 말씀하시기를 "죄가 너희를 주관하지 못하리니 너희가 법 아래 있지 아니하고 은혜 아래 있음이라"고 했습니다. 법 아래 있지 않고 은혜 아래 있다는 이 말씀이 무슨 말씀이겠습니까? 다시 말해 우리는 율법을 지킴으로 구원을 받는 것이 아니고 하나님의 은혜로 구원을 받는다는 말씀입니다. 그렇습니다. 율법을 지켜서 하나님 말씀을 지켜서 구원을 받을 수 있는 사람, 자기의 의, 자기의 공로로, 자기의 옳음으로, 자기의 선함으로 구원을 받을 수 있는 사람은 이 세상에 아무도 없습니다. 저와 여러분은 하나님의 은혜로 믿음으로 구원받은 자임을 확신하시기 바랍니다.

우리가 율법 아닌 은혜 아래 있다고 하니까 이상한 추론을 하는 사람들이 있습니다. '우리는 은혜 아래에 있으니까 이제는 율법과 무관하지 않느냐, 이제 우리는 율법에 매이지 않는다, 율법에 순종할 필요도 없다, 이제는 율법을 어겨도, 즉 죄를 지어도 상관이 없다' 이런 주장을 하는 사람들이 있다는 것입니다. 실제로 어떤 성도들은 구약의 율법이나 십계명은 은혜 시대를 살아가는 우리와는 관계가 없다는 말을 합니다. 구원파 역시 비슷한 주장을 합니다. 우리는 은혜로 믿음으로 구원을 받으니 행위는 어떠해도 상관이 없다고 주장하는 것입니다.

그러나 이에 대한 하나님의 답변은 어떻습니까? 15절을 보시기 바랍니다. 15절 끝에 보니 "그럴 수 없느니라"고 하였습니다. 영어로는 'By no means' 해서 아주 강한 부정을 하고 있습니다. '결코 그럴 수가 없다, 그것은 어불성설이다, 억지요 궤변이다'라고 말씀하고 있는 것입니다.

둘째로 생각할 것은, 은혜 아래 있기에 죄를 지어서는 안 되는데 그 이유가 무엇이냐 하는 것입니다.

그에 대한 답을 16절이 보여주는데, 이 16절이 바로 종에 대한 말씀으로 오늘 말씀의 핵심이 됩니다.

지금은 우리 사회에 노예 제도가 없습니다. 그런데 2000년 전 로마 시대 때, 이 성경이 기록되던 당시에는 노예 제도가 있었습니다. 그 제도는 그 사회의 아주 중요한 제도였습니다. 그래서 그 당시 로마 제국의 인구가 7,000만 명 정도 되었다고 하는데, 그중에서 15%인 약 900만 정도가 노예였다고 합니다. 노예의 숫자가 로마 시민권자를 가진 자보다 조금 더 많았다고 합니다.

그런데 어떤 사람이 노예가 되겠습니까? 로마군이 어느 나라에 가서 승전을 하면 많은 사람을 포로로 끌고 옵니다. 늙은이나 아이는 끌고 오지 않고 젊은 사람들, 예쁜 사람들, 힘 좀 쓸 수 있는 사람들을 끌고 와서 노예 시장에 내어놓는 것입니다. 그리고는 값을 매겨서 팔아버리면, 그 포로들을 자기의 집에 노예로 사갑니다. 그러면 그 주인의 재산이 되어서 평생을 살게 되는 것입니다.

그러면 어떤 사람이 종이겠습니까? 16절에 보니, 누구에게 순종하는 자가 종이라고 했습니다. 순종이 종의 삶의 본질인 것입니다. 종에게는 순종이 가장 중요합니다. A가 B에게 순종하면 A는 B의 종이 되는 것입니다. 또 무엇에 매인 자, 무엇에 매여서 사는 자는 그 무엇의 종이 되는 것입니다.

술 없이 못사는 사람이 있습니다. 날마다 술을 마셔야 되는 사람이 있습니다. 그 사람은 어떤 종입니까? 술의 종입니다. 우리 신자는 절대로 술의 종이 되어서는 안 됩니다. 게임 없이 못 사는 젊은이들도 많습니다. 어른 중에도 있습니다. 그 사람은 어떤 종입니까? 게임의 종입니다. 음란한 동영상을 보지 않고는 살 수 없는 더러운 마음을 가지고 있는 사람들도 있습니다. 그는 음란의 종인 것입니다.

우리 삶에서 스포츠나 게임 등 어떤 취미는 꼭 필요한 것입니다. 그러나 '그것 없이는 절대로 살 수가 없다' 그러면 그것은 문제입니다. 이것은 스포츠와 취미의 종으로 사는 것입니다.

많은 사람들이 돈이라면 무슨 짓이든지 합니다. 그렇게 해서 돈을 벌었을 때에 자기는 돈의 주인이라고 생각합니다만, 돈 때문에 무슨 일이든지 하는 사람은 돈의 주인이 아닙니다. 무엇입니까? 돈의 종인 것입니다. 어떤 이들은 계속 죄를 지으면서 삽니다. 그들은 죄의 종입니다. 성도는 하나님 한 분 외에 누구에게도, 또 무엇의 종이 되어서도 안 됩니다. 이 세상을 살 동안에 오직 하나님의 종으로만 살아가야 하는 것입니다. 그런 삶을 사시는 여러분들이 꼭 되시기를 바랍니다.

그런데 놀랍게도 모든 인간은 종입니다.

크게 두 가지로 나눌 수 있는데, 죄의 종이든지 하나님의 종이든지 그렇습니다. 16절을 보시기 바랍니다. 어떤 종이 나옵니까? 죄의 종이 나옵니다. 또 어떤 종이 나옵니까? 순종의 종이 나옵니다. 하나님의 종이라고 하지 않고 '순종의 종'이라고 했습니다. 누구에게 순종하는 종을 의미하느냐 하면 하나님께 순종하는 종을 말합니다. 이 순종의 종을 18절에는 무슨 종이라고 했습니까? '의의 종'이라고 했고, 22절에 보면 '하나님의 종'이라고 했습니다. 조금씩 말은 틀리지만 다 같은 의미인 것입니다.

거의 모든 사람은 자기가 누구의 종이 아니라고 생각합니다. 자기는 누가 시킨 대로 사는 것이 아니고, 자기 주관대로 자기 의지대로 산다고 생각합니다. 자기가 선택한 대로 산다고 생각합니다. 그래서 자기는 중립이라고 생각합니다. 자기는 자유인이라고 생각하고 자신의 주인이라고 생각합니다. 그런데 알고 보면 모든 인간은 종이라는 것입니다. 죄의 종이든지 하나님의 종이든지, 다시 말해서 죄의 지배를 받든지 하나님의 지배를 받든지 한다는 것입니다.

여러분은 이 사실이 인정이 됩니까? 그렇게 느껴집니까? '아, 나는 죄의 종이든지 하나님의 종이든지 나는 종이다' 하는 것이 느껴지느냐는 말입니다. 사실 잘 안 느껴집니다. 나는 항상 내 생각대로 내 의지대로 사는 것 같습니다. 그것을 잘 느끼지 못하기 때문에 자기는 종이 아니라고 생각합니다.

인간이 느끼지 못한다고 부인하면 안 됩니다. 느낌을 너무 의지하면 안 된다는 것입니다. 지구는 지금도 돌고 있습니다. 돌고 있는데, 여러분 어지럽습니까, 안 어지럽습니까? 안 어지럽죠. 지구가 얼마나 빨리 도느냐 하면 시속 10만km/h로 돕니다. 고속도로에서 차가 씽씽 달리는데 100km/h, 120km/h, 속도광은 150km/h로 달립니다.

그런데 지구가 시속 10만km/h로 달리는 것, 상상이 됩니까? 만일 우리가 그 빠른 속도를 느낄 수 있다면 이 세상에 살 수 있겠습니까? 못 삽니다. 살 수가 없어요. 미쳐버리겠죠. 어떻게 그 속도를 이기고 살 수 있겠습니까? 다 하나님이 느끼지 못하고 살도록 만들어 놓은 것입니다. 그래서 우리는 지구가 가만히 있다고 생각하지 돌고 있다고 느끼지 못하는 것입니다.

이렇듯 인간이 물질적인 것도 느끼지 못하고 사는 것이 참 많은데, 영적인 면에서 느끼지 못하고 사는 것은 얼마나 많겠습니까? 자기가 죄의 종인 것을 하나님의 종인 것을 느끼지 못하고 사는 경우가 너무너무 많다는 것입니다. 거의 대부분의 인간이 그렇습니다.

그러면 신자는 누구의 종이겠습니까? 느끼지는 못하지만 누구의 종이겠습니까? 하나님의 종입니다. 원칙적으로 신자는 하나님의 종이고 불신자는 죄의 종입니다. 원칙적으로는 그러한데 실제로는 신자라고 해서 모두 하나님의 종이라고 할 수 없습니다. 예수 믿고 나서도, 하나님의 종이 되고 나서도, 옛날 주인인 죄를 섬기는 경우가 많이 있는 것입니다. 죄의 종이 아닌데도 죄에게 순종해서 죄를 짓는다는 것입니다. 그 사람은 죄의 종입니다.

예수님께서는 요한복음 8장 34절에서 "죄를 범하는 자마다 죄의 종이니라"고 말씀하셨습니다. 기억하셔야 됩니다. 우리 신자들은 죄의 종이든지 하나님의 종이든지 둘 중에 하나인 것입니다. 죄의 지배를 받든지 하나님의 지배를 받든지 둘 중에 하나라는 것입니다. 중간은 없습니다.

여러분, 자신의 삶을 한번 살펴보시기 바랍니다.

'나는 누구의 종인가?

나는 죄의 종인가? 아니면 하나님의 종인가?

나는 죄의 종으로 살고 있는가?

아니면 하나님의 종으로 살고 있는가?'

예수 믿는 자는 원칙적으로 하나님의 종입니다. 나의 옛 주인인 죄를 섬기지 말고 하나님을 섬기는 저와 여러분이 될 수 있기를 바랍니다.

누구의 종으로 사느냐는 엄청난 결과를 가져옵니다. 16절 넷째 줄에 보시면 죄의 종으로 살면 결국 사망에 이른다고 했습니다. 그러나 하나님께 순종하여 살면 의에 이른다고 했습니다. 의에 이른다는 것은 결국 영생에 이른다는 것을 말해주는 것입니다.

북쪽 끝으로 가면 백두산이 있습니다. 백두산에는 천지가 있습니다. 천지에서 서쪽으로 물이 흘러가면 어디가 나옵니까? 황해 바다가 나옵니다. 그런데 같은 물이지만 동쪽으로 흘러서 두만강으로 내려가면 결국 어디에 도착합니까? 동해에 도착하게 됩니다. 그냥 똑같이 강물을 따라 내려가는 것 같아도 결과는 반대라는 것입니다. 그와 같습니다. 한 세상 비슷하게 살아가는 것 같은데, 이 사람이나 저 사람 사는 것은 비슷하게 보이지만 죄의 종으로 살면 그 사람의 결국은 무엇입니까? 사망입니다. 멸망입니다. 그러나 하나님의 종으로 살아가면 그 사람의 결국은 무엇입니까? 영생입니다. 천국입니다. 이렇듯 결과는 무섭게 다른 것입니다. 정반대입니다.

이제 15절과 16절을 정리해 봅니다.

우리는 죄의 종에서 해방이 되어 순종의 종이 되고, 의의 종이 되고, 하나님의 종이 되었습니다. 그런데 다시 죄를 짓게 되면 죄 지으면서 살면 죄의 종이 되는 것입니다. 죄의 종으로 살다 보면 죄의 삯은 사망이니까 결국 어디에 이르게 됩니까? 사망에 멸망에 이를 수밖에 없다는 것입니다. 그러니 우리가 은혜 아래 있다고, 법 아래 있지 않다고 마음대로 죄를 지으면 되겠습니까? 안 되는 것입니다. 그래서 15절에 무엇이라고 했습니까?

"그럴 수 없느니라."

은혜 아래 있다고 죄 지을 수 있느냐? 그럴 수 없다고 합니다. 죄 지으면 결국은 멸망에 이르게 되기 때문입니다.

마지막 17-18절은 지금까지의 말씀을, 즉 객관적인 진리를 이 편지를 받고 있는 로마교회 신자들에게 직접 적용하고 있습니다.

"하나님께 감사하리로다 너희가 본래 죄의 종이더니 너희에게 전하여 준바 교훈의 본을 마음으로 순종하여 죄로부터 해방되어 의에게 종이 되었느니라."

"하나님께 감사하리로다"라고 했는데, 감사의 이유가 무엇입니까?

로마교회 성도들은 본래 죄의 종이라고 했습니다. 구원받기 전에는 로마교회 성도들뿐만 아니라 오늘 이 자리에 있는 여러분과 저도 다 죄의 종이었습니다. 아담의 범죄로 죄의 본성, 즉 죄의 DNA를 다 가지고 태어나서 이 세상에서 죄 지으며 살다가 마지막에 어디에 이릅니까? 멸망에 이르게 될 사람들입니다. 불쌍한 자들이었습니다.

그런데 오늘 17절 후반부에 보니 "너희에게 전하여 준바 교훈의 본"이라고 했습니다. 이것이 바로 복음을 말하는 것입니다. 복음의 윤리를 말하는 것입니다. 이것을 마음으로 순종했다고 합니다. 믿고 행하였다는 것입니다. 믿고 행하므로 죄에게서 해방이 되어 의의 종이 되었다는 것입니다. 의의 종이 되었다는 것은, 하나님께 종이 되었다는 것이고 영생에 이르게 되었다는 것을 말씀하는 것입니다.

예수님을 믿는 우리는 죄의 종에서 의의 종이 되었음을 확신하시기 바랍니다. 저와 여러분은 의의 종입니다. 이 세상에서 이보다 감사한 일이 어디 있겠습니까.

다음 주일이 추수감사절입니다.

올 가을은 정말 풍성한 가을 같습니다. 오곡백과가 풍성합니다. 우리가 진심으로 하나님 앞에 감사해야 합니다. 그리고 이 한 해도 우리에게 건강 주시고 보호하시고 인도해 주신 은혜, 여러 가지로 살펴주신 은혜가 얼마나 많습니까.

이번 추수감사주일엔 하나님 앞에 진심으로 감사할 수 있기를 바랍니다. 그런데 우리가 무엇보다도 하나님 앞에 감사해야 되고, 항상 감사해야 되는 기도제목이 있습니다. 그것이 바로 오늘 말씀에 나오고 있습니다.

"하나님께 감사하리로다."

왜 그렇습니까? 죄의 종이었던 우리가 하나님의 은혜로 의의 종이 되었기 때문입니다. 비록 내 삶이 힘들고 고달프고 잘 되는 것이 없다고 해도 항상 감사할 수밖에 없는 것은, 죄의 종으로 살다가 멸망할 수밖에 없는 나를 하나님이 은혜 베풀어 주셔서 구원해 주시고, 의의 종이 되게 해주시고, 영생에 이르게 해주셨기 때문입니다.

말씀을 맺습니다.

한국 교회가 왜 어려움을 겪고 있습니까? 왜 교회가 마땅히 이 땅의 소망이 되어야 되는데 소망이 되지 못하고 있습니까? 왜 한국 교회 성도들이 이 땅의 빛과 소금이 되지 못하고 있습니까? 왜 성도들의 수는 늘어나는데, 이 사회는 조금도 희망이 보이지 않고, 더 밝아지지 못하고 죄로 인하여 갈수록 어두워지고 있습니까? 왜 이렇게 절망적인 세상이 되었습니까?

그것은 하나님의 은혜로 의의 종 된 자들이 새 주인인 예수님께 종노릇하지 않고 옛 주인인 죄에게 종노릇을 하고 있기 때문입니다. 예수 믿어 세례를 받고 하나님의 백성이 되어 성도로 살아가는데도 불구하고, 이 세상을 살아갈 때는 예수 안 믿는 사람처럼, 아니 더한 모습으로 살아가는 사람들이 얼마나 많으냐는 것입니다.

기도의 사람 조지 뮬러를 아십니까?

그는 19세기 독일에서 태어나 영국 브리스톨에서 고아들을 모아

놓고 사역했습니다. 우리나라에서는 교육사업, 고아사업, 보육사업을 하는 사람들이 나라에서 많은 돈을 받으면서, 또 그 일을 통해 돈을 벌면서 살고 있습니다. 그러나 조지 뮬러는 그렇지 않았습니다. 그때그때마다 성도들의 헌금을 받아서, 또는 구제금을 받아서 고아들의 아버지가 되어 고아들을 양육했습니다. 그런데 이분은 무엇으로 유명했느냐 하면 5만 번의 기도응답을 받았던 분으로 유명합니다. 한마디로 기도를 전부 응답받은 기도의 사람이었습니다.

그의 자서전에 보면, 그가 처음에는 교회를 다녔지만 세상의 쾌락을 좇아서 살았다고 합니다. 이중적인 삶을 살았다고 합니다. 부도덕한 패거리들과 어울리면서 노름, 음란, 거짓말 에 얼룩진 사람이었다고 합니다.

그런데 어느 날 저녁에 친구를 따라서 기도 집회에 갔는데, 거기서 이 조지 뮬러의 마음이 깨어졌습니다. 이후 자신의 삶을 돌아보며 죄를 떨쳐버리기 시작했습니다. 그의 삶이 변화된 것입니다. 그때부터 그는 어떤 자리에서든지 그리스도는 자신의 '주님과 구세주'로 담대히 고백했습니다.

여러분, '주님과 구세주'는 어떻게 다릅니까? 주님은 영어로 'Lord', 주인이라는 말입니다. 구세주는 'Savior', 구원자라는 말입니다. 구주라는 말입니다 우리가 예수를 믿는다고 하면 보통 예수님을 구주로 믿는다고 생각을 합니다. 그러나 정말 예수님을 바르게 믿는다면 예수님을 구세주, 구원자로만 믿는 것이 아니라 그 예수님을 '나의 주, 나의 주인'으로 믿는 것입니다.

여러분의 주인은 누구이십니까? 여러분은 누구의 종입니까? 누구의 종으로 살아가고 있습니까?

예수님을 여러분의 구주와 주님으로 믿으시기 바랍니다. 또한 여러분 모두가 예수님을 구주로만 아니라 구주와 주님으로 믿고 섬기시기를 바랍니다. 죄를 지으면서 사는 죄의 종이 아니라, 주님의 종이 되어 의를 행하며 살아가는 복된 성도가 다 되시기를 바랍니다.

11

로마서 6:19-23

하나님의 은사

"너희 육신이 연약하므로 내가 사람의 예대로 말하노니 전에 너희가 너희 지체를 부정과 불법에 내주어 불법에 이른 것 같이 이제는 너희 지체를 의에게 종으로 내주어 거룩함에 이르라 너희가 죄의 종이 되었을 때에는 의에 대하여 자유로웠느니라 너희가 그 때에 무슨 열매를 얻었느냐 이제는 너희가 그 일을 부끄러워하나니 이는 그 마지막이 사망임이라 그러나 이제는 너희가 죄로부터 해방되고 하나님께 종이 되어 거룩함에 이르는 열매를 맺었으니 그 마지막은 영생이라 죄의 삯은 사망이요 하나님의 은사는 그리스도 예수 우리 주 안에 있는 영생이니라"

오늘은 추수감사절입니다. 시편 기자는 수십 번이나 "여호와께 감사하라 그는 선하시며 그 인자하심이 영원함이로다" 하며 여호와께 감사하라고 성도들을 권면합니다. 영어에 'think and thank'라는 말이 있습니다. '생각하라 그리고 감사하라'는 말입니다. 감사할 것이 별로 없어 보여도 하나님 앞에서 가만히 지나간 날들을 돌아보면 자연히 감사할 것을 발견하게 되는 것입니다. 저는 오늘 감사절 새벽에 다른 것은 구하지 아니하고 하나님 앞에 감사만 드리기로 생각하고 올 후반기에 감사한 것 열 가지를 생각하면서, 하나하나 손을 꼽아보면서 감사를 했습니다. 그런데 감사가 열 가지가 넘고 스무 가지를 넘어서 서른 가지가 넘었습니다. 이렇듯 우리가 하나님의 은혜를 헤아려 보면 하나님 앞에 한없이 감사하게 되는 것입니다.

개인별로 감사의 제목이 다르긴 하겠지만 우리가 성도로서 하나님 앞에 공통된 감사의 제목도 많이 있습니다. 가장 먼저는 하나님이 천지를 창조하시고 우리 각자를 지어주셨음에 감사하게 됩니다. 그리고 하나님의 섭리에 대해 감사하게 됩니다. 하나님은 천지만 창조해 놓으시고 그냥 무관심하게 버려두시는 하나님이 아니라, 지으신 천지만물을 붙들어 주시고 지금도 보존해 주고 계시는 것입니다. 또 만물을 다스리십니다. 역사도 주관하시고, 나라의 흥망성쇠도 다스리십니다. 인간의 삶도, 생사화복도 하나님이 주장하시는 것입니다. 계절과 자연의 질서도 그렇습니다. 그래서 철을 따라 비를 내리시고 결실기를 주시어 음식과 기쁨으로 사람의 마음을 만족하게 해주십니다.

올해도 이 땅에 풍년이 들어서 오곡백과가 풍성한 것도 다 하나님의 은혜임을 알고 하나님 앞에 감사하시는 여러분이 되시기를 바랍니다. 때로는 우리의 삶에 원치 않는 일이 일어나기도 합니다. 슬픈 일, 아픈 일 여러 가지 일이 있을지라도 하나님께서는 그 모든 일을 합력하여 선을 이루게 하시고 우리에게 유익이 되게 하심을 믿으시고 감사하시는 여러분이 되시기를 바랍니다.

우리의 최고의 감사 제목, 영원한 감사 제목이 있습니다. 그것이 무엇이겠습니까?

오늘 23절에 기록이 되어 있습니다.

> "죄의 삯은 사망이요 하나님의 은사는 그리스도 예수 우리 주 안에 있는 영생이니라."

한마디로 하나님께서 영생을 우리 믿는 자들에게 선물로 주셨습니다. 제가 이 로마서 6장을 한 달 이상 강해했습니다만, 로마서 6장의 구조를 보면 두 가지 질문이 나오고 나머지는 그 두 가지 질문에 대한 대답이 나오고 있습니다. 그 두 가지 질문이 1절과 15절에 나옵니다. 1절을 한 번 보시기 바랍니다.

> "그런즉 우리가 무슨 말을 하리요 은혜를 더하게 하려고 죄에 거하겠느냐."

"죄에 거하겠느냐", 즉 죄 가운데서 살겠느냐고 질문하고 있습니다. 15절에도 질문이 나옵니다.

> "그런즉 어찌하리요 우리가 법 아래에 있지 아니하고 은혜 아래에 있으니 죄를 지으리요."

그래서 우리가 알 수 있는 것은, 1절과 15절에 질문이 두 번 나오지만 사실 그 내용은 같은 것입니다. 은혜 받은 우리가 죄를 지으면서 살겠느냐? 대답은 똑같습니다. "그럴 수 없느니라." 그럴 수 없다는 것입니다.

오늘 본문은 6장 전체에 대한 결론 부분입니다. 우선 19절에서 22절이 무엇을 말씀합니까? 두 가지 사실을 대조적으로 말씀하고 있습니다. 먼저 19절에서 21절은 "너희가 죄의 종으로 있을 그때에 무슨 열매를 얻었느냐" 하고 질문하고 있는데, 답이 나옵니까? 답이 안 나옵니다. 그러면 우리가 추측해 볼 때 열매를 얻지 못했다는 것입니다. 선한 열매, 하나님이 기뻐하시는 열매를 얻지 못했다는 말씀입니다.

에베소서 5장 11절에 보면, "너희는 열매 없는 어둠의 일에 참여하지 말라"고 했습니다. 여기서 우리가 알 수 있는 것은 어둠의 일, 다시 말해서 죄나 부끄러운 일이나 부도덕한 일은 열매가 없다는 것입니다. 이렇게 열매 없는 삶을 살아가는 사람들의 종착역이 어디입니까? 21절 끝을 보십시오. 그 종착역이 사망입니다. 그것을 잘 보여주는 말씀이 신약 여러 곳에 있지만 두 곳만 함께 보겠습니다. 고린도전서 6장 9-10절 말씀입니다.

> "불의한 자가 하나님의 나라를 유업으로 받지 못할 줄을 알지 못하느냐 미혹을 받지 말라 음행하는 자나 우상숭배하는 자나 간음하는 자나 탐색하는 자나 남색하는 자나 도적이나 탐욕을 부리는 자나 술 취하는 자나 모욕하는 자나 속여 빼앗는 자들은 하나님의 나라를 유업으로 받지 못하리라."

하나님의 나라를 유업으로 받지 못한다는 말씀이 무슨 뜻입니까? 하나님 나라에 들어가지 못한다는 겁니다. 천국에 들어가지 못한다는 것입니다. 똑같은 말씀이 에베소서 5장 5절에도 나옵니다.

> "너희도 정녕 이것을 알거니와 음행하는 자나 더러운 자나 탐하는 자 곧 우상숭배자는 다 그리스도와 하나님의 나라에서 기업을 얻지 못하리니."

그러므로 우리는 속아서는 안 됩니다. 믿는다고 하는데, 교회 다닌다고는 하는데, 그 사람의 모습이나 그 사람의 성격이나 그 사람의 삶에 아무 변화가 없는 사람, 선한 열매가 없는 사람은 구원받지 못한다는 것을 알아야 합니다. 오늘 본문에 열매 없는 사람의 마지막이 어디라고 했습니까? 사망이라고 했습니다. 이 사망은 영원한 사망입니다. 제가 하는 말이 아니라 하나님의 성경이 분명하게 열매 없는 자의 삶은 사망인 것을 말씀하고 있는 것입니다.

22절은 이와 정반대의 사실을 기록합니다. 이제 믿는 자는 죄에게서 해방이 되어서 하나님께 종이 되었습니다. 죄의 종이 아니라 하나님의 종이 되어서 하나님을 섬기니까 어떤 열매를 맺겠습니까? 22절 후반부에 한번 보십시오. 어떤 열매가 나옵니까? 거룩함에 이르는 열매, 달리 말하면 성화의 열매를 맺는 것입니다. 다시 말해 선한 열매, 하나님이 보실 때에 아름다운 열매들을 맺어가는 것입니다.

예를 들면, 갈라디아서 5장 22-23절에 나오는 성령의 열매가 그것입니다. 사랑과 기쁨과 평화와 인내와 자비와 착함과 충성, 온유, 절제입니다. 전에는 그러지 못했는데, 예수 믿고 나서 하나님의 종이 되어 하나님을 섬기다 보니, 이제는 다른 사람을 사랑하고 기뻐하고 즐거워하고 인내하면서 살아가는 거예요. 그것이 바로 성화의 열매입니다. 그리고 에베소서 5장 9절에 나오는 빛의 열매도 성화의 열매입니다. 거기에 보면 "빛의 열매는 모든 착함과 의로움과 진실함에 있느니라"고 하였습니다. 착하지도 못하고 진실하지도 못한 사람이 예수 믿고 하나님을 섬김으로 인하여 착하고 의롭고 진실하게 살아간다면 그것이 바로 성화의 열매가 되는 것입니다.

빌립보서 1장 11절에 나오는 의의 열매 역시 성화의 열매입니다.

전에는 불의하게 살았는데, 이제는 하나님을 섬기면서 의롭고 깨끗하고 정직하게 살아가는 것입니다. 여러분, 예수 안에서 성령의 도우심으로 이런 거룩한 열매를 많이 맺으시기 바랍니다. 그렇게 살다 보면 그런 사람은 종착역이 어디입니까? 22절 끝에 보니 '영생'이라고 했습니다. 그러므로 성도는 죄를 지어서는 안 된다는 것입니다. 죄를 지으면 사망에 이르게 되기 때문입니다.

이제 마지막에 나오는 23절은 앞의 내용, 즉 6장 전체에 대한 결론을 내리고 있습니다. 유명한 말씀입니다.

> "죄의 삯은 사망이요 하나님의 은사는 그리스도 예수 우리 주 안에 있는 영생이니라."

정말 이 한 절 말씀이 위대한 진리를 우리에게 보여주고 있습니다. 이 말씀은 외워서 평생 잊지 말고 늘 묵상하면서 살아가시기 바랍니다.

이 23절은 세 가지가 비교가 됩니다. 처음에는 두 주인이 나옵니다. 하나는 '죄'가 나오고 또 다른 한 주인은 '하나님'입니다. 그리고 두 가지 방법이 나옵니다.

앞에 나오는 방법이 무엇입니까? 삯입니다.

두 번째는 무엇입니까? 은사입니다. 두 가지 결과가 나옵니다. 앞에는 무엇입니까? '사망'입니다. 뒤에는 무엇입니까? '영생'입니다. '죄의 삯'과 '하나님의 은사'라는 이 말들은 그냥 나온 말들이 아닙니다. 성령의 감동을 받아서 꼭 필요한 말들이 여기에 대조를 이루고 있는 것입니다. 여러분, 삯은 무엇입니까? 우리의 행동에 대한 합당한 대가입니다. 일에 대한 보수를 삯이라고 하는 것입니다.

저희 집은 3남 5녀입니다. 제가 여섯 번째고 두 번째 아들입니다. 그런데 넷째 누님이 안동 옆에 임하댐이 있는 임동이라는 곳에 사과밭을 하면서 사십니다. 누님에게는 지난 2-3주가 일 년 중에 가장 바쁜 기간이었습니다. 사과 따는 기간이기 때문입니다. 그럴 때는 가족만 가지고는 안 됩니다. 숫자가 부족하니 인부를 많이 사야 됩니다. 이른 아침 7시도 안 되어 안동시에 나가서 사람들이 모여 있는 곳으로 갑니다. 그곳에서 사람들을 태워가지고 과수원까지 와서 아침 8시부터 오후 5시까지 일을 합니다. 사과를 따는 겁니다. 그러면 저녁에 돌아갈 때에 그 사람들에게 일당 7만 원씩을 준다고 합니다. 그것이 바로 삯입니다.

사람이 죄를 지어서 사망에 이르게 되는 것은 자기 죄에 대한 마땅한 대가라는 것입니다. 그것은 억울한 것이 아닙니다. 잘못된 일이 아닙니다. 우리가 죄인으로 태어나서 죄를 범하면서 살았기 때문에 그 죄에 대한 대가로서 멸망이 주어진다는 것입니다. 그런데 하나님의 은사라는 말이 나옵니다.

은사가 무슨 말입니까?

은사라는 것은 은혜로 주시는 선물입니다. 값없는 선물, 영어로는 'gift'라는 말입니다. 우리가 예수를 믿어서 영생을 얻는다면 이것은 우리의 노력의 대가가 아니라는 것입니다. 우리의 행동이나 수고나 돈으로 얻을 수 있는 것이 아니고 하나님의 은사, 즉 하나님의 선물이라는 것입니다. 우리에게 아무리 많은 돈이 있어도 이 영생은 살 수가 없고, 아무리 착하게 살아도 이 영생을 얻을 수 없습니다. 요컨대 인간에게 사망이 이르는 것은 인과응보이지만, 영생에 이르는 것은 하나님의 과분한 은총이라는 말씀입니다.

이 하나님의 이 크신 은혜에 대해서 우리 인생은 어떻게 해야 되겠습니까?

세 가지를 말씀드립니다.

첫째는, 이 하나님의 최고의 선물을 감사함으로 받아들여야 됩니다.

우리 인간의 시조인 아담과 하와가 인간의 대표로서 그 과일을 따먹고 하나님께 반역함으로 그 죄가 우리에게도 흘러내려오는데, 죄의 DNA도 큰 죄이지만 또 한 가지 큰 죄가 무엇인지 아십니까? 우리 죄인들을 하나님이 사랑하셔서 구원해 주시기 위해 아들을 죽여서 최고의 선물인 영생을 주시려고 하는데, 하나님의 최고의 선물인 영생을 발로 차버리는 사람, 받아들이지 않는 사람은 그것이 얼마나 큰 죄인지 모른다는 것입니다. 그렇기 때문에 하나님께서 주시는 이 큰 선물, 최고의 선물을 감사함으로 받아들여야 되는 것입니다.

그러면 어떻게 받아들일 수 있겠습니까? 오늘 말씀에 보면 참 기가 막히게 말씀이 기록되어 있습니다. 하나님의 은사는 영생이니라고 했는데, "하나님의 은사는" 하고 "영생이니라" 사이에 다른 말이 들어가 있습니다.

> "하나님의 은사는 그리스도 예수 우리 주 안에 있는 영생이니라."

이 영생이 누구 안에 있습니까? 그리스도 예수 우리 주 안에 있는 것입니다.

이 영생은 우리 구주 예수 그리스도의 구원 사역을 통하여 이루어지고 완성이 되었습니다. 예수님의 십자가 죽음을 통하여 완성이 되었습니다. 그렇기 때문에 예수 그리스도와 그 구원 사역을 믿는 자에게 이 하나님의 최고의 선물이 주어지는 것입니다. 그래서 사도 바울이 무엇이라고 했습니까?

"주 예수를 믿으라 그리하면 너와 네 집이 구원을 얻으리라."

여러분 모두가 예수님을 믿어서 하나님께서 나에게 주시는 최고의 선물인 영생을 소유하시기를 바랍니다.

두 번째는, 하나님 앞에 감사해야 됩니다.

영생은 우리의 영원한 감사 제목이고 최고의 감사 제목입니다. 교회를 다녀도 믿음이 약한 사람들은 세상 사람들처럼 세상 것을 자꾸 자랑합니다. 눈에 보이는 것만 자랑합니다. 세상 것에만 감사를 드립니다. 물론 예수 믿는 우리도 삶의 사소한 것들을 하나님 앞에 감사하고, 일상의 것에 대하여 감사하고, 나에게 있는 모든 것으로 인하여 하나님 앞에 감사하면서 살아야 됩니다. 그러나 기억할 것은 이 세상의 재산이나 권력이나 자랑거리는 때가 되면 다 지나간다는 것입니다. 다 일시적인 것들입니다.

때가 되어 주님이 부르시면 내가 소유한 것들을 가지고 갈 사람이 어디에 있겠습니까? 그러나 하나님의 은사인 영생은 말 그대로 영원한 것입니다. 영생이 무엇입니까? 새 하늘과 새 땅에서 영원토록 하나님과 더불어 복된 교제를 누리면서 기쁨과 평강을 누리는 것입니다.

죄 아래 있는 인생, 때가 되면 죽을 인생, 그러다가 마지막에 주님이 재림하시는 날에 하나님의 심판을 받아서 영원한 멸망을 받을 우리 인생에게 이보다 더 중요하고 필요한 선물이 어디에 있겠습니까. 영생보다 더 귀한 것이 어디에 있겠습니까. 이 영생을 하나님께 선물로 받은 사람이 최고의 복을 받은 사람입니다.

여러분은 하나님 앞에서 가장 큰 복을 받은 사람임을 믿습니까? 신자는 가장 큰 복을 받은 사람입니다. 그렇기 때문에 이 세상에 사는 동안 어떤 처지나 상황에 처하여도 항상 감사할 수 있는 성도가 되어야 하는 것입니다. 때로 죽을병에 걸릴 수도 있고, 사업이 완전히 망할 수도 있고, 빚을 질 수도 있고, 돈을 떼일 수도 있고, 험한 꼴을 볼 수도 있습니다. 그러나 그때마다 생각하시기 바랍니다.

'나는 하나님께로부터 최고의 복을 받은 사람이다.'

그래도 하나님께서 내게 주신 이 영생은 아무도 빼앗아갈 수 없다는 것을 확신하고, 어떤 처지에서도 하나님 앞에 감사하는 성도가 되시기를 바랍니다.

다른 무엇보다도 속죄의 은혜 때문에, 믿음 때문에, 구원 때문에, 영생 때문에 늘 감사하는 성도가 되시기를 바랍니다.

마지막 세 번째는, 이 크신 은혜에 보답하면서 살아야 됩니다.

시편 기자는 이렇게 말했습니다.

"여호와께서 내게 주신 모든 은혜를 내가 무엇으로 보답할꼬."

이 생각이 우리에게도 늘 필요한 것입니다. 하나님이 내게 베풀어주신 모든 은혜를 내가 무엇으로 보답하면서 살아야 되겠습니까.

우선 우리는 우리의 입술로 늘 감사를 표하면서 '하나님 감사합니다, 감사합니다, 감사합니다' 하면서 감사하며 살아야 됩니다. 그리고 물질로도 감사하면서 살아야 됩니다.

어떤 성도들은 일 년이 가도 교회에서 정한 특별감사헌금 외에는 감사헌금 한 번 자원해서 하지 않습니다. 그런 성도는 입으로는 감사를 말하지만 진심으로 하나님에 대한 감사가 없다고 생각합니다. 감사는 모든 면에서 나타나는 것입니다. 물질로도 감사가 표현이 되어야 합니다. 헌신과 봉사로 하나님의 은혜에 보답해야 됩니다. 교회 일에 봉사할 마음이 전혀 없거나, 조금만 힘든 일이 있으면 그냥 하지 말자고 하는 것은 배은망덕한 모습이 아닐까 생각합니다.

오늘 본문에 보면, 특별히 우리 성도들이 하나님의 은혜에 어떻게 보답해야 하는지 한 가지 말씀에 나옵니다. 19절 끝을 보시기 바랍니다. 너희 지체를 의에게 종으로 내주어, 어디에 이르라고 했습니까? 거룩함에 이르라고 했습니다. 22절 후반부에도 보면 "하나님의 종이 되어 거룩함에 이르는 열매를 맺었으니"라며 거룩함이 두 번이나 나옵니다.

"거룩함에 이르러!"

우리는 감사 헌금을 드릴 수도 있고, 봉사도 할 수 있고, 여러 가지 일로 주님을 섬길 수도 있습니다. 하지만 우리가 하나님의 은혜에 보답하는 가장 큰 길은 거룩의 열매를 맺는 것입니다. 나의 인격이, 삶이 변하여 주님을 닮아가는 것입니다. 세상 사람과는 무언가 다른 사람이 되는 것입니다. 성도의 선행, 성도의 거룩함은 신앙의 열매입니다. 신앙의 증거입니다. 감사의 표현입니다.

오늘 감사 주일에 내게 베풀어주신 모든 일에 감사하되, 죄인 된 내게 베풀어주신 하나님의 큰 은사, 영생으로 인하여 다시 한 번 감격하고 영원히 감사하고, 그 은혜에 보답하며 사는 복된 성도들이 다 되시기를 바랍니다.

12

로마서 7:1-6

율법으로부터의 자유

"형제들아 내가 법 아는 자들에게 말하노니 너희는 그 법이 사람이 살 동안만 그를 주관하는 줄 알지 못하느냐 남편 있는 여인이 그 남편 생전에는 법으로 그에게 매인 바 되나 만일 그 남편이 죽으면 남편의 법에서 벗어나느니라 그러므로 만일 그 남편 생전에 다른 남자에게 가면 음녀라 그러나 만일 남편이 죽으면 그 법에서 자유롭게 되나니 다른 남자에게 갈지라도 음녀가 되지 아니하느니라 그러므로 내 형제들아 너희도 그리스도의 몸으로 말미암아 율법에 대하여 죽임을 당하였으니 이는 다른 이 곧 죽은 자 가운데서 살아나신 이에게 가서 우리가 하나님을 위하여 열매를 맺게 하려 함이라 우리가 육신에 있을 때에는 율법으로 말미암는 죄의 정욕이 우리 지체 중에 역사하여 우리로 사망을 위하여 열매를 맺게 하였더니 이제는 우리가 얽매였던 것에 대하여 죽었으므로 율법에서 벗어났으니 이러므로 우리가 영의 새로운 것으로 섬길 것이요 율법 조문의 묵은 것으로 아니할지니라"

로마서는 AD 57년경에 사도 바울이 로마에 있는 교회 성도들에게 쓴 편지입니다. 기독교의 구원의 진리를 가장 잘 보여주는 성경이기 때문에 '복음 중의 복음'이라 불립니다. 그동안 주일 오전에 이 로마서를 계속 강해해 왔는데, 지난 3개월 동안은 연말연시를 맞이해서 그에 적당한 말씀을 전하다 보니 강해가 끊어졌습니다. 이제 다시 7장부터 강해해 갈 때에 이 로마서의 말씀을 통하여 어거스틴, 마틴 루터, 요한 웨슬리를 변화시키고 또 앞서간 수많은 성도를 변화시킨 하나님께서 우리도 더욱더 새롭게 변화시켜 주시고, 우리의 믿음을 더욱 굳건하게 하시는 은혜의 역사가 있게 되기를 소망합니다.

로마서 1장에서 4장은 제목을 잡으면 이신칭의라고 할 수 있습니다. 사람이 율법을 행함으로 말미암아 의롭게 되는 것이 아니라, 선을 행하여 의롭게 되는 것이 아니라, 예수 그리스도를 믿음으로 말미암아 의롭게 된다는 귀중한 진리를 설파하고 있는 것입니다. 그 다음에 나오는 5장에서 8장까지는 이신칭의의 결과입니다. 믿음으로 의롭게 된 그 결과가 무엇입니까? 5장은 죽음으로부터의 자유를 보여주고, 6장은 죄로부터의 자유를 보여줍니다. 그리고 이 7장은 율법으로부터의 자유를 말씀합니다.

그런데 오늘 본문 7장 1절에서 6절을 처음 대할 때는 이 말씀이 참 막연해 보입니다. 무엇을 말씀하는지 빨리 이해가 되지 않습니다. 그러나 이 말씀을 읽고 또 읽어보면 말씀의 의미가 분명하게 다가옵니다. 그리고 핵심 구절이 무엇인지도 알 수 있게 됩니다.

오늘 본문의 핵심 구절은 4절입니다. 이 7장 4절 말씀을 로이드 존스 목사님은 복음의 핵심이라고 말했습니다. 이 7장 4절은 크게 두 부분으로 나누어집니다. 셋째 줄을 보시면 "죽임을 당하였으니" 까지가 전반부인데, 전반부에서는 율법에서의 자유를 말씀하고 그 다음 후반부에서는 율법에서의 자유를 주신 목적이 무엇인가를 우리에게 말씀하고 있습니다.

먼저, 전반부에 기록된 율법에서의 자유를 생각해 보겠습니다.

바울 사도는 율법에서의 자유를 설명하기 위해 먼저 일반법에 대하여 말씀을 합니다. 오늘 본문에 가장 많이 나오는 단어가 '법' 이라는 단어입니다. 법 또는 율법입니다. 아홉 차례나 나오는데, 자세히 보면 1절에서 3절에는 모두다 법으로만 나옵니다. 거기에 율법으로 나왔다가 법으로 나왔다가 하지 않고 모두나 법이라고 기록되어 있습니다. 그리고 4절부터 6절까지는 또 모두다 율법으로 기록되어 있습니다. 법은 무엇입니까? 법이라는 것은 일반적인 법 개념을 말합니다. 그런가 하면 율법은 하나님께서 주신 법을 말씀하는 것입니다.

1절에 보면 일반적인 법의 원리를 말씀합니다. 법은 사람이 살 동안만 그를 주관한다는 것입니다. 작년에 있었던 가장 큰 사건이 세월호 사건이 아닌가 생각합니다. 세월호 사건의 주범이 누구입니까? 유병언입니다. 그런데 유병언 씨는 그렇게 큰 잘못을 저질렀는데도 재판도 받지 않고 벌도 받지 않았습니다. 어떻게 그럴 수 있습니까? 죽었기 때문입니다. 잡히기 전에 죽었기 때문에 재판도 필요가 없고 형벌도 필요가 없는 것입니다. 무엇을 말해 줍니까?

법은 사람이 살았을 때만 그 사람을 묶고 있다는 것입니다. 구속하고 있다는 것입니다. 죽으면 끝입니다. 죽으면 법에서 자유롭게 된다는 것입니다. 더 좋은 예가 2절과 3절에 나옵니다. 결혼법입니다. 결혼한 여인은 남편 생전에는 남편에게 매여 있습니다. 그러나 남편이 죽으면 남편에게 더 이상 매이지 않습니다. 자유가 되는 것입니다. 다른 남자에게 재혼할 수 있습니까? 할 수 있습니다. 잘못된 것이 아닙니다.

신자와 율법의 관계도 꼭 그와 같습니다. 모든 인간은 하나님께서 지었습니다. 하나님이 우리의 창조주이시고, 왕이시고, 우리 인생의 주인이십니다. 그러면 우리 인생은 어떻게 살아야 되겠습니까? 하나님이 주신 법을 따라서, 즉 율법을 따라서 살아가야 하는 인생입니다. 인간은 율법이라는 남편에 매여 있는 것입니다.

율법은 십계명에서 보듯이 '무엇을 하라, 무엇을 하지 말라'고 명령합니다. 아주 무서운 상대입니다. 율법을 다 지킬 수 있는 사람도 세상에 없고, 이 율법을 잘 지켜서 의롭다 함을 받을 수 있거나 구원 받을 수 있는 사람도 이 세상에 없습니다. 요컨대 율법은 사람을 정죄하므로 이 율법 아래에서는 인간에게 아무 소망이 없습니다. 절망만 있고 결국에는 멸망만 있을 뿐이라는 것입니다. 이 율법에서 벗어나야 되는데, 이 율법에서 벗어나려면 어떻게 해야 되겠습니까? 누군가 한쪽이 죽어야 됩니다.

앞에서 말했듯이, 사람이 죽으면 그 법에서 자유 하게 된다고 하지 않았습니까. 그래서 우리가 율법에서 자유 하려면 율법이 죽든지 우리 인간이 죽든지 해야 됩니다. 그런데 율법은 누구에게서 났습니까? 하나님에게서 났습니다. 영원하신 하나님에게서 났기 때문에 이 율법은 영원합니다. 그러므로 이 법이 죽을 수는 없는 것입니다. 그러면 누가 죽어야 되겠습니까? 우리 인간이 죽어야 되는 것입니다. 인간이 죽어야 되는데 4절 전반부에 보면 우리가 율법에 대해서 죽는 길이 있습니다.

4절 전반부를 보십시오.

"그러므로 내 형제들아 너희도 그리스도의 몸으로 말미암아 율법에 대하여 죽임을 당하였으니."

예수 믿는 사람은 율법에 대해서 죽임을 당하였다고 말씀하는데 어떻게 그 일이 가능했습니까? 그리스도의 몸으로 말미암아 가능했습니다. 참 중요한 말씀입니다. 그런데 이것이 무슨 말씀이셨습니까? 우리는 다 알고 있습니다. 예수 그리스도께서 십자가에서 우리 죄를 위해 죽으사 '죄의 삯은 사망이라'고 하는 이 율법의 요구를 충족시켰습니다. 그 예수를 믿고 세례 받은 자는 이제 예수와 하나가 되는 것입니다.

세례의 가장 중요한 의미가 뭐라고 했습니까? 예수 그리스도와의 연합이라고 했습니다. 예수를 믿는 자, 그래서 세례를 받은 자는 예수님과 연합한 자입니다. 예수님의 죽음과도 연합한 자입니다. 앞의 6장에 나온 말씀 두 곳을 살펴보겠습니다.

6장 3절 말씀입니다.

"무릇 그리스도 예수와 합하여 세례를 받은 우리는 그의 죽으심과 합하여 세례를 받은 줄을 알지 못하느냐."

로마서 6장 6절 첫 두 줄도 보겠습니다.

"우리가 알거니와 우리의 옛 사람이 예수와 함께 십자가에 못 박힌 것은."

우리 옛 사람이 예수와 함께 십자가에 못 박혔다고 말씀합니다. 언제 그렇게 되었습니까? 우리가 예수님을 믿을 때입니다. 예수를 믿는 자는 예수님이 십자가에 죽으실 때에 죄의 사람인 옛 사람도 예수님과 함께 십자가에서 죽었습니다. 이것을 믿으십니까? 이 사실을 잊지 말아야 됩니다. 잊지 않을 뿐만 아니라 날마다 확인하면서 살아가시기를 바랍니다.

세상을 살아갈 때에 '나는 예수 그리스도와 함께 십자가에서 이미 죽었어'라고 하며, 내 안에 있는 죄의 사람, 욕심의 사람이 예수님과 함께 십자가에서 죽었다는 사실을 확인하며 살아야 신자답게 살아갈 수 있는 것입니다. 내가 날 위해서 죽으신 예수님을 믿음으로 율법에 대해서 죽었으면, 나는 더 이상 율법에 매이지 않습니다. 나는 율법에 대해서 자유 한 사람이 됩니다. 율법을 지켜야 의롭게 되고, 구원을 받는 것이 아닙니다. 예수를 믿고 내가 죽으면 율법에서 해방이 됩니다. 하나님을 알고 믿어도 자신이 율법에서 해방되었고, 자유로운 자임을 알지 못하는 사람의 삶은 비참합니다.

혹시 '홀리 클럽(Holy Club)'을 아십니까? 세상에 클럽이 많이 있는데 홀리 클럽이라는 곳이 있습니다. 거룩한 클럽이라는 말입니다. 18세기에 영국의 명문대학 옥스포드 대학에 하나님을 열심으로 믿는 젊은 대학생들이 하나의 클럽을 만들었습니다. 그 클럽 이름이 홀리 클럽입니다. 신성구락부라고 합니다. 이들은 하나님 앞에서 거룩하게 살기 위해서 하루 공부를 마치면 저녁 6시부터 9시까지 기도를 했습니다. 몇 시간 기도했습니까? 세 시간 동안 기도했습니다.

하루 공부를 다 마치고 하루 일을 다 마치고 세 시간 기도하는 것이 쉬운 일이겠습니까? 굉장히 어려운 일입니다. 그러고 나서는 또 성경을 읽고 연구를 합니다. 그러다가 마지막에는 날마다 다섯 가지 사항을 점검합니다. 나는 오늘 어떻게 했는가, 다섯 가지 점검 사항을 가지고 자기를 돌아보고 하나님 앞에 회개하고 기도하고 잠자리에 드는 것입니다. 그뿐만이 아닙니다. 주중에는 한 주에 한 번씩 성찬에 참여하고, 수요일과 금요일에는 금식 기도를 했습니다. 한 주일에 두 번씩, 이틀씩 금식 기도를 했습니다. 또 주말에는 자선 사업을 했습니다. 자선 사업을 할 때에는 감옥에 갇힌 사람들을 방문하고, 병든 사람들을 찾아서 방문하고, 가난한 사람들을 찾아가서 도와주었습니다. 이들의 삶은 빈틈이 없었습니다. 꽉 짜여 있습니다.

여러분, 이 젊은이들이 왜 그렇게 했는지 아십니까?

이들은 이 엄격한 삶, 율법적인 삶, 선한 삶을 통하여 더욱 하나님 앞에서 선해지고 의로워지고, 이로 인하여 구원받기를 기대했던 것입니다. 그러나 올바르게 살려고 해도, 아무리 노력을 해도 마음에 기쁨이 없고 평안이 없었습니다. 신앙생활이 너무 힘들고 괴롭고 그냥 죽을 지경입니다.

웨슬리는 나중에 옥스포드 대학을 졸업하고 나서 아메리카의 조지아 지역에 선교사로 자원을 해서 갔습니다. 하나님의 은혜가 감사해서 그곳에 간 것이 아니라, 하나님 앞에서 선교사가 되어 내 삶을 하나님 앞에 드리고 희생함으로 하나님께서 자신의 구원을 이루어 주실 것을 기대하고 간 것입니다. 그러다가 그곳에서 아주 무서운 실패와 좌절을 맛보고 기진맥진해서 다시 조국 영국으로 돌아왔습니다.

그러던 어느 날 저녁에 런던에 알더스게이트라고 하는 거리에 있는 신자들의 모임에 가게 되었습니다. 그곳에 가서 누군가가 루터의 로마서 강해 서문을 읽는 것을 듣게 되었습니다. "하나님께서는 그리스도를 믿는 믿음을 통하여 사람의 심령을 변화시키신다"라는 소리를 들을 때에 그의 마음이 이상하게 뜨거워졌습니다. 그런 적이 없었는데 그의 마음이 이상하게 뜨거워졌습니다. 그리고 오직 그리스도를 믿음으로만 구원 얻음을 확신하게 되었습니다. 그리스도께서 자기의 죄를 다 용서하셨고, 이제는 죄와 사망의 법에서 자기를 풀어주시고 구원해 주셨음을 깨닫게 되었습니다.

이제 그는 율법에서 자유를 얻었습니다. 이로써 웨슬리는 회심하게 되었습니다. 이때부터 그의 삶과 사역이 완전히 달라졌습니다. 위대한 사역이 나타나기 시작했습니다. 확신과 기쁨과 감사를 가지고 사역하기 시작하였습니다.

오늘날도 하나님을 믿어도 회심 이전의 웨슬리처럼 내가 하나님 앞에 그 말씀대로 계명대로 살아야 의롭게 되고 구원받는다는 생각을 가지고 율법적인 삶을 살아가는 이들이 우리 신자들 가운데 있습니다. 그런 사람은 여전히 율법에 매여 있는 사람입니다.

그런 사람은 자유가 없습니다. 구원의 감격과 감사가 없습니다. 예수 그리스도를 믿는 이는 예수 그리스도와 함께 십자가에 죽은 자요, 따라서 율법에 대해서 죽은 자요, 율법에서 자유로운 자입니다. 이 믿음을 가지고 예수 그리스도 안에서 자유를 누리며 행복한 삶을 살아가시는 여러분이 되시기를 바랍니다.

이제 4절 후반부를 통해서 율법에서 자유를 주신 목적이 무엇인지 생각해 보겠습니다.

앞에서 남편이 죽은 여자는 남편에게서 놓여 자유를 얻고 다른 남자에게 갈 수 있다고 하지 않았습니까. 신자도 그렇습니다. 4절 셋째 줄을 보시기 바랍니다. "율법에 대하여 죽임을 당하였으니 이는" 하고 목적이 나옵니다. 율법에 대해서 죽임을 당한 목적, 율법에 대해서 자유롭게 된 목적, "이는 다른 이"에서 "다른 이"는 다른 남편이라고 할 수 있습니다. 다른 남편에 대해 다음 구절에 나옵니다. "곧 죽은 자 가운데서 살아나신 이에게"라고 했습니다.

이분이 누구입니까? 예수 그리스도! 율법에 대해 죽은 즉각적인 목적은 '우리가 예수 그리스도에게 가서 예수 그리스도의 사람이 되기 위해서, 예수 그리스도에게 속하기 위해서'라는 것입니다.

그러면 율법에 대해서 죽게 하신 궁극적인 목적은 무엇입니까? 그것은 그 다음 4절 후반부에 나옵니다. "살아나신 이에게 가서" 그 다음에 뭐라고 했습니까?

"우리가 하나님을 위하여 열매를 맺게 하려 함이라"라고 하였습니다. 사람이 결혼을 하면 일반적으로 지너리고 하는 열매, 시편에서는 태의 열매라고 했는데, 태의 열매를 가집니다. 그처럼 그리스도에게 가서 그리스도에게 속한 사람은 열매를 맺게 됩니다. 어떤 열매를 맺게 된다고 했습니까? 4절 끝에 "하나님을 위하여 열매를"이라고 했으니 하나님을 위한 열매를 맺게 되는 것입니다.

열매에 대해서 조금만 말씀을 드립니다. 열매가 무엇입니까?

예를 들면, 사과나무나 배나무나 감나무에 달린 그 모든 것이 다 열매입니다. 그러나 그런 것만 열매가 아닙니다. 우리 사람에게서 나오는 모든 것도 그 사람의 열매라고 할 수 있습니다. 그 사람에게서 나오는 생각, 말, 행동 그것이 바로 그 사람의 열매인 것입니다.

이 열매는 크게 두 가지가 있습니다. 5절에 보십시오. 5절에 보면 "우리가 육신에 있을 때에는"이라고 했습니다. 다시 말하면 언제입니까? 우리가 예수 그리스도 밖에 있을 때는, 우리가 예수님을 믿지 않고 있을 때는, 불신자로 있었을 때는 우리 속에 무엇이 역사했습니까? 그 다음 줄, 둘째 줄에 보시면 무엇이 역사했다고 했습니까? 죄의 정욕이 역사했다고 했습니다. 역사한다는 것은 영어로는 'work'입니다. 일을 했다는 것입니다. 누가 일을 했습니까? 우리 속에서 죄의 정욕, 육신의 정욕, 죄악된 욕심이 일을 한다는 말입니다. 즉 우리가 내 속에 있는 죄악된 본성에 따라서 살아가면, 5절에 보니 사망을 위한 열매를 맺게 된다고 했습니다. 사망을 위한 열매라는 것은 어둠의 열매입니다. 부끄러운 열매입니다. 죄악의 열매입니다. 갈라디아서 5장 19절에서 21절이 그것을 잘 보여줍니다.

"육체의 일은 분명하니 곧 음행과 더러운 것과 호색과 우상 숭배와 주술과 원수 맺는 것과 분쟁과 시기와 분냄과 당 짓는 것과 분열함과 이단과 투기와 술 취함과 방탕함과 또 그와 같은 것들이라."

이런 것들은 다 사망을 위한 열매요, 육체의 열매가 되는 것입니다. 그리고 갈라디아서 5장 19절에서 21절 하반절에 보면 이런 자는 하나님 나라를 유업으로 받지 못한다고 했습니다. 하나님 나라를 유업으로 받지 못한다는 것은 무슨 말입니까? 그 사람은 영원한 사망에 이르게 된다는 것입니다. 그래서 이런 열매를 가리켜서 오늘 성경에 보니, 사망을 위한 열매라고 말씀하고 있는 것입니다.

또 이와 반대되는 다른 열매가 있습니다. 4절 끝에 어떤 열매가 나왔습니까? 하나님을 위한 열매가 나오고 있습니다. 그렇다면 이 열매는 어떻게 맺게 됩니까? 이 열매는 육신의 정욕, 죄의 정욕이 우리 속에 역사하면 이 열매를 맺을 수 없습니다. 그렇다면 우리 속에 무엇이 역사해야 하나님을 위한 열매를 맺을 수 있습니까?

6절 셋째 줄을 보시기 바랍니다. "우리가 영의 새로운 것으로 섬길 것이요"라고 했습니다. 여기서 영은 성령님입니다. 사람이 예수님을 믿어서 예수님께 속하면 그리스도의 영인 성령이 그 사람 속에 함께하십니다. 그 사람 속에 거하십니다. 그 사람 속에 역사하십니다. 그 사람 속에서 일을 하시는 것입니다.

앞에서 불신자는 그 사람 속에 뭐가 역사한다고 했습니까? 죄의 정욕이 역사하는데, 신자 속에는 성령께서 역사하시는 것입니다. 성령의 지배를 받게 되는 것입니다. 성령의 새로운 것으로 주님을 섬기면 어떤 열매를 맺게 된다고 했습니까? 하나님을 위한 열매를 맺는다고 했습니다. 곧 하나님이 기뻐하시는 열매, 거룩한 열매, 빛의 열매, 선한 열매를 맺게 되는 것입니다. 성령의 열매를 맺는 것입니다. 갈라디아서 5장 22-23절을 보십시오.

"오직 성령의 열매는 사랑과 희락과 화평과 오래 참음과 자비와 양선과 충성과 온유와 절제니 이 같은 것을 금지할 법이 없느니라."

이런 선한 열매를 많이 맺으면 어떻게 되겠습니까? 요한복음 15장 8절을 보십시오.

"너희가 열매를 많이 맺으면 내 아버지께서 영광을 받으실 것이요 너희는 내 제자가 되리라."

우리가 선한 열매를 많이 맺을 때에 우리 하나님 아버지께서 영광을 받으시게 되는 것입니다. 여러분의 삶은 어떻습니까? 여러분 속에는 지금 죄의 정욕이 역사하고 있습니까, 아니면 하나님 되신 거룩한 성령께서 역사하고 계십니까? 여러분은 어떤 열매를 맺고 계십니까? 하나님을 위한 열매를 맺고 계십니까, 아니면 사망을 위한 열매, 부끄러운 열매, 악의 열매를 맺고 계십니까?

신자라고 해서, 예수 믿는다고 해서 자동적으로 그 사람 속에 성령만 역사해서 하나님을 위한 선한 열매를 맺는 것이 아닙니다. 우리 하나님 앞에 간절히 사모해야 됩니다. 끊임없이 싸워야 됩니다. 기도해야 됩니다. 노력해야 됩니다. 그래서 성령이 역사하는 사람이 되어 하나님을 위해 선한 열매를 많이 맺으시는 여러분이 되시기를 바랍니다.

오늘 5-6절 말씀을 보면, 율법에서 자유롭게 된다는 것은, 아무 통제도 없이 이제는 내 마음대로 내 욕심대로 사는 것을 의미하지 않습니다. 도덕 폐기론을 의미하지 않습니다. 방종을 의미하지 않습니다. 신자의 자유는 자기의 육체를 위한 자유가 아닙니다. 쾌락을 위한 자유가 아닙니다. 죄 짓기 위한 자유가 아니라 그리스도를 섬기기 위한 자유인 것입니다.

신자의 삶은 성령의 능력으로 그리스도를 섬기는 삶입니다. 따라서 해 볼까요?

'신자의 삶은 성령의 능력으로 그리스도를 섬기는 삶이다.'

잊지 마시기 바랍니다. 그렇게 살아갈 때에 그 사람은 그리스도를 닮아가게 됩니다. 자유와 평화, 기쁨과 감사, 용서와 사랑 등 선한 열매가 가득하게 됩니다. 하나님을 위한 열매가 가득하게 되어서 우리 하나님을 기쁘시게 하는 것입니다.

오늘 우리가 사는 한국 사회를 한 번 생각해 보십시오. 오늘날 우리가 신문, 방송을 통하여 볼 수 있는 한국 사회가 내어놓는 열매, 한국 국민이 내어놓는 열매가 어떤 열매입니까? 아름다운 열매입니까? 그렇지 못합니다. 날마다 너무나 추하고 악하고 폭력적인 열매들이 계속해서 방영되고 있습니다. 끊어지지 않고 있습니다. 가장 깨끗한 조직이라고 할 수 있는 군대조차도 왕따와 구타와 폭력이 멈추지 않고 있습니다. 방산비리, 아시죠? 어떻게 그렇게 별을 단 사람들이, 나라를 위해서 섰다는 사람들이 돈을 떼먹고 이 나라를 지킨다고 할 수 있습니까? 계급을 이용해서 어떻게 여성 하사를 폭행할 수 있습니까? 왜 그러겠습니까?

이것은 군만의 문제가 아니라 한국 사회를 그대로 보여주는 것이라고 생각합니다. 현재 우리나라의 국민 상태를 보여주고 있는 것임을 깨닫게 되었습니다. 죄의 정욕이 우리 국민의 마음속에 어느 때보다 강하게 역사해서 온갖 악의 열매, 더러운 열매, 역겨운 열매, 사망을 위한 열매가 지금 우리 사회에 가득히 맺히고 있습니다.

이런 시대에 왜 하나님께서 우리를 택하여 우리를 구원해 주시고 죽음과 죄와 율법에서 자유롭게 해주셨겠습니까? 하나님을 위한 열매, 빛의 열매, 선한 열매를 맺도록 하기 위해서입니다. 그래서 이 사회를 좀 더 밝히도록, 하나님께 영광을 돌릴 수 있도록 하기 위해서라는 것입니다.

그러므로 죄인의 구주가 되시는 예수님을 믿으시기 바랍니다. 죄와 율법에 대해서 나는 이미 죽었음을 매일 확인하시기 바랍니다. 욕심의 정욕을 따라 살지 말고 성령의 능력으로 성령의 지배를 받으면서 살아가시기 바랍니다.

13

로마서 7:7-13

율법이 죄냐

"그런즉 우리가 무슨 말을 하리요 율법이 죄냐 그럴 수 없느니라 율법으로 말미암지 않고는 내가 죄를 알지 못하였으니 곧 율법이 탐내지 말라 하지 아니하였더라면 내가 탐심을 알지 못하였으리라 그러나 죄가 기회를 타서 계명으로 말미암아 내 속에서 온갖 탐심을 이루었나니 이는 율법이 없으면 죄가 죽은 것임이라 전에 율법을 깨닫지 못했을 때에는 내가 살았더니 계명이 이르매 죄는 살아나고 나는 죽었도다 생명에 이르게 할 그 계명이 내게 대하여 도리어 사망에 이르게 하는 것이 되었도다 죄가 기회를 타서 계명으로 말미암아 나를 속이고 그것으로 나를 죽였는지라 이로 보건대 율법은 거룩하고 계명도 거룩하고 의로우며 선하도다 그런즉 선한 것이 내게 사망이 되었느냐 그럴 수 없느니라 오직 죄가 죄로 드러나기 위하여 선한 그것으로 말미암아 나를 죽게 만들었으니 이는 계명으로 말미암아 죄로 심히 죄 되게 하려 함이라"

지금까지 우리는 로마서에서 특별히 율법이라는 말이 많이 나오는 것을 보았습니다. 그런데 여러분들의 율법에 대한 인상은 어떻습니까? 부정적입니까, 긍정적입니까?

지금까지의 말씀을 볼 때는 거의가 부정적으로 기록이 되어 있습니다. 마치 율법과 죄는 한편처럼, 사촌처럼 보인다는 것입니다. 따라서 우리는 율법을 악한 것으로, 좋지 않은 것으로 생각할 수 있습니다. 그렇기 때문에 오늘 7절 초두에 보면 사도 바울은 "율법이 죄냐?" 하고 질문을 합니다. "율법이 죄냐?" 답은 무엇입니까? "그럴 수 없느니라. 아니다"라고 합니다. 오늘 본문은 율법이 어떤 것인지, 그리고 율법과 죄와의 관계를 우리에게 말씀하고 있습니다. 여러분, 율법은 어떤 것입니까?

첫 번째로, 율법은 선한 것입니다.

12절 말씀을 보십시오.

> "이로 보건대 율법은 거룩하고 계명도 거룩하고 의로우며 선하도다."

여기에 율법도 나오고 계명도 나오는데 어떻게 다르겠습니까? 사실은 두 가지가 다 같은 것입니다. 율법은 계명들 전체를 총괄적으로 일컫는 말이고, 계명은 율법의 구성요소가 되는 각각의 명령을 말하는 것입니다. 즉 십계명처럼 율법이 보다 구체화된 것이 바로 계명이라는 말씀입니다. 율법은 '거룩하고 의롭고 선하다, 악한 것이 아니다, 죄가 아니다'라고 했습니다.

'거룩하고 의롭고 선하다'고 할 때에 생각나는 분이 있습니다. 누구십니까? 하나님이십니다. 하나님이 바로 거룩하고 의롭고 선하신 분입니다. 율법은 거룩하고 의롭고 선하신 하나님에게서 난 것이기 때문에 거룩하고 의롭고 선한 것입니다. 인간은 하나님의 형상대로 지식이 있게 시험을 받았습니다. 선악에 대한 지식을 분명히 가지고 지어졌습니다. 그리고 오늘 말씀대로 우리 인간은 하나님처럼 의롭고 거룩하고 선하게 지음을 받았습니다. 그렇기 때문에 우리 인간이 범죄하여 타락하기 전에는 하나님께서 십계명에 있는 말씀처럼 "무엇을 해라, 무엇을 하지 말아라"고 하실 필요가 전혀 없었습니다. 다시 말하면 타락하기 전에는 우리 인간에게 율법의 말씀이 필요가 없었더라는 것입니다.

그런데 범죄로 인한 타락으로 말미암아 인간에게 있는 하나님의 형상이 훼손이 되었습니다. 거룩하지도 의롭지도 선하지도 않게 되었고, 선악에 대한 지식도 희미하게 되어 버렸습니다. 그래서 하나님께서 이스라엘 백성을 구원하신 이후에 하나님의 백성은 어떻게 살아야 되는가, 또 선과 악은 어떻게 구별할 수 있는가를 보여주시기 위해서 시내산에서 그들에게 주신 것이 있습니다. 무엇입니까? 율법, 즉 십계명을 주셨던 것입니다.

요컨대 율법은 하나님에게서 나온 하나님의 법으로 선한 것입니다. 율법은 좁은 의미로는 저 구약성경 초두에 있는 다섯 권의 성경, 모세오경이라고 불리는 창세기, 출애굽기, 레위기, 민수기, 신명기 다섯 권을 율법이라고 합니다. 그러나 조금 폭넓게 말하면 구약성경을 그냥 율법이라고 하기도 합니다. 더 넓게 말하면 복음을 제외한 성경의 모든 말씀, 즉 하나님을 믿는 하나님의 백성이 어떻게 살아야 하는지를 보여주고 있는 모든 하나님의 말씀이 율법이라고 할 수 있습니다.

지난 주일에 우리는 예수 그리스도의 죽으심으로 말미암아 이제 우리는 율법에 대해서 죽었다고 말씀드렸습니다. 그 말의 의미는 율법에 대해서 '자유로운 사람이 되었다, 율법과 무관한 사람이 되었다'고 했습니다. 그러므로 이제는 율법이 아닌 예수 그리스도를 믿음으로 말미암아 구원을 얻는다고 했습니다. 이 말은 구원의 방법으로서, 구원의 길로서는 우리가 율법에 대해서 죽었고 율법과 무관하다는 것입니다. 이제 우리는 믿음으로 의롭다 함을 받고 믿음으로 구원을 받게 되었습니다.

그렇다면 이제 더 이상 율법은 우리와 관계가 없고 우리에게 쓸모가 없느냐? 그렇지 않다는 것입니다. 우리의 삶의 규칙으로서 여전히 유용하다는 것입니다. 구원의 길로써는 아무것도 아닙니다. 그러나 구원받은 우리에게는 삶의 규칙으로서 유효하다는 것입니다.

마태복음 5장에 보면 예수님이 제자들에게 말씀하신 산상수훈이 나옵니다.

"누구든지 이 계명 중의 지극히 작은 것 하나라도 버리고 또 그같이 사람을 가르치는 자는 천국에서 지극히 작다 일컬음을 받을 것이요, 누구든지 이를 행하며 가르치는 자는 천국에서 크다 일컬음을 받으리라"고 말씀하셨습니다. 그리고 예수님께서 십계명 중에 6계명과 7계명을 예로 들어서 말씀하십니다. 6계명 "살인하지 말라", 7계명 "간음하지 말라"라는 그 말씀의 원의미가 무엇인지 그것을 다 설명하시면서 그렇게 살아가도록 말씀하셨습니다.

이것은 무엇을 말합니까? 율법과 계명은 이제 필요 없다는 것입니까? 아닙니다. 유효하다는 것입니다. 여러분은 율법과 계명이 하나님의 말씀인 것을 믿으십니까? 계명이 선한 것임을 믿으십니까? 그렇다면 이 율법의 말씀을 사랑하고 읽고 묵상하시기를 바랍니다.

부부는 서로 닮습니다. 부부가 사이가 좋을수록 더 닮습니다. 왜 그런지 아십니까? 부부는 함께 살기 때문입니다. 서로를 마주 보기 때문입니다. 함께 기뻐하고 함께 슬퍼하고 울기 때문에 얼굴의 근육이 함께 움직입니다. 함께 울 때 우는 근육이 같이 움직이고 웃을 때도 근육이 함께 움직이다 보니 세월이 갈수록, 부부 사이가 좋을수록 닮아가는 것입니다. 그처럼 율법은 거룩하고 의롭고 선하기 때문에 율법을 가까이하는 자, 율법을 사랑하고 율법과 교제하고 하나님의 말씀을 묵상하는 사람은 그 율법의 말씀과 같이 의롭고 거룩하고 선하게 된다는 말씀입니다. 나아가 거룩하고 의롭고 선하신 하나님을 닮아가게 되는 것입니다. 그리고 이 율법의 말씀을 지켜서 순종하시기를 바랍니다. 그러면 하나님께서 복 주셔서 범사에 복 있는 사람이 될 것입니다.

우리가 잘 아는 시편 1편 1절의 말씀을 보십시오.

복 있는 사람은 어떤 사람입니까? "여호와의 율법을 즐거워하여 그 율법을 주야로 묵상하는 자로다"라고 하였습니다. 하나님의 말씀을 '묵상'하며 그 '율법과 함께 살아가는 사람'이 복 있는 사람이라고 했습니다. 오늘 우리가 교독한 시편 19편을 보면 "여호와의 율법은 완전하여 영혼을 소성하게 하고"라고 하였습니다. 율법은 지쳐 있고 죽어 있는 영혼을 다시 살린다는 말씀입니다. 우둔한 자로 하여금 지혜롭게 하고 또 마음을 기쁘게 하고 눈을 밝게 한다고 했습니다.

여호수아서 1장 8절에 보면 여호수아가 모세의 후계자가 되었습니다. 여호수아는 모세의 시종이었는데 후계자가 되었습니다. 모세를 대신해 그 많은 이스라엘 백성들을 맡아서 가나안 땅에 들어가 전쟁을 치르고, 그 가나안 족속을 다 정복하고, 그 땅을 다 분배해 주는 엄청난 사명이 그에게 주어졌습니다. 그러니 얼마나 앞이 캄캄했겠습니까? 앞이 캄캄한 여호수아에게 하나님께서 주신 말씀이 있습니다.

> "이 율법책을 네 입에서 떠나지 말게 하며 주야로 그것을 묵상하여 그 안에 기록된대로 다 지켜 행하라 그리하면 네 길이 평탄하게 될 것이며 네가 형통하리라."

맡은 사명을 잘 감당할 수 있는 비결이 바로 그 말씀이었습니다. 그래서 여호수아서에 보면 여호수아가 어떻게 합니까? 요단강을 건너서 가나안 땅에 들어갈 때도 하나님께서 시키신 말씀대로 합니다. 그리고 여리고 성을 정복할 때도, 군인으로서 장군으로서 어떤 계책이나 전략을 가지고 전쟁을 하는 것이 아니라 하나님께서 시키신 대로 하였습니다. 말씀대로 성을 빙빙 도니 그 성이 무너지고, 그 다음에도 계속해서 하나님이 말씀하신 대로 순종해서 살았더니 결국은 그 땅을 정복하게 되고, 각 지파에게 그 땅을 분배해 줄 수 있게 되었습니다. 사명을 다 감당하게 되었습니다. 그것은 여호수아서 1장 8절의 말씀대로 따랐기 때문입니다.

오늘날도 마찬가지입니다. 구원은 믿음으로 받았지만 복은 그렇지 않습니다. 복은 말씀에 순종함으로 받는 것입니다. 하나님의 선한 말씀을 사랑하여 읽고 묵상하고 실천함으로 하나님을 닮아가고, 하나님이 약속하신 복을 받아 누리는 여러분 모두가 되시기를 바랍니다.

두 번째로, 율법은 죄를 알려줍니다.

7절 둘째 줄 끝에 보시기 바랍니다.

"율법으로 말미암지 않고는 내가 죄를 알지 못하였으니."

이 말씀을 보면 우리가 어떻게 죄가 죄인 줄 알 수 있다는 것입니까? 율법을 통해서입니다. 율법이 있기 때문에 우리가 죄를 알게 된다는 것입니다.

그런데 한 가지 생각해 볼 것이 있습니다. 율법이 없으면 사람이 죄를 전혀 알지 못합니까? 한 번 생각해 보십시오. 율법이 없으면 죄를 전혀 알지 못합니까? 그렇지는 않습니다. 왜냐하면 우리 인간은 선하신 하나님의 형상으로 지음 받았기 때문에 율법이 주어지기 전부터 이미 인간 속에 자연적으로 선악을 분별하게 해주는 것이 있었습니다. 그것을 가리켜서 '양심'이라고 합니다. 양심이란 '선한 마음'입니다. 그래서 모든 인간에게는 '양심의 법'이 있습니다. 이 양심이 있어서 하나님의 법을 알지 못하는 사람, 예수님을 믿지 않는 사람도 어느 정도 선악을 구별합니다. 세상 사람들도 불효하는 것, 부모님을 공경하지 않는 것은 죄라는 것을 알고 있습니다. 살인하는 것, 간음하는 것, 도둑질하는 것이 나쁜 짓이라는 것을 다 알고 있습니다. 그렇죠?

그렇지만 양심이라는 것은 완전하지가 못합니다. 선악을 분별하는데도 희미한 부분이 많습니다. 그리고 양심이라는 것은 환경에 따라 그냥 무너지기도 하고, 마비가 되기도 합니다.

예를 들어 어떤 사람은 돈에 대해 굉장히 철저합니다. 만 원을 빌리더라도 한시바삐 갚지 않으면 견딜 수가 없습니다. 그런 사람이 빚을 자꾸 지다 보면 또 그 빚을 갚지 못하다 보면 어떻게 됩니까? 그냥 무뎌집니다. 빚에 대해서 그냥 무뎌져서 더 이상 빚내는 것에 대해 겁을 내지 않게 됩니다. 죄를 짓는 것도 그렇습니다. 처음에 죄를 한두 번 지을 때는 마음 아파하고 부끄러워하지만, 죄를 계속 짓다 보면 나중에는 양심이 마비되어서 "내가 뭘 잘못했나?" 이렇게 생각합니다. 잘못했다는 의식이 사라져 버리는 겁니다. 양심이 그렇다는 것입니다.

그러나 율법은 죄를 분명히 알게 해줍니다. 율법은 거울과 같습니다. 우리의 때 묻은 모습, 우리의 잘못된 모습, 죄악 된 모습을 그대로 비추어주는 것입니다. 이 로마서는 바울이 썼는데, 바울이 쓴 또 다른 책 빌립보서 3장에 보면 자기는 "율법에 대해서 흠이 없는 자"라고 했습니다. 율법을 잘 지켰다는 말씀입니다. 그는 어려서부터 표면적으로 볼 때는 율법을 잘 지켰다는 것입니다. 그런데 바울에게 항상 걸림돌이 되는 계명이 있었습니다. 항상 도전이 되는 계명이 있었습니다. 그것이 몇 계명인지 아십니까? 오늘 성경에 나와 있습니다. 바로 제10계명인 "탐내지 말라"는 계명이었습니다.

다른 계명들(1~9계명)은 어느 정도 밖으로 드러나는 계명입니다. '볼 수 있는 계명'입니다. 그런데 열 번째 계명인 "탐내지 말라"는 탐심의 문제는 '내적인 문제'입니다. 마음의 문제라는 것입니다. 남의 재산, 남의 여인, 학력, 권력, 명예, 자녀, 물건, 옷, 명품백 그런 것들을 마음속에 한 번도 탐내본 적이 없는 사람 있습니까? 그런 사람은 이 세상에 아무도 없을 것입니다.

그리고 많은 세상 사람들은 자기 속에서 바깥으로 나타나지 않은 어떤 행동에 대해서는, 즉 자기 마음속의 죄악 된 욕심이나 욕망이나 탐심에 대해서는 죄라고 생각하지 않고 살아갑니다. 율법이 없었다면, 탐심이 죄라는 것을 우리도 몰랐을 것입니다. 그러나 우리는 탐심이 죄라는 것을 분명히 압니다. 우리는 왜 분명히 알고 있습니까? 십계명의 10번째 계명에 무엇이라고 했습니까? '탐내지 말라'고 분명히 해놓았기 때문에 우리는 탐심이 죄라는 것을 분명히 아는 것입니다.

우리 시대에도 사람들이 죄인지 아닌지 분별하지 못하는 것들이 종종 있습니다. 옛날에는 '간통'이 일반법에서도 확실하게 죄악이었습니다. 그런데 시대가 흘러가면서, 현대로 오면서 사랑하는 사람들끼리, 서로 좋아하는 성인이 만나 관계하는 것이 무엇이 잘못이냐고 합니다. 이렇게 의식이 희미해졌습니다. 그래서 간통이 폐지된 나라가 많아졌습니다. 그러나 하나님께서는 제7계명에 "간음하지 말라"고 말씀하심으로써 분명하게 죄악임을 못 박고 있는 것입니다.

우리나라 인권위원회나 서울시 인권 조례에서 동성애를 인정하려고 애를 많이 쓰고 있습니다. 그런데 우리 기독교회나 기독교 단체들이 적극적으로 반대하여 그것이 아직 통과되지 않고 있습니다. 성경을 보면 하나님께서 인간을 남녀로 창조하셨습니다. 제3의 성이 있는 것이 아닙니다. 남녀로 창조하셨고, 하나님께서 아담을 하와에게 이끌어가서 서로 하나가 되어 한 몸이 될지니라고 말씀하셨습니다. 생육하고 번성하여 땅에 충만하라고 했습니다. 그런데 동성애는 이 모든 것에 하나도 맞지가 않습니다. 다 어긋나는 것입니다. 여러분 동성애자가 동성끼리 결혼하여 같이 사는데 아기를 낳을 수 있습니까? 생육하고 번성할 수 있습니까? 없는 것입니다.

로마서 1장 24절에서 27절에 보면 동성애는 인간 타락의 가장 악한 죄로 기록하고 있습니다. 구약성경에 보면 소돔과 고모라가 하나님 앞에 죄를 지음으로 하늘에서 유황이 불같이 쏟아지는 불 심판을 받아서 흔적도 없이 사라져 버렸습니다. 그 큰 죄악이 무엇이었습니까? '남색'이었습니다. '동성애'였습니다. 이렇게 성경은 동성애가 무서운 죄임을 명시하고 있습니다. 우리 인간이 범죄함으로 인하여 동성애적인 기질을 가지고 태어날 수는 있습니다. 그러나 그것을 죄가 아니고 나쁜 것이 아니라고 하면서 확산시키고 인정받으려고 하는 것은 잘못되었다는 말입니다.

여러분, 내 몸에 암이 있는데 '이 암은 괜찮은 것이야'라고 하면 되겠습니까? "이것은 병이다, 이것은 고쳐야 돼" 하는 것이 옳은 것 아니겠습니까. 마치 그와 같은 것입니다.

요즈음 혼전 동거가 점점 많아집니다.

제가 아는 사람의 딸은 부끄러움도 없이 아무렇지 않게 혼전 동거를 하고 있습니다. 그 어머니도 그냥 용인을 하고 있습니다. 그러나 하나님께서는 아담을 이끌어 하와와 결혼을 시켜주시고 "둘이 합하여 한 몸이 될지니라"고 말씀하셨습니다. 그리고 율법에도 보면 하나님께서 혼전에 순결을 잃게 한 남자가 있으면 벌금을 물리도록 하였습니다. 왜 벌금을 물립니까? 그것이 하나님 앞에 옳은 일이 아니고 죄악 된 일이기 때문입니다.

오늘날 우리 청년들이나 부모들은 적어도 돈이 삼천만 원 이상 있어야 약소하게나마 결혼을 시킬 수가 있다고 합니다. 그러나 그렇지 않습니다. 두 사람이 함께 누울 조그마한 방 하나만 있으면 되고요, 밥을 지어 먹을 수 있는 숟가락만 있으면 결혼할 수 있는 거예요. 꼭 새 옷을 입어야 될 필요가 뭐가 있습니까? 비싼 반지를 해서 끼어야 될 이유가 뭐가 있습니까? 자가용이, 아파트가 왜 꼭 필요하겠습니까? 아니오. 사실은 돈 한 푼이 없어도 하나님 앞에서서 결혼식을 올리고 함께 살 수가 있는 것입니다. 살림을 늘려가는 것은 두 사람이 평생 동안 해야 될 일인 것입니다. 그래서 기독교인들은 이것을 분명히 깨닫고 내가 가난하든지 부하든지 관계없이 먼저 하나님과 증인들 앞에서 결혼식을 올리고, 그리고 함께 동거하는 것이 하나님 앞에 아름다운 모습입니다.

이렇듯 세상 사람들은 양심으로나 자기 판단을 가지고서는 선악을 분별할 수 없는 경우가 많지만, 하나님의 말씀은 선악을 분명하게 분별하게 해줍니다. 오늘 우리가 교독한 시편 19편 8절 말씀에 보면 "여호와의 계명은 순결하여 눈을 밝게 하도다"라고 했습니다. 눈을 밝게 한다는 말씀이 무슨 뜻이겠습니까? 시력을 좋게 한다는 것이겠습니까? 그 말씀이 아니지요. 선악을 알게 하는 눈을 밝게 해준다는 것입니다. 눈을 밝게 해서 선이 무엇인지, 악이 무엇인지 잘 분별하도록 해준다는 것입니다.

한동대 총장님이 바뀌었지만 오랫동안 한동대 총장으로 일하셨던 김영길 박사님이 안동 김씨 아닙니까. 그의 집안은 유교적인 전통이 강한 집안입니다. 그런 집에서 중매를 하게 되었습니다. 김영애라고 하는 아가씨를 만나게 되었는데, 결혼을 하려고 보니까 이 여자분이 하는 얘기가 "나는 크리스천인데 당신이 교회에 함께 안 다니면 결혼을 할 수가 없습니다"라고 하는 겁니다. 그러자 그분이 "그러면 교회 다니겠소" 이렇게 해서 결혼을 했습니다.

유학을 갔습니다. 미국에 가서 공부를 하면서도 교회를 따라다니긴 했지만 완전히 형식적으로 다녔습니다. 예수 믿는 것이 아니고 따라다니기만 한 것입니다. 그런데 그 나사에 있는 유명한 박사님들이 성경 공부를 하는 것을 보았습니다. 자기에게도 성경공부를 하자고 해서 거기에 들어가서 성경공부를 하기 시작했습니다.

성경공부를 하던 중에 하나님께서 그의 영혼의 눈을 열어주셔서 말씀을 통해 깨닫고 예수를 믿게 되었습니다. 예수를 믿자 그의 삶에서 몇 가지가 단번에 변하게 되었는데, 그중에 하나가 애주가였던 그가 술을 완전히 끊게 되었습니다. 술을 얼마나 좋아했던지 집에다가 미니바를 만들어놓고 칵테일 책까지 구입해서 칵테일을 만들어 먹고는 했는데, 성경을 읽다가 에베소서 5장 18절을 보았습니다. 어떤 말씀입니까?

"술 취하지 말라 이는 방탕한 것이니."

이 말씀을 보고 자기가 가지고 있던 미니바에 있던 양주 30여

병을 몽땅 싱크대에 부어버렸고, 그의 삶에서 술과의 인연을 끝냈습니다. 율법은 죄가 무엇인지 우리에게 분명히 보여줍니다. 이 세대를 본받지 말고 우리 하나님의 말씀을 통해서 선악을 분명하게 분별해서 하나님의 뜻대로 살아가는 복된 성도가 되시기를 바랍니다.

마지막 세 번째로, 율법은 죄가 아니고 선한 것이지만 죄의 도구가 되기도 한다는 것입니다.

8절을 보십시오.

"그러나 죄가 기회를 타서 계명으로 말미암아 내 속에서 온갖 탐심을 이루었나니."

한마디로 죄가 율법과 계명을 이용해서 우리로 범죄하게 한다는 것입니다. 하나님께서는 인류의 시조에게 동산 중앙에 있는 나무의 실과는 따먹지 말라고 하시면서, 따먹으면 정녕 죽으리라고 엄히 금하셨습니다. 그런데 사탄이 유혹을 합니다. 사탄이 인간을 범죄 하도록 하기 위해 다가와서 유혹을 할 때에 무엇을 가지고 유혹을 했습니까? '하나님께서 하신 말씀'을 가지고 유혹을 했습니다.

"하나님께서 정말로 동산에 있는 모든 과실을 다 먹지 말라고 하디냐?"

하나님은 동산 중앙에 있는 나무 하나를 말했는데, 이 사탄은 말씀을 조금 바꾸어서 "모든 나무의 과실은 먹지 말라더냐" 하면서 꾀었습니다. 죄를 짓도록 부추겼습니다. 그 말을 듣고 나서 하와가 그 과일을 보니, 전에는 아무 관심도 없이 보던 그 과실이 먹음직도 하고 보암직도 하여 따먹지 않습니까. 우리 아이들도 부모가 '보지 말라, 건들지 말라' 하면 더 궁금해서 보려고 합니다. 율법이 그런 역할을 한다는 것입니다.

여기서 중요한 것은, 마귀가 우리 성도의 틈을 노리듯이 죄는 기회를 노린다는 것입니다. 마귀나 죄는 같습니다. 성도의 빈틈을 노리고 기회를 탑니다. 어떤 기회를 타겠습니까? 우리 성도들이 방심할 때, 게으를 때, 나태할 때, 기도하지 않을 때, 교만할 때 죄가 틈을 타고 기회를 타서 우리를 넘어지게 한다는 것입니다.

그뿐만이 아닙니다. 마귀가 얼마나 영리한지 오늘 본문에 무엇을 죄의 도구로 사용한다고 했습니까? 기회를 타서 계명을 가지고 하나님의 말씀을 이용하여 성도로 죄 짓게 만든다는 것입니다. 아, 저는 이 말씀을 보면서 충격을 받았습니다. 마귀가 얼마나 교활한지, 나쁜 것이나 악한 것을 이용해서 우리 성도로 하여금 범죄케 하는 것이 아니라, 하나님이 주신 선한 법을 이용해서 넘어지게 한다는 것입니다. 마귀가 아담을 어떻게 넘어지게 했습니까? 하나님이 주신 사랑하는 아내 하와를 통해 넘어지게 했습니다. 얼마나 기회를 잘 탑니까. 그렇기 때문에 영적으로 정신을 바짝 차리고 살아야 합니다. 그러지 않으면 자기도 모르게 죄의 도구가 되고 맙니다.

오늘날 우리 한국 교회에 가슴 아픈 일은 싸우는 교회가 많다는 것입니다. 울산 우리 교단에도 더러 있습니다. 당회와 안수집사님들이 서로 나뉘어서 싸우는 교회, 목사파 장로파가 나뉘어서 싸우는 교회, 그러면 성도들은 낙심하고 교회를 떠납니다. 교회가 쪼개집니다. 풍비박산이 나는 것입니다. 교회가 어느 정도 성장하기까지 그동안에 목사님이나 장로님이나 성도들이 얼마나 기도와 전도를 많이 하고 헌금도 하고 수고를 했겠습니까? 그런데 한 번 싸우면 와르르 무너지고 맙니다.

여러분, 마귀가 하나님의 교회를 망치게 하는 도구로서 누구를 사용하는지 아십니까? 새 가족을 사용합니까? 아니면 우리 평신도들을 사용해서 교회가 나누어지게 합니까? 아니죠. 그러면 누구를 사용합니까? 목사를 사용하고, 장로를 사용하고, 안수집사를 사용합니다. 거의 100% 그렇습니다. 그들의 직분이 얼마나 귀합니까. 하나님 앞에서 오랫동안 신앙생활 하고 또 신학을 공부해서 수련한 그런 분들을 통해 마귀가 하나님의 교회를 무너지게 한다는 것입니다.

여러분, 죄의 도구 사탄의 도구가 되지 마시고 죄가 여러분을 틈타지 못하도록 정신을 차리고 근신하여 사시기를 바랍니다.

오늘 말씀에 보니 율법은 죄스러운 것이 아니라 선한 것임을 보여줍니다. 그러나 율법은 죄를 치료하거나 죄를 막아주지는 못합니다.

어느 백사장에 보면 '상어출몰, 수영금지' 경고 표지판이 있습니다. 그것은 위험을 알려주기는 하지만, 상어를 막아주거나 죽이거나 상어에게서 사람들을 보호해 주지는 못합니다. 율법이 바로 그렇다는 것입니다. 죄가 무엇인지는 알려주지만 죄와 사망에서 사람을 구원해 주지는 못합니다. 구원의 수단이 되지 못합니다. 도리어 죄의 도구가 되기도 하는 것입니다.

따라서 율법은 우리의 소망이 되지 못합니다. 우리의 소망은 율법의 정죄에서 우리를 구원하신 우리 주 예수 그리스도에게 있습니다. 그래서 로마서 8장 1절에 보면 "누구든지 예수 그리스도 안에 있는 자에게는 정죄함이 없느니라"고 하였습니다. 율법을 다 지키시고 율법을 따라 죽으신 예수님을 믿는 자에게는 더 이상 정죄함이 없는 것입니다. 예수님께 나아가는 자, 예수님을 믿는 자는 하나님께서 의롭다 하시고 구원해 주시는 것입니다. 그리고 믿는 자에게는 우리 하나님께서 성령을 주시어서 우리의 힘과 능력으로 지킬 수 없는 하나님의 말씀, 율법의 말씀을 성령의 능력으로 지키면서 살 수 있도록 도와주시는 것입니다.

여러분, 이 구원자 예수님을 믿어서 구원받으시기를 바랍니다. 나아가 성령의 능력으로 하나님의 말씀을 지키면서 살아서 성도답게 하나님의 백성답게 살아가는 복된 성도가 다 되시기를 바랍니다.

14

로마서 7:14-25

신자 안의 전쟁

"우리가 율법은 신령한 줄 알거니와 나는 육신에 속하여 죄 아래에 팔렸도다 내가 행하는 것을 내가 알지 못하노니 곧 내가 원하는 것은 행하지 아니하고 도리어 미워하는 것을 행함이라 만일 내가 원하지 아니하는 그것을 행하면 내가 이로써 율법이 선한 것을 시인하노니 이제는 그것을 행하는 자가 내가 아니요 내 속에 거하는 죄니라 내 속 곧 내 육신에 선한 것이 거하지 아니하는 줄을 아노니 원함은 내게 있으나 선을 행하는 것은 없노라 내가 원하는 바 선은 행하지 아니하고 도리어 원하지 아니하는 바 악을 행하는도다 만일 내가 원하지 아니하는 그것을 하면 이를 행하는 자는 내가 아니요 내 속에 거하는 죄니라 그러므로 내가 한 법을 깨달았노니 곧 선을 행하기 원하는 나에게 악이 함께 있는 것이로다 내 속사람으로는 하나님의 법을 즐거워하되 내 지체 속에서 한 다른 법이 내 마음의 법과 싸워 내 지체 속에 있는 죄의 법으로 나를 사로잡는 것을 보는도다 오호라 나는 곤고한 사람이로다 이 사망의 몸에서 누가 나를 건져내랴 우리 주 예수 그리스도로 말미암아 하나님께 감사하리로다 그런즉 내 자신이 마음으로는 하나님의 법을 육신으로는 죄의 법을 섬기노라"

세계 역사를 보면 이 지구상에는 한시도 전쟁과 싸움이 끊어지지 않았습니다. 지금도 IS라고 하는 이슬람 극단주의자들이 이슬람 국가라는 나라를 세우기 위해서 저 이라크 북쪽, 그리고 시리아 지역에 터를 잡고 여러 나라와 더불어서 전쟁을 하고 있습니다. 얼마 전까지만 해도 이스라엘과 팔레스타인이 계속 교전을 하였고 우크라이나 내전도 있었습니다. 우리 한반도에도 지금 전쟁이 끝난 것이 아니라 휴전상태입니다. 북한이 언제 도발할지 모르는 하나의 전쟁터라고 할 수가 있습니다. 이렇게 지구상에는 크고 작은 전쟁터가 많이 있습니다. 그런데 가장 작고, 가장 심각하고, 가장 중요한 전쟁터가 있습니다. 거기가 어디냐 하면 바로 우리 신자의 마음입니다.

오늘 본문이 그것을 우리에게 보여주고 있습니다. 오늘 본문의 말씀을 통해서 신자 안의 전쟁이 어떠한지를 바르게 깨닫고, 이 영적인 전쟁에서 승리하시는 저와 여러분이 될 수 있기를 바랍니다.

첫째로 생각할 것은, 신자의 영적인 현실이 어떠하냐는 것입니다.

이 앞의 본문 로마서 7장 7-13절에서 어떤 말씀을 보았습니까? '율법이 죄냐'고 하는 말씀을 살펴보았습니다. 그런데 오늘 본문 첫 절인 14절을 보시기 바랍니다.

> "우리가 율법은 신령한 줄 알거니와 나는 육신에 속하여 죄 아래에 팔렸도다."

오늘 말씀을 보면 말씀의 초점이 율법에서 육신으로 옮겨져 가고 있습니다. 율법에서 육신으로, 나의 연약함으로, 신자의 연약함으로 옮겨져 간다는 것입니다. 이 14절의 말씀을 간단히 요약하면 '율법은 영적인데 나는 육신적이다'라는 것입니다. 그렇다면 육신적이라는 말은 어떤 뜻일까요? 우리가 눈에 볼 수 있는 이 몸뚱어리를 말하는 것이 아닙니다. 우리 안에 있는 죄성을 말합니다. 죄악된 성향을 말하는 것입니다. 나는 육신적이기에, 14절 끝에 보니 "죄 아래 팔렸도다"라고 했습니다. 죄성을 가지고 있기 때문에 원치 않음에도 불구하고 어쩔 수 없이 '죄를 짓고 만다, 죄의 노예가 되고 만다, 죄에 팔리고 만다'는 말씀입니다.

오늘 본문은 대부분 이 사실을 반복적으로 우리에게 말씀해 주고 있습니다. 15절 중간을 보십시오. "내가 원하는 것은 행하지 아니하고 도리어 미워하는 것을 행한다"라고 했습니다. 그리고 18절 끝을 보시기 바랍니다. "원함은 내게 있으나 선을 행하는 것은 없노라"고 하였습니다. 또 19절을 보십시오.

> "내가 원하는 바 선은 행하지 아니하고 도리어 원하지 아니하는바 악을 행하는 도다."

이런 모습들이 바로 육신에 속한 모습이고 죄 아래 팔린 모습입니다. 그 이유가 무엇입니까? 왜 성도는 선을 행하기 원하면서 그 원하는바 선을 행치 못하고 원치 아니하는바 악을 행하는 것일까요? 그 이유가 무엇이겠습니까? 그 이유가 오늘 본문에 여러 번 나옵니다. 17절을 보시기 바랍니다.

> "이제는 그것을 행하는 자가 내가 아니요 내 속에 거하는 죄니라."

내 속에 나도 있지만 동시에 무엇이 있습니까? 죄가 있습니다. 21

절을 보십시오.

"그러므로 내가 한 법을 깨달았노니 곧 선을 행하기 원하는 나에게 악이 함께 있는 것이로다."

선을 행하기 원하는 나에게 동시에 무엇이 함께 있습니까?

악이 있습니다. 23절에는 내 마음의 법과 죄의 법이 대조적으로 나옵니다. 마지막 25절 끝에는 하나님의 법과 죄의 법이 대조되어 나옵니다. 하나님의 법이 무엇이겠습니까? 하나님의 능력, 우리 안에 거하시는 성령의 능력을 말합니다. 죄의 법은 무엇이겠습니까? 죄의 능력을 말하는 것입니다. 이것을 우리에게 잘 보여주는 성경이 있습니다. 갈라디아서 5장 17절을 보십시오.

"육체의 소욕은 성령을 거스르고 성령은 육체를 거스르나니 이 둘이 서로 대적함으로 너희가 원하는 것을 하지 못하게 하려 함이니라."

이 유명한 말씀을 보면, 우리 신자 속에는 두 가지 욕망이 있음을 알 수 있습니다. 하나는 누구의 욕망입니까? 성령의 욕망입니다. 소욕이라는 것은 'desire, 욕망'을 말합니다. 소원을 말합니다. 우리 신자 안에는 성령의 소원도 있고 육체의 소원도 있다고 했습니다. 죄악 된 소원도 있다는 것입니다. 우리가 예수 믿기 전에는 우리 안에 이 두 가지 욕망 중에 한 가지만 있었습니다. 무엇이 있었습니까? 육체의 죄악 된 욕망이 우리 속에 있었습니다.

그런데 하나님의 은혜로 우리가 거듭나서 성령님이 우리 안에 거하시게 되었습니다. 그 성령님이 우리 안에 거룩한 욕망, 선한 욕망,

하나님의 뜻대로 살고자 하는 욕망, 죄를 짓지 않고 살고자 하는 욕망을 불러일으키는 것입니다. 우리 속에 육체의 욕망만이 있었을 때는 무슨 싸움이 있을 수가 없었습니다. 그런데 우리 속에 성령님이 거하면서 선한 욕망, 거룩한 욕망을 불러일으키면서 이것이 서로 대적하는 것입니다. 전쟁이 일어나는 것입니다. 싸움이 일어나는 것입니다. 갈등이 있게 되는 것입니다.

그래서 갈라디아서 5절 17절 말씀에 보니 이 둘이 서로 대적한다고 했습니다. 따라서 우리 신자의 마음은 전쟁터가 되는 것입니다. 이로써 우리가 알 수 있는 것이 무엇입니까? '신자가 된다, 그리스도인이 된다'는 것은 한 사람의 삶에서 모든 죄와 유혹이 제거가 되거나 뿌리째 뽑힌다는 의미가 아니라는 것입니다. 구원 받았다는 것이 다시는 죄를 짓지 않는 존재가 된다는 것을 의미하지 않는다는 것입니다. 우리 자신을 보면 너무나도 잘 알 수 있지 않습니까?

우리는 예수 믿어 구원 받았지만 여전히 죄를 지으면서 살아갈 때가 너무 많습니다. 가장 거룩한 시간에도 살며시 악한 생각이 마음속에 떠오르기도 합니다. 어떤 죄는 계속 반복이 됩니다. 내가 그 죄를 회개하였는데, 또 얼마 못가서 똑같은 죄를 저지르고, 또 그 죄를 가지고서 하나님 앞에 눈물로 회개하였는데, 얼마 안 가서 같은 죄를 또 저지릅니다. 이렇게 계속 반복해서 같은 죄를 저지르게 되는데, 어떤 죄는 10년, 20년 가는 죄도 있습니다. 예수 믿어도 여전히 우리 속에 육체의 정욕, 안목의 정욕, 이생의 자랑이 남아 있는 것을 알고 있습니다. 이것이 신자의 모습입니다.

우리는 예수 그리스도로 말미암아 죄에 대해서 율법에 대해서 이미 죽었다고 했습니다. 그러나 죄가 우리 안에서 죽은 것은 아닙니다. 죄는 여전히 우리 속에 살아서 역사하고 있는 것입니다. 죄는 이제 우리의 주인이 아닙니다. 그렇지만 우리 속에 남아서 계속 영향을 미치고 있습니다. 여전히 우리 신자의 강력한 대적인 것입니다. 이 죄가 우리 속에 있어 우리 속사람과 싸웁니다. 이것이 신자의 영적인 현실입니다.

이 현실을 잊지 말고 직시하시는 성도가 되시기를 바랍니다. 만일 여러분에게 죄로 인한 이런 내적인 갈등, 내적인 싸움, 영적인 전쟁이 없다고 하면 그것은 비정상입니다. 그런 사람은 거듭나지 않았거나, 예수님을 믿지 않는 것이거나, 아니면 그 신앙이 병이 들었기 때문에 그런 것입니다. 그렇다면 여러분의 마음을 한번 하나님 앞에서 돌아보시기 바랍니다. 여러분의 삶은 과연 어떠한 상태에 있습니까?

두 번째로 생각할 것은, 신자는 이 땅에 사는 동안 아무도 이러한 영적 현실에서 벗어날 수 없다는 것입니다.

18세기 대부흥시대에 요한 웨슬리는 '그리스도인의 완전'이라고 하는 교리를 강조하였습니다. 우리 신자가 신앙생활을 잘해서 어느 정도의 수준에 오르면 그때부터는 죄의 본성이 완전히 뿌리가 뽑히고 그 영혼이 완전히 거룩해진다, 죄가 없는 무죄 상태가 된다고 주장을 했습니다. 그래서 당시 이 웨슬리의 추종자들 가운데는 자신이 여러 주 동안에, 근래 여러 달 동안에 죄를 전혀 짓지 않았다고 말하는 이들도 있었습니다.

여러분은 어떻게 생각하십니까? 신자가 살아있는 동안에는 죄와 싸우고 갈등하면서도 다시 죄를 짓고 사는 것이 현실인데, 이 영적인 현실에서 벗어날 수 있느냐는 것입니다. 없습니다. 살아있는 동안에는 불가능합니다. 요한일서 1장 10절을 보십시오.

> "만일 우리가 범죄하지 아니하였다 하면 하나님을 거짓말하는 이로 만드는 것이니 또한 그의 말씀이 우리 속에 있지 아니하니라."

우리가 범죄하지 아니하였다 하면, 나는 신앙생활을 너무 잘해서 이제는 죄가 없다고 하면, 그것은 하나님을 거짓말쟁이로 만드는 것이라는 말입니다. 그러므로 내 안에 죄가 없다는 말은 맞지 않다는 것입니다. 틀렸다는 것입니다. 그래서 칼빈은 말하기를 현세에서 완전한 성화는 불가능하다고 했습니다. 그러므로 내가 열심히 신앙생활 한다고, 내가 신령한 체험을 많이 했다고, 신령한 은사를 많이 받았다고, 지금도 내가 열심히 기도생활을 한다고, 나는 이만하면 되었다고 생각하면 안 됩니다. 교회에서 중직을 받았다고 죄 문제가 해결되거나, 그 사람이 그 직분 때문에 더 거룩해지거나 하는 것은 아닙니다. 목사나 신학 교수가 된다고 해서 죄의 유혹을 덜 받거나 하는 것이 아닙니다.

1995년에 13년 동안 하버드대학교 신학대학 학장을 하시던 로널드 티먼 교수가 파면이 되었습니다. 이유인즉 대학에 컴퓨터 기사가 있는데, 이 기사가 학장 관사에 있는 티먼 교수의 컴퓨터 파일에서 수백 장이 음란 사진이 저장되어 있는 것을 발견했습니다.

아, 이것은 봐줄 수가 없는 일이었습니다. 이를 총장에게 보고했습니다. 그래서 총장이 티먼 교수를 파면시켰습니다. 어떻게 신학 대학장이, 목사가 포르노광이 될 수 있느냐 싶어도 얼마든지 가능합니다.

다윗을 생각해 보십시오. 성경에서 대표적인 신앙인 아닙니까? 하나님 마음에 합한 사람입니다. 그런 사람인데도 불구하고 넘어지려고 하니까 보통 사람이 상상할 수 없는 그런 죄를 짓고 넘어지는 것을 볼 수 있습니다. 그러므로 신자는 어떤 상태에 있을지라도 죄라는 적이 내 안에 있음을 잊어서는 안 됩니다. 이것을 잊고 '이만하면 되었다, 나는 섰다'라고 생각하면 안 됩니다. 그래서 하나님이 "선 줄로 생각하는 자는 넘어질까 조심하라"고 하셨습니다.

사실 오늘 이 로마서 7장 후반의 말씀은 기독교 역사 내내 논쟁이 되어 온 말씀입니다. 본문에 나오는 '나'는 '신자냐 불신자냐?' '바울이냐 아니냐?' '바울이라면 예수 믿기 전의 바울이냐, 예수 믿은 이후의 바울이냐?'는 논쟁이 많았습니다. 특히 오늘 본문 24절에 그 유명한 탄식이 나옵니다.

"오호라 나는 곤고한 사람이로다 이 사망의 몸에서 누가 나를 건져내랴."

'곤고한'이라는 뜻은 '비참한, 불쌍한'이란 말입니다.

"오호라 나는 곤고한 사람이로다!"

이렇게 장탄식을 하고 있는데, 이렇게 탄식하고 있는 '나'는 '예수 믿기 전의 바울입니까, 예수 믿은 이후의 바울입니까?' 전반적으로 볼 때에 예수 믿는 바울로 보는 것이 가장 합당합니다.

여러분 바울을 생각해 보십시오. 바울이 어떤 사람입니까? 우리 기독교 역사에서 최고의 신앙인이라고 말할 수 있습니다. 우리가 생각할 때에 다른 사람은 몰라도 사도 바울만큼은 성령에 충만해서 죄를 초월해서 죄 짓지 않고 살았을 것 같습니다. 그러나 오늘 말씀을 보십시오. 그렇지가 않았습니다. 사도 바울조차도 죄에서 자유롭지 못하였습니다. 그래서 "오호라 나는 곤고한 사람이로다"라고 탄식하면서 살았다는 것입니다.

물론 항상 사도 바울이 죄 앞에서 꼼짝 못하고, 죄 짓고 "나는 곤고한 사람이로다" 했다고 말할 수는 없습니다. 그러나 그의 삶에서 이런 탄식이 계속되어진 것은 사실입니다. 신자는 이만하면 되었다 할 수 있는 사람이 아무도 없습니다. 도리어 성화되어 갈수록, 거룩해져 갈수록, 믿음이 깊어져 갈수록, 자신의 죄인 됨을 더 깊이 깨닫게 됩니다.

한 사람이 어두운 밤에 길을 가다가 진창에 빠졌습니다. 옷이 엉망이 되었습니다. 일어나서 옷에 묻은 진흙을 털어냈습니다. 저쪽에 보니까 밝은 빛이 있습니다. 그래서 빛을 향하여 걸어갑니다. 빛으로 가까이 가면 갈수록 자기 옷에 묻은 진흙이 많은 것을 보게 되고 자꾸 털어내게 되는 것입니다. 그처럼 신자가 빛이신 하나님께로 가까이 가면 갈수록 '아, 나는 거룩하다, 나는 완전하다' 하는 것이 아니라, 자신의 더러움과 추악함과 부패함을 더욱더 분명히 발견하게 되고 깨닫게 되는 것입니다.

성경에 보면 사도 바울이 그랬습니다. 사도 바울이 믿기 전에는 나는 율법에 있어서는 흠이 없는 자라고 했습니다. 무흠한 자라고 생각했습니다. 그런데 그가 예수 믿고서 고린도전서 15장 9절에 보면 "나는 사도 중에서 가장 작은 자다"라고 했습니다. 사실은 사도 중에 가장 큰 사도가 누구겠습니까? 사도 바울 아니겠습니까. 그런데 나는 사도 중에 가장 작은 자라고 너무나도 겸손한 모습을 보입니다. 그런데 조금 더 세월이 지나서 에베소서 3장 8절에 가서는 "나는 성도들 중에 가장 작은 자"라고 합니다. 그런데 그의 사역 말기에 디모데에게 쓴 편지 내용을 보면, 디모데전서 1장 15절에 "나는 죄인 중에 괴수니라"고 하였습니다. 괴수라는 것은 가장 악한 죄인이라는 뜻입니다.

여러분, 바울은 신앙의 깊이가 더해 갈수록 '내가 완전하구나' 하는 것을 깨달은 것이 아니라, 자신의 악함과 부패함을 더 깊이 깨닫고 하나님 앞에 더 겸손해진 것을 볼 수 있습니다.

감히 제 이야기를 조금만 하겠습니다.

저는 참 믿음 좋은 부모님 아래 태어나서 어릴 때부터 주일 한 번 빠지지 않고 예배 한 번 빠지지 않고 믿음으로 자랐습니다. 어려서부터 규칙적으로 성경을 읽으면서 자랐습니다. 그래서 제 고향 동네에서 중학생이 되었을 때에 그 교회의 학생회장이 되었습니다. 고등학생 때 부산에 와서 학교를 다닐 때에 학교에서도, 그리고 제가 다니던 교회에서도 SFC회장을 지냈고, 학생회 회장을 하였습니다. 그때 저는 하늘을 우러러 한 점 부끄러움아 없이 살아가기를 원했고, 또 그렇게 기도하였으며, 그렇게 사는 줄 알았습니다. 제 자신에 대해 '나는 순수하다, 나는 거룩하다, 나는 의롭다'고 생각했습니다. '내가 무슨 죄가 있나' 하고 생각했습니다.

그런데 신학대학에 들어간 후 세상을 접하면서부터, 삶의 환경이 넓어지면서 제가 얼마나 하나님 앞에 악한 죄인인가를 깨닫기 시작했고, 그 일로 인하여 자주 하나님 앞에서 눈물을 흘리며 회개하였습니다. 마침내 디모데전서 1장 15절의 "나는 죄인 중에 괴수로다"라는 사도 바울의 고백을 보면서, 이 고백이 상대적인 고백이 아니라 절대적인 고백임을 깨닫고, 제 자신도 하나님 앞에 같은 고백을 하게 되었습니다. 이전에는 나는 죄인 중에 괴수는 아니라고 생각했는데, 이 말씀을 바르게 깨닫고 제 자신을 돌아보니 "하나님, 제가 죄인의 괴수입니다. 하나님, 제가 가장 악한 죄인입니다"라고 고백하지 않을 수 없었고, 지금도 하나님 앞에 그렇게 고백하면서 살고 있습니다.

남은 잘 몰라도 나는 나 자신을 잘 알고 있지 않습니까? 자신의 삶 속에, 자신의 마음속에 남은 모르지만 나만 아는 더럽고 악한 죄악이 얼마나 많이 도사리고 있는지, 죄악이 얼마나 한이 없이 깊은지, 우리 자신에 대하여 우리가 잘 알고 있다는 것입니다. 그래서 정말 자신에게 정직한 신자라면, 믿음이 점점 자라고 있는 정상적인 신자라면 누구나 하나님 앞에서 '하나님, 제가 죄인 중에 괴수입니다. 제가 가장 악한 죄인입니다'라고 고백하게 되는 것입니다. 여러분도 진심으로 그렇게 고백할 수 있는 신자가 되시기를 바랍니다.

마지막 넷째로 생각할 것은, 바울의 감사입니다.

우리는 지금까지 사도 바울도 어찌 할 수 없는 육신의 연약함, 그로 인한 "오호라 나는 곤고한 사람이로다"라는 그의 탄식을 보았습니다. 그런데 이 바울의 어조가 25절에 가면 갑자기 분위기가 확 바뀝니다. 25절을 보십시오.

"우리 주 예수 그리스도로 말미암아 하나님께 감사하리로다."

사도 바울은 하나님께 감사하고 있습니다. 사도 바울이 왜 감사하겠습니까? 하나님이 우리 육신의 연약함의 문제를 예수 그리스도를 통하여 십자가에서 이미 해결해 주셨기 때문입니다. 예수님이 십자가를 지고 죽으셨습니다. 그런데 예수님께서 왜 십자가를 지셨습니까? 자신의 죄로 인하여 지셨습니까? 우리의 죄를 대신해서, 우리의 죄 문제를 해결해 주시기 위해서 십자가를 지고 죽으셨습니다. 그 십자가에서 우리의 죄 문제를 다 이루었다고 예수님께서 말씀하셨습니다. 이것 때문에 사도 바울이 우리 주 예수 그리스도로 말미암아 하나님께 감사하고 있는 것입니다.

인도에 전해 내려오는 전쟁 이야기가 있습니다.

적장이 얼마나 용감무쌍하던지, 일당백으로 싸우는데 드디어 적장의 머리도 잘려나갔습니다. 목이 달아났습니다. 그런데 놀랍게도 목이 달아났는데도 이 적장이 계속 손에 칼을 잡고 휘두르면서 사람들을 죽이는 거예요. 뱀이 머리가 달아났는데도 막 꿈틀꿈틀 하는 것처럼, 꼭 그와 같은 거예요. 그것을 보고 있던 한 사람이 기가 찼습니다. 그래서 지혜를 내었습니다. 그 사람에게 말했습니다. "당신 목을 보시오. 당신은 이미 죽었어요" 하자 그 싸우던 몸뚱어리가 멈칫 하더니 그대로 쓰러지더라는 것입니다.

우리 신자가 끊임없는 영적 전투로 인해서 곤고하고 힘들 때에 우리가 자주 확인할 일이 있습니다. 무엇입니까? 예수 그리스도의 십자가를 바라보아야 한다는 것입니다. '저 십자가에서 내 죄 문제가 해결이 되었어. 저기에서 죄의 사람인 나는 이미 죽었어' 하고늘 확인해야 된다는 것입니다. '이광수 너 죽었잖아. 내 죄의 사람은 십자가에서 이미 죽었어.' 이렇게 확인할 때에 우리는 죄에 대해서 승리할 수 있는 것입니다.

신자는 구원받았지만 여전히 악하고 약합니다. 그러니 예수 그리스도께서 우리 죄를 대신해서 죽어주시고, 육신의 연약한 죄 문제를 해결하여 주셨습니다. 그 예수님이 성령으로 우리 안에 계시면서 우리를 돕고 계십니다. 요한일서 4장 4절에 '너희 안에 계신 이가 세상에 있는 자보다 크심이라'고 했습니다. 너희 안에 있는 자가 누구겠습니까? 예수님, 성령님입니다. 그러면 세상에 있는 자는 누구겠습니까? 마귀, 죄입니다. 그런데 우리 안에 계신 이가 세상에 있는 이보다 크다고 했습니다. 그러므로 우리 신자의 싸움은 고되고 때로 실패하기도 하지만 최후 승리가 보장이 되어 있습니다.

조금 있으면 프로야구가 시작됩니다. 우리 신자는 넘어질 때도 있지만 9회 말에 가서 언제나 역전승하도록 되어 있다는 말씀입니다. "승리의 길 멀고 험해도 주님께서 나의 앞길 지켜주시리"라고 우리가 찬양하지 않습니까. 그러기에 우리도 25절의 바울처럼 하나님께 감사할 수 있습니다.

고린도전서 15장 57절을 보십시오.

"우리 주 예수 그리스도로 말미암아 우리에게 승리를 주시는 하나님께 감사하노니."

예수님을 믿어도 우리는 여전히 마음으로 갈등하고 죄를 짓기도 하면서 살아가는 것이 우리의 영적 현실입니다. 이 죄에 대해서 싸워야 됩니다. 이 일이 곤고하고 힘들고 때로 패하기도 하지만, 그때마다 우리는 우리 죄 문제를 해결하시고 승리하신 주님을 바라보아야 합니다.

예수 그리스도로 말미암아 우리에게 승리를 주시는 하나님께 감사하시기를 바랍니다. 승리하신 주님으로 인해 최후에 승리하실 것을 믿으시기 바랍니다.

15

로마서 8:1-4

결코 정죄함이 없나니 (No condemnation)

"그러므로 이제 그리스도 예수 안에 있는 자에게는 결코 정죄함이 없나니 이는 그리스도 예수 안에 있는 생명의 성령의 법이 죄와 사망의 법에서 너를 해방하였음이라 율법이 육신으로 말미암아 연약하여 할 수 없는 그것을 하나님은 하시나니 곧 죄로 말미암아 자기 아들을 죄 있는 육신의 모양으로 보내어 육신에 죄를 정하사 육신을 따르지 않고 그 영을 따라 행하는 우리에게 율법의 요구가 이루어지게 하려 하심이니라"

성경의 책들 중에서 마치 반지와 같이 가장 빛나는 부분이 로마서라고 합니다. 그 로마서 중에서도 가장 반짝거리는 부분은 로마서 8장이라고 합니다. 로마서 강해설교로 유명한 마틴 로이드 존스 목사님이 자기는 개인적으로 로마서 5장을 가장 중요한 장이라고 생각하지만, 가장 감동적인 장은 로마서 8장이라고 했습니다. 일전에 본 교회의 사역훈련반에서도 이 39절이나 되는 긴 로마서 8장을 다 함께 암송해서 우리 성도들에게 큰 감동과 은혜를 끼치기도 했습니다.

저는 이 로마서 8장의 말씀을 연구하고 묵상하고 준비하면서 제 자신이 어느 때보다 하나님의 큰 은혜 받기를 기대하고 또 기도하고 있습니다. 그리고 제가 준비해서 이 8장의 말씀을 여러분에게 설교할 때에 여러분에게 우리 하나님의 크신 은혜가 있기를 기원합니다. 오늘 본문의 핵심이 되는 1절 말씀을 다시 한 번 봅시다.

"그러므로 이제 그리스도 예수 안에 있는 자에게는 결코 정죄함이 없나니."

"결코 정죄함이 없나니."

오늘 설교 제목이기도 합니다.

정죄 받는 인간

여기서 핵심이 되는 말씀이 정죄라는 말씀인데, 이 정죄를 영어로는 'condemnation'이라고 합니다. 이 정죄의 의미를 가장 잘 보여주는 성구가 신명기 25장에 있습니다. 25장 1절 말씀을 한 번 읽어 보겠습니다.

"사람들 사이에 시비가 생겨 재판을 청하면 재판장은 그들을 재판하여 의인은 의롭다 하고 악인은 정죄할 것이며."

이 말씀을 볼 때에 정죄는 어디에서 사용되는 용어입니까? 법정에서 사용되는 용어입니다. 재판하러 왔는데 재판장이 재판을 해서 이 사람이 죄가 있다 하면 '당신은 죄인이요', '당신은 죄가 있소'

하면 그것이 바로 정죄입니다. 그러나 '당신은 죄가 없소, 당신은 무죄요, 의인이요' 하면 그것은 칭의입니다. 여기서 칭의나 정죄는 다 재판용어입니다. 그리고 이 두 단어는 서로 반대 되는 말입니다. 죄 있는 자에게는 정죄하고, 정죄 받은 자에게는 벌이 따라옵니다. 그런가 하면 죄 없는 자에게는 칭의라 하고, 칭의 된 자에게는 석방이 따라오는 것입니다.

우리는 지난 주일에 7장 후반부에서, 육신에 속해서 죄 아래에 팔려 고민하고 갈등하며 범죄하는 연약한 인간의 모습을 보았습니다. 이 육신의 연약함은 예수 믿기 전에도 있는 모습이지만, 예수 믿은 후에도 이 모습이 계속된다고 했습니다. 이런 우리 인류에게 하나님이 심판하신다면 어떻게 심판을 하시겠습니까? 의롭다고 칭하시겠습니까? 아니면 정죄하시겠습니까? 늘 죄에 지면서, 그리고 죄와 갈등하면서 넘어지는 인생이 어떻게 하나님 앞에 의롭다고 칭함을 받겠습니다. 하나님께서 공정하게 재판하시면 정죄를 받을 수 밖에 없다는 것입니다.

정죄함이 없는 사람

그런데 놀랍게도 오늘 1절 말씀에는 하나님의 정죄가 없는 사람이 있다고 선언하고 있습니다. 누구입니까?

1절에 보니, 그리스도 예수 안에 있는 사람입니다. 사람이 예수를 믿으면 예수 그리스도와 연합한다고 했습니다. 연합한다고 하면 자연히 누구 안에 있습니까? 예수 안에 있게 됩니다. '예수 안에 있는 자는 결코 정죄함이 없다'라는 것입니다. 왜 예수 믿는 사람은 정죄가 없습니까? 로마서 5장 1절을 보십시오.

"그러므로 우리가 믿음으로 의롭다 하심을 받았으니."

무슨 말입니까? 우리가 죄인이지만, 예수 그리스도를 믿을 때에 하나님은 그 믿음을 보시고, 그 사람의 죄를 용서하시고 의롭다고 인정해 주십니다. 의롭다고 인정해 주신다는 말은, 하나님께서 그 사람을 더 이상 정죄하지 않는다는 말씀입니다. 그렇기 때문에 그리스도 예수 안에 있는 사람은 결코 정죄함이 없습니다.

그래서 우리가 가만히 로마서를 보면, 내용상으로 로마서 5장 1절에서 8장 1절로 바로 연결이 되는 것을 볼 수 있습니다. 5장 1절에서 '신자는 예수님을 믿음으로 의롭다 칭함을 받는다, 의롭다 함을 받는다'고 했는데, 8장 1절에서는 '예수 안에 있는 자에게는 결코 정죄함이 없다'고 연결이 됩니다.

"신자는 믿음으로 의롭다 하심을 받았기에 정죄함이 없습니다."

여러분은 이 사실을 믿으십니까? 최후의 재판장이신 하나님께서 우리의 믿음을 보시고 우리를 의롭다고 칭해 주셨는데, 이 세상 누가 우리를 보고서 '너는 죄인이다'고 고발하고 우리를 정죄할 수 있겠습니까? 아무도 정죄할 수 없습니다.

정죄함이 없다고 해서 신자가 죄를 짓지 않는다거나, 죄를 지어도 하나님께서 매도 때리지 않고 책망도 하지 않고 징벌도 하지 않는다는 말이 아닙니다. 여기서 정죄라는 것은 결정적인 형벌에 처하는 정죄를 말합니다. 이것을 단죄라고 합니다. 정죄가 없다는 것은 단죄가 없다는 것입니다. 하나님의 사랑 안에서 완전히 끊어내는 것, 끊어지는 것, 영원한 지옥 형벌에 처하는 일은 절대로 없다는 것입니다. 이는 마치 우리 성도가 큰 배를 타고 망망대해를 항해할 때와 같습니다. 배를 타고 항해할 때는 때로 넘어지기도 하지만, 갑판 위에서는 넘어질지라도 넘어져서 배 밑으로 저 깊은 바다로 떨어지는 법은 없다는 것입니다.

우리는 양자의 영을 받아서 하나님의 양자가 되었습니다. 하나님의 독생자는 한 분뿐입니다. 누구입니까?

예수 그리스도입니다. 그런데 하나님이 우리를 양자로 택하여 주셨습니다. 이제 하나님의 양자 된 자는 하나님의 집에서 어떤 잘못을 저질렀다고 해서 하나님께서 파양을 해버리고 집에서 쫓아내는 일은 없다는 말입니다. 즉 그리스도 안에 있는 사람이 어떤 죄를 지었다고 해서 그리스도 밖으로 쫓겨나는 일은 없습니다. 생명의 세계에 들어온 사람이 죄를 지었다고 사망의 세계로 다시 떨어지는 일은 없다는 것입니다. 무슨 말입니까? 한마디로 그리스도 안에 있는 자에게는 결코 정죄함이 없다는 말입니다.

사랑이 많으신 우리 하나님은 우리가 예수를 믿을 때에 우리의 모든 죄를 다 용서하여 주시고 우리를 의롭다고 칭하여 주셨습니다. 우리의 원죄도 용서하셨고, 우리의 과거 죄악도 용서하셨고, 우리의 현재 죄도, 우리의 미래의 죄도 다 용서해 주셨습니다. 그리스도 예수 안에 있는 자에게는 결코 정죄함이 없습니다.

중요한 것은 무엇입니까?

'내가 과연 예수 그리스도 안에 있느냐' 하는 것입니다. 우리는 지금 다 함께 모여서 하나님 앞에 영광스럽고 거룩한 예배를 드리고 있습니다. 분명히 이렇게 교회당 안에는 있는데, 과연 내가 예수 그리스도 안에 있다고 말할 수 있겠습니까? 혹시 아직도 교회 안에는 있지만 그리스도 밖에 있는 자는 없는지 모르겠습니다. 아니면 예수 그리스도 안과 예수 그리스도 밖의 경계선에 서서 아직도 결정하지 못하고 주저주저하고 있는 분은 없는지 모르겠습니다. 그분들에게 하나님께서 이렇게 말씀하셨습니다.

"주 예수를 믿으라 그리하면 너와 네 집이 구원을 얻으리라."

여러분은 교회 안에만 있는 자가 되지 말고 예수 그리스도를 믿어서 예수 안에 있는 자가 다 되시기를 바랍니다. 예수 안에 거하는 자는 결코 정죄함이 없습니다. 세상에서 가장 복된 사람이 되는 것입니다.

정죄함이 없는 이유

다음에 나오는 2절은 "이는" 하고 시작하고 있습니다. 이 2절은 1절에 대한 이유를 보여줍니다. "왜 예수 그리스도 안에 있는 자는 결코 정죄함이 없는가?"에 대한 이유를 보여주고 있습니다.

"이는 그리스도 예수 안에 있는 생명의 성령의 법이 죄와 사망의 법에서 너를 해방하였음이라."

여기에 보면 두 가지 법이 나옵니다. 생명의 성령의 법이 나오고 죄와 사망의 법이 나오는데, 여기에 나오는 법은 모세의 율법을 말하기보다 그냥 어떤 권세, 능력, 원리라고 할 수 있습니다. 그런데 왜 성령을 그냥 '성령님' 해도 되는데, '생명의 성령'이라고 했을까요? 이 말은 성령님의 속성을 우리에게 잘 보여줍니다. 성령님은 어떤 분이십니까?

창세기 1장 2절에 보면, 우리 하나님이 천지를 창조하실 때에 성령은 생명의 기원자로 거기에 계시는 것을 볼 수 있습니다. 지금도 모든 피조물에게 성령께서 생명을 부여해 주십니다. 뿐만 아니라 우리 인간도 마찬가지입니다. 우리 인간의 중생의 배후에도 계시는 분이 누구십니까? 우리로 거듭나게 하시는 분이 누구십니까? 성령님이십니다. 우리를 거듭나게 하셔서 죄로 죽었던 우리를 살려주시는 분이 성령님이십니다.

구약 에스겔서 47장에 보면, 성전에서 물이 흘러나오는데, 그 물이 성령님을 의미합니다. 그 물이 흘러서 내려가는데 물이 닿는 곳마다 모든 죽은 것이 살아나는 역사가 나타납니다. 그래서 오늘 본문에 보니 성령을 생명의 영, 생명의 성령의 법이라고 말씀하고 있는 것입니다.

그러면 죄와 사망의 법은 어떤 것이겠습니까? 하나님께서 우리 인간의 시조에게 말씀하시기를 "따먹지 말라. 따먹으면 정녕 죽으리라"고 하였습니다. 이 말을 조금 바꾸면 '범죄 하면 죽으리라'는 것입니다. 죄의 삯은 사망이라는 것입니다. 그런데 인간의 시조는 따먹고 범죄 했습니다. 그때부터 사망이 인류를 다스리기 시작했습니다. 범죄 한 아담의 모든 후손은 죄와 사망의 권세 하에 놓여 있습니다. 아무도 사망에서 빠져 나져나올 수가 없습니다. 사망의 권세에서, 사망의 통치하에서, 사망의 손아귀에서 빠져 나올 수 없습니다. 여러분, 혹시 할아버지 중에서, 증조할아버지 중에서, 고조할아버지 중에서 이 사망의 권세 하에서 빠져나온 사람이 있습니까? 아무도 없습니다. 모든 인류가 그렇습니다. 다 죽습니다.

태평양 전쟁을 아실 것입니다.

제2차 세계대전을 종결시킨 결정적인 사건이 무엇입니까? 핵폭탄입니다.

1945년 8월 6일에 히로시마에 핵폭탄이 투하되고, 8월 9일에는 나가사키에 핵폭탄이 또 투하가 되었습니다. 잿더미가 되었습니다. 일본이 더 이상 견딜 수가 없었습니다. 그래서 6일 후인 1945년 8월 15일 정오에 일본 일왕 히로히토가 항복을 선언하였습니다. 우리를 압제하고 있던 일제가 항복을 선언하니까 그 일제의 압제 하에 있던 우리 민족은 어떻게 되겠습니까? 해방을 얻었습니다. 생각해 보면 지금까지 모든 인류를 죄와 사망으로 몰아넣은 죄와 사망의 권세는 이 핵폭탄보다 더 강한 것입니다. 그렇지 않습니까? 핵폭탄으로 많은 사람이 죽었지만, 지금까지 죄와 사망으로 인해 죽은 인류를 생각해 보십시오. 죄와 사망의 권세가 훨씬 강합니다.

그러나 생명의 성령의 능력은 이 죄와 사망의 권세보다도 훨씬 더 강합니다. 그렇기 때문에 생명의 성령의 능력이 예수 그리스도 안에서 죄와 사망의 능력으로부터 우리를 해방시키는 것입니다. 우리를 자유롭게 하는 것입니다. 핵폭탄 두 발이 우리 민족을 일본의 압제 하에서 해방시켰듯이, 성령의 능력이 우리를 죄와 사망의 능력에서, 사망의 나라에서 해방시켰습니다. 골로새서 1장 13절을 보십시오.

"그가 우리를 흑암의 권세에서 건져내사 그의 사랑의 아들의 나라로 옮기셨으니."

사랑의 아들이 누구십니까? 예수님입니다. 우리 하나님께서 우리를 흑암의 권세, 흑암의 나라에서 건져내어 그 사랑의 아들의 나라, 영원한 나라, 천국으로 우리를 인도해 놓으셨다고 했습니다. 성도는 지금 어느 나라에 있습니까? 흑암의 나라에 있습니까? 하나님의 나라에 있습니까? 성도는 아들의 나라에 있습니다. 빛의 나라에 있습니다. 더 이상 어둠의 나라, 흑암의 권세, 죄와 사망의 나라에 잡혀 있지 않습니다.

혹 우리 성도 가운데 지금도 사탄과 죄의 정죄 아래에서 괴로워하며 살고 있는 분은 없습니까? 여전히 죄와 사망의 권세에 붙잡혀서 죄에 종노릇하면서 살고 있는 분은 없습니까? 전에 지은 죄로 인하여 죄책감에 사로잡혀서 살고 있는 분이 없습니까?

여러분, 그리스도 예수 안에 있는 자는 결코 정죄함이 없음을 믿으시기를 바랍니다. 생명의 성령의 능력이 그리스도 예수 안에서 우리를 죄와 사망의 능력에서 해방시켰음을 확신하시기 바랍니다.

죄와 사망에서 해방해 주신 근거

다음에 나오는 3-4절은 무엇을 근거로 성령께서 우리를 죄와 사망의 법에서 해방하셨는가를 보여줍니다. 3절을 보면 율법이 육신으로 말미암아 할 수 없는 그것을 했는데 그것이 무엇입니까? 우리가 7장에서 보았습니다. 그런데 율법이 죄입니까? 아니지요. "그럴 수 없느니라"고 하였습니다. 율법은 거룩하고 의롭고 선하다고 했습니다. 율법은 완전하고 옳은 것입니다. 우리로 하나님의 뜻을 알게 한다고 했습니다. 우리로 하여금 죄가 무엇인지를 알게 한다고 했습니다. 그런데 율법은 우리를 죄에서 자유롭게 해줄 수가 없습니다. 율법은 죄인인 우리를 의롭다고 칭하여 줄 수가 없습니다. 율법 자체가 잘못이 있어서가 아니라 죄 많은 우리 육신 때문에 그렇습니다. 우리 육신의 연약함 때문에 율법은 우리를 의롭다 할 수가 없고, 율법은 도리어 우리에게 정죄를 가져온다고 했습니다. 따라서 우리는 이 율법을 통해서는 아무 소망을 가질 수 없습니다.

그런데 율법이 육신으로 말미암아 할 수 없는 그것을 누가 하신다고 했습니까? 오늘 본문 말씀 3절에 보니 하나님이 하신다고 했습니다. 한글성경에는 "하나님이 하시나니"라고 되어 있지만, 본래는 "하나님이 하셨으며" 하고 과거형입니다. 하나님이 하셨습니다. 하나님은 우리 인간이 상상하지 못할 방법을 가지고 율법이 하지 못하는 일, 곧 우리 인간을 의롭다 하시고 구원해 주시는 일을 하셨다는 것입니다.

하나님이 어떻게 하실지 오늘 3절 말씀에 나옵니다.

첫째는, 자기 아들을 세상에 보내셨습니다.

둘째는, 그냥 보내신 것이 아니고 죄 있는 육신의 모양으로 보냈습니다.

우리 같은 사람의 몸을 입고 이 세상에 오셨다는 것입니다. 죄 있는 육신의 모양으로 보내셨다는 것은 죄를 가지고 죄인으로 태어났다는 것이 아니라, 강조점이 육신의 모양에 있습니다. 우리와 똑같은 인간성을 가지고 똑같은 인간으로 이 세상에 태어나게 하셨다는 것입니다. 히브리서 4장 15절을 보십시오.

"우리에게 있는 대제사장은 우리의 연약함을 동정하지 못하시는 이가 아니요 모든 일에 우리와 똑같이 시험을 받으신 이로되 죄는 없으시니라."

여기서 "우리에게 있는 대제사장"은 누구겠습니까? 예수님을 말합니다. 예수님은 우리와 똑같이 시험을 받았지만 죄는 없으십니다. 이 세상에 오실 때에 죄 없는 인간으로서 우리와 똑같은 육신을 입었지만 한 가지 다른 것은 죄 없이 오셨다는 것입니다.

셋째는, 하나님은 그분이 속죄제가 되게 했습니다.

3절 셋째 줄을 보십시오. '죄로 말미암아'라고 했는데, 이 말이 70인역에서는 '속죄제가 되도록'이라고 되어 있습니다. 그러니까 하나님이 아들을 보내신 것은 이 아들을 통하여 무슨 다른 방법으로 우리를 구원하시고 죄에서 건지시는 것이 아니라, 우리 죄를 위하여 무엇이 되게 하심으로, 즉 속죄제물이 되게 하심을 인하여 죽게 하시려고 이 세상에 보내셨다는 것입니다.

넷째는, 그 아들에게 죄를 정했습니다.

3절 끝부분을 보십시오.

육신의 모양으로 보내어, "육신에 죄를 정하사"라고 하였습니다. 이 육신은 누구의 육신을 말하겠습니까? 예수님의 육신입니다. 예수님이 사람의 몸을 입고 육신으로 이 세상에 오셨는데, 이 예수님께 죄를 정했다는 것입니다. 다른 말로 하면 정죄했다는 것입니다. 누가 누구를 정죄했습니까? 하나님이 예수님을 정죄했다는 것입니다. 원래는 누구를 정죄해야 됩니까? 범죄 한 우리를 정죄하셔야 되는데, 죄 없이 육신을 입고 이 세상에 오신 당신의 아들 예수 그리스도를 정죄하셨다는 것입니다. 정죄하심으로 인하여 그 예수님께서 우리가 받아야 될 죗값, 즉 형벌을 십자가에서 우리 대신 다 받으셨습니다.

구약시대의 성전에서는 끊임없이 동물제사를 드렸습니다. 살아있는 흠이 없는 짐승을 하나님 앞에 죽여서 제사로 드렸습니다. 죄를 짓고 죄 용서받기 위해서는 그때마다 동물제사를 드렸습니다. 죄의 삯은 사망인데 죄를 지을 때마다 죽으려면 목숨이 천개 만개 있어도 안 됩니다. 그래서 하나님이 주신 방법은 무엇입니까? 자기 대신에 짐승을 잡아서 그 피를 뿌리도록 했습니다. 그래서 짐승에게 안수를 하고 내 죄가 짐승에게 넘어가서 그 짐승을 죽여서 피를 하나님 앞에 뿌림으로써 죄 용서를 받았지 않습니까? 피 흘림이 없이는 죄 사함이 없다고 했습니다. 날마다 죄를 지으니까 끊임없이 제사를 드리는데, 그로 인해서 사람은 죄 용서를 받고 정죄함이 없게 되었습니다.

그런데 동물의 피가 어찌 사람의 죄를 완전히 갚을 수 있겠습니까? 동물의 피가 귀합니까, 사람의 피가 귀합니까? 사람의 피입니다. 이것은 비교가 안 됩니다. 동물의 피가 사람의 죄를 다 구속할 수 없습니다. 결국은 구약의 그 많은 동물제사는 어린양 예수 그리스도의 그림자인 것입니다. 예수 그리스도께서 우리 죄인들을 대신해서 정죄당하시고 십자가에서 피 흘려 죽으시는 그 일에 예표가 되었습니다.

여러분, 생명의 성령의 법이 우리를 죄와 사망의 법에서 풀어주신 근거가 무엇입니까? 하나님께서 아들을 보내셔서 우리 대신 정죄하시고 십자가에서 피 흘려 죽게 하신 이 사건입니다. 이것을 근거로 해서 누구든지 예수 그리스도 안에 있는 자에게는 생명의 성령의 법이 죄와 사망의 법에서 해방시켜 주시는 것입니다. 의롭다고 칭하여 주시는 것입니다. 따라서 그리스도 예수 안에는 정죄함이 없는 것입니다.

저는 지난 한 주간 그리스도 예수 안에는 결코 정죄함이 없다는 이 한마디 말씀을 묵상하면서 제 마음이 참 감격이 되었습니다. 하나님 앞에 계속해서 감사가 쏟아져 나왔습니다. 믿음으로 의롭게 되었다는 이 말씀은 사실 정죄함이 없다는 말씀과 같은 말씀 아닙니까?

그런데 이것이 마치 동전의 양면과 같은 말씀입니다. 나 같은 죄인이 정죄를 받아서 영원한 멸망에 처해야 합당한데, 나에게 믿음을 주시고 그리스도 예수 안에 있게 하셔서 이제는 결코 정죄함이 없다고 해주시니 얼마나 감사한 일입니까? 그리스도 예수 안에 있는 사람은 복된 사람입니다. 결코 정죄함이 없는 사람, 하나님이 결단코 정죄하지 않는 사람은 가장 복된 사람입니다.

여러분, 이제 어떻게 살아야 되겠습니까? 세 가지로 간단하게 말씀드립니다.

정죄함이 없는 사람은 어떻게 살아야 할까요?

첫째는, 평안을 누려야 됩니다.

죄가 있으면 마음이 어떠합니까? 불안합니다. 정죄 받으면 불안하고 두렵습니다. 그러나 죄가 없는 사람, 하나님께서 정죄하지 않는 사람, 하나님이 의롭다고 하는 사람은 행복한 사람입니다. 마음속에 불안이 있을 수가 없습니다. 이 세상에서 가장 안전한 곳이 어디일까요? 오늘 말씀 1절에 나와 있습니다. 그리스도 예수 안입니다. 그리스도 예수 안이 왜 가장 안전한 곳입니까? 우리 만왕의 왕이 되시고 만주의 주가 되시는 하나님의 정죄가 없는 유일한 곳이기 때문입니다. 그리스도 예수 안에 있는 자는 어디에 있든지 아무리 험한 곳에 있든지 언제나 그 마음속에 무엇이 있습니까? 평안이 있습니다.

"그러므로 우리가 믿음으로 의롭다 하심을 받았으니 우리 주 예수 그리스도로 말미암아 하나님과 화평을 누리자."

하나님이 죄 없다고 하셨는데 세상에 두렵고 불안한 것이 뭐가 있겠습니까? 화평을 누리며 살아가는 여러분이 되시기 바랍니다.

두 번째는, 기뻐해야 합니다.

무기수나 사형수가 갑자기 특사를 받아 석방이 되면 어떻겠습니까? 이게 꿈인지 생시인지 믿을 수가 없을 것입니다. 기쁨을 이기지 못합니다. 그런데 우리 죄인들은 이미 사형수입니다. 사형수도 보통 사형수가 아닙니다. 우리의 수많은 죄로 인하여 영원한 사형수, 영원히 멸망 받을 자입니다. 그런데 하나님께서 우리에게 믿음을 주시고 예수를 믿게 하셔서 우리를 의롭다고 칭해 주시고 결코 정죄함이 없다고 해주셨습니다. '너는 석방이다', '죄 없다', '나가라'고 말씀해 주셨습니다. 이렇게 기쁜 일이 어디에 있겠습니까? 그래서 사도 바울은 빌립보서 4장 4절에서 "주 안에서 항상 기뻐하라"고 했습니다. 왜 주안에서 항상 기뻐해야 할까요? 그리스도 예수 안에는 정죄함이 없기 때문입니다. 그리스도 예수 안에서 항상 기뻐하며 사시는 여러분이 되시기를 바랍니다.

마지막 세 번째는, 생명의 성령의 법이 죄와 사망의 법에서 해방해 주셨으므로, 즉 죄에 대하여 해방이 되었으므로 더 이상 죄에 매여 종노릇하면서 살지 말아야 됩니다.

그러면 어떻게 살아야 되겠습니까? 자유하면서 살고 하나님의 종이 되어서, 하나님을 위해 의롭게 살아가야 되는 것입니다. 이런 복을 누리면서 살아가시는 여러분 모두가 되시기를 바랍니다.

16

로마서 8:5-11

육신을 따르는 자, 영을 따르는 자

"육신을 따르는 자는 육신의 일을, 영을 따르는 자는 영의 일을 생각하나니 육신의 생각은 사망이요 영의 생각은 생명과 평안이니라 육신의 생각은 하나님과 원수가 되나니 이는 하나님의 법에 굴복하지 아니할 뿐 아니라 할 수도 없음이라 육신에 있는 자들은 하나님을 기쁘시게 할 수 없느니라 만일 너희 속에 하나님의 영이 거하시면 너희가 육신에 있지 아니하고 영에 있나니 누구든지 그리스도의 영이 없으면 그리스도의 사람이 아니라 또 그리스도께서 너희 안에 계시면 몸은 죄로 말미암아 죽은 것이나 영은 의로 말미암아 살아 있는 것이니라 예수를 죽은 자 가운데서 살리신 이의 영이 너희 안에 거하시면 그리스도 예수를 죽은 자 가운데서 살리신 이가 너희 안에 거하시는 그의 영으로 말미암아 너희 죽을 몸도 살리시리라"

오늘 설교 본문을 읽을 때에 특별히 다른 것보다 자주 나오는 말을 보셨는지 모르겠습니다. 오늘 말씀을 가만히 살펴보면, 육신이라는 말과 영이라는 말이 거의 매 절에 대조를 이루면서 계속 나타나는 것을 볼 수 있습니다. 이 로마서 8장은 성령장이라고 불릴 정도로 성령과 성령의 사역에 대하여 많이 강조하고 있습니다. 영이라는 말이 21번 나오고 있는데, 그중에서 두 번을 제외하고는 전부다 성령을 의미합니다. 바울 서신 중에는 이렇게 성령이 쏟아져 나오는 곳이 없고, 뿐만 아니라 다른 어떤 성경에서도 이렇게 많이 한꺼번에 나오는 곳이 없습니다.

이 성령의 장을 살피는 동안에 여러분들이 성령님과 성령님의 사역을 잘 알고, 뿐만 아니라 성령에 대하여 더욱더 민감해지고 성령의 은혜를 충만히 받는 여러분들이 되시기를 바랍니다.

지난 주일에 우리는 하나님의 위대한 진리의 말씀을 살펴보았습니다. 그리스도 예수 안에 있는 자에게는 결코 정죄함이 없다고 했습니다. 왜 신자에게는 정죄함이 없습니까? 그것은 생명의 성령의 법이 예수 그리스도의 성육신과 예수 그리스도의 십자가 사건을 근거로 해서 우리를 죄와 사망의 법에서 해방시켰기 때문이라고 하였습니다. 이를 보면 인류는 두 가지로 나누어집니다. 어떻게 나누어집니까? 해방된 사람과 해방되지 않은 사람입니다. 다시 말하면 죄와 사망의 법에서 해방된 사람, 그 사람을 우리는 신자라고 합니다. 그런가 하면 여전히 죄와 사망의 법에서 해방되지 못하고 법 아래 매여 있는 사람이 있습니다. 우리는 그런 사람을 불신자라고 말합니다. 그런데 두 종류의 사람을 오늘 본문 5절에서는 또 조금 다르게 말씀하고 있습니다. 5절을 보십시오.

"육신을 따르는 자는 육신의 일을, 영을 따르는 자는 영의 일을 생각하나니."

여기에 보면 해방되지 않은 자들을 무엇이라고 말씀하고 있습니까? "육신을 따르는 자"라고 합니다. 그러면 해방된 사람을 뭐라고 말합니까? "영을 따르는 자"라고 하고 있습니다. 여기에 나오는 육신은 지난번에도 제가 말씀을 드렸습니다만 우리 눈에 나오는 이 몸을 말하는 것이 아닙니다. NIV 영어성경에는 이 육신을 'sinful nature', '죄악된 본성, 타락한 인간 본성'이라고 번역하고 있습니다. 그리고 여기서 영은 'The spirit', '성령'을 의미합니다. 그러니까 우리 인간은 죄악 된 본성을 따르는 사람들이 있는가 하면, 또 성령을 따르는 사람이 있다는 말씀입니다. 오늘 이 5절의 말씀은 오늘 본문의 요약이 되고, 핵심이 되는 말씀입니다. 그리고 5절 다음에 나오는 6절, 7절, 8절의 말씀은 육신을 따르는 자의 모습이 나오고, 마지막에 나오는 9절, 10절, 11절은 영을 따르는 자, 곧 성령을 따르는 자의 모습이 기록되어 있습니다.

먼저 육신, 즉 죄악 된 본성을 따르는 자의 모습을 살펴보겠습니다.

첫째로, 5절에 보면 육신을 따르는 자는 육신의 일을 생각한다고 했습니다.

이것은 불신자의 삶의 방식을 가장 잘 보여주는 표현입니다. 육신의 일을 생각한다는 말은 그냥 머릿속으로 생각하고 그치는 것을 말하지 않습니다. 우리의 행동은 다 어디에서부터 나옵니까? 생각에서 나옵니다. 아무 생각이 없는데 금방 행동하는 그런 사람은 세상에 없습니다. 그러니까 육신의 사람은 육신의 일을 생각한다는 것은 단순히 생각한다는 의미뿐만 아니라, 나아가 육신의 일을 행하고 육신을 따라서 살아간다는 의미가 그 속에 있는 것입니다.

그러면 육신의 일이란 무엇입니까? 여기 육신은 죄악된 본성이라고 했습니다. 죄악된 본성의 일, 그것은 한두 가지가 아니지요. 너무 그 의미가 넓어서 한두 마디 말로 할 수 없습니다. 하나님과 이웃을 생각하지 않고 이기적으로 자기중심적으로 살아가는 것, 그리고 무가치한 일, 세상 지향적인 일을 하면서 살아가는 것, 죄악된 생각, 관심사, 목적 등에 몰두하면서 살아가는 것, 육체의 정욕, 안목의 정욕, 이생의 자랑을 따라서 살아가는 것, 이 모든 것이 육신의 일이라고 할 수 있습니다. 요컨대 죄악된 본성이 시키는 대로, 내 속에 있는 죄악 된 본성이 충동질시키는 대로 살아가는 것, 그것이 바로 육신의 일인 것입니다.

이 육신의 생각의 결과가 무엇이겠습니까?

6절을 보시기 바랍니다. 6절에 보면 육신의 생각은 사망이라고 했습니다. 어떤 사람의 삶이 이 세상에서 참 잘 나가고 돈도 많이 벌고 성공하는 것 같아도 그것이 육신이 주장하는 삶이라면, 즉 하나님 없이 불신앙적인 삶을 살아가는 것이라면, 하나님의 관점에서 볼 때 그 사람은 이미 죽은 것입니다. 영적으로 벌써 죽은 것이라는 것입니다. 살아있지만 실제로는 죽었습니다. 그리고 죽음으로 갑니다. 요컨대 육신의 생각과 삶은 이미 영적으로 죽었고 마침내 영원한 죽음으로 끝이 난다는 것입니다.

두 번째로 7절에 보면, 육신의 생각은 어떠하다고 합니까?

7절에 하나님과 원수가 된다고 하였습니다.

'호스타일'(hostile)이라는 말이 있습니다. 적대적이 된다는 말입니다. 하나님께 적대적이 된다는 말입니다. 우리 젊은 사람들은 '반기련'이란 말을 들어보았을 것입니다. 반기련은 '반기독교 시민운동연합'이란 단체이름인데 우리나라에 있습니다. 그들은 우리 기독교에 대해, 하나님에 대해, 성경에 대해 온갖 악담과 저주를 퍼붓습니다. 하나님에 대하여 공공연히 대적을 합니다. 하나님과 원수인 것입니다. 그런데 불신자 중에는 '나는 하나님을 안 믿고 교회는 안 다니지만 그 정도는 아니다, 하나님께 그렇게 적대적이지는 않다, 하나님을 욕하거나 하지 않는다'고 말하는 분도 있습니다. 그런 사람들은 하나님께 적대적이지 않을까요? 하나님과 원수가 아닐까요? 야고보서 4장 4절을 보십시오.

"세상과 벗된 것이 하나님의 원수인 줄 알지 못하느뇨."

하나님을 대적하지 않아도 적극적으로 세상을 따라 살아가는 것이 하나님과 원수 되는 것입니다. 그러기 때문에 하나님 없이 육신의 죄악 된 본성을 따라 사는 자체가 하나님을 대적하는 것이라는 말씀입니다. 하나님의 원수입니다. 육신의 일을 생각하는 자는 하나님의 법, 즉 하나님의 말씀에 순종하지 아니하고 순종할 능력도 없다고 했습니다.

세 번째로 8절에 보면, 육신에 있는 자들은 하나님을 기쁘시게 할 수 없다고 했습니다.

하나님과 원수가 되고 적대적인데 어떻게 하나님을 기쁘시게 할 수 있겠습니까? 옆에 있는 섬나라, 가깝고도 먼 일본 사람들을 보면 참 배울 것이 많습니다. 그 사람들은 우리나라 사람보다 훨씬 더 정직합니다. 거짓말을 잘 안 합니다. 그리고 남에게 폐를 끼치지 않습니다. 전철에서나 다른 사람들이 많이 모여 있는 자리에서, 우리나라 사람들은 핸드폰이 울리면 끄집어내서 온 세상이 다 들리도록 큰 소리로 말합니다.

그런데 그들은 그것이 큰 실례인 줄 알기에 공공장소에서는 핸드폰으로 전화하지 않습니다. 우리나라에서는 전철을 타고 신문을 봐도 넓게 펼쳐보는 경우가 더러 있지만, 그들은 자기만 보도록 신문을 접어서 봅니다. 차를 타고 운전할 때도 보행자와 다른 차를 배려하고 양보를 잘합니다. 또 운전자들이 경적을 잘 울리지 않습니다. 우리나라에서는 쉽게 경적을 울립니다. 그것도 어떻게 보면 남에게 폐를 끼치고 부담을 주는 일 아니겠습니까? 우리 국민보다 그들의 삶이 오히려 하나님 말씀에 일치되는 부분이 훨씬 많습니다.

그들이 하나님을 믿기 때문에 그렇게 하는 것입니까? 그렇지 않습니다. 그들은 어려서부터 그렇게 교육을 받고 그런 생활이 몸에 배여서 그것이 습관이 된 것입니다. 하나님과 아무 상관이 없습니다. 그러기에 하나님을 기쁘시게 하지 못한다는 것입니다. 다른 사람에게 좋고 세상에도 좋고 사회에도 좋지만, 그런 모습이 하나님을 기쁘시게 하지는 못한다는 것입니다.

우리 주변에도 보면, 불신자들 중에서 오히려 신자보다 훨씬 더 마음이 넓고 인격적이고 올바른 생각을 가지고 살아가는 사람들이 많은 것을 볼 수 있습니다. 그러나 그들은 여전히 죄 중에 머물러 있으며 하나님을 반역한 자리에 있기 때문에, 그들의 선행은 하나님을 기쁘시게 하지 못한다는 것입니다. 하나님이 아닌 육신이 왕으로 다스리는 한 아무도 하나님을 기쁘시게 할 수 없습니다.

지금까지 우리는 세 가지를 생각해 보았는데, 이상의 모습은 누구의 모습입니까? 육신을 따르는 자의 모습입니다. 죄악 된 본성이 지배하는 사람의 모습니다. 곧 불신자의 모습이요, 상태입니다. 여러분, 이 말씀의 거울 앞에서 여러분의 생각과 삶의 모습을 한 번 비추어 보시기 바랍니다. 나는 어떠한가? 교회를 다니고 있지만, 혹시나 여전히 육신에 있는 자는 아닌지, 아직도 불신자의 자리에 앉아 있지는 않은지, 과연 나는 참된 신자라고 할 수 있는지 확인해 보시기 바랍니다. 고린도전서 13장 5절을 보십시오.

> "너희는 믿음 안에 있는가 너희 자신을 시험하고 너희 자신을 확증하라."

자신이 정말로 믿는 자인지 믿음 안에 있는지 자기 자신을 점검하고 확증해 보라는 것입니다. 생각과 삶을 통해서 자신이 육신을 따르는 자가 아니라 성령을 따르는 자임을, 참 신자임을 확증하시는 여러분이 되시기를 바랍니다.

이제 성령을 따르는 자의 모습을 보겠습니다.

첫 번째로, 성령을 따르는 자의 기본적인 삶의 방식은 역시 5절에 있습니다. 5절에 보면 영을 따르는 자는 영의 일을, 즉 성령의 일들을 생각하는 것입니다.

하나님의 일들을 생각하는 것입니다. 하나님이 기뻐하실 일들이 무엇인지를 생각합니다. 예수 그리스도께서 이 세상에 사실 때 어떻게 생각하고 어떻게 사셨는지를 생각하고 오늘 이 시대에 주님이 사신다면 예수님 같으면 어떻게 생각하고 행하실까를 생각하며 살아가는 것입니다. 그것이 성령을 따라가는 자의 기본적인 삶의 방식입니다.

여러분, 생명의 성령으로 죄와 사망의 법에서 해방이 된 자는, 이제부터 그 마음과 생각이 성령의 다스림과 감동과 인도하심 아래에 있게 됨으로 인하여 성령의 일들을 생각하게 되는 것입니다.

6절에 보면 육신의 생각은 무엇이라고 했습니까? 사망이라고 했습니다. 그 다음에 보면 영의 생각은 무엇이라고 했습니까? 생명과 평안이라고 했습니다. 하나님은 성령의 일을 생각하고 행하는 자에게는 이 세상에 사는 동안 생명과 평안을 우리에게 허락하여 주십니다. 그리고 마침내 영원한 생명에 이르게 하십니다. 갈라디아서 6장 8절에 있는 말씀을 보십시오.

"자기의 육체를 위하여 심는 자는 육체로부터 썩어질 것을 거두고 성령을 위하여 심는 자는 성령으로부터 영생을 거두리라."

성령을 위해서 심는 자는 성령으로부터 영생을 거두게 됩니다. 신자는 성령을 따르는 자입니다. 늘 성령의 일들을 생각하고 행함으로 이 땅에서 생명과 평안을 누리고 마침내 영원한 생명을 얻는 자가 되시기를 바랍니다.

두 번째는, 성령을 따르는 자, 즉 신자는 기본적으로 성령을 모신 자입니다.

9절을 보십시오.

"만일 너희 속에 하나님의 영이 거하시면 너희가 육신에 있지 아니하고 영에 있나니 누구든지 그리스도의 영이 없으면 그리스도의 사람이 아니니라"라고 하였습니다. 9절과 10절을 보면, 성령이 여러 가지 호칭으로 나옵니다. 9절 첫째 줄에는 성령이 "하나님의 영"으로 나옵니다. 셋째 줄에 보면 "그리스도의 영"이라고 했고, 또 10절에는 영이라고 나오지 않고 아예 "그리스도"라고 나옵니다.

중요한 것은 9절 끝에 보면 성령이 없으면 그리스도의 사람이 아니라고 했습니다. 그렇다면 이 말은 예수 믿는 신자는 다 그 속에 성령을 모신 사람이라는 것입니다. 우리 안에 성령이 계십니다. 이것을 우리가 성령의 내주라고 말합니다. 'indwelling', 즉 안에 거하신다는 뜻입니다. 성령께서 우리 안에 계시기 때문에 고린도전서 6장에는 신자의 몸을 가리켜서 '성령의 전, 성전'이라고 말씀하고 있는 것입니다. 내가 예수를 믿을 때에 성령 하나님께서 신자 안에 들어오셔서 신자와 함께 영원히 계시면서 신자를 도와주시고, 위로하시고, 인도하시고, 죄에 대하여 싸울 수 있도록, 성화될 수 있도록 만들어 주시는 것입니다.

신자의 겉모습, 즉 눈에 보이는 우리의 모습이 불신자의 모습과 무엇이 다릅니까? 무슨 차이가 있습니까? 같습니다. 병원에 가서 엑스레이를 찍고, CT를 찍고, MRI를 찍어 봐도 신자라고 특별히 그 안에 다른 것이 있지 않습니다. 똑같습니다. 그렇지만 사람 눈에는 안보이고, 기계 눈에는 안 보여도 신자와 불신자의 결정적인 차이가 있습니다. 불신자는 그 안에 성령이 계시지 않습니다. 그러나 신자는 그 안에 성령님이 계시는 것입니다. 찬송가를 부를 때, "성령이 계시네, 할렐루야 함께 계시네"라고 합니다. 성령이 여러분 안에 계심을 믿습니까? 이 사실을 믿는 자가 참 신자입니다.

여러분, 성령의 내주라는 이 사건을 우리가 깊이 생각해 보면, 이것이 얼마나 놀랍고 영광스럽고 복된 일이지 모릅니다. 우리 같은 영원히 멸망할 죄인들을 하나님께서 사랑해 주시고 구원해 주신 것도 너무 놀라운 복이지만, 거룩하신 하나님의 영이, 하나님의 성령이 우리같이 추악하고 누추한 자 속에 오시어서 우리를 떠나지 않고 항상 우리 속에 계신다는 것, 이것이 얼마나 놀랍고 복된 일입니까! 그런데 우리는 이 사실을 인정하지 않고 이 사실을 무시하고 성령님과 아무 교제도 하지 않고 내 마음대로 내 뜻대로 일방적인 삶을 살아갈 때가 얼마나 많습니까? 우리는 그런 삶을 하나님 앞에서 회개해야 합니다.

중요한 것은 무엇입니까? 이 복을 누려야 됩니다. 이 사실을 지식적으로만, 머리로만 알고 있는 것이 아니라, 진정으로 믿고 인정하고 고백하면서 내 안에 계시는 성령님, 나와 함께하시는 성령님과 매 시간 교제하고 동행하고 그분을 경험하면서 살아가야 한다는 것입니다. 성령님이 언제나 나와 함께 계심을 알고 느끼면서 살아가시는 여러분들이 다 되시기를 바랍니다.

세 번째는, 성령을 모신 자는 몸은 죽었지만 영은 살아있습니다.

10절을 보십시오.

"그리스도께서 너희 안에 계시면 몸은 죄로 말미암아 죽은 것이나 영은 의로 말미암아 살아있는 것이니라."

우리 신자는 몸이 살아있지만 실제로는 죽은 것입니다. 불신자도 마찬가지입니다. 우리 인류의 시조가 범죄했을 때에 하나님이 뭐라고 했습니까? “너는 흙이니 흙으로 돌아갈지니라” 하고 사망 선언을 했습니다. 그렇기 때문에 아담의 모든 자손, 범죄한 인생은 다 꺾인 나뭇가지와 같습니다. 꺾인 나뭇가지는 잠시는 푸르고 살아있는 것 같기도 하지만, 영적으로는 이미 죽었고 결국은 죽게 되지 않습니까?

제가, 의사였다가 목사가 된 마틴 로이드 존스 목사님이 설립한 신학교에 가서 공부를 하고 왔습니다. 그 목사님께서 이렇게 말씀했습니다.

“우리가 이 세상에 태어나 삶을 시작하는 그 순간에 우리는 죽기 시작한다.”

참 기막힌 말씀 아닙니까? 우리가 이 세상에 태어나서 이 세상을 살아가기 시작하는 그 순간에 우리는 벌써 죽기 시작한다고 했습니다. 그 말이 모순된 말 같지만 맞는 말입니다.

그런 우리의 인생이지만, 생명의 성령께서 오시면 영적으로 살아나게 된다는 것입니다. 다시 요약합니다. 범죄 한 우리 인생은 영적으로 죽었고, 육적으로도 죽었습니다. 그런데 예수 믿을 때 성령께서 우리 안에 오시면 신자는 영적으로 살아나게 됩니다. 생명의 영이 오셨기 때문에 생명의 영이 우리의 영을 살려 놓는 것입니다. 그러고 보면 우리는 예수 안 믿는 사람과 똑같은 것 같지만 완전히 다른 사람입니다. 안 믿는 사람은 영도 육도 죽은 사람이지만, 우리는 적어도 영은 살아난 사람인 것입니다.

네 번째, 영적으로 산 자는 언젠가 육적으로 살게 된다는 것입니다.

11절을 보시기 바랍니다. 예수를 죽은 자 가운데서 살리신 이가 누구십니까? 하나님 아버지이십니다! '살리신 이의 영'은 누구십니까? 성령님이십니다! 너희 안에 거하시며 그리스도 예수를 죽은 자 가운데서 살리신 이가 누구십니까? 하나님 아버지이십니다! 너희 안에 거하시는 그의 영이 누구십니까? 성령님이십니다. "너희 안에 거하시는 그의 영으로 말미암아 너희 죽을 몸도 살리시리라"고 말씀하셨습니다. 앞에 10절에서는 몸은 죽었다고 하지 않았습니까? 죽을 몸이라고 했습니다. 그런데 성령이 오심으로 영이 살아났다고 하였습니다. 이 영이 살아난 사람은 마지막에 몸도 살아난다는 것입니다. 성령이 우리 안에 계신다는 것은 하나의 표가 됩니다. 보증이 됩니다. 어떤 보증입니까? '우리는 영적으로 살아있다, 동시에 마지막에 몸도 살 것이다' 하는 것을 보증하는 표가 되는 것입니다. 그래서 신자는 부활의 신앙, 부활의 소망을 가지고 이 땅을 살아가는 것입니다.

말씀을 맺습니다.

사도 바울은 로마 교회 성도들에게, 그리고 오늘 21세기를 살아가는 기독신자들에게 본문의 말씀을 통해서 기독신자가 과연 어떤 사람인지, 기독신자의 정체성을 분명히 보여주고 있습니다. 신자는 육신을 따르는 자가 아니라고 했습니다. 성령을 따르는 자라고 했습니다. 누가 육신을 따라서 산다면 그 사람은 불신자입니다. 신자는 하나님의 성령, 하나님의 영, 성령이 그 안에 거하십니다. 그래서 성령의 일을 생각하면서 살아갑니다. 신자는 성령으로 영이 살아난 사람이요, 이 성령으로 인해서 마지막 날, 몸도 다시 살 사람입니다. 그러므로 성령께 속한 자는 일상생활에서도 성령의 일들을 생각하고 성령을 따라서 살아야 합니다.

금융기관에는 문제 있는 고객들을 따로 관리하는 블랙리스트가 있다고 합니다. 금융기관마다 있는데, 어느 금융기관에는 블랙리스트에 있는 분들이 그 기관 주위에 있는 교회의 권사님들이라고 합니다. 무슨 말입니까? 교회에서는 신앙적인데, 교회에서는 영을 따르는데, 사회에서는 육신적이라는 것입니다. 권사님들을 욕보이기 위해 하는 말이 아닙니다.

한국교회의 문제가 무엇입니까? 많은 성도들이 교회에서는 영적으로 보이는데, 성령을 따르는 것처럼 보이는데, 세상에 나가서 살아가는 모습들은 그렇지 못하다는 것입니다. 성령을 따르는 삶이 아니라, 육신을 따르고 육신을 생각하는 삶을 살아간다는 것입니다.

여러분은 교회 안에서나 밖에서나 성령을 따라 살아가기를 힘쓰고, 성령의 일을 생각함으로 자신이 참된 신자임을 증거하고 나타낼 수 있기를 바랍니다.

17

로마서 8:12-17

하나님의 아들

"그러므로 형제들아 우리가 빚진 자로되 육신에게 져서 육신대로 살 것이 아니니라 너희가 육신대로 살면 반드시 죽을 것이로되 영으로써 몸의 행실을 죽이면 살리니 무릇 하나님의 영으로 인도함을 받는 사람은 곧 하나님의 아들이라 너희는 다시 무서워하는 종의 영을 받지 아니하고 양자의 영을 받았으므로 우리가 아빠 아버지라고 부르짖느니라 성령이 친히 우리의 영과 더불어 우리가 하나님의 자녀인 것을 증언하시나니 자녀이면 또한 상속자 곧 하나님의 상속자요 그리스도와 함께 한 상속자니 우리가 그와 함께 영광을 받기 위하여 고난도 함께 받아야 할 것이니라"

병역 면제를 받은 사람을 뭐라고 부르는 줄 아십니까?

신의 아들, 하나님의 아들이라고 부릅니다. 역사적으로 신의 아들이라고 불리던 사람들이 있었습니다. 제국의 황제나 황제의 아들, 그래서 성경에 나오는 바벨론 제국의 황제들도 신의 아들이라고 불렸습니다. 가까운 이웃나라 일본에도 천황이 있지 않습니까?

신의 아들이라는 것입니다. 그러나 하나님의 아들 하면, 뭐니 뭐니 해도 우리 주 예수님을 가리키는 명칭입니다. 오직 주 예수님에게만 해당되는 호칭입니다.

오늘 우리가 고백한 신앙고백, 사도신경 안에 보면 하나님의 유일하신 아들이 누구십니까? 예수님이십니다! 예수님만이 유일하신 아들이십니다. 여러분, 기독교 신앙의 핵심이 무엇입니까? 베드로의 신앙고백처럼 예수님을 그리스도로, 하나님의 아들로 믿는 것입니다. 여러분, 예수님을 세상을 구원하시는 그리스도로, 살아 계신 하나님의 아들로 확신하시기 바랍니다.

그런데 오늘 14절에 보면 하나님의 아들이 나옵니다. 원문에는 단수가 아니고 복수로 하나님의 아들들이라고 나옵니다. 여기 나오는 하나님의 아들은 누구를 가리키겠습니까? 우리 성도들을 가리킵니다. 물론 이 아들이라는 말에는 딸도 다 포함이 됩니다. 그런데 우리가 하나님의 아들이라니! 생각해 보면 숨이 막히는 말이고 가슴 떨리는 말입니다. 옆사람에게 말해봅시다.

"당신은 하나님의 아들입니다."

이 시간 하나님의 아들에 대해서 말씀을 전하고자 합니다.

첫 번째 하나님의 아들은 하나님의 영으로 인도함을 받는 자입니다.

14절을 보십시오.

> "무릇 하나님의 영으로 인도함을 받는 사람은 곧 하나님의 아들이라."

여기서 하나님의 영은 성령님을 말합니다. 성령의 인도함을 받는 자는, 자기 안에 내주하시는 성령님을 의식하고 또 성령의 뜻이 무엇일까를 생각하고, 성령의 인도와 지배를 받아서 살아가는 사람입니다. 역으로 말하면, 자신의 죄악 된 욕심과 욕망을 따라서 살지 않는 것입니다. 도리어 자기 몸의 행실과 죄악된 행실을 죽이면서 살아가는 사람입니다.

성령으로 인도함을 받는다는 이 말씀은 옛날 출애굽 한 이스라엘 백성을 생각나게 합니다. 그들이 길이 없는 넓은 시내 광야를 행진할 때에 무엇이 그들을 인도하였습니까? 구름 기둥과 불기둥이 인도했습니다. 구름 기둥과 불기둥은 도대체 무엇입니까? 그것은 하나님의 임재였습니다. 하나님께서 그들과 함께하시는 표시였습니다. 그렇기 때문에 출애굽 한 이스라엘 백성, 구원받은 하나님의 백성은 하나님의 인도를 받아서 광야 길, 세상길을 갔다는 것입니다.

여러분은 성령으로 인도함을 받으면서 이 세상을 살고 있습니까? 아니면 자신의 의지와 욕심과 판단대로 살고 있습니까? 날마다 매 시간마다 성령에 인도받고 컨트롤되는 여러분이 되시기 바랍니다. 성령으로 인도함을 받는 자가 하나님의 아들이라고 했습니다. 그러므로 '나는 예수 믿는 신자다, 하나님의 아들이다'라고 말할지라도, 만일 내가 내 삶을 내 욕심대로, 성령의 인도를 받지 않고 마음대로 살아가는 사람이라면 자신의 신앙을 다시 한 번 점검해 보아야 합니다. 과연 하나님의 아들이 맞는지 짐검해 보아야 됩니다. 하나님의 아들, 즉 하나님의 자녀는 어떻게 살아간다고요? 성령의 인도를 받으면서 살아가는 것입니다.

“성령의 인도 따라 살게 하소서.”

매일 이 기도를 하면서 자기 의지와 욕심대로 살지 않고 성령의 인도를 따라 살아가는 참신자가 되시기 바랍니다.

두 번째, 하나님의 아들은 하나님을 아버지라고 부릅니다.

15절을 보십시오.

> “너희는 다시 무서워하는 종의 영을 받지 아니하고 양자의 영을 받았으므로 우리가 아빠 아버지라고 부르짖느니라.”

여기에 보면 ‘아바 아버지’가 나오는데요, 이 아바는 스웨덴의 유명한 팝 그룹과는 관계가 없습니다. 그 사람들은 좋은 노래를 많이 불렀습니다. 그 사람들을 왜 아바라 부릅니까? 네 사람의 이름 앞 글자만 따서 ABBA가 되었습니다. 그래서 아바라고 하는 것입니다.

그런데 오늘 성경에 나오는 ‘아바’는 아람어로 ‘아버지’라는 말입니다. 신약성경은 헬라어로 기록이 되어 있는데, 어느 특별한 단어는 아람어로 나오기도 합니다. 이 ‘아바’라는 말은 일상생활에서 사용되는 가족 호칭이었습니다. 우리나라에서는 집에서 아버지라고 부르지 않습니까? 그것과 똑같은 것입니다. 이 아빠 뒤에 나오는 ‘파테르’라는 말은 헬라어로서 아버지라는 말입니다. 결국 이 말을 그대로 번역하연 ‘아버지, 아버지’입니다. 아버지를 두 번 연거푸 부르는 것입니다. 이렇게 같은 말을 되풀이하는 것은 더 친근하게, 더 확신 있게 부르고 있음을 보여줍니다.

마가복음 14장 36절에 보면, 예수님께서 겟세마네 동산에서 마지막으로 기도하실 때 하나님을 누구라고 부릅니까? “아바 아버지여" 하고 기도하는 것을 볼 수 있습니다. 그러나 어떤 유대인도 감히 하나님을 아바라고, 아버지라도 부르지 못했습니다. 부를 수가 없었습니다. 만일 어떤 사람이 하나님을 아버지라고 부르면 너무 큰 죄가 됩니다. 신성모독죄가 되는 것입니다. 그러나 기독신자는 하나님을 아버지라고 부릅니다. 예수님도 "너희는 이렇게 기도하라" 하고 기도를 가르쳐 주시면서 하나님을 맨 처음 어떻게 부르라고 했습니까? "하늘에 계신 우리 아버지여"라고 부르라고 했습니다. 믿는 자는 하나님을 아버지라고 부를 수가 있는 것입니다. 오늘 16절을 보면 우리를 하나님의 자녀, 하나님의 'children'이라고 했습니다. 우리가 하나님의 가족이라는 말이 되는 것입니다.

여러분, 세상에서 가장 높은 신분이 무엇이겠습니까? 영국의 여왕이겠습니까? 미국의 대통령이겠습니까? 하나님의 아들보다, 하나님의 자녀보다 더 높은 신분이 어디에 있겠습니까? 없습니다. 인간이 타락 전에도 죄가 없을 때도 이런 신분은 아니었습니다. 하나님의 자녀는 아니었습니다. 이런 복을 받지 못했습니다.

그러나 하나님께서는 우리를 구원해 주시고 우리에게 영생을 주실 뿐만 아니라, 나아가서 하나님의 자녀가 되는 엄청난 권세를 우리에게 주셨습니다. 우리가 예수 안에서 받은 복이 얼마나 크고 놀라운지 알 수가 없습니다. 이 사실에 대해서 여러분도 늘 상기하시고 하나님 앞에 감사하면서 살아가시기 바랍니다. 여러분, 하나님을 '아버지'라고 부르는 것이 대수로운 일 같습니까? 어릴 때 모태신앙으로 자란 사람들은 정말 '하나님 아버지' 하는 것이 아무렇지 않은 것처럼 느껴집니다. 그러나 하나님을 아버지라고 부르는 것은 정말 기막힌 일입니다.

서울 모 교회의 부지 안에 탈북 청소년을 위한 하늘꿈학교 건물을 신축했습니다. 탈북 청소년들이 십자가 복음 앞에서 너무나도 귀하게 변화되는 모습을 보았기에 그런 건물을 교회 부지에 지은 것입니다. 그곳에서 여러 가지 세상 학문도 가르치지만, 성경도 가르치고 신앙훈련도 시킵니다. 그곳에서 예수전도단 DTS 훈련도 했는데, DTS 훈련을 마친 한 여학생이 간증을 합니다. 처음에 서울에 와서 너무너무 힘들었는데 집사님이 인도해 주셔서 교회를 다녔지만 지금까지 하나님을 아버지라고 부르지 못했다는 것입니다.

그런데 "이제는 하나님이 제 아버지처럼 믿어져요. 이제는 그냥 하나님을 아버지라고 부를 거예요"라고 하더니 "아버지" 하고 울음을 터뜨렸다고 합니다. 어떻게 피조물인 인간이 창조주 하나님을 향하여 아버지라고 부를 수 있겠습니까? 어떻게 더럽고 추악한 죄인인 인간이 지극히 거룩하신 하나님을 아버지라고 부를 수 있겠습니까? 불신자들을 하나님을 아버지라고 부르지 못합니다. 철학자들, 지식인들은 하나님을 아버지라고 부르지 못합니다. 신이라고 합니다. 절대자라고 합니다. 초월자라고 합니다. 그런데 우리는 하나님을 아무렇지 않게 아버지라고 부릅니다. 여러분 이것이 얼마나 큰 복이요 은혜인지 모릅니다.

어떻게 이런 일이 일어날 수 있습니까? 오늘 본문에 뭐라고 했습니까? 15절을 보십시오. 우리가 무엇을 받았습니까? 양자의 영을 받았습니다. 양자의 영이 무엇입니까? 성령입니다. 양자의 영인 성령을 받았기 때문에 하나님을 아바 아버지라고 부르는 것입니다.

성령이 아니면 우리도 하나님을 아버지라고 부를 수 없다는 것입니다. 누구든지 참 마음으로 하나님을 아버지라고 부르면 그 사람은 하나님의 아들입니다. 하나님의 자녀입니다. 그 사람은 참된 신자인 것입니다. 다같이 하나님을 아바 아버지라고 불러보겠습니다.

'아바 아버지!'

교회에서만 부르지 마시고 여러분의 삶 속에서도 하나님이 생각날 때마다 하나님이라 불러도 좋겠지만, 아바 아버지라고 하나님 앞에 불러 보시기 바랍니다. 그것이 얼마나 놀라운 호칭인지 얼마나 감사하고 감격스러운 이름인지 깨닫게 되실 것입니다. 우리 교회 모든 교우가 예수 믿어서 하나님을 아버지라고 부르고 고백하는 감격이 넘치기를 바랍니다.

세 번째, 하나님의 아들은 하나님의 상속자가 됩니다.

17절을 보시기 바랍니다.

"자녀이면 또한 상속자 곧 하나님의 상속자 그리스도와 함께한 상속자니 우리가 그와 함께 영광을 받기 위하여 고난도 함께 받아야 할지니라."

누구의 상속자라고 했습니까? 하나님의 상속자입니다! 이병철의 상속자도 아니고, 이건희의 상속자도 아니고, 하나님의 상속자라고 했습니다. 여러분 이 상속자, 영어로는 'heir'라고 합니다. 공중의 공기도 'air'라고 하는데 발음이 똑같습니다. 이 말은 당시 로마 문화와 관련이 있습니다. 로마시대에는 누군가 입양이 되면, 자기가 있었던 옛 가정에서는 모든 권한이 중지가 됩니다. 취소가 되어 버립니다. 내가 속한 새 가정에서 합법적인 자녀로 모든 권한을 다 얻게 됩니다. 양부의 모든 것을 상속받는 상속권을 가지게 되는 것입니다.

영화 '벤허'를 보셨습니까? 저도 여러 번 보았습니다. 찰턴 헤스턴이 주연한 영화 역사상 최고의 영화라고 할 수 있을 것입니다. 귀족인 벤허는 누명을 쓰고 재산과 신분을 다 탈취당하고 노예 함선에 노예로 들어가서 손도 발도 발목도 다 묶여서 둥둥 치는 북소리에 맞추어서 노를 젓지 않습니까? 조금이라도 몸이 약한 사람은 금방 엎드러져서 죽는 그런 상황이었습니다. 그런데 한 번은 배가 해적선의 습격을 받았습니다. 구사일생으로 살아난 벤허가 나무판자에 정신을 잃고 바다에 떠있는 로마 함대의 해군 제독 아리우스를 보게 됩니다. 어떻게 보면 노예는 이 사람을 죽여야 되지 않습니까? 그런데도 그 제독을 살려줍니다. 그렇게 해서 이 제독이 벤허를 자기의 양자로 삼습니다. 높은 사람의 양자가 되었으니 로마의 자유 시민이 되었습니다. 그리고 아리우스 가문의 상속자가 되어 가문의 신분과 재산과 특권을 모두 상속하게 되는 것입니다.

우리 신자가 바로 그렇습니다. 한 사람이 기독교인이 되면 그는 이 제독의 양자가 되는 것이 아니라 하나님의 상속자가 됩니다. 하나님의 자녀가 되어서 하나님의 가족으로 입양이 되고, 그 하나님의 자녀의 모든 특권과 책임을 갖게 되는 것입니다. 하나님 나라의 유업과 천국의 유업을 다 상속하게 되는 것입니다.

우리는 하나님의 상속자이지만, 이 세상에 살 동안에는 다 받지 못하고 누리지 못하는 것이 너무 많습니다. 그러나 신자는 우리 앞에 큰 영광이 기다리고 있음을 잊지 말아야 됩니다. 그것을 소망 가운데서 바라보며 즐거워해야 합니다. 현재 닥치는 환난과 고난이 힘들고 아플지라도 기쁨으로 감당해야 합니다. 오늘 우리가 부른 찬송가 가사처럼 "내 앞길 멀고 험해도 나 주님만 따라가리!"라는 마음으로 살아가야 합니다.

우리가 이 세상을 살 동안에는 우리의 앞길이 멀고 험할 때가 많이 있습니다. 그러나 하나님께서 저 천국의 상속자 되는 우리를 위하여 쌓아두신 변치 않고 썩지 않고 쇠하지 않는 천국을 바라보면서, 소망 가운데 힘있게 살아가는 여러분이 되시기 바랍니다.

더욱 놀라운 것이 있습니다. 하나님의 상속자라는 것은 그냥 상속자가 아닙니다. 17절을 보십시오. 누구와 함께하는 상속자입니까? 그리스도와 함께하는 상속자라고 했습니다. 영어성경에는 'coheir'(함께하는 상속자)라 하고 또 어떤 영어성경에는 'joint heir'(공동상속자)라고 했습니다. 우리는 예수 그리스도와 함께한 상속자라고 했습니다.

여러분, 신앙고백에 뭐라고 했습니까? 예수님은 유일하신 하나님의 아들, 외아들이라고 했습니다. 우리는 그 아들은 아닙니다. 우리는 양자의 영을 받아서 하나님께 입양된 자녀들입니다. 그런데 외아들이신 예수님과 차별을 두지 않고 예수님과 공동 상속자가 되어서 천국의 영광을, 그 영원한 최고의 영광과 권세와 복락을 다 상속할 수 있도록 해주신다는 것입니다. 할렐루야! 이것이 우리가 하나님 앞에 영광과 찬양을 드려야 하는 이유입니다.

하나님께서 아들을 보내셔서 우리를 대신해서 죽게 하시고, 우리의 죄를 용서하시고 믿는 자에게 영생뿐만 아니라 하나님의 자녀가 되게 하셨습니다. 뿐만 아니라 하나님의 상속자가 되게 하셨는데, 일반 상속자가 아니라 예수 그리스도와 함께하는 공동 상속자가 되게 하셨다는 것입니다. 이 모든 일이 얼마나 놀라운 복입니까!

세상에 뭐가 좀 있다고, 세상에 뭐 좀 된다고 그것으로 인하여 자랑하거나 교만하거나 하지 마시기 바랍니다. 교회 나와서 다른 성도들에게 세상에서 직급이 높고 재산이 많다고 으스대지 마시기 바랍니다. 반대로 세상에 내세울 게 없다고, 아무것도 아니라고, 기죽지 마시기 바랍니다. 우리는 예수 그리스도의 자녀, 하나님의 자녀, 하나님의 아들입니다. 우리는 하나님의 상속자입니다. 예수 그리스도와 공동 상속자입니다. 때가 되면 우리는 모두다 영원한 영광을 상속하게 될 것입니다.

마지막 네 번째로, 하나님의 아들은 그리스도와 함께 영광을 받기 위해서 고난을 함께 받아야 합니다.

17절 셋째 줄을 보시기 바랍니다.

"우리가 그와 함께 영광을 받기 위하여 고난도 함께 받아야 할 것임이라."

그런데 우리에게는 하나님의 자녀로서 누리는 특권과 영광이 있는가 하면, 하나님의 자녀로서 감당해야 되는 고난도 있습니다. 예수님의 생애를 생각해 보십시오. 하나님의 아들이었지만, 그 영광과 권세를 다 내려놓으시고 하나님 아버지께서 주신 사명을 감당하기 위해서 우리와 같은 몸을 입으시고 이 세상에 오셨습니다. 하나님으로서 상상하지 못할 멸시와 모욕과 고난을 다 감당하시고 마침내 십자가에 못 박혀 죽으셨습니다.

빌립보서 2장에 보면, "이러므로 그를 지극히 높여 모든 이름 위에 뛰어난 이름을 주시고 모든 이름을 그 앞에 꿇게 하셨다"라고 하였습니다. 하늘과 땅의 모든 권세를 주시고 만왕의 왕이 되게 해주셨습니다. 이것을 가리켜서 한마디로 'No cross, No crown'이라고 합니다. 십자가 없이는 왕관이 없다, 면류관이 없다는 것입니다. 다시 말해 고난이 없으면 영광이 없다는 말입니다. 따라해 보겠습니까?

"고난이 없이는 영광이 없다."

예수님의 생애를 보십시오. 십자가가 없었다면, 십자가 죽음이 없었다면 만왕의 왕이 되는 영광, 부활의 영광이 있었겠습니까? 없습니다. 예수님은 큰 고난 뒤에 큰 영광을 받으셨습니다.

이 예수님을 믿고 따르는 기독신자도, 예수 믿어서 하나님의 자녀 된 우리도 이 세상에서 감당해야 되는 십자가가 있고 고난이 있다는 말씀입니다. 이 편지를 받는 1세기 신자들은 어떻게 했습니까? 신앙으로 인하여 경제적으로 사회적으로 많은 핍박을 받고, 따돌림도 받고, 어떤 이들은 죽임도 당했습니다. 로마 황제 네로 때부터 그 뒤로도 상당 기간 큰 큰 핍박이 있었습니다. 어떤 사람들은 원형경기장에 끌려가서 사자의 밥이 되기도 하고, 화형을 당하기도 하고, 촛불 속의 심지가 되기도 하였습니다. 그렇게 많은 사람들이 순교하였습니다.

우리나라도 일제강점기 때 신사참배를 반대하다가 주기철 목사님을 비롯해 여러 주의 종들이 죽임을 당하고 고난을 당했습니다.

6.25 때는 손양원 목사님을 비롯한 수많은 기독교 신자들이 순교를 당했습니다. 그러나 오늘 우리는 자유 민주 세계에 살고 있습니다. 그래서 신앙으로 인한 고난이나 핍박이나 순교가 많이 없습니다. 그렇지만 여전히 이 땅에서도 고난이 있습니다. 우리 교회도 시댁의 핍박으로 교회에 나오지 못하는 성도가 있습니다. 사회와 직장에서도 신앙적으로 바르게 살려고 하면 욕먹고, 손해 보고, 박해받는 일이 있습니다. 그것이 신자가 받는 고난입니다.

뿐만 아니라 적극적인 고난도 있습니다. 누가 나에게 박해를 하고 손해를 끼치지 않아도 내 스스로 하나님의 나라를 위해, 주의 몸 된 교회를 위해 자원하여 봉사하고 수고하고 고생하는 고난이 우리에게 있을 수 있습니다. 그런데 고난을 싫어하는 성도가 있습니다. 조금 욕먹는 것도 싫고, 조금 따돌림 받고 손해 보는 것도 싫고, 교회에서 조금 고생하는 것도 싫어서 회피하고 주님 따르기를 주저하고 거부하고, 세상의 육신적인 삶을 따라가는 분들도 있습니다.

마지막으로, 성경 두 곳을 보겠습니다.

먼저, 누가복음 9장 23절 말씀입니다.

"또 무리에게 이르시대 누구든지 나를 따라오려거든 자기를 부인하고 날마다 제 십자가를 지고 나를 따를 것이니라."

다음은, 베드로전서 2장 21절 말씀입니다.

"그리스도도 너희를 위하여 고난을 받으사 너희에게 본을 끼쳐 그 자취를 따라오게 하려 하셨느니라."

우리 예수님께서 앞서 가시면서 고난의 발자취를 남겨 놓았습니다. 우리로 하여금 그 고난의 발자취를 따라가도록 해놓았습니다. 그 길 뒤에 영광이 있기에, 그 영광을 예수 그리스도와 함께 받기 위하여 주님께서 남겨주신 고난의 발자취를 잘 따라서 걸어가는 저와 여러분이 되시기 바랍니다.

오늘은 '하나님의 아들'에 대하여 말씀드렸습니다.

여러분, 누가 하나님의 아들입니까? 성령으로 인도함을 받으면서 살아가는 사람이 하나님의 아들입니다. 하나님의 아들은 하나님을 '아바 아버지'라고 부르는 사람입니다. 하나님의 아들은 하나님의 상속자, 곧 예수 그리스도와 함께하는 상속자입니다. 하나님의 아들은 그리스도와 함께 고난도 받아야 합니다. 오늘 이 복되고 거룩한 말씀을 마음에 새기고, 하나님의 아들답게 하나님의 자녀답게 힘있고 용기있게 하늘소망으로 살아가시는 여러분 모두가 되시기를 바랍니다.

18

로마서 8:18

고난과 영광

"생각하건대 현재의 고난은 장차 우리에게 나타날 영광과 비교할 수 없도다"

여러분, 지난 한 주간 '아바 아버지' 많이 불러 보셨습니까?

저는 어느 때보다도 많이 불러 보았습니다. 옛날에도 불렀던 이름이지만, 다시 뜻깊게 하루에 수십 번씩 수시로 불러보았습니다. 하나님을 아버지라고 부를 수 있음이, 하나님께서 나 같은 사람을 자녀로, 아들로 삼아주셨으니 얼마나 감사하고 고마운 일입니까? 우리가 예수를 믿으면 하나님은 우리를 구원만 해주는 것이 아니라 구원을 넘어서 하나님의 자녀가 되는 권세를 주시는 것입니다. 하나님의 아들이 되면 하나님의 영, 성령이 그 사람의 삶을 인도하십니다. 그리고 양자의 영을 주어서 하나님을 아바 아버지라 부를 수 있게 만들어 주십니다. 뿐만 아니라 자녀이면 또한 상속자라고 했으니 하나님의 자녀가 되면 하나님의 상속자가 되는데, 그리스도와 함께한 상속자가 되는 것입니다.

그런데 이런 영광과 이런 특권만 받는 것이 아니라 오늘 말씀, 17절 끝에 보면 "그리스도와 영광을 받기 위해서 고난도 함께 받아야 한다"라고 합니다. 고난과 영광이 대조가 되어서 나왔는데, 오늘 본문 18절에도 계속해서 고난과 영광을 말씀하고 있습니다. 이를 통해서 우리가 알 수 있는 것은 고난과 영광은 서로 분리할 수 없게 결합되어 있다는 것입니다. 서로 떼려야 뗄 수 없게 되어 있다는 것입니다. 지난 주일에도 말씀드렸지만, 'No cross, No crown', 즉 고난 없이는 영광이 없다는 것입니다. 고난은 영광에 이르는 길입니다. 우리 주 예수님의 삶이 그것을 잘 보여줍니다. 우리 예수님의 성육신, 곧 인간의 몸을 입고 이 땅에 오신 것과 십자가의 고난을 통해 부활과, 승천과, 하나님 우편에 앉으시는 영광을 얻으시게 되었습니다.

부활절 오후에 예수님의 두 제자가 예루살렘에서 자기들의 고향 엠마오로 내려가고 있었습니다. 그들은 예수님이 이스라엘을 구원하실 분, 그리스도라고 믿고 지금까지 따랐는데, 예수님이 예루살렘에 며칠 전에 올라오시더니, 너무나도 허무하게 십자가에 달려서 사형을 당해 죽고 마는 것입니다. 그래서 크게 낙심해서 고개를 떨군 채 슬픈 얼굴을 하고 엠마오로 내려가고 있었습니다. 그런데 부활하신 예수님께서 그들에게 나타나셔서 그들과 동행하십니다. 두 제자는 예수님께서 다시 살아난다는 것은 꿈에도 생각하지 못했기 때문에, 또 너무나도 낙심하고 있었기 때문에 자기들과 동행하고 계신 분이 예수님이신 것을 알지 못했습니다.

그때 예수님께서는 그들과 함께 길을 가시면서 구약을 통하여 그리스도는 먼저 고난을 받고 그 다음에 영광을 받게 되어 있다는 것을 설명하십니다. 그 요점을 성경을 통하여 살펴보겠습니다. 누가복음 24장 26절을 보십시오.

"그리스도가 이런 고난을 받고 자기 영광에 들어가야 할 것이 아니냐 하시고."

그리스도는 고난을 받고 그 다음에 자기 영광에 들어가게 된다는 것입니다. 십자가 고난을 받고 죽음으로 끝나 버리는 것이 아닙니다. 부활로 시작되는 영광으로 들어가게 되어 있는데, 너희가 왜 그것을 알지 못하고 그리스도가 죽었다고 낙심하며 내려가고 있느냐는 것입니다. 그렇게 예수님의 삶은 고난을 받고 영광을 받으시는 삶이었는데, 그 예수님을 믿고 따르는 제자들이나 성도들도 똑같은 과정을 가게 됩니다. 먼저 고난, 그리고 다음에 영광입니다 사도행전 14장 22절을 보십시오.

"우리가 하나님의 나라에 들어가려면 많은 환난을 겪어야 할 것이라."

여기에 보면, 하나님의 나라, 그것이 바로 영광 아니겠습니까? 영광에 들어가려면 많은 환난, 즉 많은 고난을 겪어야 한다는 것입니다.

그런데 우리가 가지는 의문이 있습니다. 신자는 하나님의 성령의 인도함을 받아서 사는데, 누구보다도 하나님이 기뻐하시는 삶을 살려고 하는데, 그래도 깨끗하게 바르게 살려고 애쓰는데 왜 성도의 삶에 고난이 있는가 하는 것입니다.

여러분 고난이 있는 이유가 무엇입니까?

근본적으로는 인간의 죄로 인해 생겨난 것입니다. 인간이 하나님의 말씀에 불순종하여 죄를 짓게 되자, 하나님께서 인간의 시조에게 여러 가지 저주를 주시지 않았습니까? 노동을 하고 땀을 흘려야 먹고 살 것이라고 했고, 땅에서는 가시와 엉겅퀴가 날 것이라고 했습니다. 이것이 다 고난을 의미하는 말씀입니다.

그런데 예수님이 오셔서 십자가에 죽으시고 부활하심을 통해서 죄와 죽음의 세력을 정복했습니다. 그렇지만 이 세상에는 죄와 악과 죽음의 세력이 남아 있습니다. 이 악의 세력은 재림하실 예수 그리스도에 의해서 완전히 정복될 것입니다. 그때까지는 죄와 악과 죽음의 세력이 계속해서 우리 인류를 괴롭힐 것입니다. 인류 중에서도 특별히 하나님의 백성들, 성도들을 괴롭힐 것입니다. 성도들로 하여금 고난 받게 할 것입니다. 성경에 보면 어둠은 빛을 싫어한다고 했습니다. 죄는 의를 싫어합니다. 그래서 우리 성도들에게 고난이 있는 것입니다.

그러면 오늘 본문에서 말하는 고난은 어떤 고난입니까?

오늘 본문에 나타나는 고난은 현재의 고난이라고 했습니다. 이 현재라는 말은 장차 다가올 시대, 새로운 시대, 예수 그리스도 재림 이후에 있게 될 영원한 영광의 시대와 대조가 됩니다. 그러므로 현재의 고난이라는 것은 우리 인간이 이 세상에서 받게 되는 온갖 형태와 종류의 고난을 말하는 것입니다. 포괄적으로 지칭한다고 볼 수 있습니다.

여러분, 신자나 불신자나 죄와 악이 지배하는 현 시대 가운데서는 고난이 많습니다. 우리 인생에는 고난이 있습니다. 사고가 있습니다. 장애가 있습니다. 어떤 사람은 태어나면서부터, 어떤 사람은 후천적으로, 그리고 어떤 사람들은 남모르는 평생 가는 질병으로 고생하기도 합니다. 또 어떤 사람은 육신이 연약하여 늘 고통을 느끼며 살아가기도 합니다. 그런가하면, 어떤 사람은 가난합니다.

기업이 파산하기도 하고 재정적인 고통을 당하기도 합니다. 인간관계에도 문제가 많습니다. 부부가 편하게 살지 못하고 갈등하고, 가족과 이웃 간에 갈등하며 살아갈 때가 많습니다. 우리 인간은 또 천천히 나이가 들어가면서 늙어갑니다. 그리고는 마침내 죽음에 이르는데, 이 모든 것이 현재의 고난에 속하는 것입니다.

오늘날 우리나라 젊은이들은 취업하기가 매우 어렵습니다. 그러다 보니 결혼도 점점 늦어집니다. 모두가 경쟁사회에 사느라 많은 스트레스를 안고 살아갑니다. 우리 성도들은 성도이기 때문에, 예수 믿는다는 이유 하나로 손해 보는 일도 적지 않습니다.

신앙 때문에 시집에서 남편에게서 박해 당하고 가족들에게 따돌림을 받는 일이 있고, 직장에서도 신자이기 때문에 술자리에 함께 하지 않는다는 이유로 따돌림을 받기도 합니다. 신자이기 때문에 뇌물을 주지 않으니까 진급이 잘 안 되는 경우도 있습니다. 그리고 남들 다하는 부동산 투기를 하지 않고 정직한 수입만 고집하다가 부자가 되지 못하고 늘 그럭저럭 살아가기도 합니다. 시집을 가야 하는데 믿는 배우자를 택해서 가려고 하니까 그게 어려워서 결혼 적령기를 넘기고 살아가는 아가씨들도 있습니다. 교회 봉사도 쉬고 싶지만, 내가 아니면 그 일을 해낼 사람이 없어서, 그래서 힘들지만 계속 감당하는 경우도 있습니다.

오늘 한국 사회의 부패와 타락은 너무 깊습니다. 사회 전체에 부패가 만연되어 있습니다. 너무 깊숙이 들어가 있어서 이것을 뿌리 뽑을 수 없는 상태가 되었습니다. 어느 정권이든지 정권만 잡으면 개혁하겠다고 해도 개혁이 됩니까? 개혁하려고 세워 놓은 사람들도 뒤가 항상 구리고, 그들에게도 항상 무슨 잘못이 있는 것을 보게 됩니다. 무슨 일이든지, 무슨 사업이든지 속임과 거짓이 없이는 우리나라에서는 잘 되지가 않습니다. 최근 새 사업을 하는 어떤 분이 제일 먼저 공부하는 것이 세금 안 내고 탈세하는 방법을 공부하고 있답니다. 그렇게 하지 않으면 안 된다는 것입니다.

신자들도 별반 다르지 않습니다. 그렇지만 우리는 먼저 하나님의 말씀을 생각하고 하나님의 의를 생각해서, 비록 적게 남을지라도 돈벌이가 크게 되지 않을지라도 정직하고 바르게 살아가는 것, 그것이 오늘날 우리가 감당해야 되는 고난인 것입니다. 우리가 기억할 것은 현재의 이 고난은 장차 우리에게 나타날 영광과 족히 비교할 수 없다는 말씀입니다.

두 가지 면에서 그렇습니다.

먼저 시간 면에서 그렇습니다. 고린도후서 4장 17절 말씀을 보십시오.

> "우리가 잠시 받는 환난의 경한 것이 지극히 크고 영원한 영광의 중한 것을 우리에게 이루게 함이니."

위의 말씀에 환난이 나오는데 고난입니다. 어떤 고난입니까? 잠시 받는 환난입니다. 이 환난은 시간적인 면에서 보면 잠시라는 것입니다. 잠깐 있으면 지나가는 것입니다. 그런데 영광은 어떤 영광입니까? 영원한 영광입니다. 성도가 잠시 받는 고난으로 인하여 앞으로 누리게 될 영광은 영원하다는 말씀입니다. 눈앞의 고난, 현재 내게 닥친 고난에 너무 집착하지 마시기 바랍니다. 왜냐하면 그것은 잠시이기 때문입니다. 고난 너머 영원한 영광을 바라보는 성도가 되시기 바랍니다.

현재의 고난, 미래의 영광은 시간적으로뿐만 아니라 크기와 무게 면에서도 비교가 되지 않습니다. 방금 읽은 고린도후서 4장 17절을 다시 보겠습니다. 환난 다음에 "환난의 경한 것"이라는 말이 나옵니다. 경하다는 것이 무슨 말입니까? 가볍다는 것입니다. 환난의 가벼운 것이 영광의 중한 것을 우리에게 이룬다고 하였습니다. 중한 것은 무거운 것을 말합니다. 그러니까 지금 잠시 받는 환난의 가벼운 것이, 앞으로 우리가 받을 영원한 영광의 무거운 것을 우리에게 이루게 한다는 것입니다. 비교가 안 된다는 것입니다. 고난은 가볍고 작은데 그에 비해 영광은 지극히 크고 무겁다는 것입니다. 비교가 안 된다는 것입니다.

저울에는 여러 가지 종류가 있습니다.

우리가 목욕탕에 가서 체중계에 올라서면 바로 문자가 나옵니다. 그런데 그런 저울만 있는 것이 아닙니다. 천칭이라는 것이 있습니다. 천칭이란 중간에 저울이 있고 양쪽으로 마치 손을 펼치듯이 물건을 얹도록 되어 있는 것으로, 이쪽저쪽이 평행을 이루도록 만든

저울입니다. 한쪽에 1kg 물체를 놓고 다른 쪽에 100kg을 얹으면 이것은 비교할 필요가 없습니다. 100kg쪽이 탁 떨어지게 됩니다. 그렇듯이 우리가 이 땅에서 1의 고난을 받으면 주님께서 1의 영광을 주시는 것이 아니라는 것입니다. 우리가 1의 고난을 받으면 하나님께서는 100의 영광을, 1,000의 영광을, 10,000의 영광을, 비교할 수 없는 영광을 우리에게 주신다는 것입니다. 이것이 하나님의 약속입니다. 하나님이 이렇게 약속하고 있습니다.

그렇다면 우리 성도가 세상에서 고난 받을 때 어떤 자세를 취해야 됩니까?

고난이 왔다고 해서 놀라지 말아야 됩니다. 당황하지 말아야 됩니다. 낙심하지 말고, 흔들리지 말고, 하나님의 사랑과 신실하심을 의심하지 말아야 합니다. 왜 나만 겪는 고난이냐고 불평하지 말고 원망하지 말아야 합니다. 야고보서 1장 2절을 보십시오.

> "내 형제들아 너희가 여러 가지 시험을 당하거든 온전히 기쁘게 여기라."

베드로전서 4장 12절과 13절도 같이 보십시오.

> "사랑하는 자들아, 너희를 연단하려고 오는 불 시험을 이상한 일 당하는 것같이 여기지 말고 오히려 너희가 그리스도의 고난에 참여하는 것으로 즐거워하라 이는 그의 영광을 나타내실 때에 너희로 즐거워하고 기뻐하게 하려 함이라."

셋째 줄에 즐거워하라고 말씀했습니다. 사도행전 5장을 보면, 예수님의 제자들이 복음을 전하다가 체포되어서 감옥에 던져졌습니다. 감옥에 던져져서 채찍질을 당하고 앞으로는 '예수 이름으로는 전하지 말아라, 복음을 전하지 말아라'는 협박을 받고 풀려났습니다. 풀려났을 때에 이 제자들이 어떻게 하였습니까? '아이고, 큰일 났다. 어쩌나, 앞으로 전도하겠나' 그렇게 하지 않았습니다. 예수 이름으로 고난 받음을 즐거워하고 기뻐하면서 공회를 떠났다고 말씀하는 것입니다.

2007년 샘물교회 아프가니스탄 단기선교팀 피랍사건을 기억하십니까? 이제 8년이 되었습니다. 그때 샘물교회에서 20여 명이 아프간으로 갔습니다. 처음에는 안전한 북쪽 카불 쪽에 며칠 있다가 그 다음에 남쪽 칸다하르 지역으로 버스를 타고 이동하는 가운데 탈레반 무리에 의해 납치가 되었습니다. 그때 언론을 통해서 그 사건에 대한 많은 거짓 정보들이 떠돌았습니다. 정부에서 고의로 책임을 면하기 위해서 보도된 것도 많았다고 합니다. 정부에서 하지 말라고 여권까지 빼앗았는데 교회 측에서 여권을 빼앗으면 고소를 하겠다고 했다느니, 정부가 전세기까지 보내주면서 위험하다니까 돌아오라고 사정을 했다느니, 이런 것은 사실이 아닙니다. 지어낸 말입니다.

모르는 사람들은 욕하고 비난하면서 너희가 우겨서 위험한 곳에 들어갔으니 그곳에서 다 죽으라고 말하기도 하고, 왜 나라가 그런 사람들 때문에 고생을 하고 이렇게 돈을 써야 하느냐, 그 사람들 죽든 말든 내버려두라고 말하는 사람들도 있었습니다. 그러나 2007년 한해만 주한 아프간 대사관에서 아프가니스탄 비자를 발급한 것이 200여 건 된다고 합니다. 무슨 말인지 아시겠지요?

샘물교회만 억지로 간 것이 아니라는 것입니다.

200여 건이나 비자가 나와서 그 사람들도 다 들어갔습니다. 그러니까 국가가 말리는 곳에, 아무도 안 들어가는 위험한 곳에 유독 그들만 고집스럽게 들어간 것이 아니라는 것입니다. 그들이 이동한 것도 정부가 준 지침을 따라서 정확하게 이동했다고 합니다. 무모하게 공격적인 선교를 하다가 그렇게 된 것이 아니라는 것입니다.

그때 그들의 리더였던 배형규 목사님이 납치된 지 일주일만인 7월 25일에 머리와 가슴과 배에 열 발의 총탄을 맞았습니다. 그날이 만 42세 생일날이었습니다. 보통사람은 한 번만 맞으면 죽습니다. 그런데 10여 발의 총탄을 맞았다 하면 몸이 완진히 무너져버리는 것입니다. 그렇게 숙여서 길바닥에 내던져 놓은 것을 발견해서 배형규 목사라는 것을 알아냈습니다.

배 목사가 죽고 나서 그 사모님이 소식을 듣고 아빠의 죽음을 어린 딸에게 설명해 주어야 되는데, 어떻게 설명을 해줘야 될지 몰라서 며칠이나 망설이다가 딸아이에게 이렇게 설명을 해줍니다. "아빠가 가장 큰 선물을 받고 떠났단다" 하고 설명을 했습니다. 배 목사가 순교당한 후에 샘물교회 박은조 목사님이 배 목사님 부모님을 만나게 되었습니다. 장로님과 권사님이신데, 그분들을 만나게 되었을 때에 볼 낯이 없어서 깊이 고개를 숙이면서 "죄송합니다. 정말 죄송합니다" 하고 인사를 하니까, 목사님 손을 잡으면서 "하나님이 이런 영광스러운 일을 주셨는데 그렇게 말씀하지 마십시오"라고 말씀하셨다고 합니다.

배 목사님의 고향이 제주도인데, 제주도에 순교기념비가 세워졌습니다. 또 그 며칠 전에 심성민이라는 청년이 또 총살을 당했습니다. 심성민의 부모님은 고성에 사시는데, 아들이 아프간에 간지도 몰랐답니다. 샘물교회 다니는 것만 알았는데, 피랍 명단자의 이름을 보고 아들이 아프간에 간 것을 알았다고 합니다. 그래서 부부가 샘물교회에 와서 분노를 터뜨리고 고함을 지르고 울분을 참지 못했다고 합니다.

그러나 ROTC로 군에 갔다 와서 직장생활을 하다가 가기 전에 이제 직장생활을 끝내고 이 단기선교를 갔다 오면 신학교에 가서 목사가 되어 평생 전도자로서의 삶을 살아가려고 마음을 먹고 있었는데, 전도자가 되기 전에 순교자가 되었습니다. 아들이 잡혀갔을 때도 충격을 받았는데, 자기 아들이 거기에서 총살을 당해 죽었다는 것을 들었을 때에 이 부모가 미치지 않고 어떻게 살겠습니까.

그 어머니는 너무 큰 충격 때문에 그 일을 마치고 나서 고향으로 내려가지 않고 서울 동생 집에 머물렀는데, 그 동생이 교회 집사였습니다. 그 동생이 어머니를 교회로 인도했습니다.

"아들을 천국에서 다시 만나려면 교회를 다녀야 합니다. 예수를 믿어야 합니다" 해서 교회를 다니게 되었습니다. 그러다가 좀 지나서 고향 고성으로 내려가서도 여전히 교회를 잘 다녔습니다. 그 문중이 유명한 문중이어서 예수 믿는 것을 절대 허용을 안 하는데, 아들을 그렇게 보내놓고 아픈 마음을 가지고 교회에 나가는 어머니를 어떻게 말릴 수 있겠습니까? 그래서 어머니는 계속 교회를 나가게 되었고, 이후 믿음이 생기고 세례를 받고 집사가 되어 3년 만에 서울 샘물교회에 올라와서 샘물교회 주일 오전예배 때에 신앙간증을 하게 되었습니다. 신앙간증을 하는데 "저와 같은 죄인의 몸에서 순교자가 태어나는 영광스러운 축복을 주신 하나님께 감사합니다" 하고 간증을 하니까, 예배드리던 샘물교회 모든 성도들이 감사하고 감동해서 눈물을 터뜨렸다는 것입니다.

생각해 보면, 우리나라에 많은 순교자들이 있었습니다. 특히 일제 강점기 때 신사참배 문제 때문에 주기철 목사님 같은 분이 순교를 당하셨습니다. 또 6.25때도 공산주의가 기독교를 가장 싫어했기 때문에 기독교 목사들, 장로들, 기독교인들을 다 잡아다가 죽이지 않습니까? 그때에 손양원 목사님 같은 분을 비롯해서 많은 분들이 순교했습니다. 전쟁이 끝나고 나서는 자유 대한민국이 되어서 신앙 때문에 순교당하는 일이 없었습니다. 그런데 그 이후로 바로 이 두 사람, 배형규 목사님과 심성민 청년이 처음으로 순교를 당했습니다. 이 얼마나 뜻깊은 일인지 모릅니다. 순교의 고난보다 더 큰 고난이 없습니다. 하나님 나라에 갔을 때 순교의 영광보다 더 큰 영광은 없는 것입니다.

두 사람의 순교를 생각하면서, 우리는 과연 이 땅에서 어떻게 살아야 할지 고민해야 합니다. 복음을 위해, 신앙을 위해 아낌없이 생명을 버리는 사람들도 있는데, 우리는 하나님의 사람으로 살기 위해서 오늘 이 죄 많고 부패한 세상에서 어떤 노력들을 하고 있는지 고민해 보아야 합니다. 우리는 과연 이 시대를 어떻게 살아야 합니까? 하나님 앞에 고민하고 기도하면서 살아가야 하는 것입니다.

우리 주님은 고난 후에 영광을 받으셨습니다.

주님을 따르는 많은 신자들도 그랬습니다. 오늘 우리 시대, 우리의 삶에도 나름대로 여러 가지 이유가 있고 여러 가지 고난이 있지만, 하나님을 위해 의를 위해 고난 받기를 주저하지 말고, 포기하지 말고, 죄와 타협하지 마시기 바랍니다. 우리가 그리스도와 함께 영광을 받기 위해서는 고난도 함께 받아야 하는 것입니다. 현재의 고난은 장차 우리에게 나타날 영광과 족히 비교할 수 없는 것입니다. 고난은 영광으로 가는 길입니다. 이 믿음을 갖고 그리스도와 함께 이 마지막 시대에, 기꺼이 고난 받기를 자처하는 여러분 모두가 되시기를 바랍니다.

19

로마서 8:19-25

피조물과 우리의 고대

"피조물이 고대하는 바는 하나님의 아들들이 나타나는 것이니 피조물이 허무한 데 굴복하는 것은 자기 뜻이 아니요 오직 굴복하게 하시는 이로 말미암음이라 그 바라는 것은 피조물도 썩어짐의 종 노릇 한 데서 해방되어 하나님의 자녀들의 영광의 자유에 이르는 것이니라 피조물이 다 이제까지 함께 탄식하며 함께 고통을 겪고 있는 것을 우리가 아느니라 그뿐 아니라 또한 우리 곧 성령의 처음 익은 열매를 받은 우리까지도 속으로 탄식하여 양자 될 것 곧 우리 몸의 속량을 기다리느니라 우리가 소망으로 구원을 얻었으매 보이는 소망이 소망이 아니니 보는 것을 누가 바라리요 만일 우리가 보지 못하는 것을 바라면 참음으로 기다릴지니라"

가정의 달에 우리 모든 성도들의 가정이 우리 하나님을 경외함으로 인하여 하나님께서 세워주시는 복된 가정이 되시기를 바랍니다.

오늘 본문 19절에서 22절까지 보면 네 절마다 피조물이라는 말이 나옵니다. 피조물이 무엇입니까? 피조물은 하나님께서 창조하신 모든 것, 하나님께로부터 지음 받은 모든 것을 의미합니다. 그러므로 하나님을 제외한 모든 것은 다 피조물입니다. 우리 인생도 하나님의 피조물이요, 이 세상 만물도 다 하나님의 피조물이라고 할 수 있습니다. '하나님이 우리의 창조자다, 주인이다' 이것만 확실하면 우리 인생이 이 땅에서 어떻게 살아야 될지 답이 나오는 겁니다.

그런데 오늘 본문에서는 피조물이 네 번 나오는데, 이 피조물들은 우리 인간을 제외한 만물을 가리킵니다. 자연 만물이 무언가를 간절히 기다리고 있음을 아십니까? 오늘 19절에 보면 '피조물이 고대한다'고 했습니다. 그리고 23절에 보면 '우리 성도들도 기다린다'고 하였습니다. 그래서 오늘 설교 제목이 '피조물과 우리의 고대'입니다. 오늘 본문을 통하여 진리의 말씀을 깨달으며 진리 위에 굳게 서는 저와 여러분이 다 되시기를 바랍니다.

먼저, 피조물의 고대를 생각해 봅니다.

19절에 피조물이 고대한다고 했습니다. 여기서 고대한다는 말은 그저 기다리는 정도가 아닙니다. 고개를 쏙 빼고 저 먼 곳에 눈을 고정시킨 채 간절히 기다리는 것입니다. 학수고대하는 것입니다. 피조물이 무엇을 그렇게 기다립니까? 19절을 한번 봅시다. "하나님의 아들들이 나타나는 것이니"라고 말씀합니다. 하나님의 아들들이 누구입니까? 복수로 되어 있는 걸 보니 예수님은 아닙니다. 그러면 누구겠습니까? 우리 예수 믿는 성도들을 가리킵니다.

우리도 하나님의 아들들입니다. 우리는 이미 나타났습니다. 우리 이전에도 하나님의 아들들이 많이 나타났습니다. 그렇다면 피조물들이 하나님의 아들들이 나타나기를 고대하고 있다고 했는데, 이 말이 도대체 무슨 말이겠습니까? 이 말은 주님 재림 시에 완전히 구속되고 완전히 변화된 하나님의 아들들이 나타나기를 기다린다는 말씀인 것입니다. 피조물과 인간이 도대체 무슨 관계에 있기에 피조물이 하나님의 아들들이 나타나기를 이렇게 간절히 고대하고 있겠습니까?

피조물은 창조주 하나님의 영광을 위하여 창조되었습니다. 하나님의 권능을 나타내고 하나님의 솜씨를 노래하도록 창조가 되었습니다. 동시에 다른 모든 피조물들은 우리 인간을 위하여 지음 받았다고도 할 수 있습니다. 하나님께서 인간을 창조 중에서 가장 마지막에 자기 형상대로 창조하신 이유가 무엇이겠습니까?

크게 보면 두 가지입니다. 먼저 하나님과 교제하시기 위함입니다. 이 세상에 우리 인간 외에 하나님과 교제하며 예배하며 기도하며 대화할 수 있는 존재가 있습니까? 없습니다. 우리는 할 수 있습니다. 우리는 하나님의 형상이기 때문입니다. 그리고 또 한 가지 하나님께서 우리를 자신의 형상으로 지으신 이유는 하나님을 대신해서 하나님이 지으신 모든 만물을 다스리도록 하기 위하여 그렇게 하셨습니다. 그래서 하나님께서 인간을 지으시고 명하셨습니다. "땅을 정복하라, 모든 생물을 다스리라"라고 하셨습니다.

그런데 우리 인간은 하나님의 명령에 불순종해서 선악과를 따먹음으로 인해 타락하고 하나님의 저주를 받게 됩니다. 그때에 우리 인간만 저주를 받는 것이 아닙니다. 다른 피조물도 다 저주를 받습니다. 창세기 3장 17절에 "땅은 너로 말미암아 저주를 받고"라고 했습니다. 땅이 인간으로 인하여 저주를 받는 것입니다. 다시 말하면 인간은 모든 피조물의 대표자요 주관자입니다. 이런 인간의 타락은 자연히 다른 피조물들에게 다 영향을 끼치게 된다는 것입니다. 인간의 타락으로 인간만 죄와 비참한 상황에 빠지는 것이 아닙니다. 피조물도 함께 저주를 받고 비참함 가운데 빠지고 고통 가운데 있다는 말씀입니다.

우리가 자연을 볼 때에 이런 생각을 합니다. "자연은 저렇게 깨끗하고 죄와 상관이 없고 아름다운데, 왜 우리 인간들은 죄 가운데 살아야 하고 이렇게 문제가 많은가?" 네, 그렇게 생각이 되겠지만, 오늘 성경을 가만히 보면 그렇지 않습니다. 자연도 역시 저주를 받고 아픔 가운데 고통 가운데 있다는 말씀입니다.

피조물의 저주받음이 어떻게 나타났습니까?

20절 맨 앞을 봅시다. 피조물이 허무한 데 굴복한다고 했습니다. 뜻도, 의미도 없는 헛된 일에 굴복한다고 했습니다. 21절 맨 앞부분을 보시면 피조물도 썩어짐의 종노릇한다고 하였습니다. 피조물이 어떤 모습으로 허무한 데 굴복하고 썩어짐의 종노릇을 하겠습니까?

두 가지 모습으로 합니다.

하나는 피조물의 관리의 사명을 맡은 우리 인간이 그 사명을 잊어버리고 도리어 피조물을 관리하기는커녕 자연을, 피조물을 학대하고 오염시키고 파괴합니다. 그 결과 자연의 오염, 바다와 강물의 오염, 땅의 오염이 있게 됩니다. 땅은 갈수록 산성화되고 지력이 약해집니다. 이 모든 것이 땅을 관리해야 하는 인간이 잘못했기 때문에 이런 현상이 일어나는 것입니다. 산불이며, 황사며, 미세먼지 등이 모든 것들이 하나의 헛됨에 굴복하는 결과인 것입니다.

둘째는, 인간과 관계없이 자연 스스로 자기 파괴적인 일을 합니다.

예를 들어 지진, 화산 폭발, 쓰나미, 홍수, 산사태, 기근, 가뭄 이런 것은 다 자연이 스스로 자기를 파괴하는 모습입니다. 허무함에 굴복하는 모습인 것입니다. 물론 아직도 자연은 하나님의 영광을, 하나님의 창조 솜씨를 많이 드러내고 있습니다. 우리나라에도 아름다운 곳이 많습니다. 우리가 가서 보고 감탄하는 곳들이 많습니다. 이 세상에는 정말로 감탄을 자아내는 아름다운 명소들이 많습니다. 캐나다의 록키산맥이 그렇게 아름답다고 합니다. 그래서 저도 언젠가 그곳에 한번 가보고 싶습니다.

미국의 그랜드 캐니언이란 유명한 곳이 있지 않습니까? 우리가 TV를 통해 자주 보게 됩니다. 그곳에 가면 사람들이 그냥 입을 벌리고 얼이 빠져 버린다고 합니다. 그래서 그곳에 오는 사람들에게 "당신 지금의 감정을 한 단어로 표현한다면 어떻게 표현하겠습니까?" 하고 물어보면 제일 많이 답하는 말이 'Awesome', 경이롭다고 말한다고 합니다. 그 자연의 장대함에 두렵고 숨이 막히고 몸이 떨릴 정도라는 것입니다. 이렇듯 자연은 아직도 하나님의 위엄과 영광과 아름다움을 나타내기는 하지만, 전반적으로 지금 허무에 굴복하고 있다는 것입니다. 하나님의 영광을 본래의 모습대로 나타내지 못하고 있다는 것입니다. 그 권능, 장엄함, 그 아름다움과 신비를 제대로 발휘하지 못하고 도리어 파괴되고, 자신을 파괴하기도

하고, 퇴보하기도 하고, 죽고 썩기도 한다는 것입니다. 그러니 이 자연이 무엇을 기다리겠습니까? 21절을 같이 읽어보겠습니다.

"그 바라는 것은 피조물도 썩어짐의 종노릇한 데서 해방되어 하나님의 자녀들의 영광의 자유에 이르는 것이니라."

여기에 보면 피조물이 두 가지를 기다립니다. 하나는 소극적인 해방입니다. 썩어짐의 종노릇함에서 해방되기를 기다리고, 그 다음은 적극적으로 하나님의 아들들의 영광의 자유에 참여하기를 기다리고 있는 것입니다. 어떤 모습으로 기다리고 있습니까? 22절을 같이 읽어 보겠습니다.

"피조물이 다 이제까지 함께 탄식하며 함께 고통을 겪고 있는 것을 우리가 아느니라."

한마디로 말하면 탄식하고 고통 받으며 기다리고 있다는 것입니다. 탄식하고 고통 받으며 기다리고 있다는 이 말씀을 다르게 번역하면, 해산의 고통으로 신음을 하면서 기다리고 있다는 말입니다. 해산의 고통으로 신음하는 것, 정말 이것은 깊은 신음 아니겠습니까? 아마 우리 여성도들이 세상을 살면서 공통적으로 가장 크고 아프게 느끼는 고통이 해산의 고통일 것입니다. 그래서 해산의 고통으로 신음하는 것은 정말 깊은 신음입니다. 그렇지만 이 신음은 절망적인 신음이 아닙니다. 아주 고통스런 신음이지만 소망이 있는 신음입니다. 어떤 소망이 있습니까? 아이가 곧 태어날 것이라는, 출산의 소망이 있는 신음인 것입니다.

피조물의 해산의 고통이 언제 끝나겠습니까? 언제 썩어짐의 종노릇에서 해방되어 영광에 이르게 되겠습니까? 오늘 19절에 보니까, 피조물이 하나님의 아들들이 나타나기를 학수고대 한다고 했습니다. 그렇습니다. 마지막 날 하나님의 아들들이 온전한 구원, 온전한 영광에 이르게 될 그때를 기다리는 것입니다. 그때는 피조물도 영광에 이르게 되기 때문입니다. 그때에 우리 하나님께서는 만물을 새롭게 하십니다. 오늘 우리가 교독한 말씀(계 21:5) 중에 "보라 내가 만물을 새롭게 하노라"고 했습니다.

하나님께서 마지막 날 인간만, 예수 믿는 성도만 새롭게 하시는 것이 아닙니다. 만물을 새롭게 하십니다. 인간이 완전히 구원 받았는데, 완전히 새로워졌는데, 자연 만물 즉 이 세상은 옛날 그 모습 그대로라면 그곳이 온전한 천국이 될 수 있겠습니까? 그럴 수 없는 것입니다. 그래서 하나님께서는 온 자연 만물도 새롭게 만드시는 것입니다.

베드로후서 3장 12절에 보면 "그날에 하늘이 불에 타서 풀어지고 물질이 뜨거운 불에 녹아질 것이다"라고 했습니다. 이사야 65장, 베드로후서 3장, 요한계시록 21장에 보면 "하나님께서 새 하늘과 새 땅을 창조하시리라"라고 하였습니다. 다시 말해서 이 세상 만물이 없어지는 것이 아닙니다. 하나님의 능력으로 죄로 오염된 이 세상이 녹아지고 하나님께서 새 하늘과 새 땅을 지으신다, 새 피조물을 만드신다는 것입니다. 그렇게 되면 "사막이 백합화 같이 피어날 것이다" 라고 이사야 선지자가 말하였습니다.

또 이사야 11장에 보면 "이리가 어린 양과 함께 살며 표범이 어린 염소와 함께 누울 것"이라고 했습니다. 갓난아이가 독사의 구멍에 손을 넣고 장난을 해도 상함도 없고 해함도 없으리라 말씀하였습니다. 즉 성도의 구원이 완성될 때에 만물이 죄와 비참함에서 해방되어 영광스럽게 된다는 것입니다. 그때에 자연이 입게 되는 영광은 말로 다할 수 없는 영광이 될 것입니다. 그때는 산과 바다와 하늘과 우주에 이 모든 것들이 우리가 상상할 수 없을 정도의 영광스러운 모습으로 빛날 것입니다. 하나님의 영광을 찬란히 나타낼 것입니다. 이 때문에 피조물이 하나님의 아들들이 나타나기를 학수고대하는 것입니다.

죄로 인하여 인간만 고생하고, 인간만 탄식하고 문제가 많은 것이 아닙니다. 피조물도 자연도 탄식하는 것입니다. 피조물의 탄식을 들읍시다. 인간이 아닌 다른 모든 것도 인간과 더불어 피조물이란 점에서는 사실 공통적입니다. 같습니다. 그런데 인간은 이 피조물의 대표자입니다. 그래서 인간이 타락해서 탄식할 때에 자연도 저주를 받고 탄식하는 것입니다.

그래서 우리 크리스천은 자연을 볼 때에 그냥 볼 것이 아니라, 그 피조물의 탄식을 들을 수 있어야 한다는 것입니다. 동물을 보고, 자연을 보고, 나무와 식물을 볼 때에 "너도 탄식하고 있니? 고생이 많다. 다 못난 우리 인간 탓이다. 내가 하나님의 아들로서 새 몸을 입고 나타나기를 기다리고 있지? 이 세상에서도 내가 더욱 새로워질게. 그리고 마지막 날 온전히 새로워질 거야. 그러면 너도 영광의 자유에 이르게 될 거야. 그때까지 잘 참고 기다려" 하고 피조물을 위로하고 격려하는 여러분이 되시기를 바랍니다. 피조물 때문에 더욱 거룩하게 살려고, 더 깨끗하게 살려고 힘쓰는 성도들이 되시기를 바랍니다.

다음으로, 우리 성도들의 고대를 한번 생각해 봅시다.

23절을 보겠습니다.

"그뿐 아니라 또한 우리 곧 성령의 처음 익은 열매를 받은 우리까지도 속으로 탄식하여 양자 될 것 곧 우리 몸의 속량을 기다리느니라."

우리도 기다린다는 것입니다. 피조물도 기다리는데 우리도 기다린다는 것입니다. 여기에 보면 우리가 맨 앞에 한 번 나오고 중간에 한 번 더 나오는데, 두 번째 우리 앞에 어떤 말이 있습니까? "성령의 처음 익은 열매를 받은 우리"라고 되어 있습니다. 구원은 사람의 의지나 노력이나 선행으로 되지 않고 성령의 역사로 됩니다. 하나님께 은혜 받지 못하면 아무도 구원 받을 수가 없습니다. 성령이 거듭나게 하시고 믿게 하셔야 구원 받을 수 있는 것입니다. 교회에 출석하고 있지만 아직도 예수님을 믿지 못하는 분들이 계십니까? 우리 하나님의 성령이 여러분 속에 역사해서 예수님을 믿어 구원 받는 역사가 꼭 있기를 바랍니다.

그런데 하나님이 지으신 것들 중에서, 피조물 중에서, 가장 먼저 구원 받은 존재가 누구입니까? 인간입니다. 예수 믿는 성도들입니다. 그 점에서 성도는 성령의 처음 익은 열매라고 할 수 있습니다. 처음 익은 열매라는 것은 앞으로 다른 열매가 계속 열릴 것을 보장하는 말입니다. 앞으로 본격적인 추수가 있게 될 것을 보증하는 말입니다. 즉 성령의 처음 익은 열매인 우리 인간의 구원은 모든 피조물이 구원을 보증하는 것이 되는 것입니다. 이것이 너무 귀한 진리입니다. 구원의 첫 열매, 성령의 첫 열매 되는 우리 인간의 구원, 우리 성도의 구원은 온 세상 자연 만물이 다 구원 받게 될 것을 보여주는 하나의 보증이 된다는 말씀입니다.

구원은 우리 인간에게만 해당되는 것이 아닙니다. 구원은 우주적입니다. 구원은 모든 피조물, 온 자연 만물이 구원을 받게 되는 것입니다. 성령의 처음 익은 열매인 우리까지도 속으로 탄식한다고 했습니다. 22절에 보면 피조물이 탄식한다고 했습니다. 그런데 23절에 보면 우리도 탄식한다고 말씀하고 있습니다. 우리도 세상 살면서 탄식할 때가 많습니다. 온갖 종류의 고난, 재난, 사고, 질병 등 여러 가지 문제로 인하여 탄식하며 살아갈 때가 많습니다. 무엇보다도 자기의 죄성으로 인해, 연약함으로 인하여 탄식할 때가 많습니다.

저는 날마다 탄식합니다. 어쩌면 저희 교회에서 가장 많이 탄식하는 사람이 제가 아닐까 생각합니다. 금방까지도 거룩하고 성령 충만하고 은혜가 충만했었는데, 금방 넘어져서 눈으로 범죄하고, 마음으로 범죄하고, 우리 하나님 앞에 부끄러울 때가 너무 많기 때문에 그런 저의 모습을 보면서, 그 약하디약한 제 모습을 보면서 하나님 앞에서 탄식하게 되는 것입니다.

그러나 우리 성도의 탄식은 피조물처럼 탄식으로만 끝나지 않습니다. 피조물처럼 기다림이 있는 탄식입니다. 소망이 있는 탄식입니다. 무엇을 기다립니까? 23절 하반절을 보시기 바랍니다. "양자 될 것 곧 우리 몸의 속량을 기다리느니라"고 했습니다. 우리가 예수를 믿으면 이미 양자가 되었습니다. 로마서 8장 앞부분에서, 우리가 예수를 믿으면 양자의 영을 받아서 하나님을 아바 아버지라 부른다고 했습니다.

여러분, 날마다 하나님을 아바 아버지라 많이 부르시기를 바랍니다. 저는 산보를 하면서 천지의 창조자, 전능하신 하나님께서 나를 구원하실 뿐만 아니라, 나를 자녀로 삼아서 아버지라고 부를 수 있는 이 사실에 감동하고 또 감동하고, 감사하고 또 감사하게 됩니다. 그런데 오늘 본문 말씀에 보니, 우리 몸의 구속을 기다린다고 했는데 우리가 구속을 받았습니까? 예수 믿는 자는 이미 구속을 받았습니다.

23절 말씀에 양자 될 것, 곧 우리 몸의 속량을 기다린다고 하고 있습니다. 이것이 도대체 무슨 말씀입니까? 우리는 양자가 되었지만, 양자로서의 특권과 영광과 권세를 이 세상 살 동안에 온전히 누리지 못합니다. 그저 맛을 볼 뿐입니다. 우리가 구속 받고 구원 받았지만, 우리 몸은 여전히 병들고 다치고 늙어가고 죽고 썩어집니다. 온전한 구속이 아닙니다. 그러므로 여기에 나오는 양자됨은 양자됨이 완전한 단계에 이름을 말하는 것입니다. 그때에 우리는 하나님의 양자로서 하나님의 영광과 복락과 권세를 완벽하게 누리게 될 것입니다. 여기에서 구속은 우리 몸의 완전한 구속을 말합니다. 언제 이런 일이 일어나겠습니까? 주 예수님이 재림하실 때입니다. 그날에 우리의 몸은 죽지 않고 썩지 않을 몸을 입게 될 것입니다. 주 예수 그리스도의 형상을 입게 될 것입니다.

오늘 말씀에 보니 "피조물조차도, 이성이 없고 말도 못하는 자연까지도 탄식하면서 썩어짐의 종노릇함에서 해방되어 하나님의 자녀 된 영광의 자유에 이르기를 학수고대하고 있다"라고 했습니다. 성도들 역시 탄식하면서 완전한 구원에 이르기를 기다린다고 했습니다. 이것이 구원의 진리를 아는 성도들의 정상적인 모습입니다. 그렇다면 여러분은 이 세상에 살면서 주로 무엇 때문에 탄식하고 살아가십니까? 무엇을 기다리며 소망하며 학수고대하며 살고 계십니까? 25절을 보십시오.

"만일 우리가 보지 못하는 것을 바라면 참음으로 기다릴지니라."

"참음으로 기다릴지니라"고 하였습니다.

오늘 말씀을 통하여 하나님께서 무엇을 인내하며 기다리라고 우리에게 말씀하십니까? 우리와 피조물의 온전한 구원, 즉 주 예수 그리스도의 날에 모든 죄를 벗고 영광스럽게 변화될 것을 인내하면서 기다리라고 하는 것입니다. 그러므로 세상살이가 아무리 힘들어도 불평하지 마시기 바랍니다. 원망하지 마시기 바랍니다. 포기하지 마시기 바랍니다. 도리어 소망에 눈 뜨는 성도가 되시기를 바랍니다. 하늘을 향해 눈 뜨는 성도가 되시기를 바랍니다. 세상 사람들처럼 세상만 보고서 아웅다웅 싸우며 다투며 살아가는 자가 되지 말고, 곧 우리에게 주어질 영원하고 완전한 영광을 바라보면서 믿음으로 살아가는 여러분 모두가 되시기를 바랍니다.

20

로마서 8:26-27

우리의 연약함을 도우시는 성령님

“이와 같이 성령도 우리의 연약함을 도우시나니 우리는 마땅히 기도할 바를 알지 못하나 오직 성령이 말할 수 없는 탄식으로 우리를 위하여 친히 간구하시느니라 마음을 살피시는 이가 성령의 생각을 아시나니 이는 성령이 하나님의 뜻대로 성도를 위하여 간구하심이니라“

현재의 고난은 장차 우리에게 나타날 영광과 족히 비교할 수 없습니다. 장차 나타날 영광은 우리 신자만 기다리는 것이 아닙니다. 지난 시간에 피조물도 고대한다고 하였습니다. 장차 나타날 영광에 대한 소망이 우리로 하여금 이 세상에서 우리에게 닥치는 모든 고난을 견딜 수 있도록 만들어 주는 것입니다. 그런데 이 세상의 고난에서 우리를 돕는 더 큰 도움이 있습니다. 그것이 무엇인지 아십니까? 26절 앞부분에 보면 “이와 같이 성령도 우리의 연약함을 도우시나니"라고 말씀합니다. 누구십니까? 성령님입니다. 성령 하나님께서 우리를 고난 가운데서, 연약함 가운데서 도와주신다고 했습니다. "우리의 연약함을 도우시는 성령님!" 생각할수록 참으로 은혜롭고 참으로 감사한 말씀입니다.

우리는 주일 예배마다 사도신경으로 하나님 앞에 신앙고백을 드립니다. 사도신경을 한마디로 요약하면 '나는 하나님을 믿습니다'입니다. 사랑의 고백은 '나는 당신을 사랑합니다'이듯, 신앙 고백은 '나는 당신을 믿습니다'는 고백입니다. 하나님을 어떻게 믿는다고 고백합니까?

첫째는, '나는 전능하신 아버지 하나님, 성부 하나님을 믿습니다' 고백하고, 두 번째는 '나는 그의 유일하신 아들 우리 주 예수 그리스도, 즉 성자 하나님을 믿습니다'라고 고백하고, 세 번째는 '나는 성령님을 믿습니다' 하고 고백하는 것입니다. 결국은 삼위일체 하나님을 믿는다고 고백합니다. 하나님은 한 분이신데, 신격에는 3위가 계시니 성부와 성자와 성령이시다 하는 것입니다. 성령 하나님은 우리를 거듭나게 하셔서 우리로 예수 믿게 하시는 하나님이십니다.

우리는 천지를 창조하신 성부 하나님, 이 세상에 오시어서 죽으신 성자 하나님은 잘 아는데 성령 하나님은 어떤 분이신지 분명히 알지 못합니다. 방금 말씀 드린 대로 우리 죄인들의 마음을 여시고 우리로 거듭나게 하시고 우리로 구원받게 하시는 하나님이 성령 하나님이십니다. 그 성령 하나님께서 우리를 거듭나게 하시고 구원받게 하실 때에 우리 속에 찾아오셨습니다. 그리고 우리 속에 거하십니다. 이 로마서 8장 9절 끝에 보면 누구든지 그리스도의 영, 즉 성령이 계시지 않는 사람은 그리스도의 사람이 아니라고 했습니다. 그래서 우리가 알 수 있는 것은, 예수 믿는 모든 신자 안에는 성령 하나님께서 거하십니다. 내가 느끼든지 못 느끼든지, 알든지 모르든지 상관없이, 예수 믿는 모든 신자 안에는 성령님이 계십니다. 영원히 내주하십니다.

이 성령의 내주는 성령의 인침이라고 할 수 있습니다.

도장을 찍는 것입니다. 우리의 구원을 보증하는 것입니다. 그리고 성령께서는 우리 안에 계시면서 우리를 도와주십니다. 예수님께서 제자들과 만찬석에 둘러 앉아 최후의 만찬을 드시고 나서 제자들에게 '나는 곧 아버지께로 간다'고 하자 제자들이 걱정을 합니다. 그 때에 예수님께서 무엇을 말씀하셨는지 오늘 교독문을 보시기 바랍니다. 중간에 보시면 "또 다른 보혜사를 너희에게 주사 영원토록 너희와 함께 있게 하리니"(요 14:16)라고 하였습니다. 예수님이 세상에 계시는 동안은 누가 보혜사라는 것입니까? 예수님이십니다. 예수님께서 지금까지 그들을 돌보아 주셨습니다.

그런데 예수님께서 가시면, 예수님께서 아버지 하나님께 구하셔서 다른 보혜사를 보내 주겠다고 했습니다. 그 다른 보혜사가 누구입니까. 그 다음에 보시면 "보혜사 곧 아버지께서 내 이름으로 보내실 성령"(요 14:26)입니다. 여기서 다른 보혜사는 성령님을 말합니다. 이 보혜사라는 말은 'Helper, 돕는 자'라는 말입니다. 그러면 성령님은 무엇을 하시는 분입니까? 도우시는 분입니다. 전능하신 하나님께서 한순간도 우리를 떠나지 않고 우리를 도와주신다는 사실이 얼마나 복된 일입니까? 얼마나 우리에게 위안이 되고 격려가 되고 힘이 되는지 알 수 없습니다. 그런데 오늘 본문 26절을 보면 성령이 특별히 우리의 무엇을 도와주신다고 했습니까? 우리의 연약함을 도와주신다고 했습니다. 이 말씀의 의미는 성령이 항상 모든 일에 우리를 도와주시지만 특별히 우리가 연약한 자리에 있을 때에, 연약한 상태에 있을 때에 우리를 더 도와주신다는 말씀입니다.

우리는 이 세상을 살아갈 동안 시련을 당하고 고난을 당하고 영적으로 연약하여 범죄하고 넘어질 때가 많습니다. 육신적으로도 연약하여 병들고 고통 받을 때가 많이 있습니다. 그런데 우리와 함께하시는 성령님께서 그럴 때에 우리를 내버려 두시지 않는다는 것입니다. 우리를 방치하지 않는다는 것입니다. 우리를 밉다고 대적하시지 않는다는 것입니다. 성령님은 언제나 우리의 편이 되셔서 우리를 도와주시는 것입니다. 만일 우리 안에 내주하시는 성령의 도우심이 없다면, 저와 여러분은 출애굽 하여 20세 이상은 광야에 엎드려진 사람들처럼 다시는 일어나지 못할 것입니다. 결단코 저 천국에, 장차 나타날 영광에 이를 수 없을 것입니다.

그런데 우리는 자신이 홀로라고 생각할 때가 많습니다. 모든 사람이 나를 잊었다고 생각하고 나를 버렸다고 생각할 때가 있습니다. 아무도 내 사정을 몰라준다고 생각할 때가 있습니다. 그러나 여러분, 하나님은 당신의 백성은 결코 한 순간도 홀로 내버려 두시지 않습니다. 여러분, 내 눈에는 안 보이지만, 언제나 성령님께서 함께하시고 도와주심을 믿으시기 바랍니다.

디모데후서 4장 끝부분에 보면 사도 바울이 이런 말씀을 했습니다.

> "내가 처음 법정에 서서 나 자신을 변호할 때에, 나와 함께한 자가 하나도 없고 다 나를 떠났다. 그런데 주께서 내 곁에 서서 나에게 힘을 주셨다."

그때 주님께서 정말로 육신을 입고 사도 바울 옆에 오셔서 힘을 주셨을까요? 아닙니다. 성령으로 사도 바울 옆에 계시면서 바울에게 힘을 주셨다는 것입니다. 여러분, 바울의 이 믿음을 가지고 살아가시기를 바랍니다. 다 나를 떠나도, 성령님이 언제나 내 곁에 서서 나에게 힘을 주신다는 사실을 잊지 마시기 바랍니다.

성령은 우리의 연약함을 도우시는데, 특별히 우리가 어떻게 기도해야 할지 모를 때에, 우리가 연약할 때에 우리를 도와주십니다. 26절 중반을 보면 "우리는 마땅히 기도할 바를 알지 못한다"라고 했습니다. 기도를 하기는 해도 무엇을 위해서 기도해야 할지 잘 모른다는 것입니다. 그런데 곰곰이 생각해 보면 이 말씀 속에는 하나의 전제가 있습니다. 우리의 기도가 전제되어 있습니다. 우리가 기도할 때에 마땅히 기도할 바를 알지 못한다는 것입니다.

우리 주님께서는 우리에게 기도할 것을 정말 수없이 말씀하셨습니다. 그럼에도 기도하지 않거나 기도하지 못하는 성도들이 더러 있습니다. 예수님을 믿지만 나는 어떻게 기도해야 될지 몰라서 기도 못한다고 하시는 분들이 더러 있습니다. 벙어리가 아닌데, 사람들 하고는 말을 할 수 있는데 하나님께는 말을 할 수 없는 사람들이 자기는 기도를 못한다고 합니다. 자기는 기도를 하긴 하는데 몇

분만 기도하면 더 이상 기도할 것이 없어서 기도를 못한다는 분도 있습니다. 우리가 정말로 살아 계시고 내 모든 사정을 다 아시고 내 모든 문제를 다 해결하실 수 있는 하나님이 계신다는 것을 믿는다면, 그 하나님께서 나에게 기도하라고 했다는 사실을 믿는다면 기도하지 않겠습니까? 기도하게 됩니다. 조그만 문제도, 조금만 어려움이 있어도 하나님 앞에 기도하게 되는 것입니다.

기도는 어려운 것이 아닙니다.

내가 친구와 대화하듯이 하나님의 살아 계심을 믿고 하나님을 아버지라 부르면 그때부터 기도가 시작되는 것입니다. 저번에 우리가 하나님 말씀에 보니까 하나님께서 우리로 하여금 예수 믿게 하실 때에 양자의 영을 주셔서 우리가 하나님을 아바 아버지라 부른다고 했습니다. 하나님께서는 전능하신 하나님, 어디든지 계시는 하나님이십니다. 그래서 내가 작은 목소리로 기도해도 내 기도를 들으시는 하나님이라는 것을 내가 믿어서 그 믿음으로 '하나님 아버지' 하고 내 입을 열어서 참된 믿음으로 하나님을 부르기만 하면, 그때부터 나의 기도는 시작될 수 있는 것입니다. '하나님 아버지'를 부르고, 그 다음부터 하나님과 대화하고 나의 모든 사정을 다 하나님께 아뢰면 그것이야말로 진정한 기도가 되는 것입니다.

스탠리 존스라고 하는 유명한 선교사님이 계십니다. 지난 20세기에 인도에 가서 평생을 바치신 선교사이신데, 그분의 자서전을 제가 읽고 있습니다. 그분이 자기의 기도에 대해서 이렇게 말씀했습니다.

"나는 매일 한 시간 반씩 기도한다. 저녁 5시에서 6시경에 기도하는데, 나는 대개 집 밖으로 나가서 옥외에서 이리저리 거닐면서 묵상하고 기도를 한다. 또, 실내에서 할 필요가 있을 때에는 실내에서 기도한다."

생각해 보면 우리의 기도는 너무 규격화되어 있습니다. 딱 어느 시간, 어느 자리에 앉아서 기도해야만 그것이 기도라고 생각한다는 것입니다. 교회에서 정해 놓은 기도 시간, 정해진 기도 시간에 와서 그 자리에 앉아 기도해야만 기도한다고 생각하는 것입니다. 다니엘이나 백부장 고넬료처럼 정해진 시간에 정해진 장소에서 규칙적으로 기도하는 일도 필요합니다. 그러나 스탠리 존스 선교사님처럼 그냥 자유롭게, 어디에서도 주님의 이름을 부르며 속삭이며 주님과 대화할 수 있는 것입니다. 이것이 늘 쉬지 않고 기도하는 것이 되는 것입니다. 늘 주님께 기도하는 성도, 기도로 주님과 교제하는 성도가 되시기를 바랍니다.

기도하시는 성도들 중에 혹시 기도하시면서 "나는 마땅히 기도할 바를 알지 못하고 기도 한다"고 생각하시는 분이 계십니까? 지금까지 기도한다고 살아오신 분들, 기도하시면서 나는 마땅히 알바를 모르고 기도했는지 한번 돌이켜 보십시오. 저는 기도할 때엔 언제나 기도 제목을 가지고 기도합니다. 그냥 기도하지 않습니다. 요즘은 새벽기도 할 때에 제가 그때그때 기도할 제목도 있지만, 4월부터 열 가지 기도 제목을 정해놓고 일천 번 기도하기로 마음을 먹었습니다. 기도의 일천 번제를 드리기로 하고 새벽마다 그 10가지는 빠지지 않고 항상 처음부터 끝까지 쭉 기도합니다. 그래서 저는 기도할 바를 알지 못하고 기도한다고 생각해 본 적이 별로 없었습니다.

그런데 오늘 이 말씀을 보니까 우리는 마땅히 기도할 바를 알지 못한다고 하였습니다. 이 말씀이 저에게는 한마디로 말해서 충격적인 말씀입니다. 늘 기도할 바를 안다고 생각하고 기도했는데, 오늘 말씀에는 기도할 바를 알지 못한다고 하였습니다. 생각해 보니, 평상시에도 정말 내가 마땅히 기도해야 될 바를 알지 못하고 기도하는 것이 많았고, 특히 우리가 시련을 당할 때에, 고난을 당할 때에, 우리가 약할 때에 당황하여서 어떻게 기도해야 될지를 알지 못하고 그냥 떠오르는 자기 생각, 자기 주관, 자기 뜻을 따라서 기도하는 것이 많더라는 것입니다.

우리만 그렇겠습니까? 성경을 보면 위대한 하나님의 사람들도 많이 그랬습니다. 종종 마땅히 기도할 바를 알지 못했습니다. 모세오경을 읽어 보면 기도의 사람 모세도 하나님 앞에서 마땅히 기도할 바를 알지 못하고 기도한 적이 여러 번 있었습니다.

예수님의 제자 중 두 형제가 있었습니다. 베드로와 안드레, 야고보와 요한입니다. 이제 예수님의 사역 후반기가 되어 예수님께서 자기 생명을 내어놓기로 작정하시고 예루살렘으로 발걸음을 옮기고 계셨습니다. 뭔가 예수님의 결연한 의지가 제자들의 눈에도 보였습니다. '예수님께서 이번에 예루살렘에 가시면 뭔가 일이 벌어지겠구나. 이제는 정권을 잡으시고 왕이 되어 나라를 세우시겠구나' 하는 마음이 든 것입니다. 이때 야고보와 요한이 다른 제자들보다 선수를 쳤습니다. 예수님 앞에 나아와 절을 하며 "선생님, 주의 나라에서 우리 둘 중 하나는 주의 우편에 앉게 해주시고, 하나는 주의 좌편에 앉게 해주시옵소서"라고 합니다. 다시 말하면 한 사람은 우의정이 되게 하시고, 다른 한 사람은 좌의정이 되게 해달라는 것입니다. 그것은 하나님의 뜻을 모르고 자기 욕심대로 잘못 구하는 것이었습니다.

사도 바울이 얼마나 아름다운 기도의 사람입니까? 그런데 사도 바울은 자기 몸에 가시가 있었다고 했습니다. 육체에 가시가 있으면 어떻겠습니까? 그것이 몸을 쿡쿡 찌르면 얼마나 아프겠습니까? 육체의 가시라는 것은 질병을 말하는 것입니다. 무엇인지는 정확하게 알 수 없지만 아주 아픈 어떤 병입니다. 그래서 하나님 앞에 세 번 간절히 기도했다고 합니다. 한 번, 두 번, 세 번 그런 기도가 아니라 정말 한 번 기도할 때에 수개월 동안 작정해서 하나님 앞에 간절히 기도했다는 것입니다.

그런데 하나님께서 그 기도에 응답해 주셨습니까?

하나님께서는 "네 은혜가 너에게 족하다"라고 말씀하셨습니다. "너에게 지금까지 주어진 그 은혜만 해도 족하니까 그것을 더 구하지 말아라"고 하시면서 고쳐주시지 않았습니다. 인간적으로 생각하면, 사도 바울 같은 열심 있는 전도자를 하나님께서 낫게 해주시면 건강하게 이리저리 다니면서 복음을 더 잘 전할 것인데, 하나님께서는 고쳐 주시지 않았습니다. 그것이 하나님의 뜻이었습니다.

나중에 알고 보니 그 연약함 때문에 사도 바울은 교만해질 틈이 없었습니다. 자기도 모르게 교만해지려고 하면 그 가시가 자기를 찔러대므로 '아, 나는 이렇게 연약한 사람이구나' 하며 겸손해지고, 또 그것 때문에 아플 때마다 하나님 앞에 더 많이 무릎 꿇고 기도

하니 하나님의 능력이 더 크게 임하는 것입니다. 그렇게 더 크신 하나님의 능력을 가지고 복음을 전하니 하나님의 능력과 영광이 더 많이 나타나는 것입니다. 그러니 사도 바울의 그 기도를 들어주시지 않고 그냥 병을 그대로 놔두는 것이 하나님의 뜻이었다는 것입니다.

그러므로 늘 기도하는 사람일지라도 마땅히 기도할 바를 안다고 할 수 없습니다. 우리의 사업이 잘 되고 몸이 더 건강하게 되는 것이 반드시 하나님의 뜻이라고 할 수 없다는 말씀입니다. 그렇기 때문에 여러분은 기도할 때에 그냥 내 생각, 내 의지만 가지고 기도할 것이 아니라, 성령의 도우심을 구하고 성령 안에서 기도하시기를 바랍니다.

성령님이 우리 기도의 연약함을 도우시는데, 어떻게 도우십니까? 오늘 성경에 보니까 두 가지로 도우십니다.

첫째는, 26절 후반에 보면 "오직 성령이 말할 수 없는 탄식으로 우리를 위하여 친히 간구하시느니라"고 말씀하셨습니다.

탄식으로 간구하십니다. 로마서 8장을 보면, 3대 탄식이 나옵니다. 두 가지 탄식은 지난 시간 본문에 나왔습니다. 22절에 보면 피조물의 탄식이 나옵니다. 23절에는 우리 성도의 탄식이 나옵니다. 그런데 오늘 26절에는 성령의 탄식이 나옵니다. 여기에는 차이가 있습니다. 피조물의 탄식과 우리의 탄식은 모두 우리의 죄와 연약함으로 인한 탄식입니다. 그런데 성령님의 탄식은 성령 자신의 연약함, 자신의 문제로 인한 탄식이 아니라 우리의 연약함 때문에 하는 탄식입니다. 왜냐하면 우리는 마땅히 기도할 바를 몰라서 구하지 않을 것을 구하고, 구해야 할 것은 구하지 않는 잘못된 기도를 드릴 때가 많기 때문입니다.

예를 들어서, 우리가 하나님 앞에 가장 많이 구해야 할 것이 무엇이겠습니까? 우리가 하나님 앞에 성령 충만을 구하고, 주님을 닮아 가기를 구하고, 어찌하든지 말씀을 따라서 살아가기를 구하고, 죄짓지 않기를 구하고, 믿음을 구하고, 사랑을 구하고, 소망을 구해야 될 터인데, 이렇게 가장 귀한 영적인 것들은 구하지 않고 늘 육신의 소욕들, 어떻게 보면 기도하지 않아도 될 그런 소소한 문제를 가지고 기도할 때가 너무 많지 않습니까? 또 마음속에 있으나 인간의 언어와 표현에는 한계가 있기 때문에 언어나 말로 다 표현하지 못하는 것들이 우리 속에 있습니다. 죄를 회개하는 문제도 그렇습니다.

여러분 자신을 한 번 생각해 보십시오. 여러분들이 지금까지 지은 죄를 하나님 앞에 다 고백하고 다 용서받았다고 생각하시는 분이 있습니까? 물론 죄가 떠오르거나 생각이 나면 그것을 하나님 앞에 내놓고 고백하면 용서받습니다. 그러나 우리가 알아야 될 것은, 우리는 연약해서 자주 잊어버린다는 사실입니다. 범죄하고도 잊어버리고 하나님 앞에 회개기도를 못하는 것들이 수두룩합니다. 또 그것이 죄였다는 것을 깨닫지 못해서 하나님 앞에 회개하고 내어놓지 못하는 것도 너무 많다는 것입니다. 그런 우리의 모습을 볼 때 성령님께서 얼마나 안타까우시겠습니까?

그래서 성령님께서 탄식하신다고 했습니다. 발할 수 없는 탄식으로 아버지 하나님께 기도드리시는 것입니다. 진정 우리에게 필요한 것을 위해서 성령님께서 기도해 주시고, 우리가 기도해야 될 것을 많이 빠뜨리고 기도하지 못하는데, 그것을 위해서 성령님께서 대신 간구해 주십니다. 그래서 우리에게 부족한 것이 없도록 만들어 주시는 것입니다.

두 번째는, 27절 중반에 보면 "성령이 하나님의 뜻대로 성도를 위하여 간구한다"고 했습니다.

첫째는 '탄식으로', 두 번째는 '하나님 뜻대로'입니다. 삼위 하나님께서는 한 하나님이시기에 서로의 뜻을 잘 아십니다. 하나님 아버지께서는 성령의 생각을 다 아십니다. 그러면 성령님은 하나님 아버지의 뜻을 다 알겠습니까, 모르겠습니까? 다 압니다. 오늘 교독문을 보십시오.

"성령은 모든 것 곧 하나님의 깊은 것까지도 통달하시느니라"(고전 2:10).

하나님 아버지의 깊은 것까지도 성령님이 다 아신다는 것입니다. 성령께서는 하나님 아버지의 그 기뻐하시는 뜻을 다 아십니다. 그러니 기도할 때에 어떻게 기도하겠습니까? 아버지의 뜻을 따라서 기도합니다.

요한일서 5장 14절을 보면 "그의 뜻대로 무엇을 구하면 들으심이라"고 말씀하셨습니다. 그의 뜻에서 '그'가 누구시겠습니까? 하나님 아버지입니다. 하나님 아버지의 뜻대로 우리가 무엇을 구하면 하나님께서 다 들어주신다고 하셨습니다. 왜 우리의 기도에 응답이 없겠습니까? 우리가 기도를 하지 않거나 하나님의 뜻이 아닌 것을 구하기 때문입니다. 그러나 하나님의 뜻대로 구하면 다 들으신다고 하셨습니다. 그런데 성령님은 하나님의 뜻을 다 아신다는 말입니다. 성령님은 하나님의 뜻대로만 구하니까 성령의 기도는 100% 응답이 됩니다. 너무나도 효과적인 기도를 우리를 위해서 드려주십니다.

복음송 중에 "당신이 지쳐서 기도할 수 없고… 누군가 널 위해 기도하네"라는 찬양 가사가 있습니다. 우리가 너무 지쳐서 기도할 수 없을 때 누가 우리를 위해 기도하겠습니까? 물론 우리 아버지도, 우리 어머니도, 나를 아는 사람도 기도할 것입니다. 그러나 우리를 위해 끊임없이 기도하시는 분이 있습니다. 로마서 8장 34절을 보십시오.

"누가 정죄하리요 죽으실 뿐 아니라 다시 살아나신 이는 그리스도 예수시니 그는 하나님 우편에 계신 자요 우리를 위하여 간구하시는 자시니라."

이 말씀에 보니까 승천하셔서 하나님 우편에 계시면서 우리를 위해 간구하시는 분이 계십니다. 누구십니까? 예수님이십니다. 예수님께서 우리를 위해 끊임없이 간구하십니다. 그런데 오늘 본문 말씀을 보니 또 누가 우리를 위해 기도하신다고 하셨습니까? 성령 하나님이 우리를 위해 기도하신다고 하였습니다. 예수님과 성령님이 우리를 위해 끊임없이 중보기도 하시기 때문에, 우리가 너무나도 연약함에도 불구하고 사탄의 세력에 빠지지 않고 오늘까지 믿음으로 살아왔음을 믿으시기 바랍니다.

오늘(2015.5.24)은 성령 강림절입니다. 예수님께서는 부활하신 후

40일 동안 땅에 계시다가 제자들이 보는 가운데 승천하셨습니다. 승천하신 후 열흘이 지나서 오순절이 되었는데, 그 오순절에 하나님께서 성령을 부어주셨습니다. 그래서 그날이 성령 강림절이 된 것입니다. 그런데 참 감사하게도 제가 로마서 설교를 일부러 계획해서 말씀을 전하는 것도 아닌데, 성령 강림절인 오늘 이 성령님에 대한 말씀을 전하게 되었습니다.

오순절 성령님이 강림하신 그때부터 믿는 모든 성도들에게 성령님이 내주하시고 함께하시면서 성도들을 도와주십니다. 특별히 언제 도와주십니까? 성도가 연약할 때 도와주십니다. 성도가 연약하여 바르게 기도하지 못할 때에 성도를 도와주십니다. 마땅히 구해야 될 것을 알지 못하는 우리를 도와주시는 것입니다. 탄식하면서 기도해 주시고 하나님의 뜻대로 성도를 위하여 간구해 주심으로, 우리로 하여금 아무 부족함이 없도록 만들어 주시는 것입니다.

그러고 보면 우리의 힘과 능력으로 이 세상을 살아온 것 같지만, 우리 뒤에서 우리와 함께하시면서 우리를 도와주신 성령님의 손길이 있었기 때문에 여기까지 올 수 있었습니다. 그러므로 성령 하나님을 믿으시기 바랍니다. 성령님이 저와 여러분을 도와주심을 믿으시기 바랍니다.

그 성령님을 믿고 기도할 때 현재의 고난, 이 땅의 고난을 감당치 못할 것이 없습니다. 성령의 도우심으로 영광의 나라, 저 천국에 안전하게 들어가게 될 것을 모두 확신하시기 바랍니다.

21

로마서 8:28

모든 것이 합력하여

"우리가 알거니와 하나님을 사랑하는 자 곧 그의 뜻대로 부르심을 입은 자들에게는 모든 것이 합력하여 선을 이루느니라"

우리에게 영원한 진리의 말씀을 주신 우리 하나님 앞에 감사하시기 바랍니다. 모든 말씀이 다 귀하지만 특별히 오늘 본문 말씀은 참으로 귀한 말씀입니다. 성경에서 우리에게 가장 잘 알려지고 가장 사랑 받는 말씀 중 하나입니다. 그리고 우리 성도들에게 가장 큰 위로와 격려가 되는 말씀 중 하나입니다.

오늘 이 말씀이 여러분 모두에게, 특별히 문제와 고난 속에 있는 모든 이들에게 큰 위로와 힘이 되시기를 바랍니다.

오늘 본문 8장 28절도 참 대단한 말씀이지만, 10절을 거슬러 가서 8장 18절도 참으로 위대한 말씀입니다. "생각하건대 현재의 고난은 장차 우리에게 나타날 영광과 비교할 수 없도다"라고 말씀했습니다. 이 8장 18절 말씀과 오늘 본문 말씀이 서로 관련이 되어 있습니다. 현재의 고난이 장차 우리에게 나타날 영광을 어떻게 보장해 줍니까? 그것은 26-27절 말씀에서 볼 수 있듯이, 성령이 우리의 연약함을 도우신다고 했습니다. 특별히 우리를 위해서 탄식하시면서 하나님의 뜻을 따라 우리를 위해서 아버지 하나님께 간구해 주신다고 했습니다. 그리고 오늘 본문 말씀에 보면 또 우리를 도우시는 분이 계십니다. 바로 그 성령의 중보기도를 따라 하나님 아버지께서 우리 성도들을 도와주시는 것입니다.

먼저 앞부분에 있는 "하나님을 사랑하는 자"를 먼저 생각해 봅시다.

성경에 보면 '하나님께서 세상을 사랑하신다, 하나님께서 우리를 사랑하신다'는 말씀을 많이 볼 수 있습니다. 그런데 "하나님을 사랑하는 자"라는 표현은 그다지 많지 않습니다. 그러면 하나님을 사랑하는 자는 누구를 말하겠습니까? 이 말씀은 특별히 신앙생활에 열심이 있는 분이거나, 또 주님을 향하여 가슴이 뜨거운 분만을 의미하지 않습니다. 하나님을 사랑하는 자는 예수님을 믿는 모든 사람들, 성도들을 일컫는 말씀입니다. 베드로전서 1장 8절에 보면 "예수를 너희가 보지 못하였으나 사랑하는도다"라고 말씀했습니다. 성도들은 예수를 보지 못하였지만 사랑하는 사람들인 것입니다. 성도는 한없는 하나님의 사랑에 감격하여, 저 주님의 십자가 사랑에 감격하여 하나님을 사랑하는 자입니다. 다윗은 시편 18편 1절에서 "나의 힘이신 여호와여 내가 주를 사랑하나이다"라고 고백했습니다. 주님을 사랑하는 마음이 가득 차서 주님을 사랑한다고 고백하였습니다.

성도는 하나님을 사랑하는 자인데, 그렇다면 여러분 속에 하나님에 대한 사랑이 얼마나 있습니까? 한 번 이 시간에 체크해 보시기 바랍니다.

'내 속에는 하나님에 대한 사랑이 얼마나 있는가? 내 속에 하나님을 향한 사랑이 불타고 있는가? 아니면 저 라오디게아 교회 성도들처럼 차갑지도 않고 뜨겁지도 않는 미지근한 신앙으로 살고 있지는 있은가? 아니면 내 마음속에는 하나님을 향한 사랑이 조금도 없는 것은 아닐까?'

만일 하나님에 대한 사랑이 조금도 느껴지지 않는다면 그 사람은 예수 믿는 사람이 아닐 것입니다. 오늘 말씀에 보니 성도는 하나님을 사랑하는 사람이라고 했기 때문입니다. 따라서 하나님을 사랑하지 않는다면 그 사람은 성도라고 할 수 없습니다.

우리를 사랑하시는 우리 하나님을 더욱 더 사랑하는 성도 여러분들이 되시기를 바랍니다.

오늘 본문에 보면, 하나님을 사랑하는 자를 또 다르게 표현하는 말이 있습니다. 바로 그 다음에 이어서 나옵니다. "하나님을 사랑하는 자 곧 그의 뜻대로 부르심을 입은 자들"이라고 말씀하였습니다. 여기에 "그 뜻대로"라는 말은 '그 목적대로'라는 말입니다. 성도는 하나님의 뜻대로, 하나님의 목적을 따라 부르심을 입은 자들입니다. 여러분, 잊지 마십시오. 여러분은 하나님의 뜻이 있어서, 목적이 있어서 하나님께서 이 시대에 불러 주신 자들입니다. 어쩌다 보니 예수 믿고 교회 나와서 하나님 앞에 예배드리는 것이 아닙니다.

하나님께서 영원한 작정 가운데 여러분들을 사랑하셔서 때가 되어 목적을 가지고 불러 주신 것입니다. 그러면 어떤 분들은 이런 생각을 하기도 합니다. 현재 전 세계 약 70억 인구, 역사적으로 보면 수백 억 인구 중에 어떻게 하나님이 나 같은 사람을 기억하신다는 말인가? 어떻게 나 같은 사람에게 목적을 가지고 계신다는 말인가? 그러나 그것은 유한한 인간의 생각일 뿐입니다. 우리는 인간을 다 알지 못합니다. 아마 우리 교회 성도들 가운데서도 500명 정도 되는 우리 교회 성도들을 다 아시는 분은 아무도 없을 것입니다. 우리 기존 성도들도 "요즘 교회 가면 모르는 사람이 왜 그리 많은지 몰라"라는 말을 자주 합니다. 별로 크지도 않은 교회 안의 사람도 다 알지 못하는 것이 우리 인간입니다.

그러나 하나님께서는 우리와 같은 인간이 아닙니다. 하나님은 전능하신 분입니다. 전지하신 분입니다. 이 세상에 살고 있는 모든 이들을 다 아시고 감찰하시는 분입니다. 하나님께서 여러분 각자를 아시고, 여러분을 향한 목적이 있어서 부르셨다는 것입니다. 이 세상에서도 하나님의 뜻대로 살도록 하기 위해서, 하나님의 목적이 있어서 여러분을 이 세상에 보내셨고, 더 나아가 29절 말씀대로 하나님의 아들이신 그리스도의 형상을 회복하고 그의 영광에 참여하도록 하기 위한 목적을 가지고 우리를 불러 주신 것입니다. 그러므로 여러분은 하나님의 목적이 있는 인생임을 잊지 마십시오.

이제 60이 되고 70이 된 분들은 삶의 현장에서 은퇴를 했다고 "나는 아무 의미가 없는 인생이다"라고 생각하지 마십시오. 다 하나님께서 목적이 있어 부르신 인생임을 확신하시기 바랍니다. 이것을 믿는 사람은 인생을 허투루 살지 않습니다. 하루하루 그냥 살지 않습니다. 값있게 살아갑니다. 이 세상을 살면서 여러 가지 고난을 당하여도 그것으로 인하여 좌절하거나 낙심하지 않습니다. 소망을 가집니다. 하나님께서 나를 향한 목적을 가지고 계시고, 하나님의 형상을 본받아서 저 영광에 이르게 하실 것이기 때문에, 우리 신자는 어떠한 상황 가운데서도 결코 낙심할 필요가 없는 것입니다.

하나님께서 모든 것이 합력하여 선을 이루게 하시는데, 누구에게나 그렇게 하십니까? 그렇지 않습니다. 오늘 말씀에 보니 하나님을 사랑하는 자, 그 뜻대로 부르심을 입은 자들에게만 그렇게 하시는 것입니다. 성도가 아닌 사람, 믿지 않는 사람에게는 하나님께서 그렇게 하시지 않습니다. 이 로마서를 보면 불신자들, 즉 하나님의 부르심을 받지 않은 사람들은 하나님의 진노 아래에 있다고 했습니다. 그리고 그들은 이 세상을 살아가면서 하나님의 진노를 조금씩 쌓아간다고 했습니다.

그러면 마지막 날에 어떻게 되겠습니까?

그 쌓아온 진노로 인하여 하나님의 진노의 심판을 받게 됩니다. 그러고 보면 인류는 크게 두 가지로 나눌 수 있습니다. 하나는 하나님을 사랑하는 자가 있습니다. 하나님을 사랑하는 자, 곧 그의 뜻대로 부르심을 입은 자들입니다. 이들은 마지막에 완전한 구원과 영광에 이르게 될 것입니다. 다른 한 사람은 하나님을 사랑하지 않는 자들입니다. 그들은 하나님께 버림을 받고 하나님의 부르심을 받지 못하였습니다. 그들은 마지막 날에 하나님의 진노의 심판을 받게 될 것입니다. 그러므로 여러분 모두가 예수를 믿고 하나님을 사랑하는 자가 되시기 바랍니다.

교회를 다녔지만 때로는 내 마음이 뜨거워서 죽을 때까지 믿을 것 같지만, 때로는 내 마음이 낙심될 때도 있습니다. 그때 낙심하면 안 됩니다. 성경에 보면 끝까지 견디라, 끝까지 인내하라, 끝까지 참으라는 말씀이 얼마나 많습니까? 그것은 우리를 거꾸러뜨리고 낙심하게 하는 요소가 이 세상에 많이 있기 때문입니다. 마귀는 우리 속에 역사해서 어찌하든지 천국에 가지 못하도록 우리를 계속 낙심시키려고 할 것입니다. 그러한 마귀의 꾀에 넘어가면 안 된다는 것입니다. 끝까지 인내하고 주님께서 부르시는 그날까지 믿음으로 꿋꿋이 살아가는 성도가 되시기를 바랍니다.

다음으로, 모든 것이 합력하여 선을 이룬다는 이 말씀을 생각해 봅니다.

영어성경에는 "All things work together"라고 되어 있습니다. '모든 것'(All things)이 '함께 일한다'(work together)는 것입니다. 주어가 '모든 일'입니다. 모든 일이 함께 일한다는 것입니다. 여기서 모든 일이란 것은 모든 일, 모든 사건 등 이 세상에서 일어나는 모든 일을 말하는 것입니다. 이 속에는 우리에게 좋아 보이는 일도 포함되지만 나빠 보이는 일까지 전부 말하는 것입니다. 우리가 볼 때에 좋은 일은 우리에게 선이 되고 유익이 되는 것 같습니다. 나쁜 일은 우리에게 악이 되고 해를 끼치는 것 같습니다. 그렇지만 좋은 일은 성도에게 직접적으로 선이 되고, 악한 일, 나쁜 일은 간접적으로 선이 되는 것입니다.

유럽에 가면 "모든 길은 로마로"라는 말이 있고, 영국에 가면 "모든 길은 런던으로"라는 말이 있습니다. 그런데 재미있는 것은 런던으로 가는 바른길이 있는가 하면, 어떤 길은 반대로 가는 것 같습니다. 그렇지만 결국 그 길이 통하고 통하여서 런던으로 온다는 것입니다. 어떤 일은 우리에게 직접적으로 유익이 되고 선이 되지만, 어떤 일은 간접적으로 돌아서 우리에게 유익이 되고 선이 된다는 말씀입니다.

시계가 고장 나서 열어보면 톱니바퀴 두 개가 서로 맞물려 돌아갑니다. 하나는 시계 방향으로, 또 하나는 맞물려 반대 방향으로 돌아갑니다. 반대 방향으로 돌아가는 것을 볼 때는 침이 과연 시간을 바로 맞추겠나 의심이 들 수도 있습니다. 그렇지만 그것이 서로 맞물려 돌아가기 때문에 앞면에서 보면 시간을 정확하게 알려 주는 것입니다. 한쪽으로만 돌아가는 것이 있으면 그건 안 되는 것입니다. 시계 역할을 못합니다. 바로 가는 것도 있고, 반대 방향으로 가는 것도 있으니까 이것이 맞물려 우리에게 시간을 정확하게 알려 주는 것입니다. 모든 것이 합력하여 선을 이룬다는 것이 바로 이런 말씀입니다. 우리를 위하는 일, 우리를 반대하는 일 모두가 합력해서 우리의 유익을 이루어 준다는 것입니다.

모든 일이 합력하여 선을 이룬다고 했는데, 모든 일이 손이 있습니까, 발이 있습니까, 머리가 있습니까? 어떻게 생명도 없는 '모든 일'이 우리의 유익을 위해 함께 일을 하겠습니까? 자동적으로 그리 되겠습니까? 세상 모든 일들이 우리를 위하여 자동적으로 알아서 선을 이루겠습니까? 아닙니다. 그렇다면 모든 일의 배후에는 누가 계신다는 말입니까? 하나님께서 계신다는 것입니다. 하나님의 손이 만사 뒤에 계시는 것입니다. 그래서 어떤 번역본들은 '모든 일'을 주어로 하지 않고, 하나님을 주어로 해서 "하나님이 모든 것을 합력해서 선을 이루게 하신다"라고 합니다.

우리 하나님은 천지 만물을 지으셨을 뿐만 아니라 지으신 만물을 다스리고 계십니다. 그것을 우리가 하나님의 섭리라고 합니다. 하나님께서 만물을 지어놓고 내버려 두는 것이 아니라 지으신 만물을 하나님께서 보존하시고, 다스리시고, 또 통제하시는 것입니다. 중요한 것은, 하나님께서 그리 하실 때에 어떤 것은 일부만 하시고, 일부는 빼놓고, 일부는 하나님의 섭리에서 벗어나게 하시지 않습니다. 하나님께서 모든 것을 섭리하시는 것입니다. 만물이 하나님의 주권적인 섭리 하에 있는 것입니다.

그래서 로마서 11장 36절에 보면 "만물이 주에게서 나오고 주로 말미암고 주에게로 돌아감이라"고 하였습니다. 너무 귀한 말씀인데요, 여러분 생각해 봅시다. "만물이 주에게서 나오고"라는 말은 쉽게 말하면 모든 세상 만물이 하나님에 의해 창조되었다는 말씀입니다. "주로 말미암고"라는 말은 이 세상 모든 만물, 만사가 다 주님의 섭리에 의하여 이루어진다는 말씀입니다.

네덜란드에 아브라함 카이퍼라고 하는 유명한 분이 계십니다.

그는 유명한 목사님이자 신학자이며 수상이었습니다.

그분이 이런 말을 했습니다.

"인간 존재의 전 영역에서 한 치의 땅도 하나님의 것이 아닌 게 없다."

우리 눈에 보이는 이 땅 저 땅이 아니고, 인간 존재의 전 영역, 즉 우리 삶의 모든 부분에서 한 치도 하나님의 땅이 아닌 것이 없다는 것입니다. 이 말은 모든 것, 작은 일 하나까지도 전부 다 하나님께서 다스리신다는 말씀입니다.

그런데 하나님은 만물을 다스리시는데 그냥 다스리시는 게 아니라 목적을 가지고 다스리신다는 것입니다. 자기 백성들의 유익을 위하여 다스리신다는 것입니다. 하나님께서 이 세상을 통치하시는데, 그냥 하나님께서 통치하시는 것이 아니라 하나님의 자녀 되고 하나님의 백성 된 저와 여러분의 유익을 위하여 역사를 이끌어 가시고 모든 일을 통치하시는 것입니다.

어떤 사람은 이렇게 말했습니다.

"God weaves everything."

Weave라는 말은 옛날 어머님들이 베틀에 앉아 베 짜는 것을 말합니다. 하나님께서는 모든 것으로 베를 짜신다는 것입니다. 하나님께서는 세상에서 우리에게 좋아 보이는 것만 가지고 베를 짜시는 게 아니고, 우리의 이런 일, 저런 일, 좋은 일, 나쁜 일, 기쁜 일, 슬픈 일, 그리고 형통과 고난, 부요와 궁핍 등 모든 것을 섞어서 베를 짜신다는 것입니다. 우리의 유익을 위하도록 만드신다는 것입니다. 우리는 이해가 안 되는 일입니다. 우리 하나님께서는 얼마나 위대하시고 선하신 하나님이십니까?

성경에서 오늘 말씀을 가장 잘 보여주는 것이 요셉의 생애입니다. 요셉은 여러분이 아시는 대로 아버지 야곱의 사랑을 독자지하였습니다. 그로 인해 요셉을 미워하던 형들은 어느 날 그를 미디안

상인에게 노예로 팔아버렸습니다. 그래서 이역만리 애굽 땅으로 노예로 팔려가서 경호대장 보디발의 집 노예가 되었습니다. 그런 가운데서도 성실하게 일을 해서 인정을 받고 가정 총무가 되었습니다. 그런데 보디발의 부인이 요셉이 워낙 미남이라 탐을 냅니다. 유혹해 봐도 안 되니까 요셉에게 누명을 씌워 감옥에 들어가게 합니다.

생각해 보면 인생이 너무 허무하다고 느껴지지 않겠습니까? 아무 죄도 없는데 형들에게 팔려왔고, 노예생활도 잘해 보려고 하는데 또 누명을 쓰고 감옥에 들어갔습니다. 그런데 감옥에 좀 있으니까 바로의 두 신하, 술 맡은 관원과 떡 맡은 관원이 들어왔습니다. 두 신하가 들어왔는데 이 사람들이 꿈을 꾸었습니다. 요셉은 그 꿈을 해석해 주면서 술 맡은 신하에게 "이 꿈이 이루어져서 당신이 복권이 되면 나를 기억해 달라. 왕에게 나의 억울함을 말해서 나를 이 감옥에서 나갈 수 있도록 해달라"고 말했습니다. 정말 요셉의 말대로 술 맡은 관원이 나중에 석방이 되어 복직되었습니다. 그런데 그것이 너무 좋아서 요셉을 까맣게 잊어버렸습니다. 요셉이 얼마나 배신감을 느꼈겠습니까?

그렇게 세월이 흐르고 어느 날 바로가 꿈을 꿉니다.

아무도 해석할 자가 없는데, 술 맡은 관원이 감옥에서 만났던 요셉이 생각났습니다. "그가 내 꿈을 해석했는데, 왕의 꿈도 해석할 수 있을 것입니다" 하고 보고합니다. 그래서 요셉이 왕 앞에 나아와 왕의 꿈을 해석해 줌으로써 요셉이 그 나라의 총리가 되었습니다. 7년 풍년 동안 창고를 지어 곡식을 다 쌓아서 예비해 두고, 7년 흉

년 동안 그 근처에 사는 많은 민족과 백성들이 굶어 죽어 가는 위험에서 구원해 주는 일을 하게 된 것입니다. 생각해 보면 이것은 하나님의 참 놀라운 섭리입니다. 요셉이 죽으면서 그 형제들에게 한 말이 있습니다. 창세기 50장 20절입니다.

> "당신들은 나를 해하려 하였으나 하나님은 그것을 선으로 바꾸사 오늘과 같이 많은 백성의 생명을 구원하게 하시려 하셨나니."

보십시오. 형들은 요셉을 팔았지만, 하나님은 그것을 선으로 바꾸셨습니다. 이런 분이 하나님이십니다. 하나님은 그것을 선으로 바꾸사 합력하여 선을 이루시는 것입니다. 하나님께서는 좋아 보이는 일로만 좋은 일을 만드시는 것이 아니라, 정말 절망적인 일을 통하여, 나쁜 일을 통해서도 우리의 유익을 이루어 가시는 것입니다.

생각해 보십시오. 그의 형들이 요셉을 팔아버리는 억울한 일이 없었다면, 요셉이 억울하게 감옥에 사는 일이 없었다면, 그 술 맡은 관원이 잊어버리는 일이 없었다면 어떻게 기근의 날에 야곱 가족이 구원을 받을 수 있었겠습니까? 하나님의 백성들이 어떻게 굶어 죽지 않고 살아날 수 있었겠습니까? 하나님께서 당신의 백성을 구원하시려고 미리 요셉을 보내신 것입니다.

구약에 보면 유다 왕국이 멸망해서 바벨론 포로로 끌려갔습니다. 나라가 망하고 사람들이 굴비짝처럼 묶여 신도 신지 못하고 수천만 리를 걸어서 끌려가는 그 고난을 한번 생각해 보십시오. 얼마나 비참한 일입니까? 하나님께서 유다 백성을 다 버리신 것 같고,

하나님께서 유다 백성을 잊으신 것 같고, 유다 백성을 멸망시키는 것 같습니다. 너무 절망적입니다. 그런데 하나님께서는 예레미야 선지자를 통하여 그들에게 여호와의 이름으로 편지를 써서 말씀을 주십니다. 어떤 말씀을 주셨는지 예레미야 29장 11절을 보십시오.

> "여호와의 말씀이니라 너희를 향한 나의 생각을 내가 아나니 평안이요 재앙이 아니니라 너희에게 미래와 희망을 주는 것이니라."

멸망하고 바벨론 포로로 끌려갔지만 너희를 향한 나의 생각은 재앙이 아니라는 것입니다. 평안이요 미래와 희망을 주는 것이라고 말씀하셨습니다.

강영우 박사님을 기억하십니까? 2012년에 돌아가셨습니다. 이분이 중학교 때 축구 하다가 공이 눈에 맞아 망막 박리가 일어났습니다. 2년 동안 치료를 했는데, 그 당시만 해도 의술이 떨어져서 그냥 맹인이 되었습니다. 맹인이 되어 온 가족이 생계를 이어갈 만한 방법이 없어 한 사람은 고아원으로 가고 한 사람은 친척집으로 가고, 강영우는 국가에서 운영하는 맹인 시설에 들어가게 되었습니다. 그럼에도 불구하고 실망하지 않고 믿음과 굳센 의지를 가지고 그 역경을 이기고 열심히 공부해서 연세대에 들어가고, 졸업하고 나서는 미국에 유학을 가게 되었습니다. 그래서 우리나라 맹인 중 박사학위 1번입니다. 제일 처음으로 박사 학위를 땄습니다.

그리고 장애인들과 믿지 않는 사람에게 복음을 많이 전하고 절망에 빠진 많은 사람들에게 희망을 주었습니다. 그는 백악관의 정책 보좌관 차관보가 되었습니다. 이후 그의 아들이 오바마 행정부에서 정책 보좌관을 하고 있습니다. 아들을 통하여 하나님께서 세계적인 신앙의 명가를 이루어 주셨습니다. 시력 상실이 없었다면 그런 일이 일어났겠습니까? 그럴 수 없는 것입니다. 그래서 이 강영우 박사님이 늘 하나님의 은혜를 감사하면서, 자기는 눈을 뜨게 된다고 하더라도 눈을 뜨지 않겠다고 했습니다. 하나님께서 자기를 이렇게 맹인 되게 하신 것이 너무 감사하다는 것입니다. 이것이 바로 모든 일이 합력하여 선을 이루는 것입니다.

지난 금요일 권찰회에서도 제가 말씀드렸습니다.

한 사람이 세상에서 남다른 엄청난 고난과 고통을 당하고 천국에 갔습니다. 예수님을 만나서 그 생명수 강가를 걸어가면서 예수님에게 물었습니다.

"주님, 어떻게 그렇게 큰 고통과 아픔을 저에게 주셨습니까?"

그러자 예수님께서 대답하셨습니다.

"그 길이 아니었다면, 그 고난이 아니었다면 결코 이곳에 오지 못했을 것이기 때문에 내가 그것을 네게 준 것이다."

그렇습니다. 하나님께서 뜻 없이 일을 하시겠습니까? 하나님께서 어떤 선한 목적 없이 성도들에게 고통과 아픔을 주시겠습니까? 아니요. 모든 것이 합력하여 선을 이룰 줄을 확신하시기 바랍니다. 하나님께서는 죽음까지도 사용하셔서 선을 이루게 하시는 것입니다.

오늘 우리가 교독한 말씀 중에 보니 "우리가 환난 중에도 즐거워한다"라고 했습니다. 아니 어떻게 환난 중에 즐거워합니까? 왜냐하면 환난은 환난으로 끝나지 않고 인내를 이룹니다.

"환난은 인내를, 인내는 연단을, 연단은 소망을 이루는 줄 앎이로다"(롬 5:3-4).

세상의 모든 일이 우리를 인도하고 우리를 연단시켜서 마침내 온전한 구원과 영광에 이르게 하는 것입니다.

사도 바울은 성도들을 향하여 "범사에 감사하라"고 말씀하였습니다. 그런데 어떻게 그럴 수 있습니까? 좋은 일에는 감사하지만, 나쁜 일, 궂은 일에도 감사할 수 있습니까? 그러나 오늘 말씀을 보십시오. 모든 것이 합력하여 선을 이루기 때문에 범사에 감사하라는 것입니다. 모든 것이 합력해서 선을 이룸을 믿는다면 모든 일에 감사할 수 있습니다. 무슨 일이 생겨도 감사할 수 있습니다.

"무슨 일이 생겨도 좋다."

누가 이렇게 말할 수 있겠습니까? 바로 모든 것이 합력하여 선을 이루는 줄 정말로 믿는 사람만이 무슨 일이 생겨도 좋다고 자신있게 말할 수 있는 것입니다.

모든 것이 합력해서 선을 이루게 하시는 하나님의 선하신 섭리를 믿고, 내게 일어나는 어떤 악한 일에도, 죽음조차도 하나님께 감사드리며 사시는 저와 여러분이 다 되시기를 바랍니다.

로마서 8:29-30

구원의 파노라마

> “하나님이 미리 아신 자들을 또한 그 아들의 형상을 본받게 하기 위하여 미리 정하셨으니 이는 그로 많은 형제 중에서 맏아들이 되게 하려 하심이니라 또 미리 정하신 그들을 또한 부르시고 부르신 그들을 또한 의롭다 하시고 의롭다 하신 그들을 또한 영화롭게 하셨느니라“

올해 우리 교회의 표제가 “믿음이 더 굳건해지고 수가 날마다 늘어나는 교회”입니다. 주일마다 하나님의 말씀을 통하여 믿음이 더 굳건해지는 여러분이 되시기를 바랍니다.

지난주일 우리는 로마서 8장 28절 말씀을 생각했습니다.

> “우리가 알거니와 하나님을 사랑하는 자 곧 그의 뜻대로 부르심을 입은 자들에게는 모든 것이 합력하여 선을 이루느니라.”

믿습니까?

우리는 항상 이 믿음을 가지고 감사하면서 살아가야 합니다.

그리고 29-30절로 이어지는데, 원문에는 이 29절 앞에 ‘왜냐하면'이 붙어 있습니다. 그러니까 '신자에게는 모든 것이 합력하여 선을 이루게 되는데, 왜냐하면 이러이러하기 때문이다' 하고 29절과 30절에서 다섯 가지 사실을 열거하고 있습니다. 요컨대 오늘 본문 29-30절은 28절의 원인이 되는 말씀이라 할 수 있습니다.

파노라마라는 말을 들어보셨지요? 파노라마는 어떤 경치나 사건을 처음부터 끝까지 연속적으로 다 보여주는 것입니다. 그런데 오늘 본문에 나오는 다섯 가지 이유는 구원의 파노라마라고 할 수 있습니다. 구원의 순서를 처음부터 끝까지 한눈에 보여주는 것입니다. 성경에서 오늘 본문보다 구원의 순서를 우리에게 잘 보여주는 말씀이 없습니다. 그런 점에서 오늘 이 말씀은 참으로 특별하고 영광스러운 말씀이라고 할 수 있습니다.

구원의 첫 번째 순서는, '하나님의 미리 아심'입니다.

29절 상반절을 보시기 바랍니다. "하나님이 미리 아신 자들"이라고 했습니다. '미리 아심', 이것을 한마디로 말하면 '예지'라고 할 수 있습니다. 하나님께서 우리를 아셨는데 '우리가 세상에 태어날 때부터 우리를 아셨을까, 아니면 우리가 교회에 나올 때부터, 아니면 우리가 세례를 받을 때부터 아셨을까' 그게 아닙니다. 하나님께서 우리를 미리 아신 것은 이 세상이 창조되기도 전부터 우리를 미리 아신 것입니다.

여기서 아셨다는 것은, 우리가 영어 단어를 알고 수학 공식을 알고 역사를 아는 등 지식적으로 아는 것과는 다릅니다. 만일 하나님께서 지식적으로 우리를 아신다고 생각하면 하나님께서 불신자도 아시겠습니까, 모르시겠습니까? 다 아십니다. 하나님께서는 전지전능하신 분이신데, 불신자라고 모르시는 것이 있겠습니까? 다 아십니다. 그래서 오늘 본문에 하나님께서 미리 아신다고 할 때에 이 앎은 그냥 지식적인 앎이 아니라는 것입니다. 히브리어적 의미를 가진 단어로 '친근히, 경험적으로 안다'는 것입니다.

창세기 4장 1절에 보면 '아담이 하와를 알았다'고 되어 있는데, 우리 성경에는 '아담이 하와와 동침하였다'고 번역하였습니다. 그러니까 히브리어에서 안다는 의미는 '사랑한다, 경험적으로 안다, 깊이 안다'는 뜻을 가지고 있는 것입니다. 그러므로 하나님의 미리 아심은 하나님의 특별한 관심, 특별한 사랑과 선택을 의미하는 것입니다. 오늘 우리가 불렀던 찬송에 "주 예수 내가 알기 전 날 먼저 사랑했네"라는 가사가 있습니다. '날 먼저 알았다, 날 먼저 사랑했다'는 말입니다.

하나님께서 창조하신 우주 만물을 한번 생각해 보십시오. 얼마나 광대합니다. 우리는 이 우주의 넓이를, 그 끝을 알지 못합니다. 과학자들도 얼마나 넓은지를 알지 못합니다. 이 광대한 우주 속에 우리가 사는 이 지구, 얼마나 작은 것입니까? 먼지와 같은 것입니다. 그런데 이 지구상에는 얼마나 수많은 사람이 살고 있습니까? 우리 한 사람 한 사람은 바닷가의 모래알같이 작은 존재입니다. 없는 것과 같은 존재들입니다. 그런데 천지의 창조주가 되시는 하나님께서, 무한하신 하나님께서, 위대하신 하나님께서 저와 여러분들을 미리 아셨다는 것입니다. 우리를 사랑하셨다는 것입니다. 이것이 얼마나 놀랍고 감사한 일입니까?

두 번째 단계는, 29절 중반부에 "미리 정하셨으니"라고 말씀하십니다.

미리 정하셨다고 하셨습니다. 이것을 한마디로 예정이라고 합니다. 언제 정하셨을까요? 하나님께서 미리 아신 자들을 구원해 주시기 위해 미리 정하셨는데, 언제 정하셨을까요? 오늘 교독문에 "곧 창세전에 그리스도 안에서 우리를 택하사"(엡 1:4)라고 말씀하십니다. 또 "그 기쁘신 뜻대로 우리를 예정하사"(엡 1:5)라고 하십니다. 예정이라는 말이 Predestiny입니다. Pre는 '전에', destiny은 '운명'을 말합니다. 운명을 하나님께서 미리 정해 놓으셨다는 것입니다. 언제 정해놓으셨습니까? 창세전입니다. 우리가 무슨 일을 정할 때에 중요한 일일수록 미리 정합니다. 더 일찍 정하는 것입니다. 그런데 하나님께서는 우리를 구원하시기로 창세전에 정하여 놓으셨습니다. 인간이 범죄하고 나니까 정한 것이 아닙니다. 창세전에 정하였습니다. 얼마나 놀랍고 감사한 일입니까?

여러분, 이렇게 하나님께서 우리를 미리 정하신 목적이 무엇이겠습니까? 29절 중반절을 보시기 바랍니다. "그 아들의 형상을 본받게 하기 위하여 미리 정하셨다"고 합니다. 여기서 '그 아들'이 누구입니까? 예수님입니다. 예수 그리스도는 하나님의 형상입니다. 골로새서 1장 15절을 보면 "그는 보이지 아니하는 하나님의 형상"이라고 했습니다. 우리 인간은 본래 하나님의 형상으로 지음 받았습니다. 그런데 타락하고 나서 이 하나님의 형상이 아주 심각하게 손상되어 버렸습니다.

그래서 하나님께서 우리를 구원하시고자 세상에 아들을 보내셨는데, 이 하나님의 아들은 하나님의 완전한 형상이라는 것입니다. 다시 정의합니다. 우리 인간은 하나님의 형상이었으나 타락하고 나서는 이 세상에 하나님의 완전한 형상이라고 할 인간이 아무도 없었습니다. 그런데 유일하게 예수님이 완전한 하나님의 형상이라는 것입니다. 그리고 그분을 본받도록 하기 위해서 우리들을 미리 정하셨다는 것입니다. 하나님의 아들의 형상을 본받는다는 말이나, 하나님의 형상을 본받는다는 말이나 사실은 같은 의미입니다. 온전한 인간 회복, 온전한 구원을 말하는 것입니다. 그래서 하나님께서는 우리를 온전히 구원하시기 위해서 우리를 미리 정하셨다는 말씀입니다.

그리고 한 가지 차이가 있습니다. 하나님의 형상을 본받는 것과, 하나님의 아들의 형상을 본받는 것은 같은 의미지만 한 가지 차이가 있습니다. 왜 하나님께서 '하나님의 형상을 회복하도록, 즉 본받도록' 말씀하시지 않고, "하나님의 아들의 형상을 본받도록"이라고 말씀하셨겠습니까? 우리가 하나님의 아들의 형상을 본받으면 우리는 다 하나님의 아들이 됩니다. 하나님의 자녀가 되는 것입니다. 전에도 말씀드렸듯이 우리 인간이 처음 창조되었을 때에, 죄가 없을 때에 우리는 하나님의 아들입니까, 아닙니까? 우리는 인간일 뿐입니다. 하나님의 형상을 가지고 있는 인간일 뿐입니다. 그런데 우리가 예수를 믿고 구원 받고 하나님의 아들의 형상을 본받게 되면, 하나님의 자녀가 되는 거예요. 하나님의 아들이 되는 겁니다.

창조 당시보다 훨씬 더 영광스러운 자리를 우리가 가지게 되는 것입니다. 그러면 예수님은 우리에게 뭐가 되겠습니까? 우리는 모두 하나님의 아들들인데, 예수님은 그중에서 맏아들이 되는 것입니다. 장자가 되는 것입니다. 우리는 예수님의 형제로서 하나님의 가족이 되는 것입니다. 그것을 오늘 본문 29절에서 말씀하고 있습니다. 29절 후반에 "이는 그로 많은 형제 중에서 맏아들이 되게 하려 하심이니라"라고 말씀합니다. '그'가 누구입니까? 예수님입니다. 예수님은 맏아들이 되고 우리는 그 형제가 되어서 하나님의 가족이 되는 겁니다. 이것이 얼마나 놀랍고 큰 복인지 모릅니다.

셋째 단계는, 30절 상반절에 보면 "미리 정하신 그들을 또한 부르시고"라고 합니다.

부르신다고 합니다. 이것을 우리가 간단하게 'Calling, 소명'이라고 합니다. 이 앞에 하나님께서 창세전에 구원받을 자를 '미리 정하셨다, 예정하셨다'고 했는데, 때가 되면 하나님께서 이 예정을 실행하십니다. 이루어 가십니다. 그 실행의 첫 순서가 부르심입니다. 이 하나님의 부르심은 구약성경 사무엘상에 보면 나옵니다. 하나님께서 어린 사무엘에게 나타나셔서 밤에 부르십니다. "사무엘아, 사무엘아" 하고 부르시는데, 하나님께서 오늘날도 당신의 택하신 백성을 부르실 때 그렇게 부르실까요? 그렇게 부르셔서 예수 믿게 된 사람 있습니까? 없습니다.

하나님께서 부르실 때는 그렇게 부르시지 않습니다. 하나님께서는 성도들의 복음 전도를 통하여 부르십니다. 선교사를 통하여, 목사를 통하여, 복음 전도자를 통하여, 부모님을 통하여, 가족을 통하여, 이웃을 통하여, 친구를 통하여 불러 주시는 것입니다. 이 부르심을 우리는 효과적인 부르심(effective calling)이라 부릅니다. 우리 하나님께서 예정하지 않으신 자들은 아무리 복음을 들어도 효과가 없습니다. 헛일입니다. 예수를 믿지 않습니다. 그런데 하나님께서 미리 정하신 그 사람들은 복음을 듣게 되면 예수님을 믿게 되는 것입니다. 그것이 효과적인 부르심입니다.

사도행전 13장에 보면, 사도 바울과 바나바가 제1차 전도여행을 갑니다. 키프로스라고 하는 지중해에 있는 섬으로 갔다가 거기서 배를 타고 바로 북으로 올라가 지금의 터키에 이릅니다. 터키의 비시디아 안디옥이란 곳에 가서 복음을 전했습니다. 비시디아 안디옥에 가서 복음을 진했는데, 어떤 사람들은 사도 바울의 복음 전도에 대하여 반박하고 비방했습니다. 그런데 그 다음을 보면 "영생을 주시기로 작정된 자는 다 믿더라"(행 13:48)고 말씀합니다. 영생 주시기로 작정된 자들이 믿었습니다. 하나님께서 미리 정하신 자들은 남김없이 복음을 듣고 믿더라는 것입니다. 이것이 바로 소명입니다. 효과적인 부르심인 것입니다.

우리가 생각할 때에 내가 예수 믿고 교회에 나오는 것은 내 발로 걸어서, 내가 결심을 하고, 내가 의지를 가지고 이 교회에 나와서 예수 믿게 된 것 같습니다. 그러나 알고 보면 그것이 아닙니다. 하나님께서 날 사랑하셔서 불러 주셨기 때문에, 하나님께서 누군가를 통하여 날 불러 주셨기 때문에 내가 교회 나온 것이고, 내가 믿게 된 것도 성령 하나님께서 내 마음을 열어서 믿게 해주셨기 때문에 믿게 된 것입니다. 하나님께서 날 불러 주셨기 때문에 내가 이 자리에 있음을 믿으시기 바랍니다.

네 번째 단계는, 30절 중반에 "의롭다 하시고"라고 하였는데, 의롭다 하심입니다.

이것을 한마디로 칭의라고 합니다. 칭의는 전에도 말씀드렸지만 법정 용어입니다. 재판정에서 쓰는 용어입니다. 정죄와 반대가 되는 말입니다. 재판관이 사람을 보고 "이 사람은 죄가 없다. 이 사람은 무죄다. 이 사람은 의롭다" 하는 것이 칭의입니다. 우리 인생은 하나님 앞에 다 죄인입니다. 로마서 3장에 "모든 사람이 죄를 범하였으매"(23절), "의인은 없나니 하나도 없으며"(10절)라고 했습니다. 그렇기 때문에 우리는 우리의 모습을 가지고는, 우리의 마음을 가지고는, 우리의 행위를 가지고는, 우리의 선행을 가지고는 하나님 앞에 옳다 함을 받고 의롭다 함을 받을 인생이 아무도 없는 것입니다.

그러면 어떻게 의롭다 함을 받습니까? 오직 믿음으로 받습니다. 예수 그리스도를 믿는 믿음으로 의롭다 함을 받습니다. 우리가 예수 그리스도를 믿을 때에 하나님께서 우리의 모든 죄를 용서해 주시기 때문에 우리는 의로운 자가 되고 하나님께서 우리를 의롭다고 칭하여 주시는 것입니다. 로마서 5장 1절 앞부분만 보십시다.

"그러므로 우리가 믿음으로 의롭다 하심을 받았으니."

이 진리를 우리가 네 글자로 이신칭의라고 합니다. 믿음으로써 의롭다 함을 받는 것입니다. 이 얼마나 큰 복입니까? 우리의 모습, 우리의 노력으로는 절대로 하나님 앞에 의롭다 함도, 구원을 받을 수도 없는데, 하나님께서 은혜 주시어서 예수 믿을 수 있는 믿음을 주시고, 내가 믿을 때에 내가 아무것도 해온 것이 없지만 하나님께서 나를 의롭다고 인정해 주시니 얼마나 큰 복입니까!

다섯 번째 단계는, 30절 하반절에 "영화롭게 하셨느니라"고 하셨습니다.

한마디로 영화입니다. 영화롭게 되는 것이 무엇이겠습니까? 오늘 우리는 죄로 인하여 이 땅에서 가슴앓이 할 때가 참으로 많습니다. 질병으로 인해, 때로는 예기치 않은 많은 문제로 인해 괴로움과 고통을 당할 때가 많습니다. 그러나 영화롭게 된다는 것은 모든 죄와 비참함을 벗고 영광스럽게 되는 것입니다. 우리가 완전한 구원에 이르게 되는 것입니다. 어느 신학자가 말했습니다.

"우리는 이미 구원을 받았다. 그리고 지금 구원을 받고 있다. 또한 미래에 완전히 구원을 받을 것이다."

맞습니까, 틀립니까? 맞습니다.

우리는 예수 믿어 이미 구원을 받았지만, 지금도 죄 가운데 신음하고 고통하고 아파하고 고민합니다. 완전한 구원을 받은 것이 아닙니다. 때가 되면 완전한 구원에 이르게 될 것인데, 그것을 영화라고 하는 것입니다. 언제 그렇게 되겠습니까? 성경에 보면 주님께서 재림하실 때에 우리가 영화롭게 될 것이라고 했습니다.

그때에 우리의 모습은 어떻게 되겠습니까? 29절에 아들의 형상, 곧 주님의 형상을 본받게 된다고 했습니다. 빌립보서 3장 21절에 주님이 다시 오실 때에 "우리의 낮은 몸을 자기 영광의 몸의 형체와 같이 변하게 하시리라"고 말씀하였습니다.

요한일서 3장 2절을 보십시오.

> "사랑하는 자들아 우리가 지금은 하나님의 자녀라 장래에 어떻게 될지는 아직 나타나지 아니하였으나 그가 나타나시면 우리가 그와 같을 줄을 아는 것은 그의 참모습 그대로 볼 것이기 때

문이니."

2절 하반절을 보십시오. 그가 나타나시면, 즉 주님이 재림하시면 우리가 주님의 참 모습 그대로 볼 것이기 때문에 주님의 얼굴을 뵙게 될 것입니다. 그것을 'face-to-face'라고 합니다. 얼굴과 얼굴을 마주해서 주님을 뵙게 될 것인데, 그때에 우리가 그와 같을 줄을 아는 것은 우리 주님과 같이 영광스럽게 변하게 된다는 말씀인 것입니다.

오늘 처음 나온 '예지와 예정'은 아주 오래 전 우리가 알지 못하는 때에 이루어졌습니다. 하나님께서 하신 것입니다. 그런데 소명과 칭의는 우리가 이 세상에 살아 있을 때에, 현재에 이루어지는 일입니다. 그러면 마지막에 나온 영화는 언제 되겠습니까? 먼 미래에, 우리는 알지 못하지만 주님이 오실 때, 미래에 될 일입니다. 그러면 30절 끝을 "그들을 또한 영화롭게 하셨느니라"가 아니라 "그들을 또한 영화롭게 하실 것이라"라고 해야 되지 않겠습니까? 미래형으로 '하실 것이라'라고 해야 되는데, 오늘 성경에 보면 '하셨느니라'라고 과거형으로 말씀하고 있습니다. 이상한 일입니다.

우리가 말을 할 때에 결과가 너무 확실하면, 미래에 일어날 일이지만 결과가 너무 확실하면 그냥 표현을 과거형으로 합니다. 제가 롯데 팬인데 요즘 계속 롯데가 져서 속이 상합니다. 그런데 가정으로, 롯데가 1회 초에 10점을 잃었다고 합시다. 그러면 제가 뭐라고 하겠습니까? "오늘 졌다"라고 합니다. 아직 8회가 남아 있는데, 오늘 '질 것이다' 하지 않습니다. 오늘 '졌다'고 합니다. 그리고 재미없으니 TV를 끄고 들어가 버립니다.

우리가 영광스럽게 될 것은 너무나 확실하기 때문에 "영화롭게 하셨느니라"(glorified)고 과거형으로 말씀하고 있는 것입니다. 이것을 우리가 예언적 확신이라 합니다. 여러분, 예수 믿는 나의 마지막이 영화롭게 될 것을 확신하시기 바랍니다. 나의 현실이 얼마나 비참한지는 관계가 없습니다. 예수 믿는 나의 미래는 영광입니다.

"하나님께서 미리 아신 자는 반드시 영화롭게 하신다."

미리 아신 자는 제일 앞에 있는 '미리 아심'입니다. 영화롭다는 것은 맨 끝에 있는 것입니다. 하나님께서 미리 아신 자는 반드시 영화롭게 하시는 것입니다.

마지막으로 생각할 것이 하나 있습니다.

오늘 말씀을 구원의 파노라마라고 했습니다. 구원의 순서 다섯 가지가 나왔습니다. 예지, 예정, 소명, 칭의, 영화입니다. 그런데, 이 다섯 가지가 쓰인 방법을 한번 보십시오.

그냥 평범하게 서술형으로 쓰이지 않았습니다. 이 다섯 가지를 사도 바울이 기록하고 있는데, "하나님께서 어떤 자들을 미리 아시고 그들을 정하시고 부르시고 의롭다 하시고 영화롭게 하셨다"라고 기록하고 있습니까, 아니면 "하나님께서 미리 아신 자들을 또한 미리 정하시고, 미리 정하신 자들을 또한 부르시고, 부르신 자들을 또한 의롭다 하시고" 하셨습니까? 후자입니다. 그 기록된 방법을 보면 하나씩 더 반복하고 있습니다. 그냥 직선적으로 배열된 것이 아니라, 마치 사슬처럼 서로 맞물려 있습니다. 하나님께서 미리 정하신 자들을 부르시고, 부르신 자들을 또한 의롭다고 하신다는 방식입니다. 이렇듯 말씀이 사슬처럼 서로 묶여 있습니다.

그래서 벤자민 워필드(B. B. Warfield, 1851)라 하는 유명한 신학자가 이 말씀을 보고 황금 사슬(Golden Chain)이라고 했습니다. 이 말씀은 사슬처럼 되어 있는데, 그냥 값어치 없는 구리 사슬, 철 사슬이 아니라 너무나 귀한 구원의 진리가 사슬처럼 되어 있기에 황금 사슬이라는 것입니다. 한 줄이 아니고 사슬로 이어져 있기 때문에 끊어질 수가 없습니다. 한 치의 실수가 있을 수 없는 것입니다. 한 사람도 여기에서 빠뜨려질 수 없는 것입니다.

처음에 하나님께서 아신 자들은 그대로 마지막 끝, 영화에 이르게 되는 것입니다. 하나님께서 사랑하시어 택하신 이들은 빠짐없이 천국에, 하늘나라에 가게 된다는 말씀입니다. 아무리 현실에 고난이 많고 극심해도 그런 것 때문에 구원에서 낙오되지 않는다는 것입니다. 모든 것이 합력해서 선을 이루게 됩니다. 모든 것이 합력해서 우리로 하여금 영화에까지 이르게 하는 것입니다. 세상의 모든 일은, 알고 보면 우리로 하여금 완전한 구원에 이르도록 하는 하나의 도구에 불과하다는 것입니다. 나를 죽일 것 같은 질병이나 사고도 알고 보면 나를 하나님의 완전한 구원에, 저 천국에, 예수 그리스도의 완전한 형상에 이르게 하는 하나의 도구에 불과하다는 것입니다.

우리의 구원은 너무나도 확실합니다. 이 믿음으로 모든 일을 넉넉히 이기는 성도가 되시고, 어떤 일에도 흔들리지 않고 확신을 가지고 살아가시는 복된 믿음의 성도들이 다 되시기를 바랍니다.

23

로마서 8:31-34

하나님이 우리를 위하시면

"그런즉 이 일에 대하여 우리가 무슨 말 하리요 만일 하나님이 우리를 위하시면 누가 우리를 대적하리요 자기 아들을 아끼지 아니하시고 우리 모든 사람을 위하여 내주신 이가 어찌 그 아들과 함께 모든 것을 우리에게 주시지 아니하겠느냐 누가 능히 하나님께서 택하신 자들을 고발하리요 의롭다 하신 이는 하나님이시니 누가 정죄하리요 죽으실 뿐 아니라 다시 살아나신 이는 그리스도 예수시니 그는 하나님 우편에 계신 자요 우리를 위하여 간구하시는 자시니라"

로마서 8장 31절에서 8장 끝까지는 로마서 8장의 결론이자, 로마서 전반부 전체의 결론이라고 할 수 있습니다. 오늘 봉독한 31절에서 34절 본문 말씀 중, 31절에 있는 말씀이 핵심입니다. "만일 하나님이 우리를 위하시면 누가 우리를 대적하리요"라는 말씀입니다.

지금 우리는 호국의 달 6월을 보내고 있습니다. 이번 주 목요일이 6.25 전쟁 65주년이 되는 날입니다. 3년의 전쟁 끝에 휴전 협상이 줄다리기를 하고 있을 때에 이승만 대통령의 마음속에 떠오르는 걱정이 있었습니다. '휴전을 해서 이제 서로 안정되게 될 때, 만일 북한 공산당이 다시 쳐들어오면 우리는 어떻게 될 것인가' 하는 문제였습니다. 뭔가 대비책을 세워 놓아야 하는데, 3년 동안의 전쟁으로 나라가 완전히 잿더미가 되었습니다. 이 형편에서 휴전을 하고, UN군도 떠나고 미군도 떠나면 우리나라는 또다시 위험해집니다.

그래서 이승만 대통령이 생각한 결과, 그 당시 최상의 대비책이 바로 최강국인 미국을 붙잡는 것이었습니다. 그래서 트루먼 행정부에 방위 조약을 요구했습니다. 그렇지만 트루먼 행정부는 그것을 거절했습니다. 그래도 포기하지 않고 이 대통령이 계속 노력한 결과 1953년 10월에 미국과 우리나라가 한미상호방위조약을 맺게 되었습니다. 너무나 의미 있는 조약이었습니다. 그 조약이 맺어졌을 때에 이승만 대통령은 이런 말을 했습니다.

"이 조약 때문에 우리는 번영을 누릴 것이다. 이 조약이 외부 침략으로부터 우리를 보호하여 우리나라의 안보를 확실하게 해줄 것이다."

그래서 그때부터 미군이 우리나라에 주둔하게 되었고, 이후 공산당의 침략이 있게 된다면 미군이 자동적으로 전쟁에 개입하도록 되어 있는 것입니다. 이승만 대통령의 예언대로, 우리나라는 이 든든한 안보를 바탕으로 세계를 놀라게 할 경제 성장을 이루었습니다. 그러고 보면 이 조약은 이승만 대통령의 최고 업적이 아닌가 생각합니다. 아시다시피 당시 미국은 압도적인 초강대국이었습니다. 6.25 때 미군이 없었다면 어떻게 되었을까요? 지금 우리가 누리고 있는 이 자유 대한민국의 번영과 자유를 누리기 어려웠을 것입니다. 지금도 미국이 우리를 위해 있기 때문에 북한이나 다른 나라가 우리나라를 선뜻 손을 대지 못하는 것입니다. 오늘 모든 구절마다 하나님 자리에 미국을 넣어 보았습니다.

"만일 미국이 우리를 위하면 누가 우리를 대적하리요."

적어도 지금까지는 이것이 사실이었습니다. 그런데 오늘날 미국의 위상이 조금 흔들리고 있습니다. 앞으로 어떻게 될지 모릅니다. 그리고 미국도 자국의 이익을 따라서 움직일 수밖에 없습니다. 벌써 그런 모습이 나타납니다. 혈맹인 우리나라보다도 2차 대전 때 미국의 하와이를 공격한 일본을 더 가까이 하고 더 귀하게 여기고 있지 않습니까? 그러니까 앞으로는 어떻게 될지 모른다는 것입니다. 그렇기 때문에 미국이 우리를 위한다는 이 말은 영원한 진리가 아닙니다. 언제든지 바뀔 수 있는 것입니다.

그러나 오늘 하나님 말씀에 "만일 하나님이 우리를 위하시면 누가 우리를 대적하리요"라고 했는데, 이 말씀은 영원한 진리입니다. 하나님께서는 전능하신 분이기 때문입니다. 천지를 말씀으로 창조하신 분입니다. 만물의 주인이 되시고 왕이 되시는 분입니다. 창조하셨을 뿐 아니라 이 천지 만물의 모든 일들을 섭리하시는 분, 자기 뜻에 따라 통치하시고 모든 것을 다스리시는 하나님이십니다.

하나님께서는 자기의 뜻을 따라 나라를 세우기도 하시고 폐하기도 하십니다. 어떤 왕을 세우기도 하시고 폐하기도 하시는 하나님이십니다. 이 하나님은 신실하신 하나님이십니다. 자기 백성을 택하시고 사랑하셔서 구원하시고, 그들과 영원히 함께하시고, 그들을 영원히 구원해 주시겠다고 언약하신 하나님이십니다. 신실하신 하나님이시기에 그 언약이 영원히 변하지 않는 것입니다. 이 하나님께서 우리 편이시고 우리를 위하시면, 누가 우리를 대적하겠습니까?

북한이 아무리 핵미사일을 준비하고 우리를 위협한다고 해도, 하나님께서 우리를 위하시면 그 모든 개발과 준비가 아무 소용이 없습니다. 혹 미국이 자국의 이익을 위해서 우리나라에 등을 돌린다 해도, 전능하신 하나님께서 우리를 위하시면 누가 우리를 해치겠습니까? 사탄과 그 추종자들이 신자를 대적하고, 악한 세상이 우리를 대적하고, 질병과 죽음이 우리를 대적한다 할지라도 하나님께서 우리를 위하시면 누가 우리를 대적할 수 있겠습니까? 아무도 대적할 수 없습니다. 믿으시기 바랍니다.

우리 장로교 신학을 개혁주의 또는 칼빈주의라고 말합니다. 칼빈주의라는 것은 칼빈이라는 종교개혁자 이름을 붙여 칼빈주의라 하는데, 칼빈은 16세기에 프랑스에서 태어나 자랐습니다. 그때에 바로 마틴 루터의 종교 개혁이 있어서 그 영향을 받게 됩니다. 그래서 개신교 신자가 되었습니다. 프랑스는 아주 절대적인 가톨릭 국가입니다. 이 칼빈이 개신교 신자가 되어 신교사상을 강연하고 성경을 가르치는 것이 그 나라에서는 절대로 봐줄 수 없는 일이었습니다. 그래서 칼빈을 체포하려고 추적하기 시작했습니다. 칼빈은 포도원 농사꾼 등 이런 저런 모습으로 변장해서 프랑스 이곳저곳으로 도피했습니다. 도피를 하면서도 하나님의 말씀을 설교하고 강연했습니다. 칼빈은 자신의 설교와 강연을 끝맺음할 때에, 마치 목사가 예배 끝에 축도를 하듯이 두 손을 하늘을 향하여 들고 "만일 하나님이 우리를 위하시면 누가 우리를 대적하리요" 하고 외치고 마쳤습니다. 여러분, 칼빈이 되어 보지 않겠습니까? 손을 들고 크게 외쳐봅시다.

"만일 하나님이 우리를 위하시면 누가 우리를 대적하리요." 아멘!

누가 우리를 대적하겠습니까? 아무도 우리를 대적할 수 없습니다.

하나님께서 우리 성도들에게 주신 참으로 복된 말씀 중 "I'm for you"라는 말씀이 성경에 있습니다. 여기서 For가 아주 중요합니다. "If God is for us"(하나님께서 우리를 위하시면)라는 말에서 For라는 것은 위한다는 것입니다. 그래서 하나님께서 때때로 우리에게 이런 말씀을 하셨습니다. "I'm for you, 내가 너희를 위한다." 하나님께서 우리를 위하시면 누가 우리를 대적하겠습니까? 하나님께서 '내가 너희를 위한다'는 이 말씀보다 우리에게 힘이 되는 귀한 말씀은 없습니다. 이와 반대로 가장 무서운 말씀이 무슨 말씀인지 아십니까?

에스겔서에 자주 나오는 말씀이 있습니다. 하나님께서 당신의 백성에게 진노하실 때에 "I'm against you"라고 하셨습니다. Against는 for와 반대입니다. 하나님께서 대적하신다는 것입니다. "I'm against you"(나는 너를 대적한다), 이것만큼 무서운 말이 없습니다. 하나님께서 우리를 대적하시면 누가 우리를 위할 수 있겠습니까? 온 세상 사람이 우리를 위한다 할지라도, 온 세상이 나를 위한다 할지라도 쓸모없는 일이 되고 마는 것입니다. 허사인 것입니다. 멸망이 되고 말 것입니다.

하나님께서 대적하실 사람이 되지 마시고, 하나님께서 위하시는 사람이 되시기를 바랍니다. 하루하루 살아갈 때에, 한주 한주를 살아갈 때에 이 세상과 적당히 손을 잡으면서 어중간한 모습으로 살 것이 아니라, 하나님께서 미워하시는 죄도 지어 가면서 살 것이 아니라, 우리 하나님의 영광을 위해서, 오직 하나님만을 위하여, 하나님 보실 때에 하나님께서 진노하시지 않을 일들, 하나님께서 기뻐하실 일들을 행하면서 살아가는 여러분들이 되시기를 바랍니다.

우리는 지난 몇 주 동안 하나님께서 우리를 위하시는 모습을 여러 가지 모습으로 보았습니다. 26-27절에서는 하나님께서 우리를 어떻게 위하시느냐 하면, 성령이 우리 연약함을 도우신다고 했습니다. 그래서 우리를 위해 탄식함으로 대언하시고 간구하신다고 했습니다. 즉 우리를 위해 중보기도하신다고 했습니다. 그 다음에 유명한 로마서 8장 28절 말씀이 나옵니다.

"하나님을 사랑하는 자 곧 그의 뜻대로 부르심을 입은 자들에게는 모든 것이 합력하여 선을 이루느니라."

모든 일이 합력하여 우리에게 유익이 되도록, 선이 되도록 하신다고 했습니다. 지난 시간 말씀 기억하십니까? 29-30절 말씀에서는 하나님께서 우리를 미리 아시고, 미리 정하시고, 때가 되어 부르시고, 우리를 의롭다 하시고, 또 우리를 영화롭게 하셨다고 했습니다. '영화롭게 하실 것이다'가 아니고 '하셨느니라'고 했습니다. 이렇게 하나님께서는 우리를 위하십니다.

오늘 본문 32절에서 34절 말씀도 마찬가지로 하나님께서 우리를 위하시는 모습을 질문 형식으로 세 가지로 우리에게 말씀해 주고 있습니다. 먼저 32절을 보십시오.

"자기 아들을 아끼지 아니하시고 우리 모든 사람을 위하여 내주신 이가 어찌 그 아들과 함께 모든 것을 우리에게 주시지 아니하겠느냐."

창세기에 보면 하나님께서 믿음의 조상 아브라함에게 큰 시련을 주십니다. "너의 아들, 네가 사랑하는 독자 이삭을 나에게 번제로 드려라"고 말씀하셨습니다. 이삭이 보통 아들입니까? 이삭은 여러 아들 중 한 아들이 아닙니다. 이삭은 자기 아내 사라에게서 얻은 유일한 아들입니다. 그것도 이 아들을 젊어서 얻은 것이 아니라 100세에 얻은 아들입니다.

사람으로서는 도저히 낳을 수 없는 늙은 때에, 하나님의 특별한 은혜로, 특별한 선물로 받은 아들이 이삭입니다. 얼마나 귀하겠습니까? 아브라함에게 이삭보다 더 귀한 것이 있겠습니까? 없습니다. 모든 재물, 모든 재산을 다 잃어도 이 아들만은 잃고 싶지 않았을 것입니다. 그런 아들을 바치라고 할 때에 아브라함이 얼마나 믿음이 좋았던지, 하나님께서 또 주시든지 살려주시든지 하시겠지 하는 믿음을 가지고 믿음으로 이삭을 하나님 앞에 바치기로 했습니다.

그런데 아브라함이 그 사건 이후에 소나 양이나 보물이나 재산이나 다른 것을 하나님 앞에 아끼는 것이 있겠습니까? 없습니다. 하나님 앞에 사랑하는 독자까지 바치려고 한 아브라함이 무엇을 아끼겠습니까? 아까운 것이 없다는 거예요. 그처럼 우리 하나님도 마찬가지입니다. 우리 하나님께 가장 귀한 것은 무엇이겠습니까? 하나님의 아들, 유일하신 아들, 독생자 예수 그리스도이십니다. 그런데 하나님께서 우리 죄인들을 얼마나 사랑하셨던지, 우리를 구원하시기 위해 이 사랑하는 독자 예수 그리스도를 이 세상에 보내셔서 십자가에 죽게 하셨습니다.

가장 귀한 것을 우리를 위해 내어놓으신 하나님께서 다른 무엇을 우리에게 아끼시겠습니까? 아끼지 않습니다. 우리에게 필요한 모든 것을 은혜로 공급해 주시는 좋으신 우리 하나님이십니다. 성경 두 곳을 읽어 보겠습니다. 시편 84편 11절을 보십시오.

"여호와 하나님은 해요 방패이시라 여호와께서 은혜와 영화를 주시며 정직하게 행하는 자에게 좋은 것을 아끼지 아니하실 것임이니이다."

중반부를 보니까 여호와께서 은혜와 영화를 주신다고 하시면서, 좋은 것을 아끼지 아니하신다고 했습니다. 독자도 아끼지 않으신 하나님께서, 좋은 것이라고 우리에게 아끼시겠습니까? 어떤 좋은 것도 아끼지 않으시고 주시는 하나님이십니다.

빌립보서 4장 19절을 읽어 보겠습니다.

"나의 하나님이 그리스도 예수 안에서 영광 가운데 그 풍성한 대로 너희 모든 쓸것을 채우시리라."

마지막에 있는 말씀을 보십시오. "너희 모든 쓸 것을 채우시리라"고 말씀했습니다. 요컨대 하나님께서는 우리에게 유익한 것이라면 모든 좋은 것을 아낌없이 주시는 분입니다. 그 하나님께서 우리에게 약속하셨습니다. 우리가 예수 이름으로 구하면, 우리가 믿음으로 구하면, 그리고 우리가 하나님의 뜻대로 무엇을 구하면 들어주신다고 약속하셨습니다. 이 세상의 삶에 필요한 것도, 우리의 구원에 필요한 것도, 우리의 현재와 미래에 필요한 것도 우리 하나님께서 다 은

사로 주신다고 약속하셨습니다.

야고보서 1장 17절에 보면 "온갖 좋은 은사와 온전한 선물이 다 위로부터 빛들의 아버지께로부터 내려오나니"라고 말씀했습니다. 모든 좋은 것은 위에서 옵니다. 하나님께로부터 옵니다. 하늘에서 옵니다. 이 세상에서, 옆에서 오는 것, 땅에서 올라오는 것은 처음에는 좋은 것 같지만 좋지 않은 것이 너무 많습니다. 그러나 온갖 좋은 선물은 다 위로부터 빛들의 아버지, 하나님께로부터 내려오는 것입니다.

이 믿음을 가지고 우리 하나님 앞에 나아가 간구함으로 아낌없이 주시는 하나님의 좋은 선물들을 다 받아 누리시는 여러분이 되시기를 바랍니다. 특별히 고난 중에 있는 분들은 고난에 필요한 은혜와 용기와 감당할 능력과 지혜를 달라고 하나님께 기도드리십시오. 그래서 하나님께서 감당할 은혜 주심을 체험하는 성도들이 되시기를 바랍니다.

두 번째 질문이 무엇입니까? 33절에 있습니다.

"누가 능히 하나님께서 택하신 자들을 고발하리요."

답은 무엇이겠습니까? 아무도 고발하지 못한다는 것입니다. 신약에 마귀의 이름이 몇 가지 나옵니다. 우리가 성경에 보면 하나님 하지만, 원문에는 엘로힘, 엘 샤다이 등 하나님의 이름이 여러 가지로 나옵니다. 그와 같이 마귀도 우리 한글로는 그냥 마귀라고 하시만 원문에는 여러 가지가 나옵니다. 그중 가장 대표적인 것이 '디아볼로스'라는 것입니다. 디아볼로스는 '비방자, 중상자, 고발자'라는 뜻입니다. 대표적으로 요한계시록 12장 10절에 보면 마귀는 "우리 형제들을 참소하던 자"라고 나옵니다. 참소하던 자라는 말은 고발하던 자란 말입니다. 온 세대에 걸쳐 마귀는 항상 하나님의 백성들을 고발해 왔습니다. 송사합니다.

"하나님, 저 사람을 보십시오. 저런 무서운 죄를 지었는데, 저렇게 많은 죄를 지었는데 그냥 두고 보실 것입니까? 공의로우신 하나님께서 왜 내버려 두십니까? 왜 죄에 대해서 심판하지 않습니까? 심판하세요!" 하고 우리 성도들을 하나님 앞에 계속 고발하는 것입니다. 욥기에 보면 하나님 앞에 온 세상의 천사들과 사탄까지 와서 섰습니다. 하나님께서 사탄에게 "네가 두루 다니면서 내 종 욥을 보았느냐, 얼마나 의롭고 얼마나 신실하고 얼마나 하나님을 경외하는 자인 줄 아느냐?"라고 말씀하십니다. 그때 사탄이 뭐라고 했습니까?

> "하나님, 욥이 까닭 없이, 이유 없이 그렇게 하는 줄 아십니까? 하나님께서 하나님의 능력으로 그의 재산을 보호해 주시고 하나님께서 복을 많이 주시니까 하나님을 경외하는 것 아닙니까? 한번 하나님께서 욥을 쳐 보십시오! 재산 싹 빼앗아 보세요! 그래도 하나님을 경외하는지!"

이런 식으로 고발하는 것입니다. 그런데 욥에게만 그런 것이 아니라는 것입니다. 우리 모든 성도들을 항상 그렇게 송사하는 존재가 바로 마귀입니다.

그러나 여러분, 오늘 하나님 말씀에 아무도 하나님이 택하신 자들을 송사하지 못한다고 했습니다. 그에 대한 답은 세 번째 질문의 답에서 함께 나옵니다.

세 번째 질문이 무엇인지 34절 첫 부분을 보겠습니다.

> "누가 정죄하리요."

답은 무엇이겠습니까? 아무도 정죄하지 못한다는 것입니다. 왜 아무도 정죄하지 못합니까? 그 답은 바로 앞 절, 33절 끝에 있습니다.

"의롭다 하신 이는 하나님이시니."

하나님께서 의롭다고 선언하셨는데 누가 정죄할 수 있느냐는 것입니다. 그 하나님이 어떠한 분이시기에 그렇습니까? 하나님께서는 고등법원에 앉아 계시는 법관이 아니십니다. 하나님께서는 대법원에 앉아 계시는 그런 법관이 아니십니다. 우리 하나님은 온 우주의 법정에 앉아 계시는, 우주의 대법관인 것입니다. 최고의 재판관이신 하나님께서 예수 믿는 자들을 무죄라고, 의롭다고 인정하고 선언을 했는데, 다른 누가 감히 밑에서 '저 사람은 죄인입니다, 정죄하세요' 라고 할 수 있겠습니까? 아무도 못한다는 것입니다.

왜 예수 안에 있는 자에게는 정죄함이 없습니까?

왜 하나님은 예수 믿는 자를 의롭다고 선언하십니까? 그 근거가 바로 마지막 34절에 네 가지로 나오고 있습니다. 34절을 보십시오.

"누가 정죄하리요."

다음에 우리 예수님께서 어떻게 하셨다는 것입니까?

첫째, 예수님은 죽으셨다는 것입니다.

참 의미가 있는 말씀입니다. 예수님이 우리 죄를 대신해서 십자가에 죽어 주셨습니다. 그래서 우리 죄에 대한 충분한 값을 대신 치러 주셨습니다.

둘째, 예수님은 살아나셨다고 했습니다.

예수님께서 부활하셨다는 것은 무엇을 의미할까요? 예수님의 부활은 예수님의 죽음이 효과적이었음을 우리에게 보여주는 것입니다. 즉 하나님께서 자기 아들의 희생을, 우리를 의롭다 하시는 만족스러운 근거로 받아들이셨다는 증거가 되는 것입니다.

셋째, 예수님은 승천해서 하나님 우편에 앉아 계십니다.

본래 하나님과 함께하셨던 주님께서, 이제 자신의 구원 사역을 다 완성했기 때문에 영광의 자리에 다시 돌아가서 하나님 보좌 우편에 앉아 계시는 것입니다. 그러니 예수님께서 보좌 우편에 앉아 계신다는 것은, 이 세상에 오신 목적, 우리 죄인들의 구원 사역을 아버지 하나님께서 만족하실 정도로 완전히 이루었음을 보여주는 것입니다.

넷째, 예수님은 우리를 위해서 간구하신다고 했습니다.

우리는 로마서 8장 26절에서 우리를 위해서 간구하시는 한 분을 보았습니다. 누구십니까? 분명히 성령님이 우리를 위하여 탄식하시면서 아버지 하나님의 뜻을 따라 우리를 위해 간구한다고 했는데, 오늘 본문에는 예수님도 우리를 위해서 간구한다고 했습니다. 우리의 대언자가 되시고, 대제사장이 되어서 우리를 중보하고 계시는 것입니다. 예수님께서는 최후 만찬석에서 베드로가 배신할 것을 예고하셨습니다. "너희가 다 나를 버리고 도망갈 것이다"라고 말씀하셨습니다. 그때 베드로에게는 특별히 이렇게 말씀하셨습니다.

> "시몬아, 사탄이 너를 밀 까부르듯 하려고 요청하지만 내가 너를 위하여 기도하였느니라."

그리고 뭐라고 기도하셨겠습니까?

> "너의 믿음이 떨어지지 않기를 기도했느니라."

지금도 예수님께서 우리의 믿음이 떨어지지 않도록, 우리가 악에 빠지지 않도록 우리를 위해서 기도해 주고 계신 것입니다. 특별히 오늘 본문에 나오는 "하나님 보좌 우편에서 간구하는 자"라는 이 말은 법적인 용어입니다. 변호사라는 뜻입니다. 똑같은 말씀이 요한일서 2장 1절에 있습니다.

"만일 누가 죄를 범하여도 아버지 앞에서 우리에게 대언자가 있으니 곧 의로 우신 예수 그리스도시라."

우리가 혹시 죄를 지어도 아버지 앞에서 우리에게 대언자가 있는데, 그분이 바로 예수 그리스도시라는 것입니다. 그래서 사탄이 하나님 앞에서 우리의 죄를 열기하면서 "이 사람이 이런 큰 죄를 지었는데, 이렇게 많은 죄를 지었는데 하나님 그냥 두실 것입니까? 정죄하지 않습니까? 심판하지 않습니까?" 한다는 말입니다. 그때에 우리의 위대한 변호사이신 예수님께서 앞으로 나서서 뭐라고 하시겠습니까?

"예, 이 사람이 그런 죄를 지었습니다. 그렇지만 바로 이 사람의 이런 죄를 위하여 제가 대신 정죄를 받고, 제가 대신 심판을 받고, 제가 대신 십자가에서 죽었습니다."

이렇게 하면 마귀는 할 말이 없어지는 것입니다. 그러면 하나님께서는 우리에게 완전한 무죄를 선언해 주시고, 이로 말미암아 우리는 하나님 나라에, 천국에 들어가기에 부족함이 없는 사람이 되는 것입니다.

마귀뿐만 아니라 때로 다른 사람들이, 우리의 비난자들이, 우리를 미워하는 자들이, 우리의 원수들이 우리를 정죄할 수 있습니다. 때로 우리 자신의 마음조차도 우리를 정죄하면서 우리를 괴롭힐

수 있습니다. 그러나 오늘 말씀 "누가 정죄하리요?"에 대한 답은 무엇입니까? 아무도 정죄하지 못한다는 것입니다. 이 말은 세상 사람들이 우리 잘못을 책망하지 못하고 벌도 못 준다는 말이 아닙니다. 세상 법정이 우리를 정죄하지 못한다는 말이 아닙니다.

오늘 이 말씀의 의미는 우리를 영원한 형벌에 처하도록 아무도 우리를 단죄하지 못한다는 것입니다. 우리를 영원한 형벌에 처하도록 아무도 우리를 정죄하지 못한다는 말씀입니다. 예수님께서 십자가 부활을 통해 우리의 구속 사역을 완성하셨고, 그것을 보시고 아버지 하나님께서 우리를 의롭다고 칭하셨기 때문입니다. 그렇기 때문에 예수 안에 있는 자에게는 아무도 정죄함이 없는 것입니다.

제가 어느 책에 보니까 이런 말씀이 있습니다.

"구원에 대한 의심과 불안이 일어나는가? 로마서 8장 31절에서 34절을 당신의 평생의 친구로 삼으라."

오늘의 말씀을 마음에 새기십시오. 신자의 구원은 의심할 여지가 없습니다. 너무나도 안전하고 너무나도 확실합니다. 세상에서 때로 역경과 환난이 닥쳐도 다 그것은 일시적입니다. 영원한 것이 아닙니다. 하나님께서 우리를 위하시면, 무엇이, 누가 우리를 대적할 수 있겠습니까? 원수도 우리를 대적하지 못하고, 사탄도 우리를 대적하지 못하고, 죽음도 우리를 대적하지 못하는 것입니다.

오늘 이 말씀을 통하여 우리 하나님의 사랑과, 우리 하나님의 능력을 확신하고, 어떤 역경 중에도 용기를 잃지 말고, 담대히 승리자로 살아가시는 여러분 모두가 되시기를 바랍니다.

24

로마서 8:35-39

넉넉히 이기느니라

"누가 우리를 그리스도의 사랑에서 끊으리요 환난이나 곤고나 박해나 기근이나 적신이나 위험이나 칼이랴 기록된 바 우리가 종일 주를 위하여 죽임을 당하게 되며 도살 당할 양 같이 여김을 받았나이다 함과 같으니라 그러나 이 모든 일에 우리를 사랑하시는 이로 말미암아 우리가 넉넉히 이기느니라 내가 확신하노니 사망이나 생명이나 천사들이나 권세자들이나 현재 일이나 장래 일이나 능력이나 높음이나 깊음이나 다른 어떤 피조물이라도 우리를 우리 주 그리스도 예수 안에 있는 하나님의 사랑에서 끊을 수 없으리라"

오늘 우리는 로마서 8장 마지막 시간을 가지게 됩니다.

이 8장을 설교하면서 느낀 것이, 지난 수십 년간 설교를 했지만, 이 로마서 8장만큼 영광스럽고 감동적이고 또 힘과 확신을 주는 말씀이 없었다는 것입니다. 그러면서 한 가지 옛날 일이 생각났습니다. 고등학교를 졸업하고 신학대학에 입학을 해서 첫 해는 기숙사에 머물게 되었습니다. 저하고 자취를 같이 하던 형이 군에 가

버리고 혼자가 되었기 때문에 이제 기숙사에 들어갔는데, 여름 방학이 되자 오갈 때가 없었습니다. 그래서 저와 비슷한 처지에 있는 급우 몇 명과 함께 기숙사를 떠나지 않고 여름방학에도 기숙사에서 살게 되었습니다. 세 명이 국제시장에 가서 시장을 보고 때마다 밥을 해먹곤 했습니다.

어느 날, 점심을 해먹고 각자 자기 방으로 갔습니다. 방으로 흩어진 후 조금 있으니까 '꽝' 하고 폭음이 들리는 것입니다. 이게 웬 일인가 싶었는데, 알고 보니 같이 밥 먹었던 한 친구가 배가 덜 차서 자기 혼자 라면을 하나 알코올 버너로 해먹으려 하다가 뭔가 조작이 잘못되어 버너가 폭발한 것입니다. 그 친구는 옆에 있는 복음병원으로 이송되었습니다.

며칠 후에 제가 가보았습니다. 처참하기 이를 데가 없었습니다. 안면부터 다리까지 앞면은 완전히 타버렸습니다. 특히 여름이라 근질거리기까지 해서 그 고통은 말로 다할 수 없었습니다. 너무 가슴이 아팠는데, 그때 그 친구가 저에게 로마서 8장을 읽어 달라고 부탁해서 제가 읽어 준 적이 있습니다. 지금 생각해 보니, 그 친구는 40년 전인 그때에 이미 로마서 8장의 내용이 어떠한 것인지 어렴풋이나마 알고 있었던 것 같습니다. 여러분, 힘들고 어렵고 약해지고 믿음이 흔들릴 때마다, 이 로마서 8장을 읽고 묵상하시기 바랍니다. 그래서 새 힘과 확신을 얻으시는 여러분이 되시기를 바랍니다.

지난번 말씀에서 사도 바울은 "만일 하나님이 우리를 위하시면 누가 우리를 대적하리요"라는 위대한 말씀을 했습니다. 이 말씀은 쉽게 말하면 하나님께서 우리를 위하시면 아무도 우리를 대적할 수 없다는 말씀입니다. 그냥 '만일 하나님이 우리를 위하시면 누가 우리를 대적할 수 없다'라고 기록하지 않고, "만일 하나님이 우리를 위하시면 누가 우리를 대적하리요?" 하고 질문 형식으로, 도전적으로 서술한 이유가 무엇이겠습니까? 그 말씀을 더 강조하기 위해서입니다.

오늘 본문 역시 질문 형식으로 시작합니다. 35절 상반절을 보면 "누가 우리를 그리스도의 사랑에서 끊으리요"라고 말씀하고 있습니다. 이 질문에 대한 답은 뻔하지만 39절 맨 끝에 나옵니다.

"우리 주 그리스도 예수 안에 있는 하나님의 사랑에서 끊을 수 없으리라."

35절에는 "누가 끊으리요?" 했는데 마지막에는 "하나님의 사랑에서 아무것도 우리를 끊을 수 없다"라고 말씀하는 것입니다. 그런데 35절은 '그리스도의 사랑'이, 마지막 39절에는 '하나님의 사랑'이라 되어 있습니다.

먼저, 그리스도의 사랑을 생각해 봅시다.

35절에서 "누가 우리를 그리스도의 사랑에서 끊으리요" 했는데, 그리스도의 사랑이 무엇입니까? 우리를 위해서 십자가에서 대신 죽어 주신 사랑, 목숨을 내놓으신 사랑입니다. 사람이 누구를 사랑할 때 자기 목숨을 내주는 사랑보다 더 큰 사랑이 어디 있겠습니까? 이것은 최고의 사랑입니다. 그 사랑은 너무 커서, 너무 강해서 아무것도 우리를 그 사랑에서 분리시킬 수 없다는 것입니다.

우리를 낙심시킬 수 있는 일곱 가지 고난이 있습니다. 그것이 35

절 중반부터 나옵니다.

첫째는, 환난입니다.

이 환난이란 말의 원어의 의미를 보면 '짓눌림, 압박'입니다. 6-70kg 정도의 보통 사람 위에 500kg 이상 되는 바위를 올려놓으면 어떻게 되겠습니까? 짓눌려서 숨을 못 쉬거나 깔려 죽게 됩니다. 그 고문 방법이 바로 여기에 나오는 환난이라는 말입니다.

둘째는, 곤고입니다.

곤고의 원어의 의미는 '좁은 곳'이라는 말입니다. 우리 조선 역사에 보면 정조라고 하는 아주 영특한 왕이 있었는데, 그 아버지가 사도 세자입니다. 사도 세자는 그 아버지 영조에 의해서 뒤주에 갇혔습니다. 얼마나 답답했겠습니까? 결국 거기서 죽고 말았습니다. 그와 같이 아주 좁은 곳에 사람을 가두어 놓는 것, 그것이 여기에 나오는 곤고라는 말입니다. 끊임없는 압박을 의미합니다.

셋째는, 박해입니다.

박해는 '추격, 뒤쫓음'입니다. 죽이기 위해 계속 수색하면서 쫓아오는 것을 의미합니다.

넷째는 기근입니다.

기근은 '굶주림'을 말합니다.

다섯째는, 적신입니다.

적신은 '붉은 몸, 벗은 몸'을 말합니다. 즉 '옷을 입지 못하는 것, 헐벗음'을 말하는 것입니다.

여섯째는, 위험입니다.

위험은 모든 종류의 '위험과 위협'을 말하는 것입니다.

일곱째는, 칼입니다.

칼은 '참수', 즉 칼로 목을 베는 것을 의미합니다. 여기에 나온 일곱 가지 모두가 무서운 것입니다. 그러나 이러한 것들도 우리를 그리스도의 사랑에서 끊을 수 없다는 말씀입니다.

이 글을 쓰고 있는 사도 바울 자신도 이런 고난들을 당하였습니다. 그가 당한 고난이 고린도후서 11장에 몇 절에 걸쳐 열거되어 있는데, 그중에 우리가 27절만 보겠습니다.

"또 수고하며 애쓰고 여러 번 자지 못하고 주리며 목마르고 여러 번 굶고 춥고 헐벗었노라."

사도 바울이 그렇게 많은 고난을 당하였습니다. 그리고 사도 바울은 어떻게 죽었습니까? 마지막에 로마의 외곽에 있는 도로에서 참수형을 당해 목이 잘려 죽었습니다. 지금 그곳에 가면 기념 교회당이 서 있습니다.

그리고 바울 사도가 로마서를 통해 로마 교회 성도들에게 이 일곱 가지를 말해주는 이유가 무엇이겠습니까? 그들에게 곧 이런 고난이 닥칠 것이라는 것입니다. 임박한 고난에서 용기를 가지고 견뎌내도록 하기 위하여 오늘 이 말씀을 기록하는 것입니다.

이 편지가 기록된 것이 AD 57년입니다.

그런데 몇 년 후에 네로가 로마 황제가 되었습니다. 이 네로 황제 때부터 크리스천에 대한 엄중한 박해가 시작되었습니다. 로마 대화재가 터지자 그 배후로 네로 황제가 의심되었는데, 자기에게 오는 책임이 오니까 크리스천들에게 대화재 사건의 책임을 물어서 기독교인들을 대학살했습니다. 당시 유명한 역사가 타키투스의 글을 인용하면, 우리 기독 신자를 짐승의 가죽으로 싸서 사냥개로 하여금 물어뜯어 죽이게 하였습니다. 십자가에 못 박아 죽이기도 하고, 밤에 어두워질 때 횃불처럼 화형에 처하기도 했다는 것입니다. 투기장에서 맹수의 밥이 되게 하기도 하였습니다.

여기서 우리가 생각해야 할 것 두 가지가 있습니다.

신자에게도 고난이 있다는 것입니다. 어떤 분은 '신자는 하나님께서 지켜 주시기 때문에 고난이 없다, 어려움이 없다'고 생각합니다. 그렇게 생각을 하는 분은 고난을 당할 때에 시험에 빠지는 것입니다. '하나님께서 날 버리신 모양이다' 생각하고 낙심하고 두려워합니다. 또 어떤 분은 '하나님은 안 계시는 모양이다, 하나님을 믿어도 아무 소용이 없네' 생각하고서 믿음을 저버리기까지 합니다. 그러나 오늘 말씀은 우리 성도에게 닥칠 고난에 대하여서 일곱 가지로 열거를 하고 있는 것입니다. 우리 하나님께선 말씀하셨습니다.

"경건하게 살고자 하는 자는 핍박을 받으리라."

그러므로 우리는 베드로 사도의 말처럼 불시험, 고난이 우리에게 닥쳐올 때에 그것을 이상한 것 당하는 것처럼 생각하지 말아야 하는 것입니다. 당연한 것이 왔다고 생각해야 된다는 것입니다.

그리고 성도가 어떤 고난을 당할 때에 그것이 자기에게만 주어지는 특별한 것이라고 생각하면 안 됩니다. 사도 바울은 오늘 말씀 36절에서 구약성경의 시편을 인용함으로써 이스라엘 백성들도 주를 위해서 죽임도 당하고 고난도 당하였음을 말씀합니다.

2천 년 전 사도 바울 자신도 많은 고난을 받았고, 이 편지를 받은 로마 교회 성도들, 초대교회 성도들도 4세기가 되기까지 계속해서 로마 제국에 의해 억압을 받고 박해와 고난을 받았습니다. 현대에도 공산 치하에 있던 나라들, 저 동구권의 루마니아를 비롯한 여러 나라에서 얼마나 많은 기독신자들이 죽임을 당하고 고난을 받았습니까? 지금도 회교 국가에서는 이런 고난이 진행형입니다. 지금도 말할 수 없는 고난을 당하고 있는 것입니다. 그러므로 고난을 당할 때에 왜 나만 겪는 고난이냐고 불평하거나 낙심하지 말아야 한다는 것입니다. 내가 당하는 것, 나만 혼자 당하는 고난인 것 같지만 앞서간 많은 신앙의 선조들, 믿음의 선조들, 또 구약의 성도들도 같은 고난을 받았다는 말씀입니다. 고난은 누구에게나 다 있는 것입니다. 그리고 중요한 것은 아무리 모진 고난이라도 우리를 그리스도의 사랑에서 끊을 수 없음을 확신하고 두려워하지 말아야 한다는 것입니다.

다음으로, 하나님의 사랑을 생각해 봅시다.

39절 끝에 "하나님의 사랑에서 끊을 수 없으리라"고 했습니다. 예수님의 사랑이 자기의 생명까지 내어주신 사랑이라고 한다면, 우리 하나님의 사랑은 한마디로 말하면 자기의 아들까지 내어주신 사랑입니다. 아끼지 않고 내어주신 사랑입니다. 이 하나님의 사랑은 앞에 나온 그리스도의 사랑과 별개의 것이 아닙니다. 오늘 본문 39절을 가만히 보면 앞에는 그리스도의 사랑, 뒤에는 하나님의 사랑으로 해놓지 않고, 39절 끝을 보면 하나님의 사랑 앞에 "그리스도 예수 안에 있는"이 붙었습니다. "그리스도 예수 안에 있는 하나님의 사랑"이라고 했습니다. 결국은 앞에 있는 그리스도의 사랑이나, 뒤에 나오는 하나님의 사랑을 동일시할 수 있다는 것입니다.

오늘 본문 35절에서 일곱 가지를 언급하면서 이런 것들이 우리를 예수 그리스도의 사랑에서 끊을 수 없다고 했는데, 38-39절에 보면 7가지가 아니라 10가지가 나옵니다. 10가지를 언급하면서 이런 것들이 우리를 하나님의 사랑에서 끊을 수 없다고 말씀합니다.

이 열 가지를 보면, 두 가지는 그냥 하나씩 단독으로 나오고, 네 가지는 쌍을 이루어 나옵니다.

먼저, "사망이나 생명이나"라고 했습니다. 사망이나 생명이나를 두 글자로 줄이면 '생사'입니다. 이 생사라는 것은 우리 인간의 삶의 모든 형태를 요약한 것입니다. 그 다음에 "천사들이나 권세자들"이 나옵니다. 이것은 모든 영적 세계의 존재를 대표하는 것입니다. 그 다음은 "현재 일이나 장래 일이나"라고 했습니다. 이것은 시간을 망라하는 표현입니다. 그 다음 "능력"이 나오고, 그 다음 "높음이나 깊음이나"가 나옵니다. 이것은 공간을 대표하는 말씀입니다. 마지막에 "다른 어떤 피조물이라도"가 나옵니다. 이 앞에 아홉 가지를 말했는데, 혹시나 이 아홉 가지에서 아무것도 빠지게 않도록 하기 위해서 마무리하는 말인 것입니다.

이 10가지와 앞에 나온 7가지는 어떤 차이가 있습니까?

앞에 나온 7가지는 성도가 믿음 때문에 받는 고난의 종류를 말씀해 주는 것입니다. 그런데 뒤에 나오는 10가지는 꼭 신앙 때문에 당하는 고난이라기보다, 일반적이고 우주적인 것들을 말씀하고 있습니다. 하나님의 사랑이 얼마나 강한지, 하나님의 사랑은 죽음보다 더 강하여 이런 것들조차 아무것도, 이 세상의 어떤 피조물도 우리를 하나님의 사랑에서 끊을 수 없다는 말씀입니다.

이 10가지 중 첫 번째로 사망이 나옵니다. 38절에 "내가 확신하노니…"로 시작해 10가지를 나열하는데 사망이 최초로 나옵니다. 사망은 죄 안에 있는 우리 인류에게 가장 공통되고 가장 적대적인 세력입니다. 죄의 능력이 인간에게 가져다주는 비참함 중 가장 무섭고 아픈 것입니다. 우리 성도는 이 세상을 살면서 힘들고 고통스러울 때가 많이 있지만 가장 힘든 것은 이 사망의 골짜기를 지나가는 것입니다. 요단강을 건너가는 것이야말로 가장 힘든 일입니다. 그런데 이 일은 아무도 같이 갈 수 없습니다. 나 혼자, 성도 홀로 가야 하는 길입니다. 그러나 너무나 힘든 길이지만, 오늘 말씀에서 가장 먼저 나왔습니다.

> "사망이나 생명이나 그 다른 어떤 피조물이라도 우리를 우리 주 그리스도 예수 안에 있는 하나님의 사랑에서 끊을 수 없으리라."

우리가 마지막에 사망의 골짜기를 지날 그때에도 우리 주님께서 우리와 함께하십니다. 우리를 놓지 않으십니다. 이 말씀을 확신함으로 마지막 때에 믿음으로 굳게 서시기를 바랍니다.

미술에 데칼코마니라는 게 있습니다. 나비는 가만히 보면 양쪽 날개를 펴 있으면 좌우가 서로 대칭이 됩니다. 서로 가운데를 접으면 겹치게 됩니다. 이런 걸 데칼코마니라고 합니다. 오늘 말씀의 구조를 가만히 보면, 데칼코마니와 비슷합니다. 앞에는 "누가 우리를 그리스도의 사랑에서 끊으리요?"라고 했습니다. 그 다음에 7가지가 나왔습니다. 그 다음에는 또 10가지가 나왔습니다. 그리고 마지막에는 '하나님의 사랑에서 끊을 수 없다'고 했습니다. 그리고 이 두 가지 말씀 중간에 있는 말씀이 있습니다. 37절 말씀을 다 같이 읽겠습니다.

"그러나 이 모든 일에 우리를 사랑하시는 이로 말미암아 우리가 넉넉히 이기느니라."

오늘 설교 제목입니다.

"넉넉히 이기느니라."

어떤 고난이 있어도, 어떤 권세, 어떤 능력이 우리에게 도전하고 우리를 거꾸러뜨리기 위해 애를 쓴다고 해도 우리는 넉넉히 이긴다고 말씀하셨습니다. 넉넉히 이긴다는 이 말씀이 영어성경에 보면 아주 특별하게 기록되어 있습니다. "more than conquerors"라고 합니다. 'conquer'는 정복한다는 말이며, 'conqueror'라고 하면 정복자를 뜻합니다. 'more than~'은 '~이상'이라는 뜻입니다. 즉 '정복자들 이상이다'라고 되어 있습니다. 우리가 세계 역사를 보면 알렉산더, 나폴레옹 등 많은 정복자들이 있습니다.

그런데 오늘 성경에 보니 우리는 정복자 이상이라고 말합니다. 승리자 이상이라는 말입니다. 이 말은 우리 신자는 이 모든 일에 여유 있게 이긴다는 것입니다. 아주 충분히, 압도적으로 이긴다는 말씀입니다. 넉넉히 이긴다는 것입니다.

이번에 우리 한국 여자 축구가 스페인을 2대 1로 이기고 16강에 진출했는데, 스페인 팀은 '겨우' 정도였습니다. 그런데 16강에 와서 붙은 나라가 세계 3위 프랑스였습니다. 그 결과 3대 0이라는 압도적인 점수 차이로 졌습니다. 그래서 중계를 하던 해설자가 "마치 성인 대표팀과 고등학교 대표팀이 붙은 것 같다"고 평했습니다. 우리나라 여자 축구가 아주 크게 성장하고 있지만 아식은 영 상대가 안 된다는 것입니다. 프랑스 팀이 압도적으로 여유 있게 이겼습니다.

성도는 참 약해 보입니다. 때로는 이런 일, 저런 일에 지는 것 같습니다. 세상이 주는 고난에 패배하는 것 같습니다. 그러나 결국은 승리합니다. 이깁니다. 그것도 겨우 승리하는 것이 아니라 넉넉히 이기는 것입니다. 성도가 모든 위험과 역경에서 승리할 수 있는 것은 성도 자신이 강하기 때문이거나 능력이 많기 때문이 아닙니다. 우리를 사랑하시는 하나님으로 인하여, 우리를 위하시는 전능자 하나님으로 인하여 넉넉히 이기게 되는 것입니다.

어떤 성도가 여러 가지 고난을 당하는 중에 어떤 이가 십자수 뒤편을 보여주었습니다. 십자수 뒤편을 보니 뒤편에는 마치 자기의 삶처럼 수실이 이리저리 엉켜 있는 것입니다. 무슨 글자인지 알아볼 수 없고 혼란스러웠습니다. 그런데 뒤집어서 앞을 보여주는데, 앞에는 아주 분명하게 글자가 새겨져 있는 거예요.

"GOD IS LOVE, 하나님은 사랑이시다."

그처럼 우리의 삶은 여러 가지 고난으로 인하여 이 세상을 살 때에 때로는 혼란스럽고 이해가 안 되는 경우가 많이 있습니다. 그렇지만 분명한 것은, 하나님께서는 여전히 우리를 사랑하신다는 것입니다. 우리를 위하여 일하신다는 것입니다. 여러 가지 환난과 어려움이 있어도 하나님께서는 그것들로 하여금 우리에게 유익이 되고 선이 되도록 역사하신다는 것입니다. 그 큰 사랑으로 모든 일이 합력하여 선을 이루게 하시는 것입니다.

지난 시간 말씀은 "만일 하나님이 우리를 위하시면 누가 우리를 대적하리요"라는 말씀이었습니다. 아무도 우리를 대적하지 못한다는 말입니다. 아무도 대적을 못한다는 것은 우리가 넉넉히 이기는 것입니다. 이 관계를 잘 기억하십시오. 만일 하나님께서 우리를 위하시면 아무도 우리를 대적하지 못합니다. 그래서 우리는 넉넉히 이기게 되는 것입니다.

이 세상에 사는 동안 숱한 고난이 있지만, 하나님의 한없는 사랑으로 인해 우리는 넉넉히 이기고 또 앞으로도 이기게 될 것입니다. 때가 되어 죽음이 찾아오지만 그 죽음조차도 우리를 하나님의 사랑에서 절대 끊어내지 못하는 것입니다. 이 믿음을 가지고 언제나 담대하게 평안을 누리시는 여러분 모두가 되시기를 바랍니다.

25

로마서 9:1-5

바울의 큰 근심과 고통

"내가 그리스도 안에서 참말을 하고 거짓말을 아니하노라 나에게 큰 근심이 있는 것과 마음에 그치지 않는 고통이 있는 것을 내 양심이 성령 안에서 나와 더불어 증언하노니 나의 형제 곧 골육의 친척을 위하여 내 자신이 저주를 받아 그리스도에게서 끊어질지라도 원하는 바로라 그들은 이스라엘 사람이라 그들에게는 양자 됨과 영광과 언약들과 율법을 세우신 것과 예배와 약속들이 있고 조상들도 그들의 것이요 육신으로 하면 그리스도가 그들에게서 나셨으니 그는 만물 위에 계셔서 세세에 찬양을 받으실 하나님이시니라 아멘"

우리는 그동안 로마서 1장에서 8장의 말씀을 살펴보았습니다. 이제 시작하는 9장에서 11장은 새로운 한 파트라고 할 수 있습니다. 오늘 봉독한 로마서 9장 1절에서 5절 말씀은 이 새로운 파트로 들어가는 하나의 문이라고 말씀드릴 수가 있습니다.

지난주 우리는 감사예배를 드렸습니다. 바울 사도는 에베소 성도들에게 "범사에 항상 아버지 하나님께 감사하라"고 말씀하고, 또 데살

로니가교회의 성도들에게도 "항상 기뻐하라, 범사에 감사하라"고 말씀했습니다. 빌립보교회 성도들에게도 "여러 번 기뻐하라"고 말씀하시고 "아무것도 염려하지 말고 오직 모든 일에 감사함으로 하나님께 아뢰라"고 말씀했습니다.

그렇다면 염려나 근심은 다 나쁜 것입니까? 사도 바울은 전혀 근심하지 않고 살았을까요? 그렇지 않습니다. 바울도 근심하고 염려도 하였습니다. 고린도후서에 근심에 대한 말씀이 많은데 거기에 보면 사도 바울이 두 가지 근심에 대해서 말합니다. 세상 근심, 그리고 하나님의 뜻대로 하는 근심, 두 가지를 말씀합니다. 바울은 세상 근심을 한 것이 아니라, 하나님께서 원하시는 근심, 하나님의 뜻대로 하는 근심을 했다는 것입니다. 교회를 위해서 근심하고, 성도들을 위해서 근심했습니다.

여러분, 세상 근심, 즉 무엇을 이 땅에서 먹고 마시며 살까, 무엇을 입고 살까 하는 염려, 그리고 불신앙적인 근심은 하지 말고, 하나님이 기뻐하시는 근심을 하면서 살아가시기 바랍니다.

그치지 않는 고통을 경험해 보았습니까?

오늘 본문 1절에서 바울은 자신에게 근심과 고통이 있다고 말씀합니다. 영어성경에 보면 근심은 'sorrow, 슬픔'이라고 되어 있고, 그 다음에 나오는 고통은 'anguish'라고 되어 있습니다. 'anguish'라는 말은 질병으로 인한 육신의 고통이라기보다 정신적인 고통, 즉 고뇌를 의미하는 말입니다. 그런데 바울에게 있는 이 근심과 고통은 보통 수준이 아닙니다. 1절 말씀을 보시기 바랍니다. 근심은 근심인데 어떤 근심입니까? 큰 근심입니다. 고통인데 어떤 고통입니까? 그치지 않는 고통이라고 했습니다.

저는 그치지 않는 고통이라 하면 생각나는 게 있습니다. 제가 대학교 1학년 때 치통이 너무 심했습니다. 국민학교 6학년 때부터 충치가 어금니에 생겼는데, 그것을 그냥 내버려 둔 것입니다. 부산에 와서 고등학교 다닐 때에도 그냥 놔두었습니다.

그런데 대학교 1학년이 되었을 때엔 충치가 어금니의 겉만 놔두고 가운데를 싹 파먹어버렸습니다. 그래서 그것이 신경까지 내려가 통증이 시작되었는데, 왼쪽 빰 전체가 마비가 되는 것 같았습니다. 토요일에 시작되었는데, 치과에 갈 수도 없고, 약국에 가서 진통제를 사먹었는데, 처음에는 3시간 듣다가 나중에 밤이 되니까 듣지를 않는 겁니다. 그래서 주일 지나고 월요일에 고신의료원인 복음병원에 갔습니다. 그때 한명동 목사님 아들인 한기환 선생님이 치과 의사였는데, 수술을 한 시간 동안 했습니다. 한 시간 내내 제가 신음소리를 냈습니다. 그렇게 한 시간 동안 끊임없이 고통을 받아본 적이 없었습니다. 그치지 않는 고통이었습니다. 오늘 말씀 그대로입니다. 사도 바울에게도 그런 그치지 않는 고통이 있었다는 것입니다. 바울에게 그치지 않는 고통은 저와 같이 육신의 고통으로 인한 것이 아니었습니다. 마음의 그치지 않는 고통이 있었다는 것입니다. 그렇다면 바울은 도대체 무엇 때문에 그렇게 근심하고 고통을 받고 있었습니까? 3절 첫 줄을 봅시다.

"나의 형제 곧 골육의 친척을 위하여."

여기서 형제는 한 사람을 의미하는 것이 아닙니다. 'brothers, 형제들'입니다. 그리고 골육의 친척이란 말은 육신의 동족을 말합니다. 누구를 말하겠습니까? 바울의 가족이나 바울의 친척들을 말하는 것이 아닙니다. 4절 첫 줄을 보면 그들은 곧 누구라고 했습니까? 이스라엘 사람들이라고 했습니다. 그러니까 바울의 큰 근심의 원인은 자기 민족, 이스라엘 민족이었습니다.

아니 이스라엘 민족에게 도대체 어떤 문제가 있기에 사도 바울이 이렇게 크게 근심하고 끊임없이 고통을 받았습니까?

10장 1절을 보십시오.

"형제들아 내 마음에 원하는 바와 하나님께 구하는 바는 이스라엘을 위함이니 곧 그들로 구원을 받게 함이라."

맨 마지막에 그 이유가 분명하게 나옵니다.

"그들로 구원을 받게 함이라."

이제 모든 것이 분명해졌습니다. 바울이 그토록 가슴 아파하는 것은 자신의 문제도 아니고 자기 가족, 친척의 문제도 아니었습니다. 자기 동족 이스라엘이 복음을 받아들이지 않고, 예수 그리스도를 믿지 않았기 때문입니다. 그들이 구원을 받지 못하였기 때문입니다.

바울이 자기 민족 때문에 그냥 근심하고 고통 하는 수준이 아니라 아주 크게 근심하고 끊임없이 고통을 겪는 데는 특별한 이유가 있었습니다. 그 이유가 무엇이겠습니까? 4절 첫 줄에 그들은 누구라고 했습니까? 이스라엘 백성이라고 했습니다. 이 말씀 속에는, 그들은 보통 사람이 아니라 이스라엘 사람이라는 것입니다. 보통 민족이 아니라는 것입니다. 이스라엘 민족입니다. 하나님의 특별한 사랑과 은혜를 입고 선택 받은 이스라엘 민족, 여러 가지 특별한 특권을 가지고 있는 이스라엘 민족이라는 것입니다. 그래서 더욱 가슴 아파했습니다.

여러분 4-5절에 보면 이스라엘 민족이 받은 8가지 특권이 나옵니다.

첫 번째는, 양자가 되었다고 했습니다.

그들은 하나님의 양자라고 하는 것입니다. 출애굽기 4장 22절에 보면 하나님이 모세에게 말씀하시기를 "너는 바로에게 이르기를 여호와의 말씀에 이스라엘은 내 아들 내 장자라" 하라고 했습니다. 호세아서 11장 1절에 "이스라엘이 어렸을 때에 내가 사랑하여 내 아들을 애굽에서 불러냈거늘"이라고 했습니다. 여기서 '내 아들'은 누구겠습니까? 이스라엘 민족을 말합니다. 내 아들을 애굽에서 불러내었다는 것은, 이스라엘은 하나님의 장자요 아들이라는 말입니다.

두 번째는, 그들에게 영광이 있었다고 했습니다.

이 말은 무슨 말이냐 하면, 영광의 하나님께서 그들 중에 거하였다는 것입니다. 출애굽 할 때도 하나님께서 구름 기둥, 불기둥으로 그들과 함께하셨고, 그 이후에도 하나님의 임재를 의미하는 법궤가 그들 가운데 항상 있었습니다.

세 번째는, 그들에게는 언약들이 있었다고 했습니다.

성경을 보면 아브라함의 언약, 모세 언약, 다윗 언약 등 여러 가지 언약들이 이스라엘 백성들에게 주어졌다는 것입니다.

네 번째는, 율법이 있었습니다.

모세를 통하여 하나님께서 시내 산에서 하나님의 율법을 이스라엘 백성에게 주셨습니다.

다섯 번째는, 예배가 있었습니다.

다른 민족들은 다 무지하여 헛된 우상들, 생명 없는 것들을 신이라고 섬기며 복을 달라고 빌었습니다. 그러나 이스라엘 백성들은 하나님의 계시를 받아서 참 신 하나님을 알고, 예루살렘 성전을 지어서 거기에서 참 신 하나님 앞에 예배를 드렸다는 것입니다.

여섯 번째는, 하나님의 특별한 약속들이 있었습니다.

시대마다 하나님께서 이스라엘 민족에게 특별한 복된 약속들을 많이 주셨습니다.

일곱 번째는, 조상들도 그들의 것이었다고 합니다.

그런데 조금 이상합니다. 여러분에게 조상이 있습니까, 없습니까? 있습니다. 그런데 조상도 그들의 것이라는 이 말은 무슨 말이겠습니까? 믿음의 조상들을 말합니다. 아브라함, 이삭, 야곱은 다 이스라엘 백성입니다. 이 조상들도 그들의 것이었습니다.

여덟 번째로, 무엇보다도 그리스도, 곧 메시아가 그들에게서 났다는 것입니다.

예수 그리스도는 아브라함과 다윗의 자손으로 이스라엘 백성 가운데서 탄생하셨습니다.

특권의 핵심은 그리스도입니다.

이 8대 특권의 핵심이 무엇이겠습니까? 금방 이 여덟 가지 속에 나와 있습니다. 8대 특권의 핵심은 그리스도입니다. 이스라엘 백성은 앞에서 말한 이런 특권들을 통하여 수천 년간 메시아 그리스도의 오심을 준비하고 교육을 받았습니다. 그렇다면, 그리스도가 오실 때에 어떻게 해야 되겠습니까? 당연히 그분을 환영하고 기쁨으로 영접하여 누구보다도 먼저 구원을 받아야 마땅하다는 것입니다. 그런데 예수 그리스도를 그들이 거부하였습니다.

요한복음 1장 11절에 보면 "자기 땅에 오매 자기 백성이 영접하지 않았다"라고 하였습니다. 영접하지 않았으니 어떻게 되겠습니까? 구원받지 못하는 것입니다. 그래서 바울은 더욱 근심하고 고통스러워한 것입니다. 어떤 특권도 없이, 하나님과 어떤 특별한 관계도 없이, 예수 안 믿고 구원받지 못했다면 그렇게 억울할 것도 없는데, 그렇게 큰 특권을 받고 또 하나님의 사랑과 은혜를 받고서도 예수님을 거부해서 구원받지 못하니 바울의 가슴이 터졌다는 것입니다.

이런 바울의 모습을 보면서 우리 자신을 생각해 봅니다.

우리는 믿지 않는 우리 민족, 우리 이웃을 위하여 얼마나 가슴 아파하고 있으며, 믿지 않는 가족과 친척과 친구들을 위하여 얼마나 슬퍼하고 고통스러워하고 있습니까? 때로 안타까워하며 기도도 하지만 가끔 그럴 뿐 바울처럼 정말 심각하게 아파하지도 못합니다. 바울처럼 큰 근심, 그치지 않는 고통은 우리에게 없다는 것입니다. 생각해 보면 우리 주변 사람들이 지옥을 향해서 가고 있는데도 우리는 아무렇지도 않은 듯 살아갈 때가 많습니다.

대구에서 목회하시는 유명한 목사님께서 가끔 이런 말씀을 하십니다. 안 믿고 돌아가신 아버지가 생각날 때가 있는데, 성경대로 하면 안 믿고 돌아가셨으니 분명히 지옥에 갔을 텐데, 거기서 얼마나 나를 원망하실까 생각하면 가슴이 찢어진다는 것입니다.

"이놈아, 내가 기독교를 반대하더라도 네가 정말로 내가 지옥 갈 줄 알았더라면 무슨 짓을 해서라도 바로 예수 믿게 했어야 하는 것 아니냐?"라는 소리가 귀에 쟁쟁하게 들리는 것 같다고 합니다.

그러나 돌아가시면 끝입니다. 돌아가신 분에 대해선 사람이 어떻게 할 수 없습니다. 아무리 후회해도 소용이 없습니다. 그렇기 때문에 살아생전에, 떠나시기 전에 무슨 수를 써서라도 교회에 출석하고 예수 믿도록, 주님께 나아오도록 만들어야 하는 것입니다.

지상 최고의 도박은

부모뿐만 아니라 자녀도 마찬가지입니다. 여러분이 생각하기에 지상 최고의 도박이 무엇인 것 같습니까? 죄송합니다만 저는 불신결혼이야말로 지상 최고의 도박이라고 생각합니다. 교회에서 신앙생활을 잘하다가 안 믿는 사람을 만나 결혼하면, 혹 배우자가 나를 따라서 예수 믿으면 정말 다행이겠지만, 그렇지 않은 경우도 많습니다. 우리 교회를 가만히 보아도, 반 이상은 자기 역시도 교회에서 멀어지고 불신자가 되고 맙니다. 그러면 마귀 자식이 되는 것 아니겠습니까? 지옥행 열차를 타는 것입니다.

불신 결혼은 영생과 멸망이 걸려 있는 것입니다. 가능성은 반반입니다. 그러므로 이것이 얼마나 큰 도박입니까? 이 세상에 이보다 더 큰 도박이 어디 있겠습니까? 저는 결혼을 안 시켰으면 안 시켰지 그런 도박은 하지 않습니다. 재산이 다 날아가는 도박이라면 혹시 몰라도, 영원한 멸망과 영원한 생명이 달려 있는 그런 도박은 절대로 하지 않는다는 것입니다. 우리 부모들도 자녀들도 정신을 바짝 차려야 됩니다.

우리나라가 받은 은혜와 특권

이스라엘은 하나님의 엄청난 은혜와 특권을 가졌음에도 하나님의 구원을 저버렸습니다. 우리나라는 어떻습니까? 우리나라는 이스라엘처럼 그런 복된 나라가 아닙니다. 그렇게 많은 특권을 가진 나라가 아닙니다. 그렇지만 우리나라는 다른 나라에 비하여 하나님의 특별한 은혜가 있는 나라입니다. 선교 130년 만에 복음이 이렇게 강하게 역사해서 교회가 이렇게 급성장한 나라는 이 세상에 어디에도 없습니다. 아시아 어느 나라를 가보십시오. 우리나라처럼 교회가 우뚝우뚝 서 있는 나라가 있습니까? 없습니다.

이웃나라 일본을 보십시오. 우리보다 훨씬 복음이 먼저 들어왔지만, 거기 가면 교회당 하나 찾아보기가 어렵습니다. 예수 믿는 사람이 100명에 한 사람도 되지 않습니다. 경제적으로는 우리보다 앞서는지 모르겠지만, 영적인 면에서는 우리와 비교가 되지 않습니다. 그렇게 우리나라는 남달리 하나님의 복을 받은 나라입니다. 큰 특권을 가진 나라임에 틀림없다는 것입니다.

지금 세계에는 신앙 때문에 무서운 핍박을 당하는 나라들이 많습니다. 잘 아시다시피 지금 중동 지역의 시리아에는 IS라는 이슬람 국가가 있습니다. 그 사람들은 기독교인을 그냥 놔두지 않습니다. 발견되면 바로 학살해 버립니다. 얼마나 무서운 일입니까? 아프리카 나이지리아를 비롯한 여러 나라에서도 교회와 기독교인들이 무슬림 단체에 의해 자주 기습을 받습니다.

제가 영국에서 신학을 공부할 때 나이지리아 친구가 둘 있었습니다. 그 한 친구가 영국에 있을 때 그런 일이 있어서 다 같이 기도하곤 했습니다. 와서 불을 지르고 총으로 신자들을 쏴 죽입니다. 얼마나 두려운 일입니까? 지금도 북한 땅에는 전도도 할 수 없고, 자유롭게 예수를 믿을 수도 없고, 발각되면 죽든지 아니면 수용소로 가게 됩니다. 지금도 불교 국가와 회교권에서는 교회와 기독교인에 대한 테러와 공격이 계속되고 있습니다. 지금도 생명의 위협을 받고 있습니다.

VOM이라는 단체가 있습니다. '순교자의 소리'라는 단체인데, 여기서 나온 책을 제가 한 권 읽었습니다. 지금도 이 세계에는 고통받고 고난 받는 사람이 많이 있는데, 한 분을 보니까 인도네시아에서 살던 기독교인입니다.

인도네시아에는 섬이 많습니다. 한 작은 섬에 기독교인들만 다 모여 아주 평화롭게 살고 있었는데, 얼마 전에 회교도 몇 명이 와서(회교도인지도 몰랐다고 합니다) 우리는 다 평화롭게 살아야 한다면서 연설을 하고 갔다고 합니다. 그런데 그것은 미리 와서 간첩질을 한 것이었습니다. 형편을 살펴보고 간 얼마 후 무장한 회교도 3천 명이 그 섬에 기습을 했습니다. 집은 다 불살라 버리고 보이는 대로 체포해서 죽이는데, 기독교인들이 다 산으로 도망을 쳤습니다. 여기에 아델이라고 하는 여인이 나오는데, 가족이 도망을 가다가 남편과 자녀가 다 흩어져 버렸습니다.

나중에 아델이라는 이 여인이 무슬림들에게 잡혔습니다.

군인들은 그녀의 옷을 벗기고 구타를 하고 온갖 고문을 하면서 강간하였습니다. 그로 인해 한 무슬림의 아이를 잉태하게 되었습니다. 생각해 보면 원수의 아이를 강제로 가지게 된 것 아닙니까? 얼마나 비참합니까. 나중에 구사일생으로 살아나 이것을 증언했습니다. 그래서 책으로 나온 것입니다.

그에 비하면 우리는 얼마나 큰 특권을 가지고 있습니까?

주변에 교회들이 얼마나 많습니까? 우리를 위해, 여러분을 위해 기도하는 사람이 얼마나 많으며, 여러분에게 복음을 전해주는 사람이 얼마나 많습니까? 우리 교회에 출석하면서 아직도 예수 그리스도를 믿지 않으시는 분이 있다면 꼭 예수를 믿으시기 바랍니다. 이렇게 자유롭게 핍박 없이 마음껏 예수 믿을 수 있고, 교회 다닐 수 있고, 하나님을 섬길 수 있는 곳이 또 어디에 있겠습니까? 그렇지 못한 나라가 세상에는 너무 많이 있습니다.

예수를 믿으시되 잘 믿으시기 바랍니다. 정말 헌신해서 하나님을 섬기시기 바랍니다.

우리는 지금 마음껏 전도할 수 있습니다. 전도한다고 누가 우리를 잡아 체포하거나 우리를 잡아 죽이지 않습니다. 믿는 자마다 영생 얻는 이 생명의 복음을 열심히 전하여서 지옥 가는 이들을 구원하여 살리는 저와 여러분이 될 수 있기를 바랍니다.

마지막으로 생각할 것은, 바울은 자기 동족의 구원을 위해서라면 무엇이든지 희생할 각오를 가졌습니다.

3절을 보겠습니다.

"나의 형제 곧 골육의 친척을 위하여 내 자신이 저주를 받아 그리스도에게서 끊어질지라도 원하는 바로라."

다시 말하면 내 동포, 내 민족을 위해서라면, 그들을 구원받게 할 수만 있다면 나는 하나님의 저주를 받아서 그리스도로부터 끊어져도 좋다는 말을 하고 있습니다. 이것은 무서운 말입니다. 하나님의 저주를 받으면 어떻게 되겠습니까? 하나님의 저주를 받으면 멸망하게 되는 겁니다. 그리스도에게서 끊어지면 어떻게 되겠습니까? 역시 멸망하게 됩니다. 그런 점에서 사도 바울이 한 이 말씀은 정말로 무서운 말입니다. 저는 아무리 생각해 봐도 저로 인해서 대한민국 국민이 다 구원받는다 해도 저는 그리스도에게서 끊어지기가 싫습니다. 절대 바꾸지 않겠습니다. 어떻게 영원히 지옥 형벌을 받을 수 있단 말입니까?

사실은 믿는 자가 그리스도에게서 분리되어 멸망 받는 것은, 남 대신 지옥 간다는 것은 있을 수 없는 일입니다. 오늘 바울의 이 말은 사실은 과장법입니다. 과장이라고 해서 그것이 거짓말이란 것은 아닙니다. 자기 민족을 위한 바울 자신의 간절한 심정을 이렇게 표현하고 있는 것입니다. 그렇게 자기 민족을 사랑했다는 것입니다. 기독교 역사를 보면 영혼을 사랑하는 분들의 심정이 오늘 이 바울의 심정과 같았습니다.

출애굽기 32장에 보면 모세가 나오는데, 모세가 시내 산에 올라 40일이나 있지 않았습니까? 이스라엘 백성들이 시내 산 밑에서 기다리는데, 도무지 모세가 내려오지 않는 겁니다. 지도자가 내려오지 않자 의지할 데가 없었던 그들은 금붙이를 다 모아 녹여 금송아지를 만듭니다. 그런 다음 "이것이 우리를 애굽에서 이끌어 내신 여호와 신이다" 하고 거기에 절을 하고 축제를 하고 우상 숭배를 했습니다. 하나님이 가장 싫어하는 것이 우상숭배 아니겠습니까?

하나님께서 이를 보시고 어떻게 하셨습니까? 매우 진노했습니다. 이에 모세에게 말씀하기를 "내가 그들에게 진노하여 그들을 진멸하고 너의 후손을 통해 큰 나라를 만들어 주도록 하겠다"라고 할 때에 모세가 어떻게 했습니까? 출애굽기 32장 32절을 보십시오.

> "그러나 이제 그들의 죄를 사하시옵소서 그렇지 아니하시오면 원하건대 주께서 기록하신 책에서 내 이름을 지워 버려 주옵소서."

16세기 종교개혁자 존 녹스, 18세기 부흥의 기수 조지 휫필드, 그리고 20세기 초에 아프리카 선교사였던 존 화이트 등은 "오 주여, 이 영혼들을 내게 주소서, 아니면 나의 영혼을 거두소서" 하고 하나님 앞에 기도하였습니다. 이분들은 다 바울과 같은 기도를 한 것입니다. 잃어버린 영혼에 대한 사랑, 복음 전도에 대한 열정이 얼마나 뜨거웠으면 "하나님, 이 영혼들을 제게 주소서. 아니면 내 영혼을 거두어 주소서"라고 하나님 앞에 부르짖었겠습니까.

그리스도를 알지 못하고 생명의 길을 알지도 못하는 사람들에게 여러분은 얼마나 관심을 가지고 계십니까? 그들이 예수님께 나아오도록 하기 위해 얼마나 시간을 들이며 돈과 에너지를 희생해 보셨습니까? 믿지 않는 가족을 인도하기 위하여 여러분들은 혹 기도했겠지만 그들을 위해서 얼마나 희생을 해보셨습니까? 나와 가정을 위해서는 돈을 아낌없이 사용하지만, 천하보다 귀한 한 영혼을 건지기 위해서, 그들을 구원하기 위해서는 천만 원을, 오백만 원을, 백만 원을 아까워하지는 않습니까? 생각해 보면 우리 가족 중에 어떤 사람이 중병에 걸렸습니다. 오천만 원을 넣어서, 일억 원을 넣어서 고칠 수만 있다면 여러분은 그렇게 하지 않겠습니까? 빚을 내서라도 그렇게 투자하지 않겠습니까?

그렇다면 여러분은 영혼을 믿습니까? 천국과 지옥을 믿습니까? 예수 안 믿으면, 지옥 가는 것을 믿습니까? 그렇다면 내 가족, 내 친구들을 구원하기 위해서는 어떻게 해야 되겠습니까? 바울처럼 금식기도도 하고, 내 재산의 절반이라도 바쳐서, 내 목숨이라도 바쳐서 구원하려고 해야 되지 않겠습니까?

사도 바울은 말만 이렇게 한 것이 아닙니다. 마음으로만 근심하고, 마음으로만 큰 고통을 끊임없이 겪은 것이 아닙니다. 10장 1절에서, 자기 민족의 구원을 위해서 하나님 앞에서 구했다고 했습니다. 기도했다고 했습니다. 사도 바울은 끊임없이 기도하였습니다. 또 그는 이방인의 사도로서 이곳저곳을 다니면서 이방인들에게 전도했습니다. 그런데 전도를 할 때에 어느 도시에 가든지 전도를 위해서 맨 먼저 들리는 곳이 있었습니다. 어디로 갔습니까? 회당에 들어갔습니다. 회당은 누구의 회당입니까? 유대인의 회당입니다. 유대인들이 모여 사는 곳엔 언제나 회당을 짓습니다. 우리 교회당 같은 공회당입니다. 그곳에서 유대인들은 토요일마다 모여서 예배도 드리고, 교제도 하는 것입니다. 그곳에 가면 유대인이 있습니다. 이스라엘인이 있습니다. 그래서 사도 바울은 제일 먼저 한 도시에 가면 회당에 들어가서 자기 민족에게, 유대인들에게 복음을 전하였습니다. 그들이 자기를 핍박하고 반대를 하면 그때 이방인에게 가서 복음을 전하였습니다.

오늘날은 잃어버린 영혼에 대한 사랑과 복음 전도에 대한 우리의 열정이 너무 식어 있고 무관심해져 있습니다. 저도 그렇습니다. 오늘 하나님께서 우리 동부교회 성도들에게 이 사도 바울의 마음을 주시기를 간구합니다. 그리하여 우리도 사도 바울처럼 영혼을 위한 큰 근심과 끊이지 않는 고통을 가지기 원합니다. 나아가 바울처럼 끊임없이 영혼을 위하여 기도하고 전도하는 자가 되기를 소망합니다.

이제 우리 교회는 행사로서의 새생명축제는 끝이 났습니다.

4월과 5월과 6월에 새생명축제를 끝냈지만, 바라기는 지금부터는 개인이 전도를 통하여 진정한 새생명축제를 가졌으면 좋겠습니다. 하나님께서 우리의 심령을 감동시켜 주셔서, 오늘 사도 바울의 이 마음을 가지고 그와 같이 기도하며 전도함으로 올해 우리 교회 이 표제와 같이 수가 날마다 늘어가는 교회, 믿는 자를 하나님께서 날마다 더해주시는 아름다운 교회, 구원의 역사가 일어나는 교회가 될 수 있기를 바랍니다.

26

로마서 9:6-13

하나님의 말씀이 폐하여졌는가

"그러나 하나님의 말씀이 폐하여진 것 같지 않도다 이스라엘에게서 난 그들이 다 이스라엘이 아니요 또한 아브라함의 씨가 다 그의 자녀가 아니라 오직 이삭으로부터 난 자라야 네 씨라 불리리라 하셨으니 곧 육신의 자녀가 하나님의 자녀가 아니요 오직 약속의 자녀가 씨로 여기심을 받느니라 약속의 말씀은 이것이니 명년 이 때에 내가 이르리니 사라에게 아들이 있으리라 하심이라 그뿐 아니라 또한 리브가가 우리 조상 이삭 한 사람으로 말미암아 임신하였는데 그 자식들이 아직 나지도 아니하고 무슨 선이나 악을 행하지 아니한 때에 택하심을 따라 되는 하나님의 뜻이 행위로 말미암지 않고 오직 부르시는 이로 말미암아 서게 하려 하사 리브가에게 이르시되 큰 자가 어린 자를 섬기리라 하셨나니 기록된 바 내가 야곱은 사랑하고 에서는 미워하였다 하심과 같으니라"

세상의 수많은 민족 중에 하나님으로부터 가장 큰 특혜를 받은 민족이 있다면 어느 민족이겠습니까? 이스라엘입니다.

지난 시간 로마서 9장 4절과 5절을 통해서 이스라엘이 받은 8가지 특권을 살펴보았습니다. 문제는 이런 엄청난 특권을 받은 이스라엘이 그리스도를 거부하고 구원에 이르지 못한다는 것입니다. 이 사실이 사도 바울의 마음을 너무 아프게 했습니다. 그래서 사도 바울은 마음에 큰 근심과 그치지 않는 고통이 있다고 했습니다. 자신이 저주를 받는 한이 있어도 자기 민족 이스라엘이 구원받았기를 원한다고 하였습니다.

그런데 여기에서 제기되는 한 가지 문제가 있습니다. 하나님은 이스라엘 조상인 아브라함에게 "너는 복이 될지라. 땅의 모든 족속이 너로 말미암아 복을 얻으리라"고 약속하셨습니다. "너는 복이 될지라"는 말씀이 무슨 뜻입니까? 이 말은 "너와 너의 후손이 구원의 복을 받을 것이라"는 말씀이고, "땅의 모든 족속이 너로 말미암아 복을 얻을 것이라"는 것은 "너와 너의 자손이 바로 구원의 통로가 될 것이다"라는 말씀입니다. 그런데 아브라함의 자손인 이스라엘 대다수가 그리스도를 영접하지 않고 믿지 않아 하나님의 약속이 폐기된 것처럼 보인다는 것입니다. 이스라엘의 불신앙으로 하나님의 약속이 헛된 것이 되고 무효가 된 것처럼 보인다는 말씀입니다.

만일 무효가 되었다면 하나님의 말씀의 신실성이나 영원성이 무너지는 것이 됩니다. 하나님은 믿을 수 없는 분이 됩니다. 하나님의 말씀도, 약속도 믿을 수 없는 것이 된다는 것입니다. 여하튼 이스라엘의 현재 모습을 보면 하나님의 말씀, 즉 하나님의 약속이 폐하여진 것이 아닌가 하는 의문을 가질 수 있는데, 이에 대하여 사도 바울은 6절 상반절에서 "하나님의 말씀이 폐하여진 것이 아니다"라고 선언합니다. 그리고 이어서 하나님의 약속이 폐하여지지 않았음을 설명해 가고 있습니다. 6절에 말씀하기를 "이스라엘에게서 난 그들이 다 이스라엘이 아니요"라고 했습니다. 무슨 말씀입니까?

이스라엘에게서 난 자들이라고 다 자동적으로 이스라엘 사람이 되는 것이 아니라는 것입니다. 아브라함의 자손이라고 해서, 이삭의 자손이라고 해서, 야곱의 자손이라고 해서 자동적으로 이스라엘 백성이 되는 것이 아니라는 말씀입니다.

사도 바울은 이 로마서 2장 28-29절에서도 이와 같은 말씀을 한 적이 있습니다. 표면적 유대인이 유대인이 아니라고 했습니다. 그러면 표면적 유대인이 유대인이 아니라는 이 말씀이 무슨 말입니까? 겉모습만 유대인이라고, 아브라함의 피를 이어 받고 할례를 받았다고 해서 그 사람이 참 유대인이라고 할 수 없다는 것입니다. 성령으로, 마음으로 유대인이 된 사람, 성령의 역사로 말미암아 마음의 할례 받은 그 사람이 진정한 이스라엘 사람이라는 말씀입니다.

아브라함의 아들들

바울 사도는 이렇게 원리가 되는 말씀을 한 후에 두 가지 예를 들어서 이것을 증거합니다.

첫 번째 예가 7절에서 9절에 나오는데, 아브라함의 아들들을 가지고 설명합니다.

창세기 21장에 보면 아브라함의 아내 사라가 아들을 낳았습니다. 이름이 무엇입니까? 이삭입니다. 이삭을 낳아서 너무 좋았습니다. 그래서 이 아들을 젖을 먹여 잘 키워서 드디어 젖 떼는 날이 되었습니다. 젖 떼는 날에, 마치 우리의 첫 돌처럼 큰 잔치를 베풀었습니다.

그런데 사라가 가만히 보니 아브라함이 하갈에게서 난 아들 이스마엘(그때 10살이 넘었습니다)이 자기의 사랑하는 아들 이삭을 놀리고 있는 것입니다. 그래서 화가 났습니다. 그래서 남편 아브라함에게 "여보, 저 여종하고 여종의 아들을 우리 집에서 내어쫓아요!" 하고 고함을 질렀습니다. 그러나 아브라함의 입장에서 보면 이스마엘도 자기 아들이고, 이삭도 자기 아들입니다. 그러니 어떻게 쉽게 내칠 수 있습니까? 그럴 수가 없었습니다. 그래서 골머리를 앓습니다. 그러자 하나님께서 무엇이라고 하십니까? "근심하지 말고 사라가 한 말대로 해라"라고 말씀하십니다. 그 다음에 아주 중요한 말씀이 나오는데, 7절 후반부에 기록이 되어 있습니다.

"오직 이삭으로부터 난 자라야 네 씨라 불리리라 하셨으니."

왜 이삭에게서 난 자만 아브라함의 씨라 불릴까요?

그 이유가 다음 8절에 나옵니다.

"곧 육신의 자녀가 하나님의 자녀가 아니요 오직 약속의 자녀가 씨로 여기심을 받느니라."

창세기 15장에 보면, 하나님께서 아브라함에게 나타나셔서 "아브라함아, 두려워하지 말아라 나는 너의 방패요 너의 지극히 큰 상급이니라"고 말씀했습니다. 이 말씀은 우리가 생각할수록 너무나도 귀한 말씀이고, 우리에게도 적용이 되는 말씀입니다. 하나님께서 아브라함을 보고 처음에 뭐라고 했습니까? 나는 너의 방패라고 했습니다. 다윗도 시편에 보면 여러 번 "여호와는 나의 방패"라고 했습니다. 이 세상을 살면서 우리를 보호해 주는 것은 돈도 있고, 부모도 있고, 그 밖에 다른 것들도 많이 있지만, 진정한 우리의 방패는 하나님이신 것을 확고히 믿으시기 바랍니다. 어려움이 있을 때마다 하나님 앞에 기도하십시오.

"하나님, 당신께서 저의 방패이십니다. 저를 보호해 주십시오" 하고.

그리고 하나님께서 "나는 너의 지극히 큰 상급이니라"고 말씀하십니다. 이 세상에서 특별한 물질의 상급을 못 받고 건강의 상급을 못 받아도 가장 귀중한 상급은 하나님이십니다. 하나님만 있으면 다 있는 것입니다. 그 말을 듣는 순간 아브라함의 마음에 불만이 조금 생겼습니다.

"하나님, 저에게 무슨 상급을 주시려 하십니까? 저는 다른 상급 다 있어도 소용이 없습니다. 지금 제 재산을 상속할 아들이 없습니다" 하고 불만스럽게 하나님 앞에 아뢰었습니다. 이제는 종이 상속해야 될 판이라는 것입니다. 그러자 하나님께서 뭐라고 하셨습니까? "너의 몸에서 날 자가 너의 상속자가 될 것이다" 하고 자식을 약속하셨습니다. 그런데 수년이 흘러도, 하나님이 자식을 주시지 않아 아이가 생기지 않았습니다. 그래서 애가 탄 사라가 어떻게 합니까? 자기 여종 하갈을 아브라함에게 주면서 "내 몸종을 통하여 상속자를 얻으십시오"라고 합니다. 이렇게 해서 아들을 얻었는데, 그 아들

이름이 이스마엘입니다.

또 10년 이상쯤 흘렀습니다. 창세기 17장에 보면 하나님께서 아브라함에게 "너의 아내 사라가 아들을 낳으리니 그 이름을 이삭이라 하라"고 했습니다. 아브라함 부부는 이스마엘을 낳고 하나님의 약속이 이루어진 줄 알았습니다. 그런데 그것이 아니었습니다. 하나님이 "너의 아내 사라가 아들을 낳으리니 그 이름을 이삭이라 하라"고 하셨습니다. "내가 그와 언약을 세우리라"고 약속하셨습니다. 그런데 몇 년이 지나도 하나님이 또 자식을 안주는 것입니다. 그동안에 아브라함과 사라는 폭삭 늙어버렸습니다. 그래서 이제는 아이를 낳을 수 없는 나이가 되어 버렸습니다. 그런데 18장에 보면, 하나님이 또 나타나시어서 "내년 이맘때에 사라에게 아들이 있으리라"고 약속을 했습니다.

그리고 1년 후에 사라가 아들을 낳았습니다. 이름이 이삭입니다.

그러면 이스마엘과 이삭, 두 아들 중 누가 약속의 아들입니까? 이삭입니다. 이스마엘이 생긴 것은 하나님께서 약속하신 것이 아닙니다. 사라가 조급해서 "왜 아들이 안 생기지?" 해서 인간의 계획을 가지고 생긴 것이 이스마엘입니다. 그러나 완전히 인간의 능력으로는 불가능할 때에, 인간의 의지로도 불가능할 때에 하나님이 약속해서 주신 아들이 이삭입니다.

정리를 해보면 아브라함의 아이는 하갈에게서 낳은 이스마엘이 있고, 사라에게서 낳은 아들 이삭이 있지만, 약속의 아들인 이삭만이 아브라함의 씨로 여김을 받는다는 것입니다.

아브라함의 첫째 아들 이스마엘이 이스라엘인입니까?

아닙니다. 그러면 누구입니까? 놀랍게도 이스마엘은 아랍 족속의 조상이 됩니다. 지금 저 중동에서 계속되는 문제가 무엇입니까? 아주 오랜 옛날부터 이스라엘과 아랍 민족이 서로 싸우고 있는데, 알고 보면 형제가 서로 싸우고 있는 것입니다. 하나님의 택한 족속과 택하지 않은 사람들이 싸우고 있는 것입니다. 요컨대 아브라함의 참된 자녀는 인간적인 방법이 아니라 전능하신 하나님의 약속으로 된 자녀라는 것입니다.

이삭의 아들들

이어서 두 번째 예가 10절에서 13절에 나오는데, 이제는 이삭의 아들들을 가지고서 예를 보여줍니다.

아브라함의 아들 이삭이 자라서 리브가라는 여인과 결혼을 했습니다. 결혼을 해서 임신을 했는데 쌍둥이를 배었습니다. 그런데 이 쌍둥이가 사이좋게 자라는 것이 아니라 태속에서 서로 싸우는 것입니다. 그것이 느껴집니다. 그래서 엄마 리브가가 놀라서 '이게 어찌된 일일까' 할 때에 하나님께서 나타나셔서 말씀하십니다.

"너의 태중에 두 민족이 있구나. 큰 자가 어린 자를 섬기리라."

다시 말하면 형이 동생을 섬기리라고 하였습니다. 그 형이 누구입니까? 에서입니다. 동생은 누구입니까? 야곱입니다. 형이 동생을 섬기리라고 했으니까 누가 하나님의 복을 받은 자입니까? 동생 야곱이 하나님의 복을 받은 것을 알 수 있습니다.

큰 자가 어린 자를 섬기리라고 한 이 하나님의 말씀에서 생겨난 유명한 경구가 있습니다. 그것이 무엇이냐 하면 13절에 나오는 "내가 야곱은 사랑하고 에서는 미워하였다"라는 말입니다.

말라기 1장 2절에도 나오는 말씀입니다.

여기서 우리가 잠시 생각하고 갈 것이 있습니다. 하나님께서 에서를 미워했다고 했는데, 하나님이 누구를 미워한다는 것이 말이 됩니까, 안 됩니까? 사실은 말이 안 되는 것입니다. 왜냐하면 우리 하나님께서는 성경에서 하나님의 백성들에게 서로 사랑하라고 했습니다. 미워하지 말고 시기하지 말라고 했습니다. 그런데 하나님이 에서를 미워했다고 하니 이게 말이 되느냐는 것입니다.

요한일서에 보면 1장에 "그 형제를 미워하는 자마다 어둠 속에 있는 자"라고 했습니다. 빛 가운데 있는 자가 아니고, 형제를 미워하는 자는 어둠 속에 있는 것이고, 형제를 미워하는 자마다 살인하는 자라고 말씀했습니다. 무서운 말씀입니다.

혹시 여러분도 어느 성도를 향하여, 혹은 가족 중에 누구를 향하여 미워하는 마음을 가지고 있지는 않습니까? 그것은 어둠에 있는 것이고, 살인하는 행위입니다. 미움은 자신을 상하게 하는 독약이라는 것을 알아야 됩니다. 이유가 어떻든지 마음속에서 미움을 버리시기 바랍니다. 우리 예수님께서는 "너희를 미워하는 자를 선대하라"고 했고, "미워하는 자를 위해서 기도하라"고 말씀하셨습니다.

그러면 하나님이 에서를 미워했다는 이 말은 무슨 뜻입니까? 이 말은, 하나님이 어떤 사람을 싫어서 미워했다는 것이 아닙니다. 하나님이 야곱을 선택하고 에서는 거부했다는 것은, 그냥 죄 가운데 내버려 두었다는 말을 강조하기 위해 내가 야곱은 사랑하고 에서는 미워했다는 말이지, 하나님이 정말로 에서를 미워했다는 말씀이 아니라는 것입니다.

누가복음에 보면 예수님께서 자기를 따라오려는 자들에게 이런 말씀을 했습니다. "그 가족을 미워하지 않는 자, 부모를 미워하지 않는 자는 나를 따라오지 못한다"라고 했습니다. 무슨 말입니까? 문자 그대로 부모나 가족을 미워하면 되겠습니까? 안 되지요. 그 말씀의 의미는 가족보다 예수님을 더 사랑하고 더 우선해야 된다는 말씀인 것입니다.

하나님께서는 쌍둥이 중 어린 자 야곱을 사랑하여 택하셨습니다. 그런데 하나님이 야곱을 택한 때가 언제입니까? 야곱이 돌이 되었을 때에 하나님이 택했습니까? 아니면 야곱이 초등학교 들어갈 때 택했습니까? 아닙니다. 오늘 11절에 보면 "그 자식들이 아직 나지도 아니하고 무슨 선이나 악을 행하지 아니한 때에 택했다"라고 했습니다. 무슨 말입니까? 하나님의 택하심은 인간의 행위에 달려 있는 것이 아니라는 것입니다. 인간의 선함과 악함에 달린 것이 아니라는 것입니다. 하나님의 선택은 무조건적 선택입니다. 그가 똑똑하냐, 선하냐, 착하냐 하는 조건에 달린 것이 아니라는 말입니다. 하나님의 선택, 하나님의 구원은 전적으로 하나님의 은혜입니다.

내가 너를 사랑함이라

지난주일 오후에 아가페 합창단이 와서 아름답고 은혜로운 찬양을 했습니다. 그런데 저에게 인상 깊었던 것은 여성 솔로가 나와서 찬양을 하는데, 그 찬송 제목이 "내가 너를 사랑함이라"였습니다. 가사를 들어보니 "내가 너를 사랑하는 것은 네가 다른 사람보다 나아서가 아니라, 내가 너를 사랑하는 이유는 네가 죄를 짓지 않기 때문이 아니라"고 하였습니다. 다시 한 번 생각해 보십시오. 하나님께서 하시는 말씀입니다. "내가 너를 사랑하는 것은 네가 다른 사람보다 나아서가 아니고, 내가 너를 사랑하는 이유는 네가 죄를 짓지 않기 때문이 아니라"고 합니다. 오늘 성경 말씀과 통하는 말씀입니다.

11절 하반절을 보십시오.

"하나님의 뜻이 인간의 선택이나 행위로 말미암지 않고 오직 부르시는 이로 말미암아서"라고 말씀하고 있습니다. 여기서 부르시는 이는 누구겠습니까? 하나님입니다. 하나님께 달려 있다는 것입니다. 인간은 하나님의 주권에 달려 있는 것이지 인간의 의지에 달려 있는 것이 아닙니다.

부산성안교회의 윤장운 목사님을 혹시 기억하십니까? 우리 성도들 중에 절반은 그분을 보았습니다. 그분이 작년 총회에서 첫날에 저와 복도에서 만나 인사를 했습니다. 그런데 그 목사님에게는 건강에 문제가 있었습니다. 저는 그 목사님의 군목 후배로, 저 역시도 건강에 문제가 있다는 것을 그분이 알고 계셨습니다. 그래서 참 반갑게 인사를 하면서 "우리 서로 건강하게 삽시다" 하고 인사를 했는데, 목사님께서 다음날에 그만 넘어져서 크게 다치고 말았습니다

다. 지금 고신의료원에 계시는데, 겨우 떠듬떠듬 말을 할 정도입니다. 여러분, 생각이 나면 윤장운 목사님을 위해서 기도해 주시면 감사하겠습니다.

제가 왜 그분 이야기를 합니까? 약 10여 년 전에 그분이 우리 교회 부흥집회에 왔습니다. 집회 첫날 저녁에 전한 말씀을 제가 잊지를 못합니다. 여러분 혹시 제목을 기억하십니까?

"택하시고 부르시고."

그 제목이 잊히지가 않습니다. 누가 우리를 택하셨습니까? 하나님이십니다. 누가 부르셨습니까? 하나님이십니다. 한마디로 우리의 선택과 구원은 하나님의 주권적인 선택이라는 말씀입니다.

이제 세 가지를 정리하면서 말씀을 마치려고 합니다.

첫째, 하나님의 말씀이 폐하여졌는가?

하나님의 말씀이 헛된 것이 되었습니까? 아브라함의 아들들, 이삭의 아들들에서 보았듯이, 아브라함의 아들들이라고, 이삭의 아들들이라고 다 이스라엘이 되는 것이 아닙니다. 유대인이라고 자동적으로 다 하나님의 복을 계승하지는 않습니다. 유대인들 가운데서 하나님이 택하시고 은혜 주심으로 인해 하나님의 약속과 복을 계승하는 참된 이스라엘, 영적인 이스라엘, 남은 자가 있다는 것입니다. 나아가, 육적으로는 저와 여러분처럼 비록 이방인일지라도, 그리스도를 믿는 자는 참 이스라엘인입니다. 갈라디아서 3장 7절을 보십시오.

"그런즉 믿음으로 말미암은 자들은 아브라함의 아들인 줄 알지

어다."

정말 귀한 말씀입니다. 우리에게 바로 적용되는 말씀입니다. 이 점에서 예수 믿는 우리는 누구의 아들입니까? 아브라함의 아들입니다. 예수 그리스도를 믿는 우리야말로 아브라함의 아들이요, 진정한 참된 이스라엘임을 믿으시기 바랍니다. 하나님의 약속은 아브라함과 이삭과 야곱과 그들의 영적 혈통 안에서 성취되었고, 지금도 성취되고 있는 것입니다. 이것을 보면 아브라함에게 하신 하나님의 말씀이 폐하여졌습니까, 계속되고 있습니까? 계속되고 있습니다. 폐하여지지 않았습니다. 하나님의 말씀은 절대로 폐하여지지 않습니다. 땅에 떨어지는 법이 없습니다. 영원한 것입니다.

두 번째, 하나님의 약속을 이어받기 위해서 필요한 것이 믿음입니다.

하나님이 선택했다고 자동으로 구원받습니까? 그 사람 자신은 아무 관계도 없이 자동으로 구원받습니까? 아닙니다. 인간의 책임이 있습니다. 야곱이 구원받은 것은 야곱이 여호와 하나님을 믿었기 때문입니다. 에서가 버림 받았던 것은 그가 하나님을 불신했기 때문입니다. 그러므로 하나님의 무조건적인 선택은 인간의 믿음의 순종이 따라야 합니다. 인간의 믿음의 순종과 조화가 이루어질 때 구원으로 이어지는 것입니다.

이 믿음은 하나님의 선택에서 기인됩니다. 선택된 자는 믿게 되어 있고, 선택되지 않은 자는 믿지 않는 것입니다. 그래서 하나님이 누구를 예정하셨는지의 여부는 비밀입니다. 우리가 알 수 없습니다. 그런데 그 사람이 믿는 것을 보면 누가 선택을 받은 자인지 아닌지 알 수 있습니다. 그러므로 우리가 하나님의 선택을 알지 못할지라도, 여러분은 다 예수를 믿어서 여러분의 택함 받음을 입증하시고 증거하시기 바랍니다. 내가 정말 예수님을 믿는다면 나는 하나님의 택한 자입니다.

베드로 사도가 이런 말씀을 했습니다.

"더욱 힘써 여러분의 부르심과 택하심을 굳게 하라."

예수 믿는 사람들은 이 일에 더욱 힘써야 합니다. 신앙생활에 더욱 힘써 부르심과 택하심을 굳게 해야 합니다. 흔들림 없이 만들어야 한다는 것입니다. 하나님께서 우리를 불러 주셔서 이렇게 신앙생활하게 한 것이 얼마나 큰 복입니까? 그런데도 그것이 싫어서 게으르게 신앙생활하고 예배도 잘 드리지 않는다면, 그 사람은 자기 마음속에 벌써 "내가 하나님의 택함 받은 자인지, 부르심을 받은 자인지" 의심을 하게 되는 것입니다. 그래서 더욱 힘써야 됩니다. 여러분 모두가 신앙생활에 더욱 힘써서 하나님의 부르심과 택하심을 굳게 하시기 바랍니다.

세 번째, 믿는 자는 하나님의 은혜에 감사해야 합니다.

오늘 말씀을 통해서 우리가 알 수 있는 것은, 부모가 택함을 받아도 자녀가 모두 자동으로 택함을 받고 구원받는 것이 아니라는 것입니다. 믿는 부모 아래 태어났다고 해도, 목사 장로 집사 가정에 태어났다고 해도 모두 구원받는 것은 아닙니다. 나의 구원은 부모에게서 나는 것이 아닙니다. 하나님의 은혜가 있어야 되고, 하나님의 주권적인 선택이 있어야 하는 것입니다.

작가 정연희 권사에 대해 들어보셨습니까? 정연희 권사님이 온 세계를 다니면서 약 100년 전에 이 땅에 왔던 선교사님들을 알기 위해서 그 자손들을 찾아다녔습니다. 그런데 가서 찾아보고 놀란 것이 있습니다. 무엇에 놀랐느냐 하면, 선교사님들의 자손들이니 얼마나 예수를 잘 믿겠느냐 생각하겠지만, 상당수는 예수를 믿지 않고 신앙과 관계없이 살아가더랍니다. 그것을 보고 깊이 느낀 것이 '정말 구원은 하나님의 은혜구나, 하나님의 주권이구나' 하는 것을 깨달았다는 것입니다.

요한일서 1장 12-13절에 이런 말씀이 있습니다.

"예수 그리스도를 영접하는 자들에게는 하나님의 자녀가 되는 권세를 주셨으니 이는 혈통으로나 육적으로나 사람의 뜻으로 나지 않는다" 라고 했습니다. 예수 믿어서 하나님의 자녀 되고 구원받는 것은 인간의 뜻이나 인간의 의지로 되는 것이 아니라 하나님의 뜻으로 되는 것입니다.

여러분에게는 믿음의 부모가 계십니까? 정말 귀한 일입니다. 믿음의 부모가 계신다면 하나님께 감사하시기 바랍니다. 그러나 지금 나의 나 된 것은 하나님의 은혜인 줄 알고, 내 부모가 믿기 때문에 내가 믿는 것이 아니요, 내가 믿는 것은 하나님의 은혜요 주권인 줄 알고 하나님께 더욱 감사하시는 여러분이 되시기를 바랍니다.

27

로마서 9:14-18

하나님은 불공평하신가

"그런즉 우리가 무슨 말을 하리요 하나님께 불의가 있느냐 그럴 수 없느니라 모세에게 이르시되 내가 긍휼히 여길 자를 긍휼히 여기고 불쌍히 여길 자를 불쌍히 여기리라 하셨으니 그런즉 원하는 자로 말미암음도 아니요 달음박질하는 자로 말미암음도 아니요 오직 긍휼히 여기시는 하나님으로 말미암음이니라 성경이 바로에게 이르시되 내가 이 일을 위하여 너를 세웠으니 곧 너로 말미암아 내 능력을 보이고 내 이름이 온 땅에 전파되게 하려 함이라 하셨으니 그런즉 하나님께서 하고자 하시는 자를 긍휼히 여기시고 하고자 하시는 자를 완악하게 하시느니라"

칼빈은 피신 중에도 설교도 하고 강연도 하다가 맨 마지막에는 손을 들고 "만일 하나님이 우리를 위하시면 누가 우리를 대적하리요?"라고 했습니다. 하나님이 대적하시는 악한 사람, 불신앙의 사람이 되지 말고, 하나님이 진정 여러분을 위하시는 믿음의 사람이 되시기를 바랍니다.

지난 주일에 아브라함의 자손이라고 해서 전부 다 이스라엘인이 아니라고 말씀을 드렸습니다. 아브라함에게는 이스마엘과 이삭이라는 두 아들이 있었지만, 하나님께서는 그중에서 이삭만 택하시고 복을 주셨습니다. 이삭만 이스라엘 백성이 되었습니다. 이삭에게는 또 에서와 야곱이라는 두 아들이 있었지만 하나님께서는 야곱만 택하시고 야곱만 이스라엘 백성이 되었습니다. 이 점에서 생겨난 의문점이 있습니다. 그것은 오늘 14절에 나오는 말씀입니다.

"그런즉 우리가 무슨 말을 하리요 하나님께 불의가 있느냐."

여기서 "하나님께 불의가 있느냐"라는 말씀은 "우리 하나님이 불공평하시냐?"라는 말입니다. 하나님이 "에서는 버리시고, 야곱은 택하시고"라는 말은 하나님의 주권적인 선택을 의미합니다. 그렇다면 하나님의 주권적인 선택은 불공평하지 않느냐는 의문을 가질 수 있는데, 이에 대한 대답은 무엇입니까? "그럴 수 없느니라"고 말씀합니다. 다시 말하면 우리 하나님께서는 불공평하지 않으시다는 말입니다.

모세 그리고 바로

하나님의 주권적인 선택은 불공평함이 없다고 말씀하는데, 그 불공평하지 않으심을 오늘 본문에 보면 모세와 바로 두 사람을 예로 들어서 설명하고 계십니다.

먼저 모세에 대해서 나옵니다.

15절을 보십시오.

"모세에게 이르시되 내가 긍휼히 여길 자를 긍휼히 여기고 불쌍히 여길 자를 불쌍히 여기리라 하셨으니."

하나님께서 어떤 상황에서 모세에게 이 말씀을 하셨겠습니까? 출애굽기 32장에 보면 모세가 시내 산 위에 올라갔을 때에 백성들이 시내 산 밑에서 모세를 기다렸습니다. 그런데 40일이 지나도 내려오지를 않았습니다. 그러자 불안해졌습니다. 답답해졌습니다. 그래서 금 고리를 모아서 금송아지를 만들어 놓고는 "이것이 우리 신이다" 하면서 그 앞에 절을 하고 경배하였습니다. 우상 숭배를 하였습니다.

우상 숭배는 하나님께서 가장 미워하시는 죄입니다. 그래서 하나님이 크게 진노해서 모세에게 뭐라고 했습니까? "내가 이 백성을 진멸해 버리겠다. 깡그리 없애 버리겠다. 그리고 너를 통하여 한 민족을 새롭게 만들겠다"라고 하였습니다. 그때에 모세가 어떻게 했습니까? 하나님께서 이스라엘 백성을 용서해 주시기를 간절히 기도했습니다. 모세의 중보기도로 하나님께서 이스라엘 백성을 용서해 주셨습니다. 그런데 하나님이 뭐라고 하셨습니까? "내가 그들을 용서하겠다. 그러나 이제부터는 내가 이스라엘 백성과 함께 가지 않겠다"라고 했습니다. 하나님이 "너희만 가라"고 하자 모세가 어떻게 했습니까?

"하나님, 하나님께서 우리와 친히 동행하지 않으시면 우리를 보내지 마옵소서. 우리는 안 가겠습니다."

떼를 쓰면서 하나님 앞에 간절히 기도했습니다. 그러자 하나님께서 "좋다. 내가 친히 너희와 함께 가마"라고 하셨습니다. 이것이 바로 기도 응답입니다. 모세는 이렇게 두 번 기도했습니다. 모세가 기도할 때마다 하나님이 즉시로 응답해 주십니다. 우리는 기도할 때 하나님이 응답을 안 해주는 것 같아 답답하고 낙심될 때가 있습니다. 그런데 어떻게 모세가 기도하면 이렇게 바로바로 들어주셨을까요? 그것은 모세가 정말 간절한 마음을 가지고 하나님 앞에 기도했기 때문이며, 또 하나는 모세 자신의 욕심이나 정욕을 위하여 기도하지 않고 하나님의 영광을 위하여 기도하고, 자기 백성 이스라엘을 위하여 기도하였기 때문입니다. 그랬더니 하나님께서 그 기도를 들어주셨습니다.

기도에 힘쓰시되 언제나 간절한 마음으로 하나님의 뜻에 맞게 기도해서, 저와 여러분 모두도 기도할 때마다 하나님의 응답을 받는 기도의 백성, 복된 백성이 될 수 있기를 바랍니다.

하나님께서 친히 가겠다 하시면서 하신 말씀이 오늘 본문 15절입니다. 뭐라고 했습니까? "내가 긍휼히 여길 자를 긍휼히 여기고 불쌍히 여길 자를 불쌍히 여기리라"고 했습니다. 그렇다면 "긍휼히 여기겠다"와 "불쌍히 여기겠다"가 다른 말입니까? 아닙니다. 사실 뜻이 비슷한 말입니다.

하나님은 누구를 염두에 두고 "내가 긍휼히 여길 자를 긍휼히 여기겠다"라고 하셨을까요? 모세와 이스라엘 백성을 염두에 두고 그렇게 말씀하신 것입니다. 원칙대로 하면 하나님은 하나님의 계명을 어기고 우상 숭배를 한 범죄 한 이스라엘 백성을 멸망시켜야 합니다. 이들을 심판하셔야 됩니다. 그런데 긍휼을 베풀어 주시어서 이스라엘 백성을 용서해 주셨다는 말씀입니다.

앞에 나왔던 이삭이나 야곱도 그들이 의롭고 선해서 하나님께서 그들을 택하시고 불러주시고 구원하신 것이 아닙니다. 이스마엘과 이삭이 뭐가 다릅니까? 다 죄인입니다. 에서와 야곱이 뭐가 다릅니까? 다 죄인입니다. 인간적으로 보면, 도리어 야곱이 남을 속이고 자기 잇속을 챙기는 데 발 빠른 악한 자입니다. 그런데 왜 하나님께서 이삭을 택하시고 왜 하나님께서 야곱을 택해 주셨겠습니까? 그것은 그들이 의롭고 선해서가 아니라는 것입니다. 하나님이 자비와 긍휼을 베풀어 주셨다는 것입니다.

우리 인생은 모두다 하나님 앞에 죄인입니다. 믿습니까?

저와 여러분도 다 죄인입니다. 그런데 죄의 삯이 무엇입니까? 사망입니다. 그렇기 때문에 다 죽어야 되고 멸망 받아야 됩니다. 아무도 구원받을 자격이 없습니다. 하나님의 심판, 멸망 외에는 받을 것이 없습니다. 그런데 그중에 하나님께서 일부를 불쌍히 여겨서 그들을 구원해 주신다는 것, 이것이 불공평한 일이겠습니까? 한번 생각해 보십시오.

어느 부자가 도시 빈민가의 학생 20명을 택하여 학비를 지원하기로 결심했습니다. 그런데 그 도시에는 이 20명만 어려운 것이 아니고, 또 어려운 학생이 여러 명 더 있었습니다. 그러면 이 부자가 이중에서 20명만 돕는다고 해서 불공평하다고 할 수 있겠습니까? 그 부자는 어느 누구도 도와야 될 의무도 책임도 없습니다.

그런데 그 부자가 그중에 20명만 돕는다고 불공평하다고 할 수 있겠느냐는 것입니다. 부자가 베푼 것은 긍휼이기 때문에 불공평하다고 할 수 없습니다. 도리어 스무 명이라도 도와주는 것은 칭찬받을 일입니다. 그와 같습니다. 죄 지어서 마땅히 벌 받을 사람들, 심판받을 사람들은 벌 받도록 놔두는 것이 하나님의 공의라 할 수 있습니다. 어떤 사람들은 하나님이 불쌍히 여겨서 벌을 면해 주시고 구원해 주시는 것, 이것이 하나님의 자비요 하나님의 긍휼입니다.

심판 받고 멸망 받을 우리를 긍휼히 여기셔서 많은 사람 가운데서 택하시고 부르시고 구원해 주신 하나님 앞에 감사하고 찬송하시기 바랍니다. 이것은 불공평한 일이 아니라 하나님의 긍휼입니다. 하나님의 사랑이고 하나님의 은혜입니다.

다음으로, 바로에 대해 나옵니다.

여러분 17절을 보십시오.

"성경이 바로에게 이르시되 내가 이 일을 위하여 너를 세웠으니 곧 너로 말미암아 내 능력을 보이고 내 이름이 온 땅에 전파되게 하려 함이라 하셨으니."

역사책에 보면 바로를 파라오라고 합니다. 바로는 이집트의 최고 통치자의 명칭입니다. 우리나라에서는 최고 통치자를 왕 또는 임금이라고 한 것처럼 바로가 그와 같은 말입니다. 오늘 성경에 나오는 바로는 모세와 동시대의 인물입니다. 모세가 아기 때 갈대 상자에 담겨 나일 강 위로 흘러가는데, 바로의 딸 공주가 시녀들과 함께 목욕을 하러 나왔다가 그 갈대 상자를 발견했습니다. 열어 보니 히브리 아이가 그 안에서 울고 있었습니다. 공주는 그 아이를 불쌍히 여기는 마음을 가졌습니다. 하나님께서 불쌍히 마음을 주신 것입니다. 그래서 그 아이를 양자로 삼아야겠다고 생각하고 궁궐로 데려와 왕자로 삼아 키웠습니다.

모세의 나이 40세가 되었을 때, 자기 백성을 위하여 무언가 일을 해봐야겠다 싶어 공사장으로 나갔습니다. 가서 보니 애굽 사람이 자기 민족 이스라엘 사람을 마구 매로 치는 것을 보고 분이 나서 그 애굽 사람을 한 대 쳤는데 그만 죽어버렸습니다. 이 일이 알려지게 되자 머나먼 미디안 광야로 도망을 쳤습니다. 그곳에서 이름 없는 사람으로, 잊힌 사람이 되어 양 치는 목자가 되었습니다. 그러던 어느 날, 호렙 산 기슭에서 양을 치고 있는데, 하나님께서 가시떨기 불꽃 가운데서 나타나셔서 모세를 부르셨습니다.

"모세야, 지금 노예로 고통 받고 있는 내 백성 이스라엘을 애굽에서 인도해 내거라."

그리하여 모세는 그 사명을 따라 애굽으로 돌아갑니다. 애굽에 돌아가서 바로 앞에 섰습니다. 그 바로는 모세가 모르는 사람이 아닙니다. 어릴 때에 왕자로서 궁에서 같이 교육을 받고 컸던 사람입니다. 그 바로에게 무엇이라고 했습니까?

"이스라엘의 하나님이 말씀하셨다. Let my people go, 내 백성으로 가게 하라."

그러자 바로가 어떻게 했습니까? 내주지 못한다고 했습니다. "지금 이 노예들이 대(大)사역을 하고 있는데 이들이 나가면 누가 이들을 대신해서 이 사역을 할 것인가? 못 보낸다"라고 합니다. 그러자 모세를 통해 대재앙을 내리십니다.

첫 번째는, 나일 강입니다. 애굽은 나일 강을 빼면 시체입니다. 완전 사막이 될 수밖에 없습니다. 그 나일 강에서 모든 식수를 취하는데, 나일 강이 완전히 피로 변했습니다. 그런데도 굴복하지 않았습니다. 두 번째는, 나일 강에서 수많은 개구리가 올라와서 개구리가 침실에도 들어가고 침상에도 올라가고 떡반죽 그릇 속에도 들어가는 엄청난 일이 벌어졌습니다. 바로가 항복하는 척하다가, 모세가 개구리를 다 사라지게 하자 또 마음이 완악해져서 이스라엘 백성을 보내지 않겠다고 하는 것입니다. 그래서 또 다음 재앙이 이어집니다.

세 번째는, 애굽에 있는 티끌을 이로 만듭니다. 이가 사람과 가축에게 기어오릅니다. 그런데도 굴복하지 않자 네 번째는, 파리가 온 애굽 천지에 생겨서 사람들 집에 막 들어갑니다. 다섯 번째는, 모든 생축에 악질이 생겨, 급성 전염병으로 짐승들이 죽어갑니다. 여섯 번째는, 악성 종기가 납니다. 지금으로 말하면 암입니다. 무서운 암이 사람과 생축에게 발병합니다. 일곱 번째는, 주먹만한 우박이 내려서 애굽 들판에 있던 사람들과 가축들을 때려서 많은 수가 맞아 죽고, 막 피어나던 농산물과 채소가 완전히 망가져 버렸습니다.

여덟 번째는, 메뚜기 재앙이 일어납니다. 메뚜기가 엄청 몰려와서 우박에 맞아 부서지고 조금 남은 식물을 완전히 먹어 치웁니다. 아홉 번째는, 사흘 동안 애굽 천지에 흑암이 내려 캄캄해져서 1미터도 앞을 내디딜 수가 없었습니다. 열 번째는, 애굽에 있는 짐승이나 사람이나 첫 번째 난 것은 다 죽임을 당합니다. 바로의 집에서도 첫 번째로 난 왕자, 앞으로 임금 될 자가 죽어버렸습니다. 결국 바로는 두 손을 들고 항복을 하게 됩니다.

우리나라도 메르스 여파로 인해서 얼마나 큰 충격을 받고 경제적으로 침체했습니까? 메르스가 전국을 휩쓴 것도 아닌데 말입니다. 수백 명 죽은 것도 그러는데, 오늘 나오는 10가지 재앙들은 다 전국적입니다. 한 가지 재앙만 해도 메르스 하나보다 훨씬 더 크고 무서운 것입니다. 그런데 이것이 열 가지나 온 이집트 땅에 일어났으니 어떻게 되었겠습니까? 그 땅이 완전히 초토화된 것입니다. 땅이 완전히 멸망을 받은 것입니다. 그런데, 여섯 번째 재앙 후에 하나님께서 모세를 통하여 바로에게 하신 말씀이 바로 오늘 본문 17절입니다.

> "성경이 바로에게 이르시되 내가 이 일을 위하여 너를 세웠으니 곧 너로 말미암아 내 능력을 보이고 내 이름이 온 땅에 전파되게 하려 함이라 하셨으니."

이 말씀을 보면 모세만 하나님께서 세우신 것이 아닙니다. 바로도 하나님이 세웠다고 말씀합니다. 하나님이 왜 바로를 세웠습니까? 말씀을 보니, 하나님의 능력을 보이고, 하나님의 이름이 온 천하에 퍼지도록 하기 위하여 하나님이 바로를 세웠다고 했습니다. 사실 바로가 첫 번째 재앙 후에 항복했다면 애굽 땅이 멸망되었겠습니까? 그리고 하나님의 이름이 온 천지에 전파되었겠습니까? 안 되었습니다. 재앙 하나 가지고 뭐 그렇게 하겠습니까? 그런데 재앙이 끝날 때마다 바로는 자기의 마음을 더 강퍅하게 하여 두 번째 세 번째 재앙, 나중에는 열 번째 재앙까지 이어지게 되고, 그로 인하여 결국은 하나님의 크신 능력이 나타났습니다. 하나님의 크신 권능의 손이 애굽 땅에 열 번이나 나타나자, 그 소문이 근처 모든 나라에 전파되는 것입니다. 여호와의 이름과 능력이 온 세상에 알려졌습니다.

오늘 말씀에서 우리가 생각해야 될 중요한 교훈 세 가지가 있습니다.

첫 번째는, 하나님은 자신의 필요와 목적을 위하여 악인도 사용하신다는 것입니다.

하나님께서 왜 천지 만물과 인간을 창조하셨습니까? 하나님께서 천지 만물을 창조하신 목적이 무엇입니까? 하나님 자신이 영광 받으시기 위해서입니다. 이사야 43장 21절에 "이 백성은 내가 나를 위하여 지었나니 나를 찬송하게 하려 함이니라"고 했습니다. 하나님의 영광을 위하여 지었습니다. 그러므로 고린도전서 10장 31절 말씀대로 "그런즉 너희가 먹든지 마시든지 무엇을 하든지 다 하나님의 영광을 위하여 하라"는 말씀대로, 무엇을 하든 하나님의 영광을 위하여 하시기를 바랍니다. 그것이 우리 하나님께서 우리 인간에게 의도하신, 인간을 지으신 목적입니다. 그렇게 살 때에 그 사람의 생애는 성공적인 삶이 되는 것입니다.

그런데 하나님을 믿고 순종하는 사람들은 그래도 하나님께 영광을 돌리면서 살아갑니다. 물론 100% 하나님의 영광을 위해 사는 사람은 매우 드뭅니다. 그래도 하나님께 순종하면서 하나님의 영광을 위해 살아가는데, 하나님을 믿지 않는 사람들은 하나님을 거역하고 하나님께 불순종하고 하나님께 영광을 돌리지 않습니다. 아니 하나님은 영광을 받으시기 위해서 인생을 지으셨는데, 하나님께 영광을 돌리지 않는 사람이 더 많으니 마치 하나님께서 실패하신 것 같지 않습니까?

하나님이 영광 받으시려고 지은 사람들이 하나님께 영광을 돌리지 않습니다. 그러면 하나님이 실패하셨습니까? 아닙니다. 하나님은 당신을 거역하는 사람들을 통해서도 영광을 받으시는 것입니다. 오늘 바로를 보십시오. 얼마나 하나님을 강하게 거역합니까? 그러나 하나님은 그런 바로를 통하여 자신의 능력과 영광을 온 세상에 나타내시는 것입니다.

잠언 16장 4절을 보십시오.

"여호와께서 온갖 것을 그 쓰임에 적당하게 지으셨나니 악인도 악한 날에 적당하게 하셨느니라."

악인도 악한 날에 적당하게 쓰시려고 하나님께서 지으시고 세워 놓으셨다는 것입니다. 하나님께서 역사 가운데서도 그리하셨지만, 심판 날에도 그리하실 것입니다. 의인, 곧 믿는 자를 통해서는 하나님께서 당신의 자비의 영광을 드러내실 것이며, 악인, 곧 믿지 아니한 자들을 통해서는 당신의 공의의 영광을 드러내실 것입니다. 하나님은 실패하시지 않습니다. 누가 하나님께 영광을 돌리지 않으려고 아무리 애를 쓰고 거역을 해도, 하나님께서는 당신의 목적을 이루시고야 만다는 것입니다. 그러므로 바로처럼 완악한 도구가 되어서 악을 통해 하나님께 영광 돌리는 자가 되지 말고, 모세와 같이 선한 도구가 되어서 하나님께 영광 돌리는 아름다운 주의 백성이 되시기를 바랍니다.

두 번째는, 바로가 하나님의 능력을 나타내는 도구가 되었다고 해서 그의 죄가 용서받지 않는다는 것입니다.

어떤 사람이 악을 행할 때에 자기의 의지와 상관없이 하나님께서 이렇게 예정해 놓았기 때문에 "나는 하기 싫지만 어쩔 수 없이 해야 돼" 하며 악을 행하는 사람이 있습니까? 그런 사람은 없습니다. 오늘 바로가 하나님의 능력과 영광을 드러내기 위해서 계속 하나님을 거역했습니까? 아니지요, 자기 욕심과 자기 악함 때문에, 100% 자기 의지를 가지고서 그렇게 했습니다. 가룟 유다가 예수님이 십자가에 죽어야 인류의 구원이 이루어질 것 같으니, 자기는 저주를 받더라도 인류의 구원을 위해서 사명감을 가지고, 희생정신을 가지고 예수님을 팔았습니까? 아니요. 자기의 욕심 때문에 그렇게 했습니다.

그러므로 악을 행한 자는 그 책임을 스스로 져야 됩니다. 하나님이 그렇게 예정해 놓았기 때문에 내가 죄를 지을 수밖에 없었다고 변명할 수가 없다는 것입니다. 하나님의 작정과 인간의 자유는 모순되지 않습니다. 우리 인간은 이해가 잘 안 되지만 신비하게도 하나님은 인간의 자유 행위를 통하여 자신의 예정을 이루어 가시는 것입니다.

마태복음 26장 24절을 보십시오.

"인자는 자기에 대하여 기록된 대로 가거니와 인자를 파는 그 사람에게는 화가 있으리로다."

인자, 즉 예수님은 자기에 대하여 구약에 예언된 대로 죽음의 길을 가거니와, 인자를 파는 그 사람, 가룟 유다에게는 화가 있으리라고 말씀하십니다. 가룟 유다가 예수님을 팔아서 하나님의 작정을 이루었다고 해서 복을 받거나 그 죄가 용서받거나 하지 않는다는 것입니다. 그가 행한 대로 하나님 앞에 화를 받게 된다는 말씀입니다.

세 번째는, 하나님이 의도적으로 바로의 마음을 완악하게 만들지 않았다는 것입니다.

출애굽기에 보면 바로가 자기 마음을 완악하게 했다는 말이 나오는데, 하나님이 바로의 마음을 완악하게 했다는 말씀이 훨씬 더 많이 나옵니다. 그런데 우리가 이 말씀을 오해하지 말아야 합니다. 여기서 우리가 기억할 것은 하나님은 선하신 하나님이시라는 것입니다. 하나님은 악한 하나님이 아닙니다. 다른 사람의 마음을 부추겨서 악한 말을 하여 다른 사람을 악하게 만드는 분이 아닙니다. 하나님은 선하신 분입니다.

그렇기 때문에 하나님은 어떤 인간에게도 죄를 짓도록 적극적으로 역사하시지 않습니다. 도리어 하나님은 지금도 이 세상 가운데서 성령으로 역사하시고 일반 은총을 내려 주시어서 사람들의 마음이, 이 세상이 급속하게 악화되지 않도록 하나님께서 지금도 간섭하시고 제한시키고 계시는 것입니다.

지금 이 세상을 내버려 두면 급속도로 악화되어서 사람이 살 수 없는 지옥 천지가 될 것입니다. 그래도 세상이 이만큼 돌아가는 것은 하나님께서 지금도 당신의 손으로 이 세상을 간섭하시고 사람들의 마음을 제어하시기 때문에 이렇게 되는 것입니다.

하나님이 모세를 통해서 애굽에 큰 재앙을 내리실 때에 바로는 하나님이 참 신인 것을 알았습니다. 그럼에도 하나님을 믿지 않고 회개하지 않고 하나님의 뜻에 순종하지 않았습니다. 도리어 바로는 하나님께 저항하기로 마음을 먹었고, 하나님은 바로가 그리하도록 내버려 두었습니다. 하나님이 바로를 죄짓도록 부채질하거나 적극적으로 역사하지 않았습니다. 그렇기 때문에 그냥 죄 짓는 것을 하나님께서는 허용만 하셨다는 것입니다. 하나님께서는 그에게 회개할 기회를 여러 번 주셨습니다. 10번의 재앙이 있었다는 것은 하나님이 적어도 그에게 회개할 기회를 9번을 주신 것입니다. 그런데도 회개하지 않고 거역했습니다. 그 결과 바로의 마지막은 멸망이었습니다.

오늘 18절은 오늘 말씀의 결론입니다.

"그런즉 하나님께서 하고자 하시는 자를 긍휼히 여기시고 하고자 하시는 자를 완악하게 하시느니라."

오늘 본문에 하나님이 긍휼히 여기신 자가 누구입니까? 모세와 이스라엘 백성입니다. 오늘 본문에 하나님께서 마음을 완악하게 하신 자가 누구입니까? 바로입니다. 이 진리는 지금도 계속되고 있습니다. 그래서 오늘 18절에 "긍휼히 여기셨다", "완고하게 하셨다"라고 과거로 말하지 않고 "긍휼히 여기시고", "완악하게 하신다"는 현재형으로 말씀하고 있습니다. 이 말씀은 하나님이 지금도 어떤 자들은 불쌍히 여겨서 구원해 주시고, 지금도 어떤 자들은 하나님께서 내버려 두셔서 심판 받게 하신다는 것입니다.

얼핏 보면 하나님의 이런 일이 불공평해 보입니다. 그러나 인간은 그 죄로 아무도 구원받을 자격이 없다고 했습니다. 죄인이 자기가 받을 심판을 받게 놔두는 것은 불공평한 것이 아닙니다. 그것은 하나님의 공의인 것입니다. 그런데 하나님께서 어떤 이를 특별히 불쌍히 여기셔서 택하여 주시고 구원해 주시는 것은 하나님의 자비요 긍휼인 것입니다. 누가 이 하나님의 긍휼을 불공평하다고 말할 수 있겠습니까? 그러므로 어떤 사람이 하나님께 버림을 받는다면, 그것은 자신의 책임입니다. 자신의 범죄 때문입니다. 그리고 어떤 사람이 하나님께 구원을 받는다면 그것은 하나님의 은혜요 하나님의 긍휼인 것입니다.

저는 이 말씀을 준비하면서 제 자신을 생각해 보고, 우리 성도들을 생각해 보고, 사람들을 생각해 보았습니다. 제 자신도 그렇고 우리 성도들도 그렇고 사람들의 죄악 된 모습, 즉 지금까지 죄 지어온 것, 지금까지 가지고 있는 죄를 생각하면 수십 번, 수백 번, 수천 번 지옥에 떨어져야 마땅한 이들입니다. 그런데 어떻게 우리가 하나님의 부르심을 받고 구원을 입어서 이 시간 이 자리에 모여서 하나님 앞에 예배드릴 수 있는 사람이 되었겠습니까? 그것은 오직 하나님의 긍휼 때문입니다.

세상에 수많은 사람들이 있지만 우리를 긍휼히 여기셔서 택하시고 부르시고 구원하신 하나님의 자비에, 우리의 온 마음과 삶을 다해서 영광과 찬송을 돌리는 저와 여러분이 될 수 있기를 바랍니다.

28

로마서 9:19-26

주는 토기장이

"혹 네가 내게 말하기를 그러면 하나님이 어찌하여 허물하시느냐 누가 그 뜻을 대적하느냐 하리니 이 사람아 네가 누구이기에 감히 하나님께 반문하느냐 지음을 받은 물건이 지은 자에게 어찌 나를 이같이 만들었느냐 말하겠느냐 토기장이가 진흙 한 덩이로 하나는 귀히 쓸 그릇을, 하나는 천히 쓸 그릇을 만들 권한이 없느냐 만일 하나님이 그의 진노를 보이시고 그의 능력을 알게 하고자 하사 멸하기로 준비된 진노의 그릇을 오래 참으심으로 관용하시고 또한 영광 받기로 예비하신 바 긍휼의 그릇에 대하여 그 영광의 풍성함을 알게 하고자 하셨을지라도 무슨 말을 하리요 이 그릇은 우리니 곧 유대인 중에서뿐 아니라 이방인 중에서도 부르신 자니라 호세아의 글에도 이르기를 내가 내 백성 아닌 자를 내 백성이라, 사랑하지 아니한 자를 사랑한 자라 부르리라 너희는 내 백성이 아니라 한 그 곳에서 그들이 살아 계신 하나님의 아들이라 일컬음을 받으리라 함과 같으니라"

우리 인생은 남의 탓하기를 참 좋아합니다. 무엇이 잘못되면 자기의 잘못은 돌아보지 않고 누가 잘못했나, 누가 소문을 퍼뜨렸나 거기에 신경을 쓰고 다른 사람을 탓하고 미워합니다. 더러는 하나님을 탓하기도 합니다. 하나님이 인간을 처음 지었을 때는 그렇지 않았습니다. 죄가 들어와 타락함으로 인해 인간이 이기적으로 바뀌어서 그렇게 된 것입니다.

아담이 하나님께서 금하신 과일을 따먹고 범죄했을 때 하나님께서 찾아오셔서 아담에게 물었습니다.

"네가 내가 금한 그 열매를 먹었느냐?"

그러면 아담이 뭐라고 대답을 해야 하겠습니까? "예, 제가 먹었습니다. 죽을죄를 졌습니다. 제발 용서해 주세요"라고 해야 맞을 것입니다. 그런데 아담이 뭐라고 했습니까? "하나님, 당신이 내게 주사 함께 있게 하신 여자가 내게 그 열매를 주어서 먹었나이다"라고 했습니다. 누구 탓을 했습니까?

첫째는, 하나님이 이 여자를 내게 주었다고 하며 하나님 탓을 했습니다. 그리고는 여자 탓, 아내 탓을 합니다. 언제는 "내 뼈 중의 뼈요 살 중의 살"이라고 최고의 사랑의 고백을 쏟아내더니, 죄 짓고 나니까 마누라를 탓하는 모습을 볼 수 있습니다. 참 비겁합니다. 그것이 우리의 모습이 아닌가 합니다.

천주교에는 고해성사라는 것이 있습니다. 비성경적입니다. 그런데 고해성사하기 전에 자기 죄를 돌아보면서 '내 탓이오, 내 탓이오' 하는 순서가 있습니다. '내 탓이오'는 원래 라틴어로 'Mea culpa'(메아 쿨파)라는 말입니다. 'Mea culpa'라는 말은 'My fault', 즉 '나의 잘못'이란 뜻인데, '내 탓이오'라고 번역합니다. 고해성사는 비성경적이지만, 'Mea culpa'는 아주 성경적인 말입니다. 여러분은 삶을 살아가면서 자주 'Mea culpa' 하십니까? 'Mea culpa'의 사람이 되시기를 바랍니다.

오늘 말씀에도 하나님을 탓하는 모습을 볼 수 있습니다.

로마서 9장 18절을 보십시오.

> "그런즉 하나님께서 하고자 하시는 자를 긍휼히 여기시고 하고자 하시는 자를 완악하게 하시느니라."

예를 들면, 하나님께서 아브라함의 아들 이삭은 사랑하시고 이스마엘은 버리셨습니다. 이삭의 아들 쌍둥이 야곱은 사랑하시고, 에서는 미워하셨다고 했습니다. 하나님께서 이스라엘의 지도자 모세는 택하시고, 애굽의 왕이었던 바로는 완악히게 하셨다고 했습니다. 그들이 태어나기도 전에, 그들이 선과 악을 행하기도 전에 하나님께서 미리 그렇게 정해 놓으셨다고 말씀합니다.

이런 점에서 인간이 하나님을 탓할 수가 있다는 것입니다. 아니, 하나님이 자기가 원하시는 자를 긍휼히 여기시고, 자기가 원하시는 자를 완악하게 되도록 그렇게 예정을 해놓았다면, 어떤 사람이 완악하게 되든지, 그것은 그 사람 탓이 아니라 하나님 탓 아니냐고 합니다. 그래서 19절에 있는 말씀대로, 사람이 완악해졌다고 해서 사람에게 잘못을 탓할 수 있느냐, 사람에게 그 책임을 지울 수 없다고 합니다. 그래서 이 모든 것이 하나님 잘못이 아니냐고 질문을 하는데, 이 질문에도 일리는 있습니다.

그렇지만 깊이 생각해 보면, 사람과 사람과의 문제라면 이렇게 묻는 것이 일리가 있지만, 하나님과 사람 사이의 문제라면 하나님 앞에 이런 질문을 할 수 없고, 하나님을 탓할 수 없다는 것입니다.

20절을 보십시오.

"이 사람아 네가 누구이기에 감히 하나님께 반문하느냐."

피조물과 창조자

위의 말씀에는 뚜렷이 대조가 되는 두 단어가 있습니다.

하나는 "이 사람아" 할 때 '사람'이고, 또 하나는 '하나님'입니다. 사람과 하나님이 딱 대조를 이루고 있습니다. 하나님께서 지으신 첫 사람의 이름이 무엇입니까? 아담입니다. 아담의 뜻이 무엇입니까? 아담은 사람이라는 말입니다. 이 아담이라는 말이 어디서 나온 말이냐 하면 흙에서 나왔습니다. 하나님이 인간을 흙에서 지으셨기 때문에 흙 또는 사람, 즉 아담이라고 부르신 것입니다. 그래서 20절 중반에 보면 사람은 지음 받은 존재, 즉 피조물이라고 말씀합니다.

그에 비해서 하나님은 어떤 분이십니까? 지은 자입니다. 지은 자를 다른 말로 조물주, 또 다른 말로 창조자, 즉 'Creator'로 말씀하는 것입니다. 피조물인 인간이 창조자 되신 하나님에게 '왜 나를 이렇게 만들었습니까'라고 반문할 수 없다는 말씀입니다. 창조자와 피조물 사이에는 상상할 수 없는 간격이 있습니다.

하늘과 땅처럼 무한의 차이가 있습니다. 어른과 아이는 차이가 있습니다. 그리고 직장 상사와 하급 직원과도 차이가 있습니다. 옛날에 주인과 종 사이에도 큰 차이가 있습니다. 인간과 인간이 집에서 기르는 가축과는 엄청난 차이가 있습니다. 인간이 주인이 되어서 그 가축을 잡아먹을 수도 있습니다. 생명도 뺏을 수 있는 것입니다.

그러나 하나님과 인간의 차이는 그 정도가 아닙니다. 생각할 수 없는 차이, 이 세상에서는 어떤 비슷한 모습도 찾아볼 수 없는 그런 무한한 차이가 있다는 것입니다. 창조자 없이 피조물이 있을 수 있습니까? 있을 수 없습니다. 지으신 하나님 없이 피조물 인간은 존재할 수가 없습니다. 그러므로 창조주는 피조물에 대해서 절대적인 권한, 절대적인 주권을 가진다는 말씀입니다. 어떤 인간도 창조자 하나님께서 하시는 일을 판단하거나 거기에 대하여 따질 권한이 없는 것입니다. 사도 바울은 창조자와 피조물의 관계를 잘 드러내기 위해서 오늘 본문에 한 가지 예를 들고 있습니다.

21절을 보십시오.

"토기장이가 진흙 한 덩이로 하나는 귀히 쓸 그릇을, 하나는 천히 쓸 그릇을 만들 권한이 없느냐."

이 말씀을 토기장이 비유라고 합니다. 토기장이 비유는 구약에 여러 번 나옵니다. 제일 생생하게 토기장이 비유가 나오는 예레미야서 18장에 보면, 하나님께서 예레미야 선지자에게 "너는 일어나서 토기장이에게로 가라"고 합니다. 아마도 예루살렘 성내에 아주 유명한 토기장이가 있었던 것 같습니다. 그래서 예레미야가 순종해서 토기장이 집으로 갑니다. 그곳에 가니 토기장이가 앉아서 그릇을 빚는 녹로로 한창 일을 하고 있습니다. 무엇인가 그릇을 만들고 있습니다. 그런데 그릇을 만들다가 그냥 뭉개 버립니다. 만들고자 하는 그릇 모양이 잘 안 된 것입니다. 그러자 토기장이가 이것을 부숴서 자기가 원하는 다른 그릇으로 만들어 버립니다.

그때 하나님께서 예레미야에게 하시는 말씀이 "이스라엘 백성아, 내가 이 토기장이처럼 너희에게 능히 할 수 없겠느냐? 진흙이 토기장이 손에 있음과 같이, 너희는 내 손에 있느니라"고 합니다. 이스라엘의 운명이, 이스라엘 백성의 생사가 하나님의 손에 달려 있다는 말씀입니다.

하나님은 토기장이고, 우리는 진흙 같은 인생입니다. 인간의 모든 생사화복은 다 하나님께 달려 있음을 믿으시기 바랍니다. 내가 성공한 것 같고, 내가 출세한 것 같아도, 내가 돈을 많이 번 것 같아도 하나님께서 한번 뭉개버리시면 한순간에 끝장이 납니다. 내가 심히 가난하고 아무것도 아닌 것 같아도 하나님이 날 세워 주시면 나는 금방 서게 되는 것입니다.

특별히 우리 하나님은 토기장이시기에 하나님이 바꾸지 못하고 하나님이 고치지 못할 사람이 이 세상에 아무도 없습니다. 지금 내 인생이 아무리 형편없고 문제가 많아도, 아무리 내 성격이 비뚤어졌어도, 아무리 알코올 중독이 되어 가능성이 없어 보여도 하나님께서 새롭게 빚어 주시면 새롭게 될 수 있는 것입니다. 그러므로 여러분 "토기장이 하나님, 저는 진흙입니다. 저를 새롭게 빚어주시옵소서"라고 기도하시기 바랍니다.

그래서 날로 새로워져 가는 여러분들의 삶이 되시기를 바랍니다.

토기장이가 진흙 한 덩이를 가지고 하나는 귀히 쓸 것으로, 하나는 천히 쓸 것으로 만들 권한이 없습니까? 토기장이가 진흙 한 덩이를 가지고 하나는 저 궁궐에 있는 꽃병으로 만들고, 하나는 저 시골 영감님 집의 요강으로 만들 권한이 없습니까? 요강이 자기를 만든 토기장이에게 '왜 나를 요강으로 만들었습니까?' 하면서 반문할 수 있습니까? 없습니다. 따질 수 없습니다. 하나님도 마찬가지입니다. 사람은 지음 받은 자입니다. 하나님은 창조자이시기에, 자기 뜻대로 이 사람은 이렇게, 저 사람은 저렇게 만드실 수가 있다는 것입니다.

그런데 토기장이 되신 하나님은 수십억 인구를 다 다르게 지어 놓으셨습니다. 그런데 크게 보면 하나님께서 두 가지 그릇으로 지어 놓으셨습니다. 이것이 오늘 성경에 나오는데, 22절을 보시면 진노의 그릇이 나오고, 23절을 보시면 긍휼의 그릇이 나옵니다. 다시 말하면 첫째는 진노의 그릇, 둘째는 긍휼의 그릇입니다.

진노의 그릇

그러면 진노의 그릇이란 무엇입니까? 하나님의 진노를 받아서 멸망하도록 지음 받은 자, 그것이 바로 진노의 그릇입니다. 그런데 왜 하나님께서 어떤 사람은 진노의 그릇으로 만드시겠습니까?

22절에 보면, 하나님이 그의 진노를 보이시고 그의 능력을 알게 하고자 지으신다고 했습니다. 범죄 하는 사람, 불순종 하는 사람, 악한 사람에게는 공의로우신 하나님께서 진노를 보이시고, 그 사람을 심판하시고, 그러함으로 하나님의 능력을 나타내 보이기 위해서 하나님이 그렇게 하신다는 것입니다. 오늘 이 로마서 9장에서 대표적으로 볼 수 있는 사람은 바로입니다. 바로는 진노의 그릇으로 빚은 사람입니다.

17절을 보십시오.

"성경이 바로에게 이르시되 내가 이 일을 위하여 너를 세웠으니 곧 너로 말미암아 내 능력을 보이고 내 이름이 온 땅에 전파되게 하려 함이라 하셨으니."

여러분 하나님께서 애굽 땅에 열 가지 재앙을 내리셨는데 얼마나 큰 능력입니까? 그 하나님의 능력의 소식이 온 세상에, 그 근동에, 그리고 온 세상에 퍼져 나갔습니다. 그런데 하나님께서 열 가지 재앙을 크신 능력으로 행하신 원인이 누구에게 있습니까? 바로에게 있다는 것입니다. 바로가 하나님 앞에 불순종하고 완악하니까 하나님께서 결국 10가지 재앙을 행하였습니다.

여기서 기억할 것이 있습니다. 하나님이 진노의 그릇으로 만드셨다고 해도 하나님께서는 긍휼을 베푸신다는 것입니다. 22절 끝을 보면, 하나님은 진노의 그릇에 대해서 오래 참으시고 관용을 베푸신다고 하셨습니다. 조금 이상한 말씀 아닙니까? 바로 왕이 불순종한다고 하나님께서 두 번째 재앙에서 애굽을 끝장내버리고 바로를 끝장내버리셨습니까? 아니지요. 아홉 번이나 기다렸습니다. 하나님은 오래 참으시고 관용하십니다.

노아 시대의 대홍수를 기억하십니까?, 하나님의 심판을 생각해 보십시오. 하나님께서 구원하신 자가 몇 명이었습니까? 노아의 가족 8명이었습니다. 아니, 하나님께서 어떻게 8명만 구하시고 나머지는 다 심판을 하셨습니까? 참 의아해 할 수도 있습니다. 그러나 하나님께서 다른 사람들은 전혀 참지 않으시고 그냥 죄 많다고 단번에 그들을 다 멸하시게 하신 것이 아닙니다. 노아가 방주를 몇 년 동안 지었습니까? 120년 동안 지었습니다. 120년 동안 방주를 지을 동안에 노아가 방주만 지은 것이 아닙니다. 베드로후서 2장 5절에 보면 노아를 '의의 전파자' 라고 했습니다. 사람들이 와서 많이 물어보지 않았겠습니까? 산에다가 왜 이렇게 큰 배를 짓느냐고 말입니다.

"이 세상이 죄로 가득 차 있기 때문에 하나님께서 이 세상을 심판하실 것이오. 물로 심판하실 것이기 때문에 이것을 짓습니다. 당신도 회개하고 구원받으시오. 배를 준비하시오."

이것이 바로 하나님의 심판을 경고하는 것입니다. 심판이 있을 것이니 회개하고 의로운 사람이 되라고 합니다. 그것이 바로 의의 전파입니다. 그렇게 하나님은 오래 참고 기다리셨지만, 완악한 마음으로 끝내 돌아오지 않는 사람들은 홍수로 멸하셨다는 것입니다. 하나님은 언제나 오래 참으시고 기회를 주신다는 것입니다.

그리고 또 한 가지 기억할 것이 있습니다. 이 세상에 태어나 철이 들면서 '나는 하나님의 진노의 그릇으로 빚어졌구나' 하고 깨닫는 사람이 있습니까? 없습니다. 이 세상에서 아무도 그런 사람은 없습니다. 아무도 모릅니다. 지금 교회에 나오지 않고 예수를 믿지 않아도, 1년 후에, 5년 후에, 10년 후에, 20년 후에, 아니 죽기 전에 예수 믿고 구원받을 사람들이 많이 있습니다. 그러므로 '나는 하나님이 진노의 그릇으로 만들었기 때문에 구원받지 못해'라고 변명할 사람은 이 세상에 아무도 없다는 것입니다.

인간이 할 일은 하나님께 따지는 것이 아닙니다. 하나님께 '왜 나를 이렇게 만들었느냐, 진노의 그릇으로 만들었느냐'고 따져서도 안 되고, 따질 수도 없습니다. 인간이 해야 되는 것은 다만 하나님께서 주신 구원의 길을 감사한 마음으로 받아들이는 것입니다. 하나님께서 보내신 구원자 예수 그리스도를 믿고 구원받는 것입니다. 이 것이 인간이 해야 할 일인 것입니다.

또 하나 다른 그릇이 있는데, 바로 긍휼의 그릇이 있습니다.

긍휼이 무슨 뜻입니까? 불쌍히 여기는 것입니다. 긍휼의 그릇이란 23절에 있는 대로 하나님이 불쌍히 여기셔서 구원 받도록 예비한 자입니다. 그런데 하나님이 왜 어떤 사람들은 긍휼의 그릇으로 만들었을까요? 23절에 보면 "하나님의 영광의 풍성함을 알리고자"라고 합니다. 하나님이 얼마나 영광스럽고 사랑이 많으시며, 은혜로우시고 자비로우신지를 보여주기 위하여 범죄 한 죄인임에도 불구하고 그들을 긍휼의 그릇으로 만드신다는 것입니다.

에베소서 2장 3절에 보면, 인간은 하나님께 범죄 하여 본질상 진노의 자녀라고 했습니다. 본질상 우리 인간은 하나님 앞에 진노의 그릇이라는 것입니다. 멸망을 받아 마땅한 존재라는 것입니다. 그런데 하나님께서는 어떤 자에게는 은혜를 베풀어 주시고, 긍휼을 베풀어 주셔서, 긍휼의 그릇으로 만드신 것입니다. 요컨대, 진노의 그릇은 마땅한 것이고, 긍휼의 그릇은 하나님의 은혜라는 것입니다. 그 말을 잊지 마십시오.

"진노의 그릇은 마땅한 것이요, 긍휼의 그릇은 하나님의 은혜다."

이 점에서 긍휼의 그릇으로 지음 받은 자, 곧 신자들은 하나님의 무한하신 은혜를 잊어서는 안 됩니다. 영원한 죄인 된 나에게 하나님이 어떤 은혜를 베풀어 주셨는가를 잊어서는 안 됩니다. 나의 구원, 나의 나 된 것은 하나님의 은혜인 줄 알고, 언제나 겸손한 마음으로 감사하면서 살아야 하는 것입니다.

마지막으로 생각할 것은, 이 긍휼의 그릇들은 누구냐는 것입니다. 24절을 보십시오.

"이 그릇은 우리니 곧 유대인 중에서뿐 아니라 이방인 중에서도 부르신 자니라."

이 긍휼의 그릇은 누구라고 했습니까?

우리라고 했습니다. 여기서 '우리'는 일차적으로 이 글을 쓰고 있는 사도 바울과 이 편지를 받는 로마 교회 성도들을 말하는 것입니다. 이 로마 교회 성도들은 유대인과 이방인이 섞여 있었습니다. 다시 말하면 예수 믿는 신자들을 말하는 것입니다. 예수 믿는 자는 하나님의 은혜를 입어서 긍휼의 그릇으로 만들어진 자임을 확신하시기 바랍니다. 이 하나님의 긍휼의 그릇은 어떤 특정 민족에게나, 어떤 특정 사람에게만 제한이 되지 않습니다.

유대인들은 자기 민족을 선민이라 불렀습니다. 선민이라는 뜻은 착한 사람이란 뜻이 아닙니다. 선택 받은 민족이란 뜻입니다. 하나님께서 이스라엘 백성을 구원하시기 위해서 이스라엘 백성만 선택해 주셨다. 그래서 우리는 선민이다'라고 했습니다. 그것을 자랑하면서 다른 이방 민족들을 멸시했습니다. 그러나 이것은 잘못된 모습이었습니다. 우리 하나님께서 아브라함을 불러내실 때, 아브라함에게 복 주시면서 "너로 말미암아 모든 민족이 복을 받을 것이라"고 하셨습니다. 여기서 모든 민족이란, 이스라엘 민족 말고, 다른 모든 이방 민족들을 말합니다. 이방 민족들이 복을 받을 것을 하나님께서 말씀해 주셨습니다. 그러므로 유대인이든 이방인이든 관계없이 참 믿음으로 예수님께 나아오는 자, 예수님의 이름을 부르는 자는 누구든지 구원을 얻고 하나님의 백성이 되는 것입니다.

호세아를 통한 예언

이 사실을 입증하기 위해서 사도 바울은 구약 호세아 선지자의 글을 인용합니다. 25절과 26절에 나옵니다. 호세아 선지자가 어떤 사람입니까? 호세아 선지자는 예수님이 오시기 약 700년 전에 태어나 활동했던 분인데, 어떻게 보면 정말 불행한 분입니다. 하나님이 선지자로 세우셨지만 정말 가슴 아픈 사람입니다. 왜냐하면 결혼을 하려면 정숙하고 깨끗한 여인과 결혼해야 하는데, 하나님께서 호세아 선지자에게 "너는 가서 음란한 여인 고멜을 아내로 취하여서 자식을 낳아라"라고 하십니다. 하나님이 그렇게 말씀하시는데 어떻게 불순종합니까?

호세아는 하나님의 말씀에 순종해서 음란한 여인 고멜을 자기 아내로 취했습니다. 그리고 아들을 낳았습니다. 첫 아들 이름은 '이스르엘'인데 뜻이 '멸망'입니다. 두 번째는 딸을 낳았습니다. 하나님께서 이름을 지어 주십니다. '로루하마'입니다. '로'는 히브리어에서 'Not'입니다. 아니라는 말입니다. '루하마'는 '불쌍히 여기다, 사랑하다'는 말인데 '로루하마'니까 '불쌍히 여김을 받지 못한다'는 말 아닙니까? 그리고 세 번째는 아들을 낳았습니다. '로암미'라고 했습니다. 암미는 '내 백성'입니다. 그러면 로암미는 무슨 뜻입니까? '내 백성이 아니다'입니다.

요즘 TV에 보면 송 모 탤런트의 세 쌍둥이 아들 이름이 대한이, 민국이, 만세입니다. 얼마나 멋지고 아름다운 이름입니까? 그런데 하나님께서 호세아에게 음란한 여인 고멜을 아내로 얻으라고 해서 그와 결혼하여 자식을 낳았는데, 그 이름을 하나님이 다 희한하게 지어주시지 않습니까. 이스르엘, 로루하마, 로암미… 너무 비참한 이름을 하나님이 지어주셨습니다.

하나님께서 호세아에게 자녀 이름을 그렇게 지으라고 하신 이유가 무엇이겠습니까? 그것은 호세아가 지금 북이스라엘 왕국에서 활동하고 있는데, 이 백성이 하나님 앞에서 너무 범죄했기 때문에 하나님께서 이제는 더 이상 '불쌍히 여기지 않겠다'(로루하마), 너희는 '내 백성이 아니다'(로암미), 이 백성을 '멸망시켜 버리겠다'(이스르엘)고 예언하시는 것입니다. 하나님께서는 결국 앗수르를 불러서 이스라엘을 멸망시키십니다. 나라가 멸망하고 포로로 끌려가는 너무나도 큰 비극이 일어났습니다.

그러니 그것이 끝이 아니었습니다. 호세아서에 보면 하나님께서 2장에서 "이제는 너희를 내가 루하마라고 부르겠다. 불쌍히 여기고 긍휼히 여기고 사랑하는 자라고 부르겠다. 그리고 너희들을 더 이상 로암미라 부르지 않고 이제는 암미, 즉 내 백성이라고 부르겠다" 라고 말씀하십니다. 그래서 하나님께서 포로에서 돌아올 수 있게 하시고, 용서받게 하시고, 하나님의 백성이 되게 하시는 것입니다.

호세아 선지자는 이 예언을 누구를 염두에 두고 한 것입니까? 이스라엘 백성을 염두에 두고 한 예언입니다. 그런데 오늘 사도 바울은 놀랍게도 이 말씀을 누구에게 적용시키고 있습니까? 이방인에게 적용시키고 있는 것입니다. 호세아는 이렇게 깊은 뜻이 있는 줄을 몰랐을 것입니다. 그런데 이것이 바로 하나님의 계시입니다. 이방인은 전에는 하나님의 사랑을 받지 못했습니다. 하나님의 백성이 아니었습니다. 그런데 이제는 하나님의 백성이 되게 하시는 것입니다. 베드로전서 2장 10절을 보십시오.

"너희가 전에는 백성이 아니더니 이제는 하나님의 백성이요 전에는 긍휼을 얻지 못하였더니 이제는 긍휼을 얻은 자니라."

이 말씀은 구약 어디에서 나온 말입니까?

호세아서에서 나온 말씀입니다.

오늘 마지막 25-26절에는 세 가지 참으로 감격스러운 말씀이 나옵니다. 25절을 보시기 바랍니다. 내 백성 아닌 자를 이제는 무엇이라 부릅니까? '내 백성, My People'이라 부릅니다. 그 다음 사랑하지 않는 자를 'Beloved One, 사랑하는 자'라고 하나님께서 부르십니다. 그리고 26절에 보면 하나님의 아들이라고 부르시는 것입니다. 누구를 그렇게 부르신다는 것입니까? 이방인이든지 유대인이든지, 예수 믿는 모든 자들을 하나님께서 '너는 내 백성이다, 너는 내 사랑하는 자다'라고 하나님께서 불러 주시는 것입니다.

"내 백성, 사랑하는 자, 하나님의 아들."

하나님께서 예수 믿는 우리들을 긍휼히 여기시고 사랑을 베풀어 주셔서 '너는 내 백성이라, 너는 내 사랑하는 자라, 살아 계신 하나님의 아들이라'고 불러 주시는 것입니다.

그렇다면 이 말씀 앞에서 우리가 할 수 있는 것은 무엇입니까? 두 가지입니다.

하나는, 오직 감사하는 것입니다.

아무 공로 없고 자격 없는 우리를, 진노의 그릇이었던 우리를 하나님께서 사랑하셔서 긍휼의 그릇으로 만들어 주셨습니다. 그렇기 때문에 세상에서 무슨 일을 당해도 불평하지 말고, 세상에서 어떤 어려운 처지에 있어도 그것으로 인하여 원망하지 말고 나를 긍휼의 그릇으로 만들어주신 하나님 아버지께 감사하면서 살아가시기 바랍니다.

또 하나는 우리도 긍휼히 여기며 살아야 합니다.

하나님께서 우리를 긍휼히 여기사 우리를 긍휼의 그릇으로 만들어 주셨기 때문에, 내가 정말 긍휼의 그릇이라면 나도 다른 사람에게 긍휼을 베풀면서 살아가야 되는 것입니다. 에베소서 4장 32절을 보십시오.

"서로 친절하게 하며 불쌍히 여기며 서로 용서하기를 하나님이 그리스도 안에서 너희를 용서하심과 같이 하라."

여기에 보면 긍휼과 동하는 말씀이 있습니다. 불쌍히 여김입니다.

'서로 불쌍히 여기라.'

하나님께서 우리를 불쌍히 여김같이 우리도 서로 불쌍히 여기라고 했습니다. 그래서 예수님의 팔복 말씀 가운데서 다섯 번째 복이 무엇입니까?

"긍휼히 여기는 자는 복이 있나니 저희가 긍휼히 여김을 받을 것임이요."

우리가 남을 긍휼히 여기면 하나님에게 긍휼히 여김을 받습니다.

그런데 그 반대 케이스가 있습니다. 야고보서 2장 13절을 보십시오.

"긍휼을 행하지 아니하는 자에게는 긍휼 없는 심판이 있으리라."

누구에게 긍휼 없는 심판을 받게 됩니까? 하나님에게서입니다. 우리는 하나님의 긍휼을 받아서 긍휼의 그릇이 되었습니다. 그리고 우리가 주님 앞에 서는 그날까지 계속적으로 하나님에게로부터 긍휼함을 받아야 되는 사람들입니다. 이 사실을 기억하고, 이 땅에 사는 날 동안 나 같은 죄인을 긍휼의 그릇으로 만들어 주신 하나님의 은혜에 감사하면서, 다른 사람을 긍휼히 여기면서 살아가는 저와 여러분이 될 수 있기를 바랍니다.

29

로마서 9:27-29

남은 자입니까 (Are you remnant)?

"또 이사야가 이스라엘에 관하여 외치되 이스라엘 자손들의 수가 비록 바다의 모래 같을지라도 남은 자만 구원을 받으리니 주께서 땅 위에서 그 말씀을 이루고 속히 시행하시리라 하셨느니라 또한 이사야가 미리 말한 바 만일 만군의 주께서 우리에게 씨를 남겨 두지 아니하셨더라면 우리가 소돔과 같이 되고 고모라와 같았으리로다 함과 같으니라"

주의 말씀을 듣는 이 시간에 하나님께서 여러분에게 듣는 귀와 깨닫는 마음을 주셔서 말씀을 잘 듣고 깨달아 감사가 넘치고 또 뜨거운 사명감으로 불타오르는 시간이 되기를 바랍니다.

하나님은 크게 두 가지로 사람을 지었는데, 진노의 그릇과 긍휼의 그릇으로 지었다고 했습니다. 본질상 진노의 자녀인 우리를 긍휼의 그릇으로 지으신 하나님 앞에 항상 감사하고, 우리가 받은 그 긍휼을 언제나 나타내면서 살아가시는 여러분이 되시기를 바랍니다.

9장 24절에 보면 긍휼의 그릇은 우리라고 했습니다.

이 '우리' 속에는 이방인도 포함되고, 또 유대인도, 이스라엘 백성도 포함이 됩니다. 지난 시간에 보았던 25-26절에 호세아의 예언이 이방인에 관한 것이라면, 오늘 본문 27-29절에 나오는 이사야의 예언은 이스라엘의 구원에 관한 말씀입니다. 27절 앞부분을 보겠습니다. "또 이사야가 이스라엘에 관하여 외치되…"라고 말씀하고 있습니다.

오늘 말씀에 키이가 되는 말이 바로 본문에 나오는데, 27절 후반을 보십시오. '남은 자'라는 말이 나오고, 29절 후반에도 '남겨 두다'라는 말씀이 나오고 있습니다. 이것을 가리켜서 신학자들은 '남은 자 사상'이라고 말합니다.

이 남은 자 사상은 성경 전체를 흐르는 아주 중요한 신학 사상입니다. 구약성경에 540회가 나올 정도로 중요한 사상인데, 구약 중에서도 선지서에 많이 나오고, 선지서 중에서도 이사야서에 가장 많이 나타나고 있습니다. 여러분 남은 자가 무슨 뜻이겠습니까? 우리가 말하는 자투리입니다.

지금 많은 논에 벼를 베어내었습니다. 거의 다 베어내고 한쪽 구석에 조금 남은 것, 그것을 남은 것이라 할 수 있습니다. 노아 대홍수에서 전 인류가 멸망하는 중에 살아남은 노아의 가족 8명을 남은 자라고 말할 수 있습니다. 이스라엘 아합 왕 시대에 백성들이 여호와를 버리고 바알신을 섬겼습니다. 뿐만 아니라 여호와 하나님을 섬기는 여호와의 선지자들을 다 색출해서 죽였습니다. 하나님의 선지자 엘리야는 비관에 빠졌습니다. '나도 이제는 얼마 가지 못해 잡혀 죽임을 당하겠구나'라는 절망적인 마음을 가지고 있었는데, 그때 하나님께서 그에게 하신 말씀이 있습니다. 열왕기상 19장 18절을 보십시오.

> "그러나 내가 이스라엘 가운데에 칠천 명을 남기리니 다 바알에게 무릎을 꿇지 아니하고 다 바알에게 입맞추지 아니한 자니라."

엘리야는 모두가 바알에게 무릎 꿇고 자기 혼자만 남았다고 생각했지만, 하나님께서는 7천 명을 남겨 두셨다고 하셨습니다. 그 7천 명이 어떤 자입니까? 남은 자입니다. '아, 많이 남았네'라고 생각할 수 있지만, 아닙니다. 이스라엘 백성 수백만에 비하면 7천 명은 너무나도 소수인 것입니다. 이를 볼 때에 남은 자는 타락의 때, 또는 심판의 때에 하나님이 은혜를 베풀어 주셔서 끝까지 보호해 주시고 구원하시는 자가 바로 남은 자입니다. 바꾸어 말하면 타락의 때에도, 배도의 때에도 하나님을 향한 믿음이 변치 않고 끝까지 하나님을 신뢰하는 소수의 사람들이 바로 남은 자라는 것입니다.

첫째로 생각할 것은, 오늘 본문에 나타나는 남은 자 사상은 어떤 것이냐 하는 것입니다.

27절에 사도 바울은 이스라엘, 즉 유대인의 구원에 관하여 말하면서 남은 자는 구원을 받으리라는 이사야의 예언을 인용하였습니다. 그러면 이사야 당시에는 어떠했기에, 어떤 상황에서 이사야 선지자는 남은 자에 대하여 예언을 했겠습니까?

이사야 선지자는 주님이 오시기 약 700년 전에 남쪽 유다 왕국에서 예언을 했던 선지자입니다. 지금으로부터 약 2700년 전입니다. 당시 시대상황은, 이사야서 1장만 읽어 보아도 그 시대를 잘 알 수 있습니다. 사람들의 마음이 하나님께로부터 멀어졌습니다. 하나님을 섬긴다고 해도, 성전에 나와서 하나님께 제사를 드린다고 해도 너무나도 형식적이고 습관적이었습니다. 그래서 하나님께서 하신 유명한 말씀 중 하나가 "내 마당만 밟을 뿐이니라"입니다. 불의하고 악한 일들이 사회에 가득했습니다. 그래서 하나님께서 당신의 백성들에게 경고하십니다.

"내가 강대국 앗수르를 불러서 이 백성을 심판하겠다. 이어서 바벨론을 불러서 이 백성을 멸망시키고 포로로 끌려가게 하겠다. 이스라엘 자손들의 현재 수가 바닷가 모래알처럼 많을지라도 그렇게 되면 다 죽고 흩어지고 남은 극소수만 돌아오리라. 그들만 구원을 받으리라."

이렇게 예언을 하였습니다. 이 남은 자에 대한 예언이 얼마나 중요했던지, 이사야는 자기 아들 이름을 '스알야숩'이라고 지었습니다. 히브리어로 '스알'은 남은 자라는 뜻이고, '야숩'은 돌아온다는 뜻입니다. 남은 자가 돌아오리라는 말입니다. 자기 아들 이름이 바로 하나님의 예언이었습니다. 이 예언이 실제로 이루어졌습니다. 유다 왕국은 히스기야 왕 때 앗수르에 의해서 수도 예루살렘만 남겨놓고 다른 모든 성읍들이 함락되고 약탈당했습니다.

그리고 약 200년 후 신흥 강대국 바벨론에 의해 침략을 당합니다. 그때는 완전히 멸망했습니다. 사람들이 포로로 끌려갔습니다.

이 정도 되면 나라의 운명은 완전히 끝난 것처럼 보입니다. 그러나 하나님께서는 자기 언약의 백성을 버리지 않으시고, 70년 후에 소수의 사람들을 포로에서 돌아오게 하십니다. 돌아와서 하나님을 섬기게 하십니다. 이들이 바로 남은 자입니다.

사도 바울이 왜 이사야가 예언한 남은 자에 대한 말씀을 오늘 본문 로마서에 인용하고 있겠습니까? 그것은 이사야의 말씀이 바울 당시에도 진리였기 때문입니다. 이사야의 예언이 바울 시대에도 계속해서 이루어지고 있었다는 것입니다. 우리가 신약성경을 보면 잘 알 수 있습니다. 하나님의 아들 예수 그리스도께서 메시아로 이 세상에 오셨을 때에 유대인들이 모두다 환영하고 믿었습니까? 그렇지 않았습니다. 그것을 잘 보여주는 말씀이 요한복음 1장 11절입니다.

"그가 자기 땅에 오매 자기 백성이 영접하지 아니하였으나."

영접하지 아니할 뿐만 아니라 도리어 핍박하고 끝내 십자가에 못 박아 죽였습니다. 그런데 그 다음 구절, 요한복음 1장 12절에 보면 "그러나 영접하는 자 곧 그 이름을 믿는 자들에게는 하나님의 자녀가 되는 권세를 주셨다"라고 했습니다. 그 말씀을 볼 때에 우리가 알 수 있는 것은, 그때 예수님이 오셨을 때 대다수는 영접하지 않았지만 영접하는 소수가 있었다는 것입니다. 그 소수의 사람들이 예수를 믿었는데 그들이 그 시대의 남은 자였다는 것입니다.

그런 모습은 이 사도 바울의 전도에서도 나타났습니다. 사도 바울이 3차에 거쳐 전도여행을 갑니다. 큰 도시를 중심으로 전도 여행을 다녔는데, 전도를 할 때는 언제나 원칙이 있었습니다. 어느 도시에 가든지 먼저 회당에 가서 유대인에게 복음을 전했습니다. 그래서 신약 말씀에 보면 "첫째는 유대인에게요, 둘째는 헬라인에게로다"라고 했습니다. 이방인은 두 번째입니다. 언제나 하나님의 택하신 백성, 이스라엘 백성에게 우선권이 있었습니다. 복음을 들을 수 있는 우선권을 하나님께서 주셨습니다.

그런데 바울이 가서 유대인들에게 복음을 전하면 대부분은 바울을 핍박하고 복음 전파를 방해했습니다. 소수의 유대인들만 복음을 듣고 구원을 받았습니다. 이들이 바로 이사야 선지자가 예언한 남은 자라는 것입니다. 그러므로 이사야의 예언은 바울 시대에도 계속해서 이루어지고 있다는 것입니다.

하나님께서는 아브라함을 불러내시고 아브라함과 그 자손에게 복을 약속했습니다. 구원의 복, 영생의 복을 약속하셨습니다. 아브라함에게 하신 하나님의 그 약속은 변하지 않습니다. 때로 이스라엘 백성이 크게 범죄 해서 하나님의 심판을 받고 멸망을 받음으로 하나님께서 아브라함에게 하신 언약이 끝난 것처럼 보이고, 깨어진 것처럼 보이고, 취소가 된 것처럼 보이지만, 사람은 그 언약을 깨었어도 하나님께서는 당신의 약속을 깨지 않았다는 것입니다. 지키셨습니다. 심판 중에서도 은혜를 베푸셔서 소수의 사람이라도 반드시 남기셔서 그들을 구원하시는 것입니다. 그들이 바로 어떤 자입니까? 남은 자입니다. 남은 자가 구원을 받으리라는 이 약속은 세상 끝 날까지 계속될 것입니다.

하나님은 어떤 분이십니까? 약속을 끝까지 지키시는 신실하신 하나님이십니다. 택하신 자에게 하신 약속을 변함없이 지키시는 분입니다. 인간은 비록 연약해서 범죄하고 불순종하고 하나님과의 언약을 깨어버리고 하나님을 멀리하고 떠나갈지라도, 하나님께서는 약속을 깨지 않으시고 끝까지 그 약속을 지켜 주시는 것입니다.

이 하나님의 은혜 때문에, 하나님의 신실함으로 인해 어느 시대나 남은 자가 존재하는 것입니다. 오늘 우리가 이 자리에 있게 된 것입니다. 이 신실하신 하나님을 더욱더 의지하며 살아가시기를 바랍니다.

씨는 희망이 있다

둘째로, 생각할 것은 남은 자의 신앙 속에는 희망이 있다는 사실입니다.

오늘 본문 29절을 보십시오.

> "또한 이사야가 미리 말한바 만일 만군의 주께서 우리에게 씨를 남겨 두지 아니하셨더라면 우리가 소돔과 같이 되고 고모라와 같았으리로다 함과 같으니라."

이 말씀을 가만히 살펴보면, 이 29절에는 남은 자를 다르게 표현하고 있는 것을 볼 수 있습니다. 남은 자라 하지 않고 한마디로 '씨'라고 말씀하고 있습니다. 하나님의 진노와 심판에서 '남은 자', '생존자' 하면 뭔가 소극적인 의미가 담겨 있습니다. 뭔가 비참하고 불쌍한 느낌이 그 속에 들어있다는 말입니다. 그런데 씨라고 하면, 비록 작지만 뭔가 그 속에 희망이 들어있습니다. 작지만 앞으로 많은 수확이 기대되는 그런 의미가 있습니다. 긍정적인 의미가 있습니다.

그렇습니다. 씨는 살아남은 생존자이면서 동시에 가문이, 민족이 끊어지지 않고 이어져 가고 다시 한 번 번성하게 될 것을 기대하도록 만들어 주는 것입니다. 성경에서도 그런 모습을 우리가 여러 번 볼 수 있고, 우리 기독교 역사에서도 그런 모습을 볼 수 있습니다.

2천 년 기독교 역사를 보면 중세가 되면서 영적으로 암흑시대가 됩니다. 참 이것은 아이러니 한 일입니다. 교회의 권세가 커지고 큰 교회가 많아지고 기독교 신자가 많아지면, 그 사회가 정화되고 더 좋아져야 하는 것이 당연한 일 아니겠습니까? 정상적이라면 그렇게 되어야 합니다. 그러나 중세를 보십시오.

중세는 교황청이 왕의 권세보다 높았습니다. 교회가 막강한 힘을 가지고 세계를 다스리던 때였습니다. 그런데 놀랍게도 그 시대가 가장 암흑 시대였다는 것입니다. 교회가 잘못되면 아무리 교회가 크고 많아도 그렇게 되는 것입니다. 교회가 성경에서 벗어나서 심하게 타락했습니다. 그런데 하나님께서는 그런 때에도 수도원 운동이나 또는 경건한 신비주의 운동을 통하여 영적인 맥이 면면히 이어져 가게 하셨습니다. 영맥이 끊어지지 않도록 하셨다는 것입니다.

12세기 프랑스 리용에 왈도라는 사람이 있었습니다. 이 왈도는 아주 부유한 상인이었습니다. 어느 날 복음서를 읽고 은혜를 받은 그는 자기 재산을 다 처분하여 하나님의 복음 전도에 사용할 것을 결심했습니다. 그 다음부터는 아주 청빈한 생활을 하면서 처분한 자기 돈으로 학자 한 사람을 사서 성경을 번역하도록 했습니다. 일반 사람은 읽지도 못하는 성경을 읽을 수 있는 성경으로 번역해서, 자기를 추종하는 사람들로 하여금 둘씩 짝을 지어 보내면서 이 성경을 주어 사람들에게 전하도록 하고 자기도 여러 곳을 돌아다니면서 복음을 전하였습니다.

14세기에 영국에는 존 위클리프라는 옥스포드 대학 교수가 있었습니다. 아주 경건하고 똑똑하신 분으로 이분도 성경을 번역했습니다. 그를 추종하는 사람들이 있었는데, '롤라드 파'라 합니다. 이들은 온 영국을 다니면서 성경을 전하고 복음을 전했습니다.

같은 14세기 체코에 존 후스(얀 후스)라는 사람이 있었습니다. 프라하 대학의 교수였는데, 그는 신부에서 교황에 이르기까지 그들의 잘못된 부패상을 가차 없이 공격했습니다. 그를 따르는 사람들 역시 후스파라 해서 곳곳을 다니면서 복음을 전파했습니다.

이들은 다 핍박을 받고 순교를 당했습니다. 누구에게 핍박 받고 순교 당했겠습니까? 기독교회에 의해 핍박을 받고 순교 당했습니다. 그 시대가 얼마나 타락했습니까? 타락한 교회 전체에 비하면 아주 작고 가는 물줄기였지만, 그 물줄기가 끊어지지 않고 그대로 면면히 이어져서 1517년 10월 31일에 루터의 종교개혁이라 하는 큰 강물을 이루어서 바로 우리 개신교가 탄생하게 된 것입니다. 교회가 중세 타락을 겪고 성경으로 돌아가는 위대한 역사가 이루어진 것입니다.

2017년은 종교개혁 500주년이 되는 해입니다.

아주 역사적인 해를 우리가 바라보고 있습니다.

남은 자는 씨입니다. 남은 자 하면 뭔가 비참하고 불쌍한 느낌이 들지만 그 안에는 소망의 빛, 싹이 들어있다는 것입니다. 하나님께서는 어두운 시대에도 남은 자들로 복음이 면면히 이어져 가게 하시고 그들을 통해서 다음 세대가 하나님에게 돌아오도록 만드신다는 것입니다.

여러분은 살아 계신 하나님을 믿습니까? 하나님의 아들 예수 그리스도를 구주로 믿습니까? 그렇다면 여러분들은 이 시대의 남은 자입니다. 이 시대의 씨입니다. 기억할 것은 하나님께서 우리만 예수 믿고, 구원받고, 복 받고 잘 살도록 우리를 남은 자로, 씨로 삼으신 것이 아니라는 것입니다. 우리 시대로 끝이 나도록 하나님께서 우리를 남은 자로 부르신 것이 아니라는 것입니다. 우리로 이 시대에 하나님의 뜻을 증거하고, 하나님의 뜻을 이루실 뿐 아니라, 우리의 믿음을 후대에 전하여 주님이 오시는 그날까지 대대손손 하나님을 믿고 예수님을 믿고 구원 받도록 하기 위하여 우리를 택하시고 남은 자가 되게 하신 것입니다. 비록 우리가 씨처럼 보잘것없는 존재라 할지라도 우리를 통해서 하나님께서는 구원의 큰 역사, 하나님의 놀라운 역사를 이루시기 원하는 것입니다.

우리는 도토리 하나와 같은 작은 씨지만, 큰 상수리나무가 무엇에서 시작합니까? 아주 작은 작은 도토리 씨앗에서 출발합니다. 이렇듯이 하나님께서는 도토리와 같이 아주 작은 우리를 통하여 큰 참나무를 바라보고 계시는 것입니다.

이 씨의 사명을 감당하는 저와 여러분이 되시기를 바랍니다.

마지막 셋째로, 우리는 과연 남은 자인가를 깊이 생각해 봅시다.

'남은 자가 돌아오리라, 남은 자가 구원을 받으리라'는 이 약속은 구약시대에만 한정되지 않고, 이 편지가 기록되던 신약시대에만 한정되지 않습니다. 계속해서 이 말씀은 적용이 됩니다. 로마서 11장

5절을 보십시오.

> "그런즉 이와 같이 지금도 은혜로 택하심을 따라 남은 자가 있느니라."

"지금도"가 중요합니다. "지금도 남은 자가 있느니라"고 했는데, "지금도"가 1차적으로는 사도 바울 당시입니다. 바울이 편지를 쓰던 2천 년 전입니다. 그렇지만 여기에 나오는 "지금도"의 2차적 의미는 모든 시대의 기독교인을 말하는 것입니다. 그래서 오늘을 사는 우리가 '21세기에도 은혜로 택하심을 따라 남은 자가 있느니라'고 말할 수 있습니다. '지금도'를 '21세기'로 바꾸어 봅시다.

'그런즉 이와 같이 21세기에도 은혜로 택하심을 따라 남은 자가 있느니라.'

이것을 믿습니까? 남은 자가 누구겠습니까? 예수 믿는 자들입니다. 우리들입니다. 왜 우리가 남은 자입니까? 오늘 이 시대에 복음을 전해 보십시오. 백 명에게 복음을 전한다고 해서 한 사람이 믿습니까? 안 믿습니다. 예수 믿기 너무나도 어려운 시대입니다.

그런데 하나님께서는 놀랍게도 여기에 있는 저와 여러분에게는 믿음을 주셨습니다. 우리에게 믿음이 있다는 것이 너무나 신기합니다. 예수님을 믿는다는 것이, 하나님을 믿는다는 것이 얼마나 신기한 일입니까, 얼마나 놀라운 일입니까? 우리는 참으로 부족하고 연약하고 쓸모없는 사람이지만, 하나님께서 우리를 사랑하사 긍휼의 그릇으로, 남은 자로, 씨로 삼아 주셨다는 것입니다.

예수 믿는 사람은 이 시대의 남은 자입니다.

그렇다면 나는 이 세상의 남은 자입니까? 넓은 의미로 보면 모든 신자는 남은 자이지만, 좁은 의미로는 엘리야 시대에 바알에게 무릎 꿇지 않은 7천 명처럼, 이 세상에 무릎 꿇지 않고 이 세상에 동화되지 않은 자를 남은 자라고 한다면, 과연 나는 남은 자라고 담대하게 하나님 앞과 교회 앞에 말할 수 있겠습니까?

오늘 설교 제목처럼 'Are you Remnant? 남은 자입니까' 하고 물어본다면 'I am a Remnant, 나는 남은 자다'라고 말할 수 있겠느냐는 것입니다. 요즘 미국에 팻 슈첼라인(Pat Schatzline)이라는 전도자가 있는데, 그분이 "I am Remnant운동"을 미국에서 벌이고 있습니다. 그가 미국 전역을 다니면서 '나는 남은 자다'라는 주제로 설교를 하고 있는데, 많은 미국인들이, 특별히 젊은이들이 영적인 도전을 받고 있다고 합니다. 그분은 남은 자를 "하나님 말씀에 충실하고, 그분의 사랑에 사로잡혀서 소명을 따라서 사는 이"라고 정의합니다.

오늘날 성도라고 말은 하지만 하나님 말씀에 충성하지 못하고, 하나님의 뜻을 따라 살지 못하는 성도가 얼마나 많습니까. 쉽게 예배에 빠지고, 주일을 종일토록 성수하지 못하고, 형식적으로 습관적으로 신앙생활을 하고, 깨어서 하나님 앞에 기도하지 못하고, 하나님 말씀을 듣고 은혜는 받지만 그 말씀에 순종하지 못하고, 불신 가족이 있지만 영적인 고통이나 부담이 없고, 삶의 즐거움과 만족이 하나님과의 관계보다 우선하고, 삶의 관심이 영적인 영원한 일에 있지 않고 세상적인 일시적 일에 있는 사람들, 세상과 구별된 거룩한 삶을 살지 않고 세상에 동화되고 세상에 무릎 꿇은 성도들이 얼마나 많으냐는 것입니다. 예수를 믿는다고 하지만 그런 성도들을 이 시대의 남은 자라고 할 수 있겠습니까?

말씀을 맺습니다.

하나님께서는 여러분에게 믿음을 주셨고 은혜를 주셨습니다. 이제 여러분들이 이 시대에 남은 자가 되기를 원하십니다. 하나님과 그 말씀에 충성된 소수가 되기를 원하십니다. 이 마지막 시대에 하나님께서 쓰시는 소수의 사람들이 되기를 원하십니다. 이 시대에 남은 자가 되시기를 바랍니다. 정말로 그렇게 원하시면 조용히 자신과 자신의 삶을 돌아보시기 바랍니다. 회개할 것을 하나님 앞에 회개하고, 청산할 것은 청산하시기를 바랍니다. 그리고 하나님의 은혜를 구하시기 바랍니다. 온전히 하나님 앞에 헌신하시기 바랍니다. 세상에 무릎 꿇지 말고, 이 세대를 본받지 말고 거룩하게 살아가시기 바랍니다.

그래서 오늘 이 말씀을 듣는 저와 여러분이, 이 땅의 모든 교회가 마지막 시대에 남은 자가 되기를 원합니다.

30

로마서 9:30-33

오직 믿음

"그런즉 우리가 무슨 말을 하리요 의를 따르지 아니한 이방인들이 의를 얻었으니 곧 믿음에서 난 의요 의의 법을 따라간 이스라엘은 율법에 이르지 못하였으니 어찌 그러하냐 이는 그들이 믿음을 의지하지 않고 행위를 의지함이라 부딪칠 돌에 부딪쳤느니라 기록된 바 보라 내가 걸림돌과 거치는 바위를 시온에 두노니 그를 믿는 자는 부끄러움을 당하지 아니하리라 함과 같으니라"

교회는 매년 10월 마지막 주일을 종교개혁 기념일로 지킵니다. 종교 개혁과 우리가 살펴보고 있는 이 로마서는 아주 밀접한 관계에 있습니다. 어느 세대든지 로마서의 중요성을 교회가 인정해 왔지만, 특별히 종교개혁 시대가 더욱더 그러했습니다. 종교개혁자 루터는 로마서를 "진정 신약의 중요한 부분이며 참으로 가장 순수한 복음이다"라고 하면서 "모든 그리스도인들이 그것을 한절 한절 암송할 가치가 있다"라고 말했습니다. 그리고 역시 종교개혁자인 칼빈도 "만일 우리가 이 로마서를 진정으로 이해한다면, 우리에게는 성경의 가장 심오한 보물에게 다가갈 수 있는 문이 열리는 것이다"라고 말했습니다.

우리는 감사하게도 이 귀하고 복된 로마서를 설교하고 또 들으면서 지금 로마서 9장 끝까지 왔습니다. 이 로마서 9장 6절에서 29절까지는 하나님께서 주권적으로 선택하신 자만이 구원을 받을 수 있다는 것을 말씀했습니다. 그런데 오늘 본문 로마서 9장 30절부터는 이제 인간의 책임을 말씀합니다.

성경을 보면 하나님의 예정, 하나님의 주권적인 선택을 말함으로써 구원이 전적으로 하나님에게 달린 것처럼 말씀하면서, 동시에 우리 인간을 향해서는 '회개하고 믿어야 된다, 순종하라'고 말씀함으로써 구원이 전적으로 인간에게 달린 것처럼 말씀합니다. 하나님의 주권적인 선택과 인간의 책임이 서로 모순되어 보이고 충돌하는 것처럼 보입니다. 그러나 성경은 이 두 가지 진리를 함께 묶고 있습니다.

19세기 초에 찰스 시므온이라는 신학자가 이런 말을 했습니다.

"복잡한 기계바퀴들이 서로 반대 방향으로 돌면서 공동 목적에 공헌하듯이, 겉으로는 반대되는 것처럼 보이는 진리들이 서로 완전한 조화를 이루어서 인간의 구원을 성취하려는 하나님의 목적에 똑같이 공헌한다."

참으로 귀한 말씀이라고 생각합니다. 그러므로 하나님의 주권이 인간의 책임과 모순되지 않고, 하나님의 주권이 인간의 책임을 배제하지 않는 것입니다. 그러면 오늘 본문에 나타나는 유대인들의 책임, 즉 유대인들의 잘못은 무엇이겠습니까?

먼저 오늘 본문은 유대인들의 잘못을 지적하기 위해서 그와 대조가 되는 이방인들의 모습을 우리에게 잘 보여주고 있습니다.

30절을 보십시오.

"그런즉 우리가 무슨 말을 하리요 의를 따르지 아니한 이방인들이 의를 얻었으니 곧 믿음에서 난 의요."

성경에 보면 이방인들이 많이 나옵니다. 이방인들이 누굽니까? 유대인들은, 이스라엘 백성을 제외한 세상에 있는 모든 민족을 가리켜 이방인이라고 합니다. 그러면 우리 한민족도 이방인이 될 것입니다. 이방인들을 오늘 말씀에 보니 "의를 따르지 않는 이방인들"이라고 합니다. 그렇다면 이방인들은 전혀 의를 따르지 않습니까? 의를 추구하지 않습니까? 의롭게 되기 위해 노력하지 않습니까? 그렇게 볼 수는 없습니다.

우리 이방인들 가운데서도 아주 드물게 어떤 사람들은 바른 사람이 되기 위하여 수련을 하고 수도를 하고 도를 닦는 분들이 있습니다. 불교의 창시자라고 할 수 있는 석가모니, 유교의 창시자라 할 수 있는 공자 같은 사람들이 바로 그런 사람들입니다. 그러나 대부분의 이방인은 하나님도 모르고, 우상 숭배를 하고, 자기의 죄악된 욕심을 따라서 살아갑니다. 더 나아가 하나님 앞에 무서운 죄를 범해서 하나님의 진노와 심판을 자초하는 것입니다.

그런데 놀랍게도, 예수님께서 부활 승천하심으로써 완성된 기독교의 복음이 전파되자, 유대인들이 이 복음을 거부하는 것입니다. 받아들이지 않는 것입니다. 그런데 이방인들은 어떻습니까? 이방인들은 기쁘게 이 복음을 받아들이고 믿는 것입니다. 이것은 사도 바울의 전도 여행에서 너무나도 잘 나타납니다. 여러분 사도 바울이 3차에 거쳐 전도여행을 했는데, 제1차 전도여행은 안디옥이란 곳에서 출발해서 배를 타고 지중해 동쪽에 있는 구브로(키프로스)로 가고, 거기서 또 배를 타고 육지로 가는데, 지금의 터키 중남부 지역입니다. 터키 중남부 지역의 첫 성이 어디냐 하면 비시디아 안디옥이란 곳입니다. 비시디아 안디옥에 가서 복음을 전할 때에 어떤 현상이 나타났습니까? 사도행전 13장 44-48절을 보십시오.

"그 다음 안식일에는 온 시민이 거의 다 하나님의 말씀을 듣고자 하여 모이니 유대인들이 그 무리를 보고 시기가 가득하여 바울이 말한 것을 반박하고 비방하거늘 바울과 바나바가 담대히 말하여 이르되 하나님의 말씀을 마땅히 먼저 너희에게 전할 것이로되 너희가 그것을 버리고 영생을 얻기에 합당하지 않은 자로 자처하기로 우리가 이방인에게로 향하노라 주께서 이같이 우리에게 명하시되 내가 너를 이방의 빛으로 삼아 너로 땅 끝까지 구원하게 하리라 하셨느니라 하니 이방인들이 듣고 기뻐하여 하나님의 말씀을 찬송하며 영생을 주시기로 작정된 자는 다 믿더라."

여기에 보면 두 가지 인종이 나옵니다.

처음에는 유대인이 나왔습니다. 유대인들은 바울이 복음을 전할 때 시기하고 비방하고 반박하고 믿지 않고 영생을 얻지 못하였다고 했습니다. 그런데 이방인들은 어떻게 했습니까? 듣고 기뻐하고 믿었습니다. 하나님께서 이방인들의 이 믿음을 보시고 이방인들을 의롭다고 하십니다. 요컨대 이방인들이 의를 얻었습니다. 이러한 의는 행위에서 난 것입니까, 믿음에서 난 것입니까? 믿음에서 난 것입니다. 이방인들은 의를 추구하지도 않았다고 하지 않았습니까? 그러던 이방인들이 복음을 듣고서 믿었습니다. 의롭게 되었습니다. 그러니까 그들의 믿음은 믿음에서 난 의입니다.

오늘 30절을 한번 보시기 바랍니다. "의를 얻었으니 곧 믿음에서 난 의요"라고 했습니다. 이방인들은 의를 추구하지도 않고 노력도 안 했는데 복음을 듣고 믿어서 의를 얻었습니다. 그래서 하나님과 바른 관계 안으로 들어갔습니다. 바른 관계를 맺게 되었습니다. 여러분도 오늘 성경에 나온 이들처럼 복음을 믿어서 의로운 자, 믿음으로 의롭다 함을 받게 되시기를 바랍니다.

그에 비해서 유대인들, 즉 이스라엘인들은 어떻게 했습니까?

31절을 보십시오.

"의의 법을 따라간 이스라엘은 율법에 이르지 못하였으니."

유대인들은 율법, 즉 의의 법을 따랐다고 했습니다, 의의 법을 추구했다는 것입니다. 의롭게 되기 위해서, 의를 얻기 위해서 노력했다는 것입니다. 그들은 이방인들과 달리 아주 특별하게 의롭게 되기 위해 많은 노력을 했습니다. 그러면 이방인들이 의롭게 살기 위해 가지고 있었던 기준은 무엇이겠습니까? 나라에 법이 있듯이, 아니 그보다 더 정확하게 말하면 인간이 가지고 있는 양심이 이방인들에게는 최고의 법이었습니다. 그러나 사실은 양심의 법이란 것은 흐리고 약합니다. 그런데 유대인들은 그와 다릅니다. 유대인들은 하나님의 법을 가지고 있었습니다. 율법을 가지고 있었습니다. 모세가 시내 산에서 받은 하나님의 법, 그 중에서도 아주 구체적으로 말씀하고 있는 하나님의 진리의 법인 십계명을 가지고 있습니다. 이들은 이 율법을 준수해서 의롭게 되려고 힘썼다는 것입니다.

그런데 의(義)가 무엇입니까? 옳은 것, 바른 것, 흠이 없는 것, 죄가 없는 것이란 뜻인데, 오늘 본문에서 말하는 의라는 것은 흠이나 죄가 없어서 창조주 하나님과 바른 관계에 들어가는 것, 바른 관계를 맺는 것을 가리켜 의라고 말씀합니다. 그러니까 유대인들은 의로운 율법을 따라 죄 짓지 않고 열심히 살아 의롭게 되어서 하나님과 바른 관계를 가지기 원했습니다. 그런데 그 결과가 무엇입니까? 유대인들이 의로워졌습니까? 아닙니다. 31절 끝에 보면 "율법에 이르지 못하였다"라고 하였는데, 이 말은 의롭게 되지 못하였다는 말씀입니다. 왜 의를 추구하지 않는 이방인들은 의롭게 되고, 의를 추구하기 위해 애쓴 유대인들은 의롭게 되지 못했을까요? 그 답이 32절에 있습니다.

> "어찌 그러하냐 이는 그들이 믿음을 의지하지 않고 행위를 의지함이라 부딪칠 돌에 부딪쳤느니라."

한마디로 유대인들은 행위를 의지했습니다. 행위를 의지했다는 것은 자기들의 행위, 자기들의 선한 행위, 자기들의 율법을 따라 살아가는 노력을 말합니다. 자기들의 수고로 의에 이르려고 했기 때문에 실패하고 의에 이르지 못했다는 것입니다.

행위로 의롭게 될 수 있는가?

사람이 자기 행위로, 선한 일을 많이 해서 의롭게 되고 구원받을 수 있습니까? 없습니다. 왜 그런가 하면, 인간이 타락하고 나서 성경은 "의인은 없나니 하나도 없다"라고 했습니다. 하나님께서 말씀하시기를 모든 사람이 죄를 범하였다고 했습니다. 다 타락해서 죄인이 되고 죄의 본성인 죄성을 모든 사람이 가지고 있는 것입니다.

사람이 아무리 바르게 살려고 애를 쓰고 노력해도, 그래서 남 보기에는 의로워 보여도, 진정 의로우신 하나님 앞에 내어놓고 보면 더러운 누더기 같다는 것입니다. 죄인인 인간 앞에서는 좀 괜찮아 보이는데, 죄가 하나도 없으신, 흠이 없으신 하나님 앞에 내어 놓으면 형편없이 더럽다는 것입니다. 그렇기 때문에 사람은 아무리 힘쓰고 노력해도 하나님이 그 사람을 구원해 주실 만큼 의롭지 못하다는 것입니다. 완벽할 수 없다는 것입니다.

그래서 성경은 처음부터 메시아를 예언했습니다.

창세기 3장 15절에 보면, 인간이 범죄한 후에 하나님께서는 '앞으로 너희들은 이렇게 살아야 구원을 얻는다'고 약속하지 않으시고 '여자의 후손'을 약속하신 것을 볼 수 있습니다. 그리고 믿음에 의한 구원을 가르치셨습니다. 구약성경은 율법을 지키면 구원을 받는다고 했고, 신약은 믿어야 구원받는다고 가르치는 것이 아닙니다. 구약성경도 역시 처음부터 끝까지 믿음으로 구원을 얻는다고 말씀합니다. 창세기 15장 6절을 보십시오.

> "아브람이 여호와를 믿으니 여호와께서 이를 그의 의로 여기시고."

하나님께서 아브라함의 순종을 보고 의롭다고 여기신 것이 아니라, 아브라함이 여호와를 믿으니 이를 의로 여기셨습니다. 그래서 우리가 아브라함을 가리켜 믿음의 조상이라고 합니다. 그렇습니다, 구약의 성도들은 오실 예수 그리스도를 믿음으로 바라보고서 구원을 받고 의롭게 된 것이요, 우리는 과거에 오신 예수님을 믿음으로 바라봄으로써 구원을 얻는 것입니다.

그런데 이 유대인들은 성경을 바로 보지를 못했습니다. 성경이 진정으로 말씀하는 바가 무엇인지 왜곡했다는 것입니다. 그래서 하나님이 주신 율법만 잘 지키면 '의로워질 것이다, 구원받을 것이다'라고 생각했습니다. 그러나 자기 행위로 의로워질 자는 이 세상에 아무도 없습니다. 만일 자기의 착한 행위로 구원받는 것이 가능하다면 하나님께서 예수님을 이 세상에 보내주었겠습니까? 보내주실 필요가 없는 것입니다.

사람의 노력으로 불가능하기 때문에 처음부터 메시아를 약속하신 것이고, 때가 되니까 죄 없는 자기 아들을 이 세상에 보내주신 것입니다. 예수님께서 이 세상에 오실 때 갈라디아서에 보면 "율법 아래 태어났다"라고 했습니다. 그것이 무슨 말씀입니까? 율법을 지켜야 되는 자로 태어났다는 것입니다.

그런데 예수님께서는 율법을 세우신 하나님이신데 왜 율법에 순종해야 됩니까? 그것은 우리가 죄 때문에 하나님께서 주신 법에 100% 순종할 수가 없기 때문입니다. 하나님 보시기에 만족할 만큼 하나님의 율법에 순종할 수가 없습니다. 그런데 죄 없는 하나님의 아들 예수님은 이 세상에 오셔서, 율법 아래 태어나셔서 하나님의 율법을 완벽하게 순종했습니다. 누구 때문에 그렇게 했을까요? 우리 때문입니다. 율법을 완전히 지킬 수 없는 우리를 대신해서 하나님의 율법에 완전히 순종하신 것입니다.

뿐만 아니라 우리는 죄인이고, 죄의 삯은 사망이지 않습니까? 그래서 모두가 죽어야 되는데, 우리를 대신해서 십자가를 지고 죽음을 당하신 것입니다. 그리고 우리에게 요구하시는 것이 무엇입니까? 예수 그리스도께서 우리 죄인들을 대신해서 이루신 그 모든 일, 우리들을 대신해서 예수님께서 행하신 모든 일들을 그냥 받아들이라는 것입니다. 믿으라는 것입니다. 그렇게 하면 이것만이 유일한 의의 길이고 구원의 길이라는 것입니다.

그런데 유대인들은 믿음을 의지하지 않고 자기들의 행위를 의지함으로 의에 이르지 못하고 구원받지 못했습니다. 그런데 유대인만 이런 실수를 하는 것이 아닙니다. 이런 유대인의 실수는 기독교 역사에서 계속 나타나는 현상입니다. 교회가 심히 부패했던 중세 시대의 신학 사상 중 하나가 공로 사상 또는 공덕 사상입니다. 이 공덕 사상이 중세에는 아주 만연했습니다. 그래서 이슬람 군들과 싸워 성지를 탈환하기 위한 십자군에 자원하거나, 자선행위를 많이 하거나, 금욕 생활을 하고, 헌금을 많이 하고, 고행을 하고, 성지 순례를 하는 등 공로를 쌓으면 죄가 많이 감해지고, 죄 용서를 받고, 의롭게 되고, 구원을 받는다는 것이 공로 사상, 공덕 사상입니다. 물론 예수님을 완전히 무시하고 공로사상만 가진 건 아니었습니다. 예수님에 대한 믿음도 갖고 있으면서 인간이 노력을 해서 공로를 쌓아야 된다는 것입니다. 중세의 신앙관이 유대인들과 비슷합니다.

오직 믿음으로

그런데 1500여 년에 마틴 루터라는 사람이 있었습니다. 이 사람도 천국에 가는 가장 확실한 방법은 수도원에 가서 내가 수도를 하는 길이라고 생각했습니다. 그래서 어거스틴 수도회에 들어갔습니다. 들어가서 기도하고, 금식하고, 고행하고, 극단적인 금욕 생활을 했습니다. 그럼에도 그 어떤 것도 그의 고통 받는 양심을 달래주지 못했습니다. 그는 독일에 있는 비텐베르크 대학 교수가 되었습니다. 성경을 가르쳐야 했기에, 처음에 시편과 로마서를 가르치기로 마음먹고 시편을 읽고 또 로마서를 읽고 연구를 했습니다. 가르치려면 먼저 연구를 해야 합니다.

로마서를 연구하는 중에 로마서 1장 17절을 읽었습니다.

> "복음에는 하나님의 의가 나타나서 믿음으로 믿음에 이르게 하나니 기록된바 오직 의인은 믿음으로 말미암아 살리라."

이 말씀이 루터의 마음에 부딪쳤습니다. 이 말씀을 깨닫고 신앙의 혁명이 일어나게 되었습니다. 하나님의 의는 지금까지 자기처럼 수도원에서 열심히 수도하고 금욕하는 인간의 행위나 공로로 얻는다고 생각했는데, 믿음으로 말미암아 의롭게 된다고 했기 때문입니다. 그래서 그가 종교 개혁의 모토로 내세운 말이 "오직 믿음, Sola Fide"(솔라 피데)입니다. 구원은 '인간의 공로와 노력으로 되는 것이 아니구나' 하는 것을 깨달은 것입니다. 그때는 신앙생활이 너무나 힘들고 괴로웠습니다. 그런데 '오직 믿음으로, 하나님의 은혜'로 된다는 이 사실을 깨달았을 때, 그의 마음에 진정한 평화와 기쁨이 가득 차게 되었습니다.

그런데 그때 교황청에서 베드로 대성당을 개축해야 하는데 돈이 부족한 것입니다. 그래서 어떻게 하면 돈을 모아 개축을 할 수 있을까 연구하다가 면죄부를 온 유럽에 팔기 시작했습니다. "이것을 사면 돌아가신 조상들이 연옥의 고생을 오래하지 않고 연옥의 기간이 단축되어 빨리 천국으로 올라가게 됩니다"라고 했습니다. 그것이 바로 면죄부입니다. 성당 건축을 위해 돈을 많이 내면 하나님께서 죄를 감해 준다고 한 것입니다. 이것도 공로 사상의 일종입니다. 이렇듯 성경에 완전히 위배되는 교회 모습을 보고, 루터의 마음속에 분노가 들끓었습니다. 의로운 분노가 들끓어서 면죄부에 항의하는 95개조의 항의문을 써서 비텐베르크 성곽 교회 문에다가 붙여놓았습니다. 바로 이것이 종교 개혁의 시발점이 되었습니다.

그때가 16세기입니다. 이후 18세기에 가면 요한 웨슬리(존 웨슬리)라고 하는 유명한 분이 계시는데, 그분도 비슷한 경험을 했습니다. 웨슬리가 영국 옥스포드 대학에 갔습니다. 그는 목사님의 아들이라 신앙심이 높았습니다. 그래서 대학에 들어가서 그냥 공부만 한 것이 아니라, 신실한 믿음을 가진 친구들을 모아서 클럽을 하나 만들었습니다. 바로 '홀리 클럽', '거룩한 모임'입니다. 멋있지요.

우리 한국에도 SFC 등이 있는데, 웨슬리는 홀리 클럽을 만들었습니다. 자주 모여서 성경 연구를 합니다. 자기반성을 합니다. 금식을 합니다. 자선 활동을 합니다. 고달프게 신앙생활을 하는 겁니다. 열심히 했습니다. 그런 선행을 통해 하나님 앞에서 의롭다고 인정을 받기 위해서였습니다. 어떻게 보면 완전히 율법에 매여 살았습니다. 그러나 그렇게 사는 것이 너무 힘들고, 자유도, 기쁨도, 마음의 평화도 없었습니다.

졸업 후에 요한 웨슬리는 목사가 되어 신대륙, 아메리카의 조지아란 지역으로 사역하기 위해 떠났습니다. 그런데 믿음으로 말미암아 의롭게 된다는 이 진리를 믿지 않은 웨슬리가 무슨 아름다운 사역을 할 수 있겠습니까? 그래서 사역에 실패했습니다. 스캔들만 일으키고 2년 만에 실패자가 되어 다시 영국으로 돌아왔습니다. 돌아와서 아무것도 못하고 침체된 상태로 있었는데, 어느 날 저녁, 1738년 5월 24일에 런던 앨더스게이트(Aldersgate)가에 있는 모라비안이라 하는 신자들의 모임에 참석하러 갔습니다.

그의 일기에 보면 아주 내키지 않는 마음으로 갔다고 했습니다. 아주 내키지 않는 마음으로 들어가는데, 누군가가 루터의 로마서 주석 서문을 읽고 있더라는 것입니다. 그는 그때의 일을 자기의 일기에 이렇게 기록합니다.

"저녁 9시 15분경, 하나님이 그리스도를 믿는 믿음을 통해 사람을 의롭게 하신다는 것을 들으며, 나는 마음이 이상하게 따뜻해짐을 느꼈습니다. 그리고 그분이 나의 죄들을 제거해 주셨고, 죄와 사망의 율법에서 나를 구원해 주셨나는 확신이 느껴졌습니다."

이것이 바로 요한 웨슬리의 회심 사건입니다. 여기서 그가 새사람이 되고, 모든 무거운 짐을 다 벗고 자유와 평안과 기쁨을 얻게 되었습니다. 그래서 요한 웨슬리는 하나님께서 18세기 대부흥을 위해서 사용하시는 위대한 하나님의 도구가 되었던 것입니다.

오늘날도 유대인들처럼, 회심 전의 루터나 웨슬리처럼 신앙생활 하는 교인들이 많습니다. 그들과 비슷한 생각을 가지고 있는 신자들이 많이 있습니다. 종교 생활을 하고, 하나님의 말씀을 열심히 지키고, 그래서 하나님께 인정 받고 하나님과 바른 관계를 얻으려고 노력하고 애를 쓰는 일들이 많이 있다는 것입니다. 다는 아니지만, 우리 교회에 나오시는 교인 중에도 이와 비슷한 분들이 있습니다. 내 힘과 의지로 열심히 교회에 출석하고, 세례를 받고, 직분도 받고, 봉사도 하고, 헌금도 십일조도 잘하고, 구제활동도 합니다. 이런 것을 잘해야 하나님께서 나를 의롭다 하시고, 나를 구원해 주시고, 내가 죽을 때 하나님께서 저 천국에서 나를 받아 주실 것이라고 생각하는 사람들이 있다는 것입니다. 이것이 세상 사람들의 생각입니다.

어떤 사람이 착하게 살면 "저 사람은 법 없이도 살 사람이다"라고 합니다. "저런 사람이 천국에 안 가면 누가 천국에 갈까?"라고 이야기합니다. 이것이 다 유대인들이 가지고 있던 생각과 비슷한 것입니다. 저 사람은 착하니까, 나쁜 짓 안 하니까, 착한 일 많이 하니까 의롭게 되고 구원받을 것이라는 생각입니다. 오늘 유대인들도 무언가 자기들이 해야 된다고 생각했습니다. 착한 일을 해야 된다고 생각했습니다.

그러나 자기 행위로는 아무도 의에 이르지 못하고 구원받지 못합니다. 오늘 교독문 마지막 부분을 읽어보겠습니다(롬 3:24).

"그리스도 예수 안에 있는 속량으로 말미암아 하나님의 은혜로 값없이 의롭다하심을 얻은 자 되었느니라."

자기의 능력, 혹은 자기의 공로나 노력으로가 아니라 값없는 하나님의 은혜로 의롭다 하심을 받는다는 것입니다.

시온에 두신 걸림돌

오늘 본문 33절을 보십시오. 33절에 보면 하나님께서 시온에다 걸림돌을 두시고 거치는 바위를 두신다고 했습니다.

저는 남해 출신입니다. 제가 중학교 때까지 그곳에 살았는데, 남해에는 돌이 많습니다. 신작로에는 돌이 울퉁불퉁 있어서 차도 덜커덩거리고, 우리도 걸어 다니다가 넘어지기도 하고, 달리다가 걸려 넘어져서 무릎이 까지고 피가 철철 흐를 때가 많았습니다. 그런데 하나님께서 시온에다가 넘어지는 바위, 즉 거치는 돌을 두신다고 했습니다. 그런데 여기에 넘어지는 사람들이 있습니다.

32절 끝을 보십시오.

"부딪칠 돌에 부딪쳤느니라."

넘어졌다는 말씀입니다. 누가 그렇게 했다는 것입니까? 유대인들이 그렇게 했다는 것입니다. 이 부딪칠 돌이 누구겠습니까? 예수님입니다. 이 부딪칠 돌, 하나님께서 시온에 두신 이 돌은 예수님입니다. 그런데 유대인들은 가다가 이 돌에 부딪쳐 넘어져 버렸습니다. 실족했습니다.

반면에, 이 반석 되시는 예수님을 받아들이는 자, 이 반석 위에 서는 자는 33절 끝을 보면 "그를 믿는 자는 부끄러움을 당하지 아니하리라"고 말씀합니다. 이 말은 '낭패를 당하지 않으리라, 실망하고 낙심할 일이 없으리라'는 것입니다. 마지막에 하나님 앞에 섰을 때에 자기 공로로 의롭게 함을 받으려 하던 유대인들에게 하나님께서 '너는 아니야!' 하면 얼마나 낙심되겠습니까?

그런데 이 의의 반석 되시는 예수님을 받아들이는 자, 믿는 자는 부끄러움을 당하지 아니하리라'고 하십니다. 하나님께서 그 사람을 인정해 주시고, 의롭다 하시고, 천국에 들어올 수 있도록 만들어 주신다는 것입니다.

요컨대, 예수 그리스도는 어떤 이에게는 걸림돌이 되고, 어떤 이에게는 모퉁이의 머릿돌, 즉 주춧돌이 되시고, 영원한 구원의 반석이 되는 것입니다. 예수님이 어떤 이에게 구원의 반석이 되십니까? 믿는 자입니다. 그러므로 여러분이 가지고 있는 '나는 이런 점에서 다른 사람들보다 좀 더 나아! 하나님이 나를 인정해 주실 거야!' 하는 자랑을 다 버리고 포기하시기를 바랍니다. 오직 믿음으로 예수님만을 의지하시기 바랍니다. 그래서 믿음에서 난 의, 하나님의 의를 받아서 구원받는 복된 인생이 다 되시기를 바랍니다.

31

로마서 9:30-33

바울의 갈망과 기도

"형제들아 내 마음에 원하는 바와 하나님께 구하는 바는 이스라엘을 위함이니 곧 그들로 구원을 받게 함이라"

어제(2015. 10. 31.)가 무슨 날이었는지 아십니까?

종교개혁 498주년이 되는 날이었습니다. 1517년 10월 31일, 마틴 루터는 면죄부 판매에 항의해서 저 독일에 있는 비텐베르크 성곽 교회 문에 95개조의 항의문을 써서 붙였습니다. 그가 그렇게 한 것은 타락한 중세교회를 개혁하기 위해서 큰일을 계획하고 한 것이 아니었습니다. 단지 교회의 그 잘못을 지적하고 고치려고 했지만, 하나님께서는 그 작은 일을 통하여 종교개혁이라고 하는 너무나도 위대한 일을 이루셨던 것입니다.

성경을 떠나서 타락한 교회가 이 종교개혁을 통하여 바른길로, 성경으로 돌아오게 되었습니다. 너무나도 감사한 일입니다. 그런데 이런 말이 있습니다.

"개혁된 교회는 항상 개혁되어야 한다."

이것이 무슨 말이겠습니까? 고인 물은 부패하게 되듯이, 개혁된 교회라고 자만하고 제자리에 있으면 그 교회도 타락하므로 계속해서 개혁해야 한다는 말씀입니다. 그러므로 종교개혁의 후손인 우리는 교회와 자신의 신앙생활을 끊임없이 성찰하고 살펴야 합니다. 계속해서 개혁해 나가야 됩니다. 이 세상에는 개혁이 필요 없는 교회, 개혁이 필요 없는 성도가 하나도 없습니다. 그렇기 때문에 예레미야 선지자를 통하여 하나님께서는 "너의 길과 행위를 개혁하라"고 말씀하십니다. '고치라, 바꾸라'고 여러 번 말씀하십니다. 우리 울산동부교회가 말씀으로 계속 개혁해 가는 교회가 되고, 이 설교를 방송으로 들으시는 분이나 책으로 읽으시는 여러분들도 계속해서 자신의 신앙생활과 인격을 개혁해 가시기를 바랍니다.

오늘 본문 앞부분을 보면 "내 마음에 원하는 바"라고 했습니다. 그리고 그 다음에 "하나님께 구하는 바"라고 말씀하고 있습니다. 앞엣것은 '갈망'이고 뒤엣것은 '기도'입니다.

바울의 마음에 갈망과 기도가 오늘 본문에 나오고 있습니다.

본문에서 바울의 소원과 기도는 무엇을 위함이라고 했습니까?

이스라엘을 위함이라고 했습니다. 곧 자기 민족을 위함이라고 했습니다. 저는 이 말씀을 보면서 오늘날 우리 국민과 우리 성도들, 그리고 제 자신을 생각해 보았습니다. 오늘 본문의 바울처럼, 민족을 가슴에 품고 소원을 가지고 기도하는 신자가 과연 얼마나 있을까 생각해 보았습니다.

구한말에 우리 민족이 큰 위험과 혼란에 있을 때 위대한 선각자들이 많이 있었습니다. 그 선각자들의 대부분은 바로 기독교 신자였습니다. 여러분이 잘 아시는 이상재 선생, 안창호 선생, 이승만 대통령, 서재필 선생 등 그 외에도 많이 있습니다. 윤치호, 이동휘, 이동녕, 또 남궁억 이런 분들이 전부 다 기독교 신자였습니다. 이들의 소원은 무엇이며, 이들은 무엇을 위해서 그 시대를 살았습니까? 민족의 각성과 민족의 독립을 위하여 살았습니다. 그들은 자신의 부귀영화를 위하여, 안일을 위하여 살지 않았습니다.

그런데 해방이 되고 또 6.25 전쟁을 겪고, 하나님의 은혜 가운데 경제가 기적적으로 발전하여 지금 이렇게 잘 살게 되었는데, 잘 살게 된 지금 우리들은 어떤 마음으로 살고 있느냐는 것입니다. 민족이나 나라에 대한 생각은 거의 없습니다. 너나 할 것 없이 자기의 삶, 자기의 명예, 자기의 이익 추구에만 급급합니다. 자기만 잘 살면 되고, 자기만 편하면 된다는 생각을 가지고 이 땅을 살아가고 있다는 것입니다.

작년에 우리 교회 대학부 학생들이 중국으로 비전 트립을 갔습니다. 중국에서 오랜 시간 기차를 타고 저 만주로 갔습니다. 말로만 듣던 북간도에 갔는데, 북간도는 일제 강점기 때 조선 독립의 전진기지와 같은 곳이었습니다. 특히 유명한 지역이 있는데, '용정'이라는 곳입니다. 그곳에 명동학교를 비롯한 많은 조선 학교들과 교회들이 세워졌는데, 그 교회들과 학교들은 다 나라를 위하고 하나님을 위해 세워진 학교들이었습니다. 용정은 애국시인 윤동주 시인의 고향입니다.

우리 학생들이 그곳에 가서 윤동주 시인의 생가도 보고 시비(詩

碑)도 보았습니다. 또 용정중학교와 가곡 '선구자'에 나오는 해란강과 일송정 푸른솔도 보았다고 합니다. 또 저 위쪽 지역의 두만강 하류에 가서 도문이라고 하는 국경도시를 보았는데, 그곳에는 중국과 북한이 다리를 통하여 사람이 걸어서 오고 가는 그런 곳이었습니다. 건너편에 있는 아오지 탄광도 보았습니다.

저는 그 보고를 들으면서 꿈에서 깨어나는 것 같았습니다. 그동안 오랫동안 잊고 있었던 것들이 깨달아졌습니다. 마음이 뭉클했습니다. '그 시대의 사람들, 기독신자들은 저렇게 민족을 위해서 살았는데, 현대를 사는 우리는 무엇을 생각하면서 사는가? 우리는 나라와 민족은 잊고 살고 있구나. 너무나 좁은 마음과 눈을 가지고 자신의 작은 이익과 쾌락을 추구하는 데만 바쁘구나' 하는 것을 느꼈습니다.

기독교 역사를 보면, 그리스도인은 다 하나님을 사랑하는 애국자였습니다. 하나님의 뜻이 있어 태어나게 하신 그 나라와 민족에 대한 애착심과 사명감을 가지고 살았습니다.

그래서 구한말에 선각자들도 거의 다 기독교인이었고, 바울 역시도 자기 민족을 사랑한 사람이었습니다. 그의 민족은 사도 바울을 미워하고 그가 전하는 복음을 받아들이지 않고 도리어 방해하고 죽이려고까지 하였습니다. 그러면 웬만한 사람은 자기 민족에게서 그냥 뒤돌아설 수도 있는데, 사도 바울은 그럼에도 불구하고 자기 민족을 한시도 잊어버린 적이 없었다는 것입니다.

사도행전 17장 26절에 보면, 하나님께서 여러 민족의 연대와 거주의 한계, 즉 국경을 정하셨다고 했습니다. 나라의 연대와 국경이 정해지는 것 등이 우연히 되지 않았다는 것입니다. 인간이 자기 뜻대로 해둔 것이 아니라는 것입니다. 하나님께서 뜻이 있어서 그렇게 정하신 것입니다.

우리가 이 시대에, 이 나라 한반도 땅에, 한민족으로 태어난 것도 하나님의 뜻에 의해서라는 것입니다. 이것을 믿는다면 우리도 당연히 바울처럼 민족을 사랑하고 위해야 됩니다. 자기와 자기 가족만 알고 위하고 기도하는 사람이 되어서는 안 되고, 나라와 민족을 사랑하고 위해서 기도하는 사람이 되어야 한다는 것입니다.

바울은 자기 민족을 위하여 마음에 갈망을 가지고 기도했는데, 특별히 민족의 어떤 문제를 가지고 그렇게 기도했겠습니까?

1절 후반을 보시기 바랍니다. "곧 그들로 구원을 받게 함이라"라고 하였습니다. 어떤 문제입니까? 자기 민족의 구원 문제입니다. 로마서 9장 첫 부분을 보면, 바울은 자신에게 큰 근심과 그치지 않는 고통이 있다고 했습니다. 여러분이 가지고 있는 근심과 고통의 이유는 무엇입니까? 보통은 가족 문제, 자기 자신의 문제입니다. 사도 바울은 아내도 없었습니다. 자식들도 없었습니다. 그러니 근심 걱정도 없이 너무 홀가분할 텐데, 그런 사람에게 어떤 큰 근심과 그치지 않는 고통이 있었을까요? 9장 3절을 보십시오.

> "나의 형제 곧 골육의 친척을 위하여 내 자신이 저주를 받아 그리스도에게서 끊어질지라도 원하는 바로라."

"나의 형제 곧 골육의 친척을 위하여"라는 말은 "자기 민족을 위하여"라는 말입니다. 자기 민족의 구원을 위하여 그리했습니다. 그는 자기 민족의 구원을 원했습니다. 다시 말하면 자기 이스라엘 민족의 구원을 원했는데, 그 갈망이 얼마나 간절했으면 자기가 저주를 받아 그리스도에게서 끊어질지라도, 즉 하나님 앞에 자기가 버림을 받고 지옥에 가는 일이 있다고 할지라도 내 민족이 구원받기를 원한다고 말하고 있는 것입니다.

바울은 마음에 소원만 가지고 있었던 것이 아닙니다. 걱정만 하고 있던 것이 아닙니다. 오늘 1절 중반을 보십시오.

"하나님께 구하는 바는"이라고 했는데, 이는 '기도하는 바는'이라는 말입니다. 사도 바울이 기도했다는 것입니다.

여러분, 마음에 선한 소원이 있거나 걱정거리가 있으면, 소원만 하거나 걱정하지 마시고, 그것을 가지고 전능하신 하나님 앞에 나와서 그분 앞에 내려놓으시고 부르짖어 기도하시기 바랍니다. 하나님께서는 천지를 창조하시되, 아무것도 없는 가운데서 천지 만물을 창조하신 전능하신 하나님, 위대하신 하나님 아니십니까? 이 하나님이 못하실 일, 불가능한 일이 어디에 있습니까? 우리는 그것을 예배 때마다 신앙 고백하지 않습니까? 정말 그 하나님을 내가 믿는다면, 나에게 문제가 있고 걱정거리가 있다면 그것을 가지고 나와서 하나님 앞에 기도해야 합니다.

그런데 바울이 기도만 했습니까? 그는 3차 전도여행 후 예루살렘에서 가이사랴로 가서 죄인의 몸으로 로마까지 가서 2년 동안 옥살이를 하였습니다. 그리고 거기에서 석방이 되어 또 다른 지역에 다니면서 복음을 전하는데, 복음을 전할 때 그에게는 원칙이 있다고 했습니다. 언제나 큰 도시 중심으로 다니면서 복음을 전했습니다. 중심지만 전하면 지역에는 자연스럽게 복음이 전해지기 때문입니다. 또 한 가지 원칙이 있었습니다. 제일 먼저 유대인, 즉 자기 민족에게 전했습니다. “첫째는, 유대인에게요”라고 했습니다.

우리도 가족, 형제, 자매를 위해서 먼저 기도해야 됩니다. 신자는 가정의 제사장입니다. 한 가문에서 내가 먼저 믿게 되었으면 가족들과 친척들을 위해 기도해야 될 제사장적 사명이 있다는 것입니다. 이 직무를 잘 감당해야 됩니다. 가족들과 친척들의 형통을 위하여, 건강을 위하여 하나님 앞에 기도해야 됩니다. 그런데 무엇보다도 가장 간절히 기도해야 할 문제는 그들의 구원 문제입니다. 예수 믿어서 구원이 없는 형통이나 건강은 다 수십 년에 불과합니다. 일시적인 꿈에 불과한 것입니다.

저는 신자가 예수 안 믿는 자기 가족, 즉 자녀나 형제자매가 잘 되었다고, TV에 나왔다고, 신문에 나왔다고, 진급했다고 자랑하는 것은 그다지 좋은 모습이 아니라고 생각합니다. 예레미야 9장에 보면, 하나님께서 하신 말씀이 “지혜, 용맹, 부함을 자랑하지 말라. 자랑하는 자는 이것으로 자랑할지니 곧 나를 아는 것과…”라고 했습니다. 여기서 ‘나’가 누구입니까? 하나님입니다. 하나님을 아는 것을 자랑하라고 말씀하셨습니다. 세상 것으로 이것저것 자랑하지 말라고 했습니다. 그러므로 죄인이 하나님의 은혜를 입어서 하나님을 알고 예수를 믿어서 구원 얻고 영생 얻은 것, 이것이야말로 신자가 진정 자랑할 만한 가치가 있는 것이라는 말씀입니다. 그러므로 가족의 진정을 위해서도 기도하고 잘 되도록 기도해야 되겠지만, 무엇보다도 가족의 구원을 위해서 기도하고 힘쓰는 여러분들이 되시기 바랍니다.

나라와 민족을 사랑하고, 위해서 기도하는 것도 마찬가지입니다. 여야가 우리나라처럼 이렇게 싸우는 데가 없을 것입니다. 정말 이들이 민족을 위해서, 나라를 위해서 정치한다는 생각이 전혀 들지 않습니다. 따라서 정치를 위해서, 국방을 위해서, 통일을 위해서 기도해야 합니다. 정의가 이 땅에 강물과 같이 흘러가도록, 정의의 실행을 위해서 하나님 앞에 기도해야 됩니다.

저는 늘 그런 문제를 가지고 하나님 앞에 기도를 합니다. 그런데 이 나라 이 민족을 위한 가장 중요한 기도는 바로 이 민족이 하나님의 은혜로 구원받도록 기도하는 것입니다. 그렇게 나라를 위한 기도를 하다가 내 가슴에 불이 붙고, 내 가슴에 전도의 열정이 터져 올라와서 안 믿는 이웃과 민족에게 복음을 전하는 일, 이것이 최고의 나라 사랑이요, 민족 사랑인 것입니다.

하나님이 우리 민족에게 큰 복을 주셔서 올해(2015년)로 선교 130주년이 되었습니다. 선교 130년 만에 정말 엄청난 복음화를 이루어 주셨습니다. 일본은 우리보다 선교 역사가 훨씬 깁니다. 그런데 아직 일본에는 기독교 신자가 1%가 되지 않습니다. 세상적으로는 경제 대국이고 잘 산다고 하지만, 실제적으로 깊이 들어가 보면 영적인 복, 하나님이 주신 복으로 보면 우리나라 발끝에도 못 따라오는 나라가 일본입니다. 우리나라가 얼마나 큰 복을 받았는지 모릅니다. 세계가 놀라는 교회 성장을 이루었고, 복음의 수출국이 되었습니다.

그러나 아직도 이 나라에는 구원받지 못한 자가 너무나 많습니다. 20%가 신자라고 하는데, 그러면 80%가 불신자입니다. 지옥 갈 자입니다. 우리 울산에는 기독교 신자가 10%가 안 됩니다. 90%가 불신자입니다. 교회가 많은 것 같고 믿는 자가 많은 것 같지만, 아직도 구원받아야 될 자는 너무나도 많다는 것입니다. 이들을 위해서 기도하고, 이들에게 복음을 전하여 영혼을 살리는 것이 우리의 가장 중요한 사명이고 가장 큰 나라 사랑임을 기억하시기 바랍니다.

일제강점기 때 일본이 낳은 위대한 기독교 사상가 우치무라 간조라는 분이 있습니다. 내촌감삼(內村鑑三)이라고 하지요. 그는 동경외국어학교를 나와서 일본의 제일 위에 있는 섬, 홋카이도(북해도)에 있는 삿포로 농대에 들어갔습니다. 그 학교는 미국에서 온 윌리엄 클라크라고 하는 사람이 세웠는데, 그는 선교사이면서 동시에 농학자이고, 아주 실력 있는 학자였습니다. 그가 기독교 농학교를 세운 것입니다. 이 학교에 들어가면 많은 학생들이 기독교 신자가 된다고 합니다.

우치무라 간조도 전에는 많은 우상을 섬겼지만 이 학교에 들어가서 개종하여 유일신, 참 신 하나님을 섬기게 되었습니다. 그리고 새로운 삶의 주인이신 하나님께 충성하기로 결심하고 일곱 명으로 된 기독교 동아리를 만들었습니다. 함께 기도하고 말씀대로 살면서 열심히 공부하며 신한 일에도 힘썼습니다.

그런데 비기독인 학생들이 기독교를 반대하는 주된 이유가, 그

학교는 주일에 공부를 하지 말라는 것 때문이었습니다. 그런데 시험은 월요일 아침에 치는 것입니다. 월요일 아침에 시험을 치는데 주일날 공부를 안 하면 어떻게 되겠습니까? 얼마나 애가 타는 일입니까? 그래서 이 학교에 들어와도 안 믿는 학생이 생기는 것입니다. 그러나 이 믿음의 일곱 친구들은 주일이면 모든 공부에서 손을 뗐습니다. 그런데 나중에 이 친구들이 졸업을 할 때 전교 1등에서 7등까지 싹 쓸었습니다. 그래서 그 학교의 졸업 연설과 상을 다 독차지했습니다.

저는 그분들을 보면서, 참 세월이 악하고 시간이 없고 우리 학생들도 공부하기 바쁘지만, 정말 이런 믿음의 증거가 되는 자녀들이 우리 교회와 가정에서 많이 배출되었으면 하는 소원이 있습니다. 그런 역사가 꼭 있기를 바랍니다. 아무리 죄로 인해 타락해도, 하나님의 말씀대로 순종하면 삶이 다시 회복되고, 그것이 믿음의 증거가 되는 것을 믿으시기 바랍니다.

우치무라 간조는 졸업 후에 직장 생활과 선교 활동을 병행하였습니다. 그러다가 미국에 유학을 가서 이 일도 해보고 저 일도 해보고, 이 공부도 해보고 저 공부도 해보는 사이에 신학도 공부했습니다. 그리고 자기 민족을 위해서 살리라고 결심하고 귀국합니다. 그는 선생이 되었습니다. 학생들을 가르쳤습니다. 그는 일본인이었지만 일본의 제국주의적인 침략을 규탄했습니다.

"우리가 조선에 쳐들어가서 저렇게 하는 것은 잘못이다. 중국에 가서 전쟁을 벌이는 건 잘못이다"라고 말했습니다. 그러다 보니 일본 국민이 아닌 비국민이라는 지탄을 받으면서 결국 직장을 잃고 말았습니다. 교사직에서 물러나야만 했습니다.

그때부터 그는 평생을 하나님 사랑과 민족 사랑을 그리스도 안에서 하나로 묶는 일에 힘썼습니다. 성경을 열심히 공부해서 일본을 하나님의 말씀 위에 세우려고 노력했습니다. 그래서 성경을 열심히 공부해서 동경에서 성경 공부반을 조직했습니다. 그 성경 공부반에서 후세들에게 성경을 열심히 가르치고, 또 시간이 있는 대로 돌아다니면서 복음을 전하곤 했습니다. 그래서 전후에 일본을 일으킨 기라성 같은 인물들이 이 성경 공부반에서 배출이 되었습니다. 그는 생전에 자신의 성경 표지 안에 영어로 써둔 말이 있었습니다. 자기가 죽으면 자기 묘비에다 이 글을 적어 달라고 했습니다.

"나는 일본을 위해,
일본은 세계를 위해,
세계는 그리스도를 위해,
그리고 모든 것은 하나님을 위하여."

이 말은 그가 죽었을 때 그의 묘비에 그대로 새겨졌다고 합니다. 이것은 그의 뜨거운 나라 사랑과 민족 사랑과 하나님 사랑을 잘 보여줍니다. 얼마나 아름다운 신자입니까? 물론 우리 모두가 우치무라 간조의 길을 똑같이 걸어갈 수는 없습니다. 그러나 그가 하나님을 사랑하고, 민족을 사랑했던 그 정신을 가지고 우리도 우리의 일을 하고 이 시대를 살아가야 한다는 말입니다. 그가 말했던 글에서, 일본이라는 말 대신 한국을 넣어 같이 한번 읽어보겠습니다.

"나는 한국을 위하여,
한국은 세계를 위하여,
세계는 그리스도를 위하여,
그리고 모든 것은 하나님을 위하여."

오늘 우리는 바울 사도의 마음의 갈망과 기도에 대해 살펴보았습니다. 그의 마음의 갈망과 기도는 자신이나 가족에 대한 것이 아니었습니다. 바로 자기 민족과 나라를 위한 것이었습니다. 특별히 이스라엘 민족의 구원을 위함이었습니다. 그의 귀한 모습을 본받아, 우리도 이 나라와 이 민족을 사랑하고 위하여 기도하는 사람이 되기를 바랍니다. 무엇보다도 우리 민족의 구원을 위해서 기도하고 복음을 전하는 여러분 모두가 되시기를 바랍니다.

32

로마서 10:1-4

구원받지 못한 이유

"형제들아 내 마음에 원하는 바와 하나님께 구하는 바는 이스라엘을 위함이니 곧 그들로 구원을 받게 함이라 내가 증언하노니 그들이 하나님께 열심이 있으나 올바른 지식을 따른 것이 아니니라 하나님의 의를 모르고 자기 의를 세우려고 힘써 하나님의 의에 복종하지 아니하였느니라 그리스도는 모든 믿는 자에게 의를 이루기 위하여 율법의 마침이 되시니라"

지난 시간에는 로마서 10장 1절의 말씀을 통해 '바울의 갈망'과 '기도'라는 제목으로 설교를 했습니다. 여러분 기억하십니까? 바울의 갈망과 기도가 무엇입니까? 자기 민족 이스라엘 백성이 구원받는 것이었습니다.

수개월 전에 부산에서 전화가 한 통 왔습니다. 40년 만이어서 전화하는 사람이 누구인지는 알겠는데 이름도 잘 생각나지 않았습니다. 전화의 내용인즉, 제 고등학교 친구면서 그리고 제일영도교회 고등부 동기였던 친구에 대한 이야기였습니다. 성이 허 씨였던 그 친구는 SFC 회장을 할 정도로 예수를 열심히 믿었습니다. 그런데 부산대학에 들어간 이후에 교회에 발을 끊었습니다. 대학에서 한 여자를 만났는데, 연애를 하고 결혼을 하게 되자 그 여자가 "당신이 앞으로 평생 동안 교회에 안 나간다고 약속을 하면 결혼을 하겠다" 라고 했습니다. 그 약속을 하고서 결혼을 했습니다.

친구는 대학을 졸업하고 사업을 했는데 잘 되어서 한 달에 수천 만 원씩 버는 아주 잘 나가는 친구가 되었습니다. 그런데 1년 전에 뇌종양이 발견되어 수술을 했는데 이미 많이 늦은 상황이 된 것입니다. 2차 수술을 했는데 역시 가망이 없었습니다. 시력도 가버렸습니다. 그래서 지금 부산 토성동에 있는 부산대학병원의 1인실에 있는데, 그 전화 한 친구가 "지금 그가 죽기 전에 하나님을 사모하고 교회를 사모하니, 목사 친구인 네가 이곳에 와서 그 친구에게 복음을 전해서 옛날의 믿음을 회복시켜 달라"는 것입니다. 상당히 부담스러운 일이었습니다.

그래서 저와 아내가 어느 날 부산대학병원에 가서 친구를 보니 시력을 잃어버린 후라 저를 볼 수 없었습니다. 그런데 아직 의식이 왔다 갔다 하는데, 그날은 다행히 제가 간 시간에 의식이 있었습니다. 제 손을 잡고서 "이광수, 이광수 목사" 하고 부르더군요. 물어보니까 아직도 사도신경을 잊지 않고 있었습니다.

"전능하사 천지를… 이렇게 시작하죠?" 하면서 그것을 그대로 기억하고 있었습니다. 그래서 제가 복음을 전한 후 "네가 기억하고 있는 신앙 고백을 외우지 말고 지금부터 정말 하나님 앞에 고백을 하라"고 권면했습니다. 또 제 아내가 "좋아하는 찬송이 뭐예요?" 하고 물으니, "나의 갈 길 다가도록입니다"라고 대답했습니다. 그래서 저희 부부가 그 찬송을 다 부르고, 제가 기도하고 돌아왔습니다.

며칠 전에 처음 저에게 친구의 소식을 알려준 그 친구가 저에게 전화를 했습니다.

"광수야, 나다. 허○이 갔다."

제 마음이 너무 아팠습니다. 친구가, 비교적 젊은 나이에 간 것도 가슴이 아팠지만, 천국으로 갔는지 지옥으로 갔는지 확신이 서지 않았습니다. 내가 목사 친구인데, 그 친구를 수십 년 동안 깜박 잊고서 살고, 한 번도 찾아보지 않았다는 것이 너무나도 가슴 아프고 미안했습니다. 지금은 많이 차이가 나지만 당시 부산대학은 연세대와 고려대 수준이었습니다. 좋은 대학 나와서 사업에 성공해서 돈을 많이 번들, 구원받지 못하고 이 세상을 떠난다면 무슨 소용이 있겠습니까? 땅 위의 모든 성공과 영광이 다 허사가 되고 마는 것입니다. 사람이 이 세상을 사는 동안에 가장 긴급하고 중요한 일이 있다면 무엇이겠습니까? 구원받는 것입니다. 누가 언제 갈지 모르는 것이 인생입니다. 저도 여러분도, 여러분의 가족들도 언제 갈지 모릅니다. 그러니 가장 긴급하고 중요한 일은 구원받는 일입니다.

여러분, 예수 믿고 세례 받고, 구원 받으시기를 바랍니다. 안 믿는 가족들, 친구들에게도 전도해서 구원을 받도록 힘쓰시기 바랍니다. 다음에 하면 늦을 수 있습니다. 더 나아가 여러분도 바울처럼 이 민족을 위해서, 우리나라의 구원을 위해서 기도하시고 전도하는 여러분이 되시기를 바랍니다.

오늘 본문에서 사도 바울은 이스라엘의 불신앙에 대해서 계속 말씀하고 있습니다. 하나님의 택한 이스라엘 백성 대부분이 왜 구원을 받지 못합니까? 그 이유가 2-3절에 기록되어 있습니다.

2절을 보십시오.

> "내가 증언하노니 그들이 하나님께 열심이 있으나 올바른 지식을 따른 것이 아니니라."

이스라엘 백성들은 하나님께 열심이 있었다고 합니다. 그들은 열심히 하나님을 섬겼습니다. 그리고 하나님이 주신 율법을 실천하기 위한 열심도 강했습니다. 하나님의 율법을 잘 지키려고 노력하다 보니 저 구약의 모세오경에 나오는 법을 연구해서 쪼개고 또 쪼개어 613가지를 만들었습니다. 248가지는 '~하지 말라'는 것이고, 365개는 '~하라'는 법입니다. 또 그중에서 39가지는 안식일을 어떻게 지킬 것인가에 대한 법입니다.

여러분들이 지금 생각해 볼 때에 우리가 주일을 지키는 데 꼭 지켜야 될 법이 몇 가지나 되는 것 같습니까? 아마 오래 믿은 성도도 몇 개 이상 말하기가 어려울 것입니다. 그런데 그들은 39가지나 만들어 놓고, 총 613가지를 지키려고 했다는 것을 보면 그들이 얼마나 율법에 열심이 있었느냐 하는 것을 알 수 있습니다. 우리는 아무도 그렇게 못 지킵니다.

사도행전 22장 3절에 보면, 사도 바울이 예루살렘에서 자기를 죽이려고 모인 유대인들에게 한 말이 있습니다.

"나는 오늘 너희 모든 사람들처럼 하나님께 대하여 열심이 있는 자다."

이 말은 무슨 말입니까? 유대인들도 하나님 앞에 열심이 있었고, 사도 바울도 열심이 있었다는 말입니다.

하나님의 법을 행하는 데 그렇게 열심인데, 왜 그들이 구원을 얻지 못했을까요? 2절 중반에 보면 "올바른 지식을 따른 것이 아니니라"라고 합니다. 이 말은 올바른 지식에 기초한 것이 아니라는 말씀입니다. 어떤 사람은 아주 열심을 내는데도 그 열심이 올바른 지식의 신앙에 입각하지 않은 열심일 수 있습니다.

7-80년대 유머 중에 나폴레옹 이야기가 있습니다.

나폴레옹이 동유럽을 정복하려면 알프스 산을 넘어야 했습니다. 알프스 산은 4,000미터가 넘습니다. 눈이 안 녹아서 몽블랑(흰산)이라는 이름을 가진 산에 대군을 이끌고 꼭대기에 올라가 보니, 알프스 산이 아닌 것입니다. 그래서 외쳤습니다. "이 산이 아닌가 봐! 저 산인가 봐!" 그러자 병사들이 어떻겠습니까? 기가 찼을 것입니다. 군사들을 다 이끌고 이제 그 옆산을 죽어라 하고 며칠 걸려 올라갔는데, 올라가 보니 그 산도 또 아니더라는 것입니다. 방향을 알지 못하면, 아무리 열심히 올라가도 소용이 없다는 말씀입니다.

요즘 이만희의 신천지, 그리고 신천지 이상으로 열심을 내는 이단이 있습니다. 안상홍의 하나님의 교회입니다. 자기들도 다 예수 믿는다고 합니다. 성안에 제 집 옆에 변승우의 큰믿음교회가 있고, 또 침례교 이요한파의 구원파 교회가 있는데요, 제가 산보를 하면서 늘 그 앞을 지나갑니다.

그들은 주중에도 자주 모입니다. 여집사들이 자주 식사 준비를 하고 있습니다. 한눈에 보면 '참 대단한 열심이다, 대단히 헌신적이다'는 것을 느끼게 됩니다. 정통 교회보다 더 열심히 있습니다. 그러나 잘못된 지식에 기초해 있는 것입니다. 그렇기 때문에 그것은 헛된 신앙이 되고 헛된 수고가 되는 것입니다. 올바른 지식에 입각하지 않은 열정은 뜨거우면 뜨거울수록, 그 열심이 매우 위험합니다.

예수님 당시에 바리새인들이 하나님의 율법에 대해 얼마나 열심이었습니까? 그런데 하나님께서 당신의 아들을 구원자로 세상에 보내주시자 그 아들을 영접했습니까? 영접하지 않았습니다. 기가 막힐 노릇 아니겠습니까? 하나님에 대해서 열심 있는 자들이 하나님이 그 아들을 보내주니까 받아들이지를 않는 겁니다. 사도 바울은 어땠습니까? 빌립보서 3장 6절에 "열심으로는 교회를 박해하였다" 라고 말씀하고 있습니다. 아니, 하나님에 대해서 열심이 있는데 하나님의 교회를 박해하면 되겠습니까? 누구보다도 더 교회를 보호하고, 교회를 위하여야 되는데, 하나님의 교회를 박해하는 일을 했습니다.

그런데 사도 바울이 회심 전에 하나님을 안 믿었습니까? 믿었습니다. 믿어도 우리처럼 믿은 것이 아니고 아주 열심으로 믿었다고 했습니다. 하나님을 그렇게 열심히 믿었는데 하나님의 아들 예수님을, 예수님의 몸 된 교회를 핍박했습니다. 왜 그런 이상한 일이 일어났습니까? 올바른 지식을 갖지 못했기 때문입니다.

열심은 좋은 것입니다. 우리 주님께서 요한계시록 3장에 보면 미지근한 라오디게아 성도들을 향하여 뭐라고 했습니까? 열심을 내라고 했습니다.

"열심을 내라!"

예수님을 믿기는 믿는데, 신앙생활을 하기는 하는데, 주일 오전 예배드리는 것으로만 끝나는 사람도 많습니다. 이것은 열심 있는 모습이 아닙니다. 주일 오후 예배도 참석하고, 할 수 있으면 수요기도회, 새벽기도회에도 참석하고, 날마다 시간을 내어서 하나님의 말씀을 읽고, 하나님의 말씀대로 순종하고, 시간을 내어 하나님 앞에 기도하고, 복음을 전하는 등 하나님께서는 우리에게 열심을 요구하십니다. 여러분도 지금보다 좀 더 열심으로 하나님을 섬기시기를 바랍니다.

중요한 것은, 올바른 진리 위에서 열심을 내어야 한다는 것입니다. 여러분 모두가 올바른 성경 지식, 올바른 신앙 지식을 기초로 열심을 내는 성도가 되시기를 바랍니다.

그러면 이스라엘 백성은 무엇을 모르고 열심을 냈습니까?

10장 3절을 보십시오. 초반에 보니 '하나님의 의'를 모르고, 하나님의 의 대신 '자기 의'를 세우려고 힘썼습니다. 자기 의가 무엇입니까? 이것은 자기 노력으로 의를 얻는 것, 하나님의 율법을 열심히 지켜서 흠이 없는 사람이 되어 하나님 앞에서 의롭다고 인정을 받으려 하는 것, 이것이 자기 의입니다.

어느 날 한 부자 관리가 예수님을 찾아왔습니다.

그가 엎드려서 묻습니다.

"선한 선생님, 제가 영생을 얻으려면 무엇을 해야 되겠습니까?"

그런데 알고 보니, 이 부자 젊은이는 보통 사람이 아닙니다.

"제가 어려서부터 계명을 다 지켰습니다."

정말 굉장하지 않습니까? 십계명뿐만 아니라 말씀에 나오는 하나님의 계명을 어려서부터 다 지켰다는 것입니다. 그런데 왜 이 친구가 예수님 앞에 나왔습니까? '내가 구원받기 위해 계명을 다 지켰는데, 혹시나 모르고 빠뜨리고 있는 건 없는가? 안 지키고 있는 계명은 없는가?' 하며 나아온 것입니다. 그러면 큰일이잖아요. 그래서 그것을 물어보려고 예수님 앞에 나아온 것입니다.

여기서 우리가 알 수 있는 것은, 이 청년은 철저하게 자기 의로 영생을 얻으려고 노력했다는 것입니다. 이것이 전반적인 유대인의 모습입니다. 자신들의 의를 세우려고 하고 거기에만 집중해서 힘쓰다 보니, 하나님의 의도 모르고 하나님의 의를 추구하지도 않는 것입니다. 하나님의 의에 복종하지도 않고, 받아들이지 않고 도리어 반대했습니다.

서해안은 물이 빠지면 멀리까지 빠지지 않습니까?

우리가 어쩌다가 신문이나 방송에 보면 조개 잡으러 갔던 어느 아주머니가, 낚시하러 갔던 어느 아저씨가 돌아가셨다는 뉴스가 나옵니다. 어떻게 조개를 잡다가 사람이 죽습니까? 조개 잡는 일이 위험합니까? 아니지요. 그런데 왜 죽습니까? 간조가 되어 물이 빠지면 저 멀리까지 가서 조개를 잡습니다. 조개 잡는데 너무 혼이 빠져 있다 보니 물이 만조가 되어 슬금슬금 들어오는데, 그것을 눈치 채지 못하고 있다가 나중엔 아무리 달려서 나오려 해도 밀려들어오는 물의 속도가 너무 빨라서 익사하는 것입니다.

그런데 우리가 왜 조개를 잡으러 갑니까? 먹고 살려고 하는 거잖아요. 그런데 조개 잡다가 죽어버렸으니 유대인들이 그와 같다는 것입니다. 유대인들이 자기 의에 너무 빠져서 그것을 추구하다 보니 하나님의 의를 알지 못하고, 하나님의 의에 복종하지도 않아서 구원받지 못하는 것입니다.

지난 시간에 제가 말씀드렸습니다. 인간이, 특히 유대인들이 선하기 위해서, 의롭기 위해서 열심히 율법을 지키지만, 인간의 선함이나 의로움은 사람이 보기에는 그럴듯해 보이고 의로워 보여도 하나님 앞에 내어놓으면 아무것도 아닙니다. 너러운 누더기와 같다고 했습니다. 그래서 그것을 가지고는 아무도 하나님 앞에 인정받을 수 없고 구원받을 수가 없다는 말씀입니다.

조심해야 될 것은, 이 자기 의는 유대인에게만 있는 것이 아니고, 다른 종교를 믿는 사람들에게만 있는 것도 아니며, 오늘 예수 믿는 우리에게도 있을 수 있다는 것을 생각해야 됩니다. 하나님을 믿고, 신앙 연륜이 깊어지고, 중직을 받다 보면 자칫하면 마음이 교만해져서 자기 의를 내세울 수 있습니다. 신앙생활에 열심이 있는 분들, 늘 열심히 기도하고 봉사하시는 분들은 '내가 이런 사람인데, 나는 이렇게 경건하고 의로운 사람이야' 하고 말은 안 하지만 마음속에 은근히 그것을 과시할 수 있고 자랑할 수 있다는 것입니다. 좀 성경을 아는 사람은 남을 가르치려 들고, 자기가 아는 그것이 기준이 되어 남을 정죄하기도 하는 것입니다. 이것은 무서운 일입니다. 하나님의 의를 멀리하고 자기 의를 내세우는 자들은 구원받을 수 없습니다.

그러면 자기 의로 불가능하다면 무엇이 필요하겠습니까?

하나님의 의가 필요합니다. 하나님의 의는 무엇입니까? 하나님의 의는 하나님께로부터 오는 의입니다. 하나님이 내게 선물로 주시는 의입니다. 나의 노력과 수고와는 관계가 없습니다. 하나님의 의니까, 흠이 없는 완전한 의입니다.

그러면 그 의를 어떻게 내 것으로 만들어서 내가 의롭게 될 수 있습니까?

4절 말씀이 보여줍니다.

"그리스도는 모든 믿는 자에게 의를 이룬다…."

그리스도는 믿는 모든 자에게 의를 이룬다고 말씀하고 있습니다. 하나님의 의는 인간이 노력해서 얻는 것이 아니라 그리스도를 믿음으로써 얻는 의인 것입니다. 빌립보서 3장 9절을 보십시오.

"내가 가진 의는 율법에서 난 것이 아니요 오직 그리스도를 믿음으로 말미암은 것이니 곧 믿음으로 하나님께로부터 난 의라."

믿음으로 하나님께로부터 난 의라고 사도 바울이 말씀했습니다. 우리는 성경이 가르치는 바를 잘 알아야 됩니다. 하나님께서는 모세를 통해서 율법을 주실 때에 이 율법을 잘 지키면 내가 너희를 구원해 주겠다고 했습니다. 그러나 하나님은 율법을 주실 때에 그렇게 말씀하시지 않았습니다. 출애굽기 20장에 십계명이 나오는데, 십계명을 주실 때 하나님이 뭐라고 말씀하셨는지 출애굽기 20장 1절과 2절을 보십시오.

"하나님이 이 모든 말씀으로 말씀하여 이르시되 나는 너를 애굽 땅, 종 되었던 집에서 인도하여 낸 네 하나님 여호와니라."

그렇게 말씀하시고 십계명 제1계명부터 시작됩니다. "나는 너를 애굽 땅, 종 되었던 집에서 인도하여 낸"이라고 말씀하고 있습니다. 다시 말해서 "구원하여 낸 여호와니라"라고 말씀하시고, 구원하시고 나서 시내산에서 율법을 주셨다는 것입니다. 그러니까 구원의 조건으로 율법을 주신 것이 아니라, 구원받은 하나님의 백성답게 살라고 율법을 주셨다는 것입니다. 그들이 구원받은 것은 율법을 받기 훨씬 전에 애굽에 있을 때 열 가지 재앙이 있었는데 마지막 재앙인 장자의 죽음이 있었을 때 하나님께서는 이스라엘 백성에게 "너희는 흠 없는 일 년 된 어린양을 잡아 그 어린양의 피를 문설주와 인방에 발라라. 그러면 죽음의 천사가 거기를 넘어갈 것이다. 안에 들어가지 않고 비켜갈 것이다"라고 했습니다. 어린양의 피 때문에 이스라엘 백성이 구원을 받은 것입니다.

그런데 고린도전서 5장 7절에서는 무엇이라고 말씀합니까?

> "너희는 누룩 없는 자인데 새 덩어리가 되기 위하여 묵은 누룩을 내버리라 우리의 유월절 양 곧 그리스도께서 희생되셨느니라."

"우리의 유월절 양, 곧 그리스도께서 희생되셨느니라"고 말씀하고 있습니다. 출애굽 때에 희생된 그 흠 없는 어린양은 누구의 그림자입니까? 예수님의 그림자입니다. 구약이 누구를 가리키고 있습니까? 예수님을 가리키고 있습니다. 그러니까 하나님의 의라는 것은 예수 그리스도를 믿음으로 말미암는 의입니다.

오늘 본문 4절 끝을 보십시오.

"의를 이루기 위하여 예수님은 율법의 마침이 되셨다"라고 했습니다.

마침이란 말은 끝이란 말입니다 영어로는 End입니다. End를 어디에 가면 많이 볼 수 있습니까? 극장에서 영화 끝날 때 "The End"라고 마치는 자막이 올라갑니다. 그런데 오늘 본문에 나오는 이 마침이란 말은 이중적인 의미를 가지고 있습니다. 하나는 '목표'라는 뜻입니다. 율법은 '예수 그리스도를 목표로 하고 있다, 예수 그리스도를 가리키고 있다'는 것입니다. 요한복음 5장 39절을 보십시오.

"너희가 성경에서 영생을 얻는 줄 생각하고 성경을 연구하거니와 이 성경이 곧 내게 대하여 증언하는 것이니라."

예수님께서 하신 말씀입니다. 여기에 나오는 성경은 구약일까요, 신약일까요? 이 성경을 기록할 당시에는 예수님 때니까 신약 구약이란 말이 없었습니다. 예수님 때에 성경이라 하면 무조건 구약입니다. 너희가 성경을 읽고 있는데, 그 성경이 예수님에 대하여 말씀하고 있다고 했습니다. 누가복음 24장 27절을 보십시오.

"이에 모세와 모든 선지자의 글로 시작하여 모든 성경에 쓴바 자기에 관한 것을 자세히 설명하시니라."

모든 구약성경이 누구에 대해 말씀합니까? 예수님에 대해 말씀하고 있습니다. 따라서 구약을 바로 알고 믿었더라면 예수님을 믿게 되어 있다는 것입니다. 요한복음 5장 46절을 보십시오.

"모세를 믿었더라면 또 나를 믿었으리니 이는 그가 내게 대하여 기록하였음이라."

저 모세를 믿었다는 것은 모세오경, 즉 구약성경의 율법을 말하는 것입니다.

'율법을 믿었더라면 나도 믿었을 것이다. 왜냐하면 그것이 내게

대해서 기록하고 있기 때문이다.'

'마침'이란 말의 또 한 가지 뜻은 '완성'입니다.

예수 그리스도께서 오셔서 율법의 모든 요구를 완벽하게 이루셨다는 것입니다. 제가 지난 시간에 말씀드렸습니다. 예수님이 사람으로 이 세상에 오셔서 하신 큰 일이 두 가지 있습니다. 하나는, 죄인들은 하나님의 율법을 완벽하게 지킬 수가 없기에, 우리를 대신해서 예수님께서 율법을 완전하게 순종하셨습니다.

또 한 가지는, 우리는 죄인이기 때문에 죽어야 되는데 우리를 대신해서 예수님이 십자가에서 죽어 주셨습니다. 즉 예수 그리스도의 구속 사역은 인간을 구원하는 데 필요한 모든 하나님의 율법의 요구를 완전히 충족시켜서 율법을 끝내버리신 것입니다. 그리스도와 그가 하신 일은 의 자체입니다. 온전한 의입니다. 하나님의 의입니다. 나의 의는 부족해도 완전한 의가 되시는 예수 그리스도 그분을 믿고 받아들이면, 그분이 저와 여러분의 의가 되는 것입니다. 그렇게 되면 하나님께서 우리를 의롭다 하시고, 우리를 받아 주시고, 구원해 주시고 영생을 주시는 것입니다.

마지막으로 생각할 것이 있습니다.

4절 상반절을 보십시오.

"그리스도는 믿는 자에게 의가 된다"라고 했습니다. 그런데 그냥 믿는 자가 아니라, 모든 믿는 자입니다. 영어로는 'Everyone, 모든 믿는 자'라고 하였습니다. 같은 말씀이 요한복음 3장 16절에도 있습니다.

"그를 믿는 자마다"(Whoever believes in Him).

무슨 말씀입니까? 그가 과거에 어떤 사람이었든지, 어떤 죄를 지었든지, 그가 지금 어떤 사람이든지 상관이 없습니다. 그가 거지든 부자든 상관이 없고, 그가 멸시 받는 사람이든 존경 받는 사람이든 상관없이 모든 믿는 자는 누구든지 의롭다 함을 받고 구원을 얻게 된다는 말씀입니다.

그러므로 하나님의 의가 되시는 예수 그리스도를 바라보시기 바랍니다. 그분만을 의지하시기 바랍니다. 그분만이 하나님의 아들이요 세상의 구원자, 죄인의 구원자임을 확신하시기 바랍니다. 그분을 믿을 때에, 내가 이 땅에서 마지막 숨을 거둘 때에 하나님께서 예비하신 영원한 천국에 들어갈 것을 확신하시기 바랍니다.

여러분, 평생을 그분에게 기대시기 바랍니다. 여러분의 삶을 안심하고 그분께 다 맡기고, 구원 받은 그 은혜를 평생 누리시는 여러분 모두가 되시기를 바랍니다.

33

로마서 10:5-13

구원의 길

"모세가 기록하되 율법으로 말미암는 의를 행하는 사람은 그 의로 살리라 하였거니와 믿음으로 말미암는 의는 이같이 말하되 네 마음에 누가 하늘에 올라가겠느냐 하지 말라 하니 올라가겠느냐 함은 그리스도를 모셔 내리려는 것이요 혹은 누가 무저갱에 내려가겠느냐 하지 말라 하니 내려가겠느냐 함은 그리스도를 죽은 자 가운데서 모셔 올리려는 것이라 그러면 무엇을 말하느냐 말씀이 네게 가까워 네 입에 있으며 네 마음에 있다 하였으니 곧 우리가 전파하는 믿음의 말씀이라 네가 만일 네 입으로 예수를 주로 시인하며 또 하나님께서 그를 죽은 자 가운데서 살리신 것을 네 마음에 믿으면 구원을 받으리라 사람이 마음으로 믿어 의에 이르고 입으로 시인하여 구원에 이르느니라 성경에 이르되 누구든지 그를 믿는 자는 부끄러움을 당하지 아니하리라 하니 유대인이나 헬라인이나 차별이 없음이라 한 분이신 주께서 모든 사람의 주가 되사 그를 부르는 모든 사람에게 부요하시도다 누구든지 주의 이름을 부르는 자는 구원을 받으리라"

저는 고등학생 때에 부산에 있는 영노 정학동에서 자취를 했습니다. 주일날이면 거룩하게 지켜서 공부하는 일이 없었습니다. 그래서 주일날 아침이 되면 할 일이 없었습니다. 성경 찬송과 가곡집을 들고서 뒷산에 올라가서 거기 있는 숲에서 찬송도 부르고 가곡도 부르고 또 성경도 읽고 기도도 하곤 했습니다. 한번은 그 옆에 있는 절에서 스님이 나왔습니다. 저와 만나서 둘이 이야기를 하게 되었는데, 저는 기독교를 변증하고 그 스님은 불교를 변증하였습니다. 그런데 그 스님이 마지막으로 "어떤 종교든지 진지한 열성만 있으면 구원을 얻을 수 있으니 학생은 기독교 열심히 믿고 나는 불교 열심히 믿으면 된다"라고 했습니다. 다른 종교인이나 세상 사람들은 대개 그렇게 생각을 합니다. 뭘 믿어도 열심히 참되게만 믿으면 구원에 이르게 된다고 합니다.

여러분, 그렇습니까? 아니지요. 열심이 있다고 되는 것이 아닙니다. 올바른 지식에 기초한 열심이 있어야 하는 것입니다.

로마서 10장 2-3절에 보면 유대인들은 하나님을 열심히 믿었다고 했습니다. 그렇지만 구원받지 못했습니다. 왜 그렇습니까? 그들은 구약에 나타나 있는 하나님의 의를 발견하지 못했기 때문입니다. 율법을 열심히 지켜서 자기 의를 세우려고 노력했기 때문에 성경에 나타나 있는 그리스도를 믿음으로 말미암는 의를 복종하지 않고 도리어 거절해 버렸습니다. 그러니까 구원받을 수가 없었습니다.

오늘 본문 말씀은 우리에게 구원의 길을 보여줍니다.

첫째로, 구원은 믿음으로 말미암는 의로 얻을 수가 있습니다.

오늘 본문 5절과 6절을 보면 두 가지 의가 나옵니다. 5절 앞부분을 보면 "율법으로 말미암는 의"가 나옵니다. 6절 앞부분은 "믿음으로 말미암는 의"가 나옵니다.

먼저, "율법으로 말미암는 의"를 생각해 봅시다. 5절을 보십시오.

"모세가 기록하되 율법으로 말미암는 의를 행하는 사람은 그 의로 살리라 하였거니와."

이 말씀은 모세가 레위기 18장에서 했던 말씀입니다.

이 말씀을 한번 잘 생각해 보십시오. "율법으로 말미암는 의를 행하는 사람은 그 의로 살리라" 하는 이 말씀이 맞는 말씀일까요? 여러분 생각은 어떻습니까? 이 말씀이 맞는 말씀입니까? 우리가 이 말씀만 떼어서 생각하면 이 말씀은 옳은 말씀입니다. 맞는 말씀입니다. 사람이 하나님의 율법을 완전하게 지키면, 그 사람은 자기의 행위를 통하여 구원 받을 수 있는 것입니다.

그런데 문제는, 모든 사람은 죄인인데 죄 있는 사람이 과연 하나님의 율법을 처음부터 끝까지 다 지킬 수 있을까요? 태어나서 죽을 때까지 하나도 어기지 않고 지킬 수 있을까요? 하나님이 인정해 주실 수준으로 지킬 수 있을까요? 없습니다. 아무도 지킬 수 없습니다. 그렇기 때문에 "율법으로 말미암는 의"라고 하는 이 구원의 문이 있기는 하지만, 아무도 이 문을 통해서는 천국으로 들어갈 수가 없다는 것입니다. 구원을 받을 수 없다는 것입니다.

다른 한 가지 길이 있습니다.

6절에 나오는 "믿음으로 말미암는 의"입니다. 하나님의 아들이시면서 사람이 되셔서 우리 내신 율법을 완전히 지켜주시고, 우리 대신 십자가에 죽어 주신 예수님과 그의 행하신 일을 믿음으로 말미암아서 의롭게 되는 것인데, 그것이 바로 "믿음으로 말미암는 의"입니다.

요컨대 구원의 길에는 율법과 그리스도를 믿음으로 말미암는 두 가지 길이 있습니다. 그런데 율법으로 말미암는 길은 실제로는 문이 닫혀 있습니다. 범죄한 인생이 구원받을 수 있는 유일한 길은, 바로 예수 그리스도를 믿는 것입니다.

그리고 하나님은 믿음으로 받는 구원을 우리 가까이에 두셨습니다. 우리에게서 멀리 있는 것이 아니고, 우리가 찾아 구해야 하는 것이 아니라는 것입니다. 우리는 그것을 얻기 위해 하늘로 올라갈 필요가 없습니다. 왜 그렇습니까? 하나님의 아들이신 예수님께서 그 구원을 가지고 사람이 되셔서 이 세상에 오셨기 때문입니다. 또 그리스도를 모셔 올리기 위해서 우리가 깊은 음부에 내려갈 필요도 없습니다. 왜냐하면 그리스도께서 십자가에서 죽으셨지만 장사된 지 사흘 만에 다시 살아나셨기 때문입니다. 다시 말해 그리스도는 우리가 쉽게 접근할 수 있는 분이라는 것입니다.

8절을 보겠습니다.

"그러면 무엇을 말하느냐 말씀이 네게 가까워 네 입에 있으며 네 마음에 있다하였으니 곧 우리가 전파하는 믿음의 말씀이라."

8절 앞부분에 보면 '말씀'이 나오는데, 이 '말씀'이 어떤 말씀이겠습니까? 이 말씀은 복음의 말씀입니다. 예수를 믿음으로 구원받는다는 것입니다. 이 말씀이 멀다고 했습니까, 가깝다고 했습니까? 가깝다고 했습니다. 왜냐하면 지금 사도들이 전파하고 있어서 그들의 귀에, 그들의 마음에 들려지고 있다는 것입니다. 그러므로 가깝게 있는 말씀입니다. 그리고 8절 끝을 보면 이 말씀을 가리켜 또 어떤 말씀이라 했습니까? 믿음의 말씀이라고 했습니다. 율법처럼 힘들게 지켜야 되는 말씀이 아니라, 하나님이 하신 것을 믿기만 하면 되는, 믿음으로 반응만 하면 되는 말씀이라는 것입니다. 우리가 잘 아는 사도행전 16장 31절과 32절 말씀을 보십시오.

> "이르되 주 예수를 믿으라 그리하면 너와 네 집이 구원을 받으리라 하고 주의 말씀을 그 사람과 그 집에 있는 모든 사람에게 전하더라."

사도행전 16장에 보면, 감옥에 갔던 사도 바울이 빌립보 간수와 그 가족에게 하나님의 말씀을 전했다고 했습니다. 그리고 반응을 요구했습니다. 말씀을 전하고 어떤 반응을 요구했습니까?

"주 예수를 믿으라"고 말씀했습니다. 여러분도 예수 그리스도를 믿는 것이 유일한 구원의 길인 줄로 확신해서 믿음으로 의롭다 함을 받고 구원을 받으시기 바랍니다.

다음으로 생각할 것은, 구원을 받기 위해서는 복음의 말씀을 믿어야 한다고 했는데, 구체적으로 어떻게 해야 됩니까?

오늘 성경에 두 가지로 말씀해 줍니다. 한마디로 간단히 요약하면, 입으로 마음으로 반응해야 합니다. 먼저 9절 앞부분을 보십시오. '입으로 예수를 주로 시인해야 한다'고 했습니다.

우리가 교회에서 기도하거나 찬송하면서 '주'라는 말을 많이 씁니다. 어떤 사람은 윷놀이를 하면서도, 화투를 치면서도 "주여!" 하는데, 대단히 유감스러운 일입니다.

여러분, '주'라는 말이 무슨 뜻입니까? 주라는 말은 기본적으로 주인이라는 말입니다. 주인이라는 말이지만, 이 말이 가지고 있는 의미가 굉장히 깊습니다.

구약성경은 히브리어로 기록이 되어 있는데, 그 히브리어를 헬라어로 최초로 번역한 성경이 70인역(LXX)이라고 하는 성경입니다. 그 성경에는 구약에 나오는 여호와라는 명칭을 몽땅 헬라어로 '주'로 번역했습니다. 그러므로 예수님을 주라고 할 때는 예수님은 신성을 가지신 분, 하나님, 하나님의 아들이시라는 것을 의미하는 것입니다. 예수님께서 계셨던 1세기 당시에는 로마 황제를 주라고 했습니다. 또 로마의 여러 신들을 주라고 했습니다. 따라서 예수님은 왕이시고 최고의 권력자시라는 것을 주라는 말이 우리에게 보여줍니다.

그리고 여기서 '시인한다'는 말은 무엇으로 시인한다고 했습니까? 입으로 시인한다고 했습니다. 우리는 '맞다'는 의견을 고개를 끄덕거려 시인할 수 있습니다. 그러나 그런 시인이 아니고, 입으로 시인하는 것이므로 이것을 다른 말로 바꾸면 '고백'하는 것입니다. 내 입으로 다른 사람이 들릴 수 있도록 고백하는 것입니다. 세례 받을 때에 일어나서 모든 성도에게 '나는 예수님을 주로 믿는다'고 고백하는 것, 그것을 말하고 있는 것입니다. 그러므로 우리가 예수님을 주님이라고 고백한다면, 그것은 예수님께 최고의 지위와 권위를 인정하는 것이고, 그에게 나의 순종과 경배와 충성을 맹세하는 것이 되는 것입니다.

"예수님은 주님이시다."

오늘 교독문 맨 끝에도 "예수 그리스도를 주라 시인하여…"라는 말씀이 나오는데, 우리가 사도행전을 보면 '예수님은 주시다'라고 하는 것이 우리 기독교 최초의 신앙고백이었습니다. 우리는 지금 사도신경이라는 긴 신앙고백을 가지고 고백하지만, 사도행전을 보면 '예수는 주시다'라는 말이 가장 간단한 최초의 신앙 고백이었다는 것입니다.

초대교회사를 보면 로마 제국이 기독교를 핍박하는데, 핍박한 주요 원인 중 하나가 로마 황제 숭배였습니다. 그들은 황제를 신격화하여 신으로 숭배했습니다. 황제 흉상을 만들어 제사를 드리곤 했습니다. 그러면서 "시저가 주이시다"(Caesar is the Lord)라고 말합니다. 그런데 그 당시 예수 믿는 사람은 그 말을 하지 않았습니다. 시저는 주님이라고 하지 않았습니다. "예수님이 주이시다"(Jesus is the Lord)라고 했습니다. 이것은 로마의 통치 방향과 역으로 가는 것이었습니다. 그래서 제국에서 그리스도인들을 잡아들여 '시저가 주님이냐, 예수가 주님이냐'를 묻는 것입니다. 예수님이 주님이라고 답하면 잡아서 감옥에 가두고, 맹수의 밥이 되도록 던져 버리는 것입니다.

생각해 보면 우리는 정말로 별 생각 없이, 큰 의미 없이 예수님을 주여 주여 할 때가 많습니다. 예수님을 주님이라고 말하면서도 그분을 나의 주로 인정하지 않고 살아가고, 그분을 주로 경배하지 않고 살아가며, 그분에게 복종하지 않고 살아갈 때가 많다는 것입니다. 이제부터 신심으로 '예수님은 주님이시다'라고 고백하는 저와 여러분이 될 수 있기를 바랍니다.

첫 번째는 입으로 예수님을 주라고 고백해야 되고, 두 번째는 무엇입니까?

9절 중반을 보시기 바랍니다.

"하나님께서 그를 죽은 자 가운데서 살리신 것을 네 마음에 믿으면"

이라고 했습니다.

첫째는, 입으로 고백해야 되고, 두 번째는, 마음에 믿어야 된다고 했습니다. 그러면 마음에 믿는다는 말은 무슨 뜻입니까? 마음으로 무엇을 한다는 것은 진심으로 한다는 것이고 참되게 믿는 것입니다. 어떤 이는 마음으로 믿지 않으면서 그냥 입으로만 신앙을 고백하기도 합니다.

가장 대표적인 사례가 있다면, 논산에 있는 육군훈련소 연무대 군인교회에서 진중 세례식이 있을 때가 아닐까 싶습니다. 저도 거기에 세례를 주러 여러 번 갔습니다. 한 달에 한 번씩 진중 세례식이 있습니다. 한 번에 3,000명에서 4,000명이 세례를 받습니다. 물론 그중에는 진심으로 믿는 자도 있지만, 군대라서 그냥 입으로만 '아멘' 하는 친구들도 많습니다. 그렇다고 해서 진중세례식이 필요 없고 잘못되었다고 생각하지 않습니다.

군에서의 진중세례식은 성례적 측면에서라기보다 선교적 측면에서 이해하는 것이 필요합니다. 여하튼 참된 믿음이 없는 고백은 거짓된 것입니다. 헛된 것입니다. 그것이 자신을 구원할 수가 없습니다. 그리고 무엇을 마음에 믿어야 한다고 했습니까? '하나님께서 그를 죽은 자 가운데서 살리신 것'을 믿어야 한다고 했습니다.

예수님께서는 우리 죄 대신 죽으신 것만이 아닙니다. 예수님이 죽어서 장사된 것으로 모든 것이 끝난 것이 아닙니다. 하나님께서 예수님을 다시 살리셨습니다. 그것을 뭐라고 합니까? 부활이라고 합니다. 부활은 모든 악의 세력, 죽음의 세력까지도 승리한 것을 보여주는 대단히 중요한 사건입니다. 그래서 우리가 고린도전서 15

장 17절에 보면 만일 그리스도께서 다시 살아나신 일이 없으면 우리의 믿음도 헛것이라고 했습니다. 그래서 우리 기독교 복음의 가장 중요한 두 가지 요소가 있다면 하나는 십자가 죽음이요, 하나는 부활입니다. 이 두 가지가 있어야 완전한 신앙입니다. 그러므로 십자가 부활은 복음의 중심 내용이 되고, 우리 신앙의 중심 내용이 되는 것입니다. 이것을 마음에 믿으면 구원을 얻을 것이라고 했습니다.

10절은 9절의 반복입니다. 10절을 보십시오.

"사람이 마음으로 믿어 의에 이르고 입으로 시인하여 구원에 이르느니라."

9절과 다른 것은, 순서를 9절의 반대로 해둔 것입니다. 9절은 입으로 시인하는 것이 먼저 나왔습니다. 그런데 10절에는 그것이 뒤에 나오고, 마음으로 믿는다는 것이 먼저 나온 것을 볼 수 있습니다. 여기서 마음으로 믿는다는 것은 내적 믿음이요, 입으로 고백한다는 것은 외적인 고백입니다. 내적 믿음과 외적 고백, 이 두 가지는 별개의 것이 아닙니다. 하나로 결합이 되어 있습니다. 붙어 있습니다. 믿음이라고 하는 동전이 있는데, 이 동전의 앞면과 뒷면같이 입으로 시인하는 것과 마음으로 믿는 것이 하나라는 것입니다. 그러므로 마음의 믿음이 없는 입술의 고백은 헛된 것입니다.

마태복음 7장 21절에 보면, 예수님께서 천국 문에서 "나더러 주여 주여 하는 자마다 다 천국에 들어갈 것이 아니요"라고 했습니다. 예수님을 '주여 주여' 하는 것은 입술의 고백입니다. 입술로는 예수님을 '주여' 한다고 해도, 천국에 들어가지 못할 자들이 많을 것을 예수님께서 보여주십니다. 또 고백 없는 믿음도 가짜입니다. 마태복음 10장 32절과 33절을 보십시오.

"누구든지 사람 앞에서 나를 시인하면 나도 하늘에 계신 내 아버지 앞에서 그를 시인할 것이요 누구든지 사람 앞에서 나를 부인하면 나도 하늘에 계신 내 아버지 앞에서 그를 부인하리라."

세상을 살면서 예수님을 고백하지 못하면 예수님께서 나도 그 사람을 천국문 앞에서 부인하겠다고 말씀하셨습니다. 사람이 마음속으로 진정 믿으면 겉으로 고백하게 되는 것입니다. 이것은 같이 가는 것입니다. 어떤 성도는 믿는다면서 입으로나 행동으로 고백을 못하는 성도들이 있습니다. 예수 믿는 것이 부끄러워서 식사 기도도 잘 못한다면, 자기 신앙을 다시 돌이켜봐야 되는 것입니다.

말이나 행동으로 예수님을 부인하는 사람이 되지 말고, 예수님을 마음으로 믿고 입으로 고백해서 구원받는 성도가 다 되시기를 바랍니다.

마지막 11절에서 13절은 하나님이 주시는 구원은 차별이 없음을 강조합니다.

11절에 보면 "누구든지"라고 되어 있습니다.

"누구든지 그를 믿는 자는 부끄러움을 당하지 아니하리라."

로마서 9장 33절에도 이 말씀이 나와서 제가 전한 적이 있었습니다. 9장에도 나오고, 10장에도 나오고 두 번이나 인용되었다는 것은 무엇을 말합니까? 이 말씀이 중요하고 강조되고 있다는 것을 우리에게 보여줍니다.

예수 믿는 사람도 이 세상에서 잠시 부끄러움을 당할 수 있습니다. 믿음 때문에, 신분 때문에, 가난 때문에, 무지 때문에, 가족 때문에, 질병 때문에… 여러 가지 이유로 부끄러움을 당할 수 있습니다. 그러나 하나님과 하나님의 말씀을 붙들고 살면, 하나님이 부끄러움을 당하지 않게 만들어 주신다는 것입니다.

지금까지 살아오면서 여러분에게 가장 부끄러운 일은 무슨 일이었습니까? 아마 다 있을 것입니다. 저는 어릴 때에 부끄러움을 당한 일이 참 많았습니다. 그것은 부끄러워서 이야기를 못합니다.

한 가지만 이야기하면 제가 초등학교 다닐 때 아버지한테 몇 번이나 저녁에 쫓겨났습니다. 어떤 때는 옷을 다 벗기우고 쫓겨났습니다. 그러면 어디 가겠습니까? 우리 집은 한길 바로 밑에 있었기 때문에, 친구들이 길을 가다 볼 수 있어서 집 뒤 모퉁이에 가서 쪼그리고 앉아 있으면, 나중에 어머니가 살짝 불러서 작은 방으로 데려가 밥을 주시곤 했습니다. 그때에는 그 일이 얼마나 부끄러웠던지요.

우리 인생에서 당할 수 있는 가장 큰 수치가 무엇이겠습니까? 사람이 당할 수 있는 가장 큰 부끄러움은 마지막 날에 있습니다. 마지막 날에 모든 사람들이 보는 가운데 하나님 앞에 심판을 받고 하나님 앞에 내쫓겨서 지옥으로 들어가게 되면, 그것보다 우리 인생에 더 부끄러운 일이 어디 있겠습니까? 그것보다 더 큰 수치는 없습니다. 그러나 믿는 자는 그날에 결코 수치를 당하지 않을 것입니다. 그날에 하나님께서는 믿는 자들을 말할 수 없는 영광과 존귀로 옷 입혀 주실 것입니다. 골로새서 3장 4절을 보십시오.

"우리 생명이신 그리스도께서 나타나실 그때에 너희도 그와 함께 영광 중에 나타나리라."

그리스도께서 나타나신다는 것은 무슨 말씀입니까?

예수님의 재림을 말합니다.

"그때에 너희도 그와 함께 영광중에 나타나리라."

수치 가운데, 부끄러움 가운데, 멸시 가운데 나타나는 것이 아니라 영광중에 나타날 것을 믿으시기 바랍니다.

중요한 것은 누가 부끄러움을 당하지 않는다고 했습니까? 성경에 보니 '믿는 자'라고 하였습니다. 특별히 "누구든지 그를 믿는 자"가 부끄러움을 당하지 않으리라고 했습니다. 여러분 12절을 보십시오. 12절에도 이 '누구든지'가 계속됩니다. 유대인이나 헬라인이나 차별이 없습니다. 즉 '누구든지'라는 말입니다. 인종의 차별, 성의 차별, 신분의 차별, 문명의 차별이 없다는 것입니다. 아담 아래 있는 모든 사람이 죄인인 점이 차별이 없듯이, 믿고 구원받는 점에 있어서도 차별이 없습니다. 예수님께서는 모든 믿는 자의 구주가 되어 주시는 것입니다.

13절에도 '누구든지'가 계속됩니다.

"누구든지 주의 이름을 부르는 자는 구원을 받으리라."

여러분 이것을 보면 하나님께서는 인색하십니까, 부요하십니까? 부요하신 하나님이십니다. 12절 끝을 보십시오.

"그를 부르는 모든 사람에게 부요하시도다."

무슨 말입니까? 우리 하나님께서는 인색하지 않으시다는 것입니니다. 사람을 많이 받아들이지 못하는 속 좁은 분이 아니시라는 것입니다. 하나님은 부요하신 분, 마음이 넓으신 분이라는 것입니다. 극악한 죄인을 보시고 '다른 사람은 다 돼도 너는 안 되겠다'며 제한하시는 하나님이 아니라는 것입니다. 믿는 자는 누구든지 다 받아주신다고 했습니다.

여러분 "하나님은 부요하십니다."

우리를 한번 생각해 보십시오. 생각해 보면 우리는 부요하지 못할 때가 참 많습니다. 같은 교회에서 예수 믿고 하나님의 한 가족이 되었음에도 불구하고, 어느 별난 사람들은 받아들이지 못해 힘들어할 때가 얼마나 많습니까? 어떤 사람 때문에 내 신앙조차도 시험이 들 때도 많지 않습니까? 그런데 하나님은 어떤 하나님이십니까? 부요하신 하나님이십니다.

하나님은 믿는 자가 누구든지 받아 주시는 부요하신 하나님임을 잊지 마시기 바랍니다. 이 점에서 우리는 한 가지 조심해야 됩니다. 우리가 사람의 겉모습만 보고 '저 사람은 구원받지 못해, 저 사람은 늘 술 취해서 악한 짓을 많이 하는데, 저 사람은 절대 구원받을 수 없을 거야, 저 사람은 틀렸어' 하면 안 된다는 것입니다. 하나님은 '누구든지' 하는데, 사람이 '저 사람은 안 돼, 틀렸어' 하고 선을 그으면 되겠습니까? 안 된다는 것입니다. 어떤 사람도 제한시켜서는 안 되는 것입니다. 디모데전서 2장 4절을 보십시오.

"하나님은 모든 사람이 구원을 받으며 진리를 아는 데에 이르기를 원하시느니라."

하나님은 어떤 사람이 구원받기를 원하십니까?

모든 사람이 구원받기를 원하십니다.

저는 제 자신을 생각해 봅니다. 제가 하나님이었으면, 저 같은 사람은 구원받게 하지 않을 것 같습니다. 제가 하나님이었으면 저의 삶이나, 저의 마음이나, 저의 부패한 모습이나, 저의 악함을 보면 구원해 주시지 않을 것 같습니다. '너는 안 되겠다' 하실 것 같습니다. 그런데 하나님께서는 저 같은 죄인도 받아주시고, 여러분도 다 받아주시지 않습니까? 우리 하나님의 은혜가 얼마나 큰지 모르겠습니다. 저는 요즘 이 찬송을 많이 부르고 있습니다.

"나를 지으신 이가 하나님,
나를 부르신 이가 하나님,
나를 보내신 이도 하나님,
나의 나 된 것은 다 하나님 은혜라."

오늘 말씀을 통해서 우리는 구원의 길을 보았습니다.

첫 번째는, 율법과 복음이라는 두 문이 있지만 실제로 믿음이라는 문으로만 구원을 받을 수 있다고 했습니다.

두 번째는, 구원을 받기 위한 믿음의 구체적인 방법이 두 가지 있는데, 첫째는 예수님을 입으로 고백하는 것, 둘째는 예수님을 마음으로 믿는 것입니다. 이것이 참되게 믿는 것입니다.

세 번째는, 하나님께서 주시는 구원은 차별이 없다는 것입니다. 누구든지 주의 이름을 부르는 자는 구원해 주신다는 것입니다.

이 아름답고 복된 구원의 진리를 믿음으로, 여러분 모두가 하나님의 구원을 받는 복된 성도가 되시기를 바랍니다.

34

로마서 10:13-15

구원은 어떻게 이루어지는가?

"누구든지 주의 이름을 부르는 자는 구원을 받으리라 그런즉 그들이 믿지 아니하는 이를 어찌 부르리요 듣지도 못한 이를 어찌 믿으리요 전파하는 자가 없이 어찌 들으리요 보내심을 받지 아니하였으면 어찌 전파하리요 기록된 바 아름답도다 좋은 소식을 전하는 자들의 발이여 함과 같으니라"

지난 시간 설교에 '우리 하나님은 부요하시다'라는 말씀을 제가 전했습니다. 그렇기 때문에 하나님은 누구든지 주의 이름을 부르는 자는 구원을 받게 하십니다.

18세기 영국의 조지 휫필드라 하는 유명한 설교자가 어느 날 설교를 하면서 이런 말을 했습니다.

"그리스도께서는 마귀에게 버림받은 자일지라도 받아 주십니다."

그러자 한 귀부인이 휫필드를 찾아왔습니다.

"오늘 목사님께서 그리스도께서는 마귀에게 버림받은 자일지라도 받아 주신다고 하셨는데, 제가 바로 그런 사람입니다. 그리스도께서 나를 받아 주실까요?"

그러자 휫필드가 "당신이 그분께 기꺼이 나아간다면 그리하실 것입니다"라고 했더니, 그 귀부인이 그 자리에서 무릎을 꿇고, 지나간 날의 자기의 부정한 삶, 죄악 된 삶을 다 회개하고 주님을 믿게 되었습니다. 그때부터 그녀는 남은 생애를 너무나도 거룩하고 정결한 삶을 살아갔다고 합니다. 이 부요하신 하나님을 믿으시고, 또 믿을 뿐만 아니라 부요하신 이 하나님을 닮아가시는 여러분들이 되시기를 바랍니다.

지난 시간에 보았던 13절에는 "누구든지 주의 이름을 부르는 자는 구원을 얻으리라"고 했는데, 오늘 이어지는 14절과 15절에는 네 가지 질문이 이어지고 있습니다.

첫 질문은, "믿지 않으면 어찌 부르리요"입니다. 두 번째 질문은, "듣지 못하면 어찌 믿으리요"입니다. 세 번째 질문은, "전하는 자가 없으면 어찌 들으리요"입니다. 네 번째 질문은, "보냄을 받지 아니하였으면 어찌 전하리요"입니다. 이 네 가지 질문의 의문문을 평서문으로 바꾸면 이렇습니다.

'구원받으려면 주의 이름을 불러야 한다. 주의 이름을 부르려면 믿어야 한다. 믿으려면 들어야 한다. 들으려면 전하는 자가 있어야 한다. 전하는 자가 있으려면 보내는 자가 있어야 한다.'

가만히 이 말씀을 생각해 보면, 구원의 순서가 역순으로 사슬처럼 이어져 있습니다. 이것을 다른 순서대로 바꾸어 보면, 맨 먼저 보냄이 나와야 합니다. 보냄을 받아야 전하고, 전해야 듣고, 들어야 믿고, 믿어야 주의 이름을 부르고, 불러야 구원을 받는 것입니다.

여기서 우리가 알 수 있는 것은, 누구든지 주의 이름을 부르면 구원을 받는다고 했는데, 이게 그냥 진공 상태에서, 백지 상태에서 되는 것이 아니라, 복음 전파의 과정과 수고를 통하여 된다는 것을 알 수 있습니다. 오늘 말씀을 세 부분으로 나누어서 생각해 보려고 합니다.

첫째로, 믿음, 부름, 구원의 과정을 생각해 봅니다.

11절에서는 "누구든지 그를 믿는 자는 부끄러움을 당하지 아니하리라"고 했습니다. 그런데 오늘 13절에는 "누구든지 주의 이름을 부르는 자는 구원을 받으리라"고 했습니다. 같은 말씀인데 앞의 11절에는 '믿는 자는'이라 하고, 13절에는 믿는 자가 아니고 '부르는 자'라고 합니다. 그러면 믿는 것과 부르는 것이 다를까요? 사실은 믿는 것이나 부르는 것이나 같은 것입니다. 그런데 이것을 엄밀히 따지면 믿는 것이 먼저고, 부르는 것이 그 다음에 옵니다. 오늘 본문 14절도 앞부분에서 이것을 잘 보여줍니다.

"그런즉 그들이 믿지 아니하는 이를 어찌 부르리요."

이 말씀을 보면 믿어야 주의 이름을 부르게 된다는 것을 알 수 있습니다.

여러분, 십자가에서 구원받은 강도를 기억하십니까? 마지막 순간에 그는 "예수여, 당신의 나라에 임하실 때에 나를 기억하옵소서" 하고 예수님의 이름을 불렀습니다. 처음에는 다른 강도와 함께 예수님을 욕했습니다. 하지만 마지막 순간에는 예수님의 이름을 불렀습니다. 십자가에 달려 있는 동안에 자기 옆에 달리신 예수님의 모습을 보면서, 그 예수님의 말씀 하나하나를 들으면서 감동하고, 이분이야말로 죄가 없는 분이고, 하나님의 아들이시고, 세상의 구주시라는 것을 믿었습니다. 이제 자기도 십자가에서 곧 목숨이 떨어질 판입니다. 이제 예수님을 믿었기 때문에, 그 예수님을 간절한 마음으로 부른 것입니다. 부른다는 것은 의지한다는 것입니다. 애타게 간절한 마음으로 예수님의 이름을 불렀습니다.

앞에서 말한 조지 휫필드 목사님의 복음 전도 사역을 아주 많이 도와준 여성이 있었습니다. 헌팅던 백작부인이라는 사람입니다. 그녀는 어릴 때부터 자기 동년배들이 즐기는 추잡한 쾌락의 삶을 따라 하지 않고 나름대로 깨끗하게 하나님 앞에서 살았습니다. 그녀는 자기의 의가 자기를 구원으로 인도해 줄 것을 믿었습니다. 그런데 어느 한해에 중병에 걸려 크게 고생하게 되었습니다. 이때 그녀는 자기 힘으로는 아무것도 할 수 없음을 깨닫고, 자기의 곤핍함과 무능함을 절실히 느끼고 하나님을 깊이 의지하며 하나님을 부르게 되었습니다. "주님, 믿습니다. 제 믿음 없는 것을 도와주시옵소서"라고 외쳤습니다. 결국 예수 그리스도께 자신을 맡겼고, 그로 인하여 구원을 확신하게 되었습니다.

여러분에게는 이런 믿음이 있습니까?

이런 믿음을 가지고 진실한 마음으로 예수님을 불러보신 적이 있습니까? 우리 함께 진실한 마음으로 고백해 보겠습니다.

"예수님, 나는 죄인입니다. 나를 불쌍히 여기시고, 나를 구원해 주소서." 아멘.

이렇게 믿음으로 예수님의 이름을 부르는 자는 다 구원해 주실 것을 믿으시기 바랍니다.

둘째로, 들음과 믿음을 생각해 봅시다.

14절 중반을 보면 "듣지도 못한 이를 어찌 믿으리요"라고 하였습니다. 복음을 듣지 못했는데 예수 믿는 사람이 생길 수 있습니까? 없습니다. 그래서 17절에 보면 "믿음은 들음에서 나며"라는 유명한 말씀이 나옵니다.

복음 전도를 들음으로, 복음 설교를 들음으로써 믿음이 생기고, 믿음이 자라게 되는 것입니다. 제 생각에 우리 교회 강단은 어느 교회보다도 복음이 풍성합니다. 도덕적인 설교보다도 복음 설교가 훨씬 많이 전파됩니다. 어떤 성도님은 '거의 다 예수 믿는 사람인데, 굳이 그렇게 자주 복음을 전파할 필요가 있을까?'라는 생각을 할 수도 있습니다. 그렇지만 복음을 듣는 것보다 더 귀한 일이 없습니다. 복음을 들을 때만큼 우리의 마음이 감동될 때가 없는 것입니다. 그리고 예배를 드리는 성도 모두가 구원의 확신을 가지고 있는 것이 아닙니다. 구원의 확신을 가진 사람은, 아무리 훌륭한 교회라도 60%를 넘지 않는다고 합니다

예배자 중에도 복음을 믿어야 할 자가 여전히 많이 있다는 말씀입니다. 그리고 복음 설교를 통해서, 천하보다 귀한 한 영혼이 구원받는 예배보다 하나님께서 더 기뻐하실 예배는 없는 것입니다. 하나님은 믿는 우리 모두로 인하여 기뻐하시는 것보다, 한 영혼이 예수 믿고 구원받으면 더 기뻐하신다고 말씀했습니다.

얼마 전에 우리 교회에 등록한 새가족이 있습니다. 제가 알고 보니 그분은 지난 3년 동안 우리 교회 새생명축제에 때마다 다 참석을 하신 분이었습니다. 그리고 지난 가을 이웃초청 음악회에도 참석하셨습니다. 그때 마지막에 제가 7-8분 정도 복음을 전하는 순서가 있었는데, 그때 그 말씀에 탁 찔려서 예수 믿기로 결심하고 지금 출석하고 있습니다. 수요일에도 나와서 예배를 드리고 있습니다. 무엇을 보여줍니까? 믿음은 어디에서 나오는 것입니까? 들음에서 나오는 것입니다.

그러므로 주변에 믿지 않는 분들로 어찌하든지 복음을 자주 들을 수 있도록 힘쓰시기를 바랍니다. '저 사람은 내가 한 번 데리고 왔는데, 두 번 데리고 갔는데, 세 번 데리고 갔는데도 아무 반응이 없더라.' 아닙니다. 여러분들이 어찌하든지 한번으로 안 되면 두 번 세 번 열 번이라도 복음을 들을 수 있는 기회를 자꾸 마련해 주어야 합니다. 그러다 보면 가랑비에 옷 젖듯 언젠가는 믿게 될 것입니다. 믿음은 들음에서 나기 때문에, 하나님께서 택한 백성이라고 한다면, 언젠가는 믿을 줄 알고, 자꾸자꾸 복음을 듣도록 만들어 주시기를 바랍니다.

셋째로, 보내심과 전파를 생각해 봅시다.

14절 하반절에 보면 "전파하는 자가 없이 어찌 들으리요"라고 했습니다. 15절에는 "보내심을 받지 아니하였으면 어찌 전파하리요"라고 말씀했습니다. 조선말까지 우리 민족은 아무도 예수님을 몰랐습니다. 그런데 우리 민족이 어떻게 예수님을 알고 예수님을 믿고 세계가 놀랄 만한 교회의 성장이 이 땅에서 이루어졌겠습니까? 아무도 전해주지 않았는데, 우리 민족 내에서 어떤 똑똑한 사람이 예수님을 깨닫고 자생적으로 우리 민족에게 복음이 전파되었습니까? 아닙니다.

1832년에 독일인 귀츨라프라는 선교사 한 분이 맨 처음으로 황해도 장산곶 앞에 있는 작은 섬에 도착해서 복음을 전하였습니다. 1866년에는 여러분이 잘 아시는 영국의 웨일즈 출신의 토마스 선교사가 제너럴 셔먼호라고 하는 상선을 타고서 대동강을 거슬러 올라왔습니다. 그러다 우리 관군의 공격을 받아 배가 불타 파선이 됩니다. 그래서 끌려 나와서 칼에 목이 베었는데, 죽으면서도 "야소 야소"라고 외치며 자기가 가져왔던 성경을 자기를 죽이는 사람들에게 나누어 주었습니다. 그 사람들이 그 성경을 보고서 예수를 믿었습니다.

1870년대에는 만주에 저 스코틀랜드에서 온 존 로스, 맥킨타이어 선교사란 분들이 계셨는데, 이분들이 중국 선교를 하면서 옆에 있는 조선이라는 한반도에 관심이 많았습니다. 그래서 저 사람들에게 어떻게 복음을 전해줄까 했는데, 조선은 그때 쇄국정책 때문에 들어갈 수가 없었습니다. 그런데 평안도, 함경도에 살던 사람들이 장사하기 위해 만주로 많이 왔다갔다 하는데, 그 서북쪽에 있는 청년들을 만나 복음을 전해주고, 그들에게 돈을 주어서 그들로 하여금 중국어 성경을 한글로 번역하도록 했습니다.

1884년에는 알렌이라는 선교사가 의료 선교사로서 이 땅을 밟았습니다. 그때는 쇄국정책이 끝이 나 개방의 문이 열렸습니다. 그래서 1885년 4월 5일 부활절 날에, 미국에서 보낸 장로교 선교사

언더우드와 감리교 선교사 아펜젤러가 배를 타고 제물포에 도착했습니다. 이제 정식으로 도착해서 복음을 전하기 시작하는데, 그때부터 줄을 이어서 수백 명의 선교사들이 미국에서, 캐나다에서, 호주에서, 영국에서 들어왔습니다. 그때 우리나라는 너무나도 어둡고 미개한 땅이었습니다. 그 땅에 목숨을 걸고 찾아와서 복음을 전했는데, 그들 중에 상당수가 우리나라에 와서 풍토병으로 인해 일찍 죽었습니다. 젊은 나이에 죽었습니다.

서울 양화진 외국인 묘지에 가면 그 선교사님들의 무덤이 있습니다. 그곳에 가면 정말 가슴 뭉클함이 느껴집니다. 주님의 대명령에 순종해서 이 미개한 땅에 찾아와 복음을 전하다가 생명까지 바친 그분들로 인하여, 그리고 우리의 아버지에게, 우리의 할아버지에게 누군가가 복음을 전해 주었기 때문에, 오늘 우리가 예수 믿고 구원받게 된 것입니다.

전해 준 것이 없는데, 홀로 믿은 분이 있습니까? 아무도 없습니다. 누군가가 전해 주었기 때문입니다. 이것을 잊지 마십시오. 여기 있는 저와 여러분은 다 복음에 빚진 자라는 사실을 잊지 마시기 바랍니다. 우리는 이 빚을 갚아야 합니다. 누군가 우리에게 전해 주었기 때문에 나도 누군가에게 전해 주어야 하는 것입니다.

그런데 전파하기 위해서 필요한 것이 있습니다. 바로 보냄을 받아야 한다고 했습니다. 누구의 보냄을 받아야 하겠습니까? 하나님의 보냄을, 예수님의 보냄을 받아야 됩니다. 하나님께서는 주 예수님의 몸 된 교회를 통해서 복음 전할 자를 내보내십니다. 그런데 이렇게 내어 보내는 데엔 크게 두 가지 종류가 있습니다. 전문적으로 복음 전파에 종사하시는 분들이 있습니다. 누구입니까? 선교사, 목사, 전도사들입니다. 그런가 하면 우리 모든 신자들도 예수님에 의해서 보냄을 받은 자들입니다.

예수님께서 부활하신 후에 무서워 떨고 있는 제자들에게 나타나셔서 뭐라고 말씀하셨습니까? "너희에게 평강이 있을지어다. 아버지께서 나를 보내신 것같이 나도 너희를 보내노라"고 말씀하셨습니다. '나도 너희를 보낸다'고 했습니다. 그리고 승천하시기 직전에 제자들에게 "너희는 가서 모든 민족으로 제자를 삼으라"고 말씀했습니다. '가서'라는 말이 무슨 뜻입니까? 가서 전도하라는 말씀입니다. 가서 복음을 전해서 모든 민족으로 제자를 삼으라고 했는데, 제자들의 수명을 생각할 때에, 그리고 당시의 교통을 생각할 때에, 예수님의 열두 제자가 세상에 있는 모든 민족들에게 다 복음을 전할 수 있겠습니까? 없습니다. 여기서 우리가 알 수 있는 것은, 이 말씀은 열두 제자를 비롯한, 오고 오는 세대의 모든 예수님의 제자들, 모든 신자들에게 주시는 명령이라는 것입니다.

우리 교회가 돕는 선교사가 15명입니다. 그중에서 우리가 파송한 선교사는 이상돈 선교사님입니다. 그런데 내년에는 18명이 됩니다. 우리 교회가 파송하는 선교사가 3명이 됩니다. 너무나도 귀한 일입니다. 선교사를 파송하고, 또 헌금으로 지원을 하고, 기도를 하는 것은 주님의 마지막 대명령을 이행하는 것입니다. 그런데 이것보다도 더 중요한 것이 있습니다. 무엇입니까?

우리 자신이 하나님께서 보내신 선교사임을 알고 전도의 사명을 감당하는 것입니다. 하나님께서 나를 내 가정, 내 친척, 내 친구, 내 직장, 내가 다니는 학교에 선교사로 보내 주셨다는 이 의식을 분명히 가지고 복음을 전파하기 위해서 힘써야 된다는 것입니다. 그것이 하나님의 뜻입니다. 내가 거하는 그곳이 바로 세상의 땅 끝이라는 것을 알아야 됩니다.

하나님께서 사람을 구원하는 방법을 보십시오. 하나님께서 사람을 직접 구원하십니까? 아닙니다. 하나님께서 사람들을 구원하시기 위해 천사를 보내십니까? 아닙니다. 그러면 누구를 사용하십니까? 먼저 구원받은 성도들을 사용하십니다. 성도들의 전도를 통하여 사람들을 구원하시는 것입니다. 고린도전서 1장 21절을 보십시오.

> "하나님께서 전도의 미련한 것으로 믿는 자들을 구원하시기를 기뻐하셨도다."

전도는 누가 하는 것입니까? 우리가 하는 것입니다.

"예수 믿으세요. 우리 인간은 죄인이어서 구원받지 못합니다. 하나님의 아들 예수를 믿으면 구원받고 천국 갑니다."

어떻게 보면 너무 합리성도 없는 것 같고, 지혜의 말도 아닌 것 같습니다. 이 세상이 어떻게 존재하는지, 하나님이 왜 계신지를 증거해야 지혜로울 것 같은데, '십자가에서 사형당한 예수를 믿으면 구원 받는다'는 복음이란 것은 어떻게 보면 너무 어리석은 것 같습니다. 그런데 하나님께서는 전도의 미련한 것을 통하여 사람들을 구원하는 것을 기뻐하신다고 했습니다. 그래서 우리가 복음을 전하는 것은 이 로마서 1장에 보면 하나님의 능력이라고 했습니다.

복음은 모든 믿는 자들을 구원하시는 하나님의 능력이 됩니다.

우리가 이 세상에서 할 수 있는 일들이 많습니다. 값어치 있는 일들도 많이 있습니다. 그러나 영원히 멸망할 사람에게 복음을 전하여서 그 사람이 영원한 생명을 얻도록, 영원히 천국에서 살도록 하는 것만큼 선한 일이 어디 있으며, 그것만큼 가치 있는 일이 어디 있겠습니까? 우리가 억만금을 가지고 있어 이 세상에서 수많은 착한 일을 한다고 해도, 한 생명을 전도해서 구원하는 것보다 앞서는 것이 없습니다. 복음을 전하여 한 생명을 구해주는 일, 그 일이 가장 귀하고 아름다운 일이 되는 것입니다. 언제나 복음 전도의 사명을 마음속 깊이 간직하고, 주님 오시는 그날까지 이 사명을 감당하시는 여러분들이 되시기를 바랍니다.

오늘 본문은 인간의 구원이 어떻게 이루어지는가를 보여줍니다. 보냄이 있고, 보냄 받은 사람은 전파하고, 전파하면 사람들이 복음을 듣게 되고, 들으면 믿게 되고, 믿게 되면 주의 이름을 부르게 되고, 부르게 되면 구원을 받게 되는 것입니다. 그러면서 오늘 복음은 복음 전도의 중요성, 복음 전파자의 중요성을 강조해 주고 있습니다.

여러분, 세상에서 가장 아름다운 발에 대해 들어보셨습니까? 저는 늘 제 아내에게서 발이 못생겼다고 핀잔을 받습니다. 발이 얼마나 잘 생겨야 예쁜 발인지 모르겠습니다.

어떤 사람들은 박지성의 발이 가장 아름다운 발이라고 합니다. 어떤 사람들은 스피드 스케이터 이상화의 발이 아름답다고 합니다. 어떤 사람들은 저 유명한 슈투트가르트 발레단의 수석 발레리나 강수진의 발이 가장 아름답다고 합니다. 그녀는 한때 하루 19시간, 1년에 100켤레 신발이 닳도록 연습을 했다고 합니다. 그래서 그녀의 발은 발톱이 빠지고 또 울퉁불퉁하게 뼈가 튀어나왔습니다. 거친 그녀의 발, 사실은 못생긴 발입니다. 그런데 발이 비틀어지도록 많은 훈련을 해서 일인자가 된 것입니다. 그래서 그 발이 아름답다는 것입니다. 그러나 우리 하나님께서 보시기에 가장 아름다운 발은 어떤 발일까요? 15절 중반부를 보겠습니다.

> "아름답도다 좋은 소식을 전하는 자들의 발이여 함과 같으니라."

여기서 좋은 소식은 영어로 'Good News'입니다. 두 음절로 '복음'이란 말입니다. 복음을 전하는 자들의 발이야말로 가장 아름다운 발이라는 것입니다. 왜 그 발이 아름다운 발입니까? 그것은 그 전하는 자의 메시지 특성 때문입니다. 그가 전하는 메시지가 아름답기 때문입니다.

복음이란 어떤 것입니까? 우리가 말씀을 마치고 나면 "아름다운 이야기가 있네"를 늘 부릅니다. 그 아름다운 이야기가 복음입니다. 아름다운 이야기를 전하는 발이기 때문에 아름다운 발입니다. 구체적으로 어떤 이야기입니까? 구세주의 사랑 이야기입니다.

구세주께서 우리를 사랑하여 이 세상에 오셔서 우리를 위해 죽으셨고, 우리가 그를 믿을 때에 구원받는다는 구원의 소식입니다. 하나님의 위대한 구원의 메시지, 영생의 메시지, 모든 사람의 생명을 살리는 생명의 메시지, 이보다 이 세상에서 더 기쁜 소식, 복된 소식, 위대한 소식이 어디에 있습니까? 이보다 아름다운 소식이 어디에 있습니까? 그래서 이 아름답고 위대한 소식을 전하는 발이기 때문에, 복음 전도자의 발이야말로 가장 아름다운 발이라는 것입니다.

하나님은 믿는 우리의 복음 전도를 통하여 죄인들을 구원하십니다. 이 귀한 사명을 천사에게 맡긴 것이 아니라, 먼저 믿은 저와 여러분에게 맡겨 주셨습니다. 우리가 사는 곳, 우리가 가는 곳이 땅끝입니다. 이 복된 사명을 잘 감당하는 성도가 되시고, 그래서 저와 여러분의 발이 이 세상에서 하나님 보실 때 가장 아름다운 발이 될 수 있기를 바랍니다.

35

로마서 10:16-21

이스라엘이 믿지 않는 이유

"그러나 그들이 다 복음을 순종하지 아니하였도다 이사야가 이르되 주여 우리가 전한 것을 누가 믿었나이까 하였으니 그러므로 믿음은 들음에서 나며 들음은 그리스도의 말씀으로 말미암았느니라 그러나 내가 말하노니 그들이 듣지 아니하였느냐 그렇지 아니하니 그 소리가 온 땅에 퍼졌고 그 말씀이 땅 끝까지 이르렀도다 하였느니라 그러나 내가 말하노니 이스라엘이 알지 못하였느냐 먼저 모세가 이르되 내가 백성 아닌 자로써 너희를 시기하게 하며 미련한 백성으로써 너희를 노엽게 하리라 하였고 이사야는 매우 담대하여 내가 나를 찾지 아니한 자들에게 찾은 바 되고 내게 묻지 아니한 자들에게 나타났노라 말하였고 이스라엘에 대하여 이르되 순종하지 아니하고 거슬러 말하는 백성에게 내가 종일 내 손을 벌렸노라 하였느니라"

성경은 "누구든지 주의 이름을 부르는 자는 구원을 얻으리라"고 말씀했습니다. 여러분은 이 말씀을 믿으십니까? 그런데 주의 이름을 부르려면 먼저 어떻게 해야 된다고 했습니까? 믿어야 된다고 했습니다. 믿으려면 어떻게 해야 된다고 했습니까? 들어야 한다고 했습니다. 그래서 오늘 본문 17절에 보면, 믿음은 들음에서 난다고 말씀했습니다. 그런데 여러분, 재미있는 이야기, 웃긴 이야기, 세상 이야기를 듣는다고 믿음이 생기겠습니까?

하나님의 말씀에는 크게 두 가지가 있다고 합니다.

하나는 디다케(교훈)입니다. 이미 믿는 성도들을 교화하기 위해서, 교육하기 위해서 가르치는 말씀입니다. 또 다른 하나는 케리그마, 곧 복음입니다. 잘 생각해 봅시다. 제가 디다케를 설교한다면, 즉 성도들이 어떻게 살아야 될 것을 이 자리에서 말씀한다면, 믿음이 생기겠습니까? 그러면 무엇을 들어야 합니까?

17절 중반을 봅시다. 무엇을 들어야 된다고 했습니까? 그리스도의 말씀입니다. 그리스도의 말씀이란 그리스도에 대한 말씀입니다. 그리스도가 어떤 분이시냐, 그리스도께서 우리를 위해서 어떤 일을 하셨느냐를 말하는 것입니다. 한마디로 말하면 복음입니다.

복음 메시지의 핵심 내용이 무엇입니까? 예수 그리스도의 십자가 죽음과 부활이라 했습니다. 그런데 더 요약해서 하나로 말한다면 무엇이라 할 수 있을까요? 십자가라고 할 수 있습니다. 그래서 사도 바울은 고린도전서 1장 23절에서 "우리는 십자가에 못 박힌 그리스도를 전한다"라고 말씀하였습니다. 그런데 오늘날에는 이 복음을 잃어버린 설교가 많습니다. 복음을 상실한 교회가 많습니다.

영국의 한 마을에 교회당이 세워졌습니다. 정문이 있고 정문 아치가 있는데, 이 아치에 글자를 새겼습니다.

"We preach Christ Crucified."

We는 '우리'입니다. preach는 '전한다'입니다. Christ는 '그리스도'입니다. Crucified는 '십자가에 못 박힌'이란 뜻입니다. 즉 '우리는 십자가에 못 박힌 그리스도를 전한다'라는 말입니다. 영국 교회에 가면 이 말씀을 교회 정문이나 강대상 뒤에 새겨놓은 교회가 많은 것을 보게 됩니다.

목사님도 십자가에 못 박힌 그리스도를 전하고 싶었고, 성도들도 그것을 듣고 싶어 했습니다. 그런데 세월이 가면서 사람들은 복음이 지겨워지고 말았습니다. 십자가 설교는 시들해지고, 뭔가 시대에 뒤쳐진 것 같고 촌스러워 보였습니다.

때마침 교회 아치에 넝쿨이 자라서 맨 끝의 Crucified, 즉 '십자가에 못 박힌다'는 말을 가려버렸습니다. 그래서 'We preach Christ', '우리는 그리스도를 전한다'만 남았습니다. 복음이 조금 희미해졌습니다. 복음은 복음인데, 핵심이 날아가 버렸습니다.

그런데 또 세월이 흐르면서 넝쿨이 계속 자라서 끝에 있던 단어 Christ(그리스도)도 가려버렸습니다. 이제는 'We preach', '우리는 전한다'만 남았습니다. 이제는 무엇을 전해야 될지를 알지 못하는 교회가 되었습니다. 그 아치의 모습이 그 교회의 영적 상태, 그 교회의 메시지의 상태를 보여주고 있다는 것입니다. 그 교회는 복음을 잃어버린 교회가 되었습니다.

그리스도의 말씀만이, 복음만이 믿음을 일으키고 사람들을 구원으로 인도하는 것입니다. 세상을 구원해야 될 하나님의 교회가 만약 구원의 복음을 잃어버린다면, 그것은 짠맛을 잃은 소금과 같습니다. 존재 가치가 없는 것입니다. 필요가 없는 것입니다.

여러분, 그러므로 우리 울산동부교회, 그리고 한국에 있는 수많은 교회들이 십자가에 못 박힌 그리스도를 전하는 교회, 복음을 상실하지 않고 십자가를 전하는 교회들이 되도록 기도하시기를 바랍니다.

바울 당시의 대다수 유대인들은 구원을 받지 못했다고 말씀드렸습니다. 그 이유가 무엇입니까? 오늘 말씀 18절을 보십시오.

"내가 말하노니 그들이 듣지 아니하였느냐."

'복음을 전했는데 듣지 않았느냐?'고 물어봅니다. 18절 중반을 봅시다. "그렇지 아니하니"라고 합니다. 이스라엘 사람들이 복음을 들었다는 말씀입니다.

18절 하반절을 보십시오.

"그 소리가 온 땅에 퍼졌고 그 말씀이 땅끝까지 이르렀도다 하였느니라."

오늘 우리가 교독한 시편 19편 4절에 보면 "그의 소리가 온 땅에 통하고 그의 말씀이 세상 끝까지 이르도다 하나님이 해를 위하여 하늘에 장막을 베푸셨도다"라고 했습니다. 이 말씀에서 다윗은 소리가 땅끝까지 퍼졌다고 하는데, 이 소리는 자연의 소리입니다. 자연의 메시지가 땅끝까지 퍼져갔다는 말입니다. 오늘 사도 바울은 그 말씀을 특별계시, 즉 하나님의 복음의 말씀에 적용시켜서 복음의 말씀이 온 땅에 땅끝까지 퍼져 갔다고 말씀하고 있는 것입니다.

이 로마서는 AD 57년에 기록되었습니다. 지금으로부터 약 2000

년 전입니다. 당시 한반도는, 사도 바울이 로마서를 기록하고 나서 약 300년 이후로, 삼국시대와 가야 시대가 시작되던 때입니다. 그런데 이 한반도에 복음이 전파되었겠습니까? 전파되지 않았습니다. 바울 당시로부터 300년이 더 지났는데도 복음이 전파되지 않았습니다. 그런데 말씀을 보니 그 소리가 땅끝까지 이르고, 그 말씀이 온 세상에 퍼졌다고 말씀하고 있습니다. 도대체 어떻게 된 말씀입니까?

말 그대로 땅끝까지 이르렀다는 말이 아닙니다. 적어도 이스라엘 사람들이 사는 땅에 대해서는 그렇다는 것입니다. 그 당시 이스라엘 백성들은 주로 어디서 살았는지 아십니까? 팔레스틴과 지중해 전역에 퍼져서 살았습니다. 지중해 전역에 퍼져서 산 이스라엘 백성들을 가리켜 '디아스포라'라고 합니다. 이 말이 요즘 많이 사용이 되어, 우리나라 사람들도 외국에 사는 사람들을 디아스포라라고 합니다.

사도행전 2장에 보면, 오순절이라 하는 3대 명절 중 하나인 큰 명절을 지키기 위해 지중해 전역에 퍼져 있던 모든 유대인들이 예루살렘에 모이게 됩니다. 그런데 그 오순절에 성령이 강림하시고, 사도들이 성령으로 충만해졌습니다. 특히 베드로가 일어나서 성령 충만하여 복음을 전하자 그곳에 모여 있던 사람들이 그 복음을 다 들었습니다. 그 다음엔 제자들이 복음을 전하는데, 자기들이 배우지도 않은 지중해 전역에 퍼져 있던 그 사람들의 방언으로, 즉 그 지역 말로 복음을 전하였습니다. 그리고 그들이 복음을 듣고 예수를 믿어 자기가 살던 곳으로 돌아가서 복음을 전했습니다.

그 사건 이후에 스데반의 순교가 있게 되고 예루살렘 교회에 큰 핍박이 일어났습니다. 그래서 사도들 외에는 모든 성도들이 온 유대와 사마리아와 온 땅에 흩어졌습니다. 그 사람들이 가만히 있지 않고 두루 다니며 복음을 전했다고 했습니다. 먼저 누구에게 전했겠습니까? 유대인, 자기 동족에게 전했습니다.

세 번째로, 사도행전 13장에 보면 사도 바울이 전도팀을 이루어 1차, 2차, 3차로, 또 로마에 갔다가 출옥 후 또 다른 지역을 돌아다니면서 복음을 전했습니다. 사도 바울의 전도방법은 특별히 큰 도시에 가서 전했다는 것입니다. 큰 도시에서 선하면 그 큰 도시로 말미암아 자연히 그 지역 전체에 다 복음이 전파되기 때문입니다. 그래서 예수님이 승천하신 지 20년 정도 지나서는 지중해 전역의 모든 유대인들에게 복음이 전해졌습니다. 그래서 모든 유대인들이 다 복음을 들을 수 있었습니다. 그 점에서 바로 오늘 이 말씀 "그 소리가 온 땅에 퍼졌고 그 말씀이 땅끝까지 이르렀도다 하였느니라"라고 하는 것입니다.

이 말씀을 보면 유대인들이 구원받지 못한 이유가 그들이 복음을 듣지 못해서가 아닙니다. 그들은 복음을 충분히 들었습니다.

우리는 이 말씀을 보면서, 다시 한 번 우리 가슴속에 복음 전도의 사명을 새겨야 됨을 깨닫게 됩니다. 믿음은 들음에서 난다고 했는데, 우리가 사는 곳에, 우리가 가는 곳에 복음을 듣지 못했다고 말하는 사람이 있어서는 안 된다는 것입니다. 예수 믿는 내가 있었기 때문에, 우리가 있었기 때문에 그곳에서 '나는 복음을 한 번도 들어본 적이 없습니다'라고 말하는 사람이 있어서는 안 된다는 것입니다.

북구에 있는 어느 미장원에 한 남자 손님이 오는데, 꼭 원장에게만 깎으려 한다고 합니다. 그런데 이분이 말을 하지 않는다고 합니다. 너무 과묵하신 신사입니다. 그런데 알고 보니 그분이 어느 교회 목사님이신데, 그 미장원에 7년 단골이라고 합니다. 7년 단골임에도 불구하고 예수님 이야기, 교회 이야기를 한 번도 안 하더라는 것입니다. 다른 말은 안 해도, 가정 이야기는 안 해도, 예수님 이야기, 교회 이야기는 했어야 되지 않겠습니까? 그래야 하나님 앞에 설 때에 할 말이 있지 않겠습니까?

그런데 우리가 그 목사님을 판단 할 수 있습니까? 판단하기 전에 나는 어떠한가 한번 생각해 봐야 되는 것입니다. 내 친구가, 내 이웃이 마지막 날 하나님 앞에 서서 심판을 받을 때에, '나는 한 번도 복음을 들어본 적이 없습니다'라고 말한다면, 그건 누구의 책임입니까? 내 책임입니다. 예수 믿는 내가, 복음을 아는 내가 있었는데 내 옆에 있던 친구와 이웃이 복음을 듣지 못했다면 내 책임 아니겠습니까? 에스겔서에 그렇게 말씀하고 있습니다. 그러므로 여러분의 친구, 여러분이 가는 곳, 여러분의 이웃에게 사업 이야기만 하지 말고, 세상 이야기만 하지 말고, 재미난 이야기만 하지 말고 하나님의 사랑 이야기, 예수님의 십자가 이야기를 해주시는 여러분이 되시기를 바랍니다.

첫 번째는, "그들이 듣지 못하였느냐?"는 질문에 "들었다"고 했습니다. 두 번째는, 19절을 보면 "그러나 내가 말하노니 이스라엘이 알지 못하였느냐"라고 합니다. 무엇을 알지 못하였다는 말입니까? '복음을 알지 못하였느냐?' 또는 '복음 전파를 통한 하나님의 구원 계획을 알지 못하였느냐?'라고 묻고 있는 것입니다. 첫 번째 '듣지 못하였느냐'는 답이 그 다음에 바로 나왔는데, '알지 못하였느냐' 다음에는 답이 '알았다', '몰랐다'라고 답이 나옵니까? 답이 안 나옵니다. 답 대신 모세가 한 말이 나옵니다.

신명기 32장 21절에서 모세가 한 말인데, 19절 중반을 보십시오.

> "내가 백성 아닌 자로서 너희를 시기하게 하며 미련한 백성으로서 너희를 노엽게 하리라."

'너희'는 이스라엘 백성입니다. '내가'는 하나님입니다. 그러면 '백성 아닌 자', '미련한 백성'은 누구를 말하겠습니까? 이방인을 말하는 것입니다. 하나님의 백성인 이스라엘 백성이 아닌 자, 미련한 백성은 이방인을 말합니다. 하나님께서 왜 이 말씀을 하셨느냐 하면, 신명기 32장에 보면 이스라엘이 우상 숭배를 하게 되어서 하나님을 분노하게 하였습니다. 하나님의 마음에 질투심이 일어나도록 하였습니다. 그래서 하나님도 이 이스라엘 백성들의 시기심을 일으키기 위하여 하나님 백성이 아닌 이방인들을 불러서 구원함으로, 이스라엘도 시기 나게 하고 분노하게 한다는 말씀입니다.

20절에는 이사야의 예언이 나옵니다.

> "이사야는 매우 담대하여 내가 나를 찾지 아니한 자들에게 찾은바 되고 내게 묻지 아니한 자들에게 나타났노라 말하였고."

여기에도 "나를 찾지 아니한 자", "내게 묻지 아니한 자"가 나오는데, "나를 찾지 아니한 자", "내게 묻지 아니한 자"가 누구겠습니까?

이방인입니다. 그들은 하나님을 찾지도, 구하지도 않았는데 하나님께서 그들에게 자신이 발견되도록 하셨고, 자기 자신을 스스로 먼저 보여주셨다는 것입니다.

여러분 중에 50이 넘은 성도님들은 빨리 손자도 보고 손녀도 보시기 바랍니다. 즐거움이 이만저만이 아닙니다. 제가 4살 먹은 손녀가 있지 않습니까? 오면 등에다 태워 주기도 하고, 장난도 하고 숨바꼭질도 합니다. 그런데 숨바꼭질을 할 때 아주 황당한 일이 있습니다. 숨바꼭질을 할 때는 술래가 찾으러 다니면 다른 사람은 꼭꼭 숨어야 됩니다. 그런데 제가 찾으러 다니면 손녀는 문 뒤에 숨었다가 제가 찾기도 전에 활짝 웃으면서 나와 버립니다. 기가 찹니다.

저는 오늘 말씀을 보면 그 장면이 생각납니다. 찾지도 않은 백성, 구하지도 않는 백성에게 하나님께서 먼저 보여주셔서 얼마나 큰 은혜와 사랑을 베풀어 주셨는지 모릅니다. 우리는 무지해서 하나님 찾지도, 구하지도 않았습니다. 그런데 하나님께서 자신을 보여주시고, 나타내 주셔서 우리로 하여금 예수를 믿도록 도와주셨던 것입니다.

방금 모세의 말과 이사야의 말을 보았는데, 모두 무엇을 말합니까? 하나님께서 이방인들도 구원하신다는 것을 보여주고 있습니다. 하나님께서 이방인들을 구원하심으로 유대인들 마음속에 시기심이 일어나서 하나님께 다시 돌아오도록 만드신다는 것입니다. 그러니까 구약 시대 때부터 이스라엘은 하나님의 구원 계획을 알고 있었습니다. 이스라엘 민족뿐만 아니라 이방인도 구원하신다는 하나님의 구원 계획을 이스라엘 백성들은 이미 알고 있었다는 것입니다.

그렇기 때문에 그들은 예수님의 복음을 들었을 때에 그것이 무엇을 의미하는지 알았다는 것입니다. 알면서도 선민사상, 즉 자기들만 하나님의 택함을 받았다는 생각을 버리기 싫었습니다. 지금까지 율법을 지켜서 자기 의를 쌓아왔는데, 자기 의를 포기하기가 싫었던 것입니다. 하나님의 의를 받아들이기가 싫었습니다. 그래서 하나님의 의, 하나님의 선물을 거절했습니다. 요컨대 알면서도 믿지 않았습니다.

요약해 봅시다. 이스라엘은 복음을 들었습니까, 안 들었습니까? 들었습니다. 듣고서 믿었습니까, 안 믿었습니까? 믿지 않았습니다. 듣는다고 다 믿는 것이 아닙니다. 이스라엘 백성이 복음을 알았습니까, 몰랐습니까? 알았습니다. 알았는데도 그들은 믿지 않았습니다. 안다고 해도 다 믿는 것이 아닙니다.

그러면 이스라엘 백성이 믿지 않은 근본적인 이유는 무엇입니까?

21절을 보십시오.

> "이스라엘에 대하여 이르되 순종하지 아니하고 거슬러 말하는 백성에게 내가 종일 내 손을 벌렸노라 하였느니라."

여기에 보니 하나님께서 자기 백성을 어떻게 표현하고 계십니까? "순종하지 아니하고 거슬러 말하는 백성, 거역하는 백성"이라고 말했습니다. 이스라엘 백성이 순종하지 않았습니다. 순종하지 않았다는 말은 이 마지막 절에도 나오지만, 맨 첫 절인 16절에도 나옵니다. 16절 앞부분을 보십시오.

"그러나 그들이 다 복음을 순종하지 아니하였도다."

여기에서 순종하지 않았다는 말씀은 '행하지 않았다, 실천하지 않았다'는 말이 아닙니다. 복음이 들려왔는데도 불구하고, 복음을 알았는데도 불구하고 그 말씀에 응답하지 않고 받아들이지 않고 믿지 않았다는 말씀입니다. 그들이 쉽게 믿지 않을 것은 이미 구약에서 선지자 이사야가 예언했습니다.

16절 후반부를 보십시오.

이사야가 예언을 했는데 뭐라고 했습니까?

"주여 우리가 전한 것을 누가 믿었나이까."

이사야 53장 1절에 나오는 말씀입니다. 이사야 선지자 시대에도 사람들이 믿지 않았다는 것입니다. 그것은 또 예수님 시대에도 사람들이 복음을 믿지 않을 것을 보여주는 말씀입니다. 그래서 예수님 시대에도 이스라엘 사람들이 예수님을 영접하지 않았습니다. 예수님 시대가 조금 지나서 바울 시대, 즉 예수님이 승천한 후 바울이 복음을 전하러 다닐 때에도 사람들이 믿지 않았습니다.

사도행전에 보면, 사도 바울이 1차, 2차, 3차 전도여행을 하고, 나중에 로마 감옥에 갇히고 출옥을 한 후에 곳곳을 다니면서 복음을 전하였는데, 여러 회당에서 복음을 전할 때 유독 하나님의 구원의 복음을 받아들이지 않고 비방하고 반대하고 배척하는 민족이 있었습니다. 바로 이스라엘 민족입니다.

여기서 우리가 알 수 있는 것은, 그들이 복음을 듣지 못해서가 아니고, 복음을 알지 못하고 이해하지 못해서가 아니라는 것입니다. 그들의 마음의 완악함 때문에, 마음의 악한 고집 때문에 복음을 믿지 않았다는 것입니다. 그것이 문제였습니다.

그런 이스라엘 백성들을 향해서 하나님의 마음이 얼마나 뜨거웠는지, 하나님의 마음이 얼마나 애가 탔는지, 하나님의 마음이 얼마나 간절했는지 모릅니다. 마지막 절에 그들은 어떤 백성이라고 했습니까? 순종치 않고 거역하는 백성이라고 했습니다. 순종치 않고 거역할 때에 하나님이 어떻게 했습니까? 그냥 내쳐버리셨습니까? 몇 번 해보고 안 되니까 하나님께서 포기하셨습니까? 100년, 200년 해보고 안 되니까 하나님께서 두 손을 들었습니까? 그게 아니라는 겁니다.

오늘 말씀에 보니, 마지막 절 21절에 "내가 종일 내 손을 벌렸노라"라고 말씀하십니다. 하나님께서 이스라엘 백성을 초청해서 구원하기 위하여 종일 그들을 향해서 팔을 뻗어 돌아오라고 하셨다는 것입니다. 종일 손을 벌렸다는 것은, 하루만 종일이라는 말이 아니고, 각 시대마다 하나님께서 한 번도 포기하지 않으시고 그들을 향하여 계속 손을 내밀어서 초청했다는 것입니다. 이것은 탕자가 돌아오기를 고대하는 아버지의 모습입니다. 지칠 줄 모르는 사랑으로 펴신 하나님의 영원하신 손이요, 영원하신 팔인 것입니다.

그래서 하나님께서는 시대마다 거역하는 자기 백성을 포기하지 않으시고, 자기의 종 선지자들을 보내고 또 보냈습니다. 그들을 통하여 돌아오라고 거듭 말씀했습니다. 그런데 그들은 어떻게 했습니까? 호세아 11장 2절을 보십시오.

"선지자들이 그들을 부를수록 그들은 점점 멀리하고."

선지자들은 누구의 말씀을 받아서 그들을 불렀습니까? 선지자들은 하나님의 종으로서 하나님의 뜻을 그들에게 전했습니다. 하나님의 품으로 돌아오라고, 회개하라고 전했지만 그들은 못 들은 척했습니다. 반응하지 않았습니다. 반응하지 않는 정도로 끝난 것이 아니라 아예 그것에 반항해서 더 멀리 가버렸다고 했습니다. 고집스럽게 순종하지 않기로, 믿지 않기로 결심했다는 것입니다. 그러니 구원을 받을 수 있겠습니까? 구원을 받을 수가 없는 것입니다.

지금도 하나님은 이스라엘 백성을 향하여 팔을 벌리고 계십니다. 이것을 아셔야 됩니다.

'아, 예수님 당시부터 2천 년이 지났으니 이제 하나님은 포기하고 이스라엘 백성에 대해서는 두 손 들고 아무것도 안 하시는가?'

아닙니다. 지금도 팔레스틴에 가보면 이스라엘 백성들 중 예수 믿는 사람들 비율은 일본 사람들보다 더 적습니다. 천 명 중 한 명 있을까 말까 합니다. 그러나 우리가 알아야 될 것은 하나님은 지금도 이스라엘 백성을 향하여 팔을 벌리고 기다리고 계신다는 것입니다. 뿐만 아니라 하나님께서는 세상의 모든 죄인들을 향해서도 팔을 벌리고 계십니다.

우리가 디모데전서 2장 4절에서 보았습니다. 하나님께서는 누가 구원받기를 원하신다고 했습니까? 모든 사람이 구원 받기를 원하십니다. 구역 교재에 나온 마태복음 11장 28절 말씀을 잘 아실 것입니다. "수고하고 무거운 짐 진 자들아 다 내게로 오라 내가 너희를 쉬게 하리라"고 말씀하십니다.

죄의 무거운 짐을 지고 있지 않은 사람이 이 세상에 있습니까?

아무도 없습니다. 예수님께서 "수고하고 무거운 짐 진 자들아 다 내게로 오라 내가 너희를 쉬게 하리라"고 말씀하셨습니다. 이것이 모든 사람들을 향한 주님의 마음입니다.

그런데 사람들이 이런 주님의 부르심과 기다림에 어떻게 반응합니까? 기쁘게 반응을 합니까? '아이고 하나님, 저를 그렇게 사랑하셨습니까, 저를 그렇게 오래 기다리셨습니까?' 하면서 복음을 영접합니까? 그렇지 않습니다. 거의 하지 않습니다. 백 명 중 한 사람도 주님의 팔에 안기지 않습니다.

그 이유는, 죄인에게는 하나님을 거역하고, 하나님에게서 멀어지고, 하나님의 복음을 알려고도 하지 않는 죄성이 그 속에 있기 때문입니다.

오늘도 우리 울산동부교회에 나오고 있지만, 지금도 벌리고 계시는 그 영원하신 하나님의 팔에 돌아오지 않고 안기지 못하고 계신 분은 혹시 안 계십니까? 오늘 우리가 찬송할 때에 "주의 팔에 그 크신 팔에 안기세, 주의 팔에 영원하신 팔에 안기세" 하고 찬양하였습니다. 아직도 믿지 못하는 완악한 마음, 계속 의심하는 마음, 고집하는 마음을 다 버리고, 믿음으로 하나님의 팔에 안기시는 여러분 모두가 되시기를 바랍니다.

그리고 이미 하나님의 팔에 안긴 분들은 아버지 하나님의 마음을 가져야 됩니다. 하나님의 마음은 어떻습니까? 불순종하고 거역하는 자기 백성을 얻기 위해 종일 팔을 벌리고 계십니다. 그런데 우리는 어떻습니까? 별로 애쓰지 않습니다. 가족의 구원을 위해서도 별로 안타까워하지 않습니다. 가슴 아파하지 않습니다.

새생명축제 때엔 억지로라도 잠시 팔을 벌리지만, 그 기간이 지나면 너무 빨리, 너무 쉽게 우리 팔을 내려버립니다. 나로 인해서 교회 온 사람, 내 구역과 내 기관에 있는 새 가족들의 발이 뜸해지고 그들이 교회에 나오지 않아도 그리 애타지 않습니다. 이런 모습은 하나님 아버지의 모습과 너무나도 다른 모습 아니겠습니까?

불신자에 대해서 끝까지 팔을 벌리고, 새 가족을 위해서 끝까지 애쓰고 기도하는 성도가 되시기를 바랍니다. 아버지 하나님의 마음을 가지고 복음을 전하는 여러분 모두가 되시기를 바랍니다.

로마서 강해 1권 목차

로마서 강해 3권 목차

망망한 바다 한가운데서 배 한 척이 침몰하게 되었습니다.
모두들 구명보트에 옮겨 탔지만 한 사람이 보이지 않았습니다.
절박한 표정으로 안절부절 못하고 있는 성난 무리 앞에
사라진 그 선원이 급히 달려나와 꼭 쥐고 있던 손바닥을 펴 보이며 말했습니다.
"모두들 나침반을 잊고 나왔기에 … "
나침반이 없었다면 그들은 분명 끝없는 바다 위를 표류할 수밖에 없었을 것입니다.

우리는, 삶의 바다를 항해하는 모든 이들을 위하여
그 나침반의 역할을 하고 싶습니다.
우리를 구원하신 위대한 주 예수 그리스도를 널리 전하고 싶습니다.

"하나님은 모든 사람이 구원을 받으며
진리를 아는 데에 이르기를 원하시느니라"
(디모데전서 2장 4절)

복음 중의 복음 2

지은이 | 이광수 목사
발행인 | 김용호
발행처 | 나침반출판사

제1판 발행 | 2017년 10월 1일

등 록 | 1980년 3월 18일 / 제 2-32호
주 소 | 07547 서울특별시 강서구 양천로 583
블루나인 비즈니스센터 B동 1607호
전 화 | 본사 (02) 2279-6321 / 영업부 (031) 932-3205
팩 스 | 본사 (02) 2275-6003 / 영업부 (031) 932-3207
홈 피 | www.nabook.net
이메일 | nabook@korea.com / nabook@nabook.net

ISBN 978-89-318-1544-3
책번호 마-1750

값은 뒷표지에 있습니다.